지시와 본질

Nathan Salmon 지음
박준호 옮김

한국문화사

나의 부모님,

메어 유큐주글루와 레베카 유쿠주글루께 바친다.

dthat(이 책의 저자)가 두 분 없이도 있는 게 가능했을 것이지만, 그런 일은 정말로 순전히 가능하기만 했을 것이다.

Nathan Salmon

Reference and Essence

©1981 · Princeton University Press

이 한국어판 번역서의 저작권은
미국 Princeton University Press와의 독점계약으로 한국문화사에 있습니다.
저작권법에 의해 한국 내에서 보호를 받으므로 무단 전제와 복제를 금합니다.

Korean Translation copyright © Hankook Publishing Company 2000

지은이의 말

필자는 1974년 10월 11일에 UCLA의 철학 콜로키움에서 도넬란의 발표를 들었다(도넬란, 1974b). 제목은 "고정 지칭어, 자연류, 개별자"였는데, 퍼트남의 "의미와 언급"(1973b)에 관한 자신의 주석(도넬란, 1973b)을 확장시키는 내용이었다. 퍼트남의 논문과 도넬란의 이 주석 논문은 원래 1973년에 미국 철학회 동부 지회의 언급에 관한 심포지엄에서 발표되었다. 필자는 이미 언급에 관한 "새로운" 이론 또는 "인과" 이론의 기본 신조를 익히 알고 있었다. 이는 아마도 이 이론의 주요한 대표자이며 지지자인 세 명의 철학자 즉 도넬란, 캐플란, 크립키가 행한 여러 강좌에 참석했기 때문이었던 것 같다. 여기서는 캐플란을 쫓아서 이들의 이론을 직접 언급론이라고 부르겠다. 필자는 이들의 강좌에 참석했을 당시에 크립키와 퍼트남이 이 이론을 자연류어에 적용하면서 논증하고자 하는 바를 깨달았다. 그들의 논증에 따르면, 물은 H_2O라는 것이 경험적 발견일 수 있으면서, 또 한편으로 물은 H_2O라는 것이 필연적 진리이다. 이 이론에 의거하여 도출되는 바를 보면, 실체인 물은 그것이 현실적으로 갖고 있는 화학구조를 가져야만 하는 바로 그런 것이다. 책상이나 교탁과 같은 구체적 사물에 관한 크립키의 논증도 이와 마찬가지 논점을 담고 있었다. 그 논증에 따르면 사소하지 않은 형태의 본질주의가 그의 고유명에 관한 이론에서, 사소하게 뻔한 가정과 결합되어, 도출된다는 내용이었다. 이는 그 자체로 아주 흥미로운 주장이었다. 게다가 직접 언급론과 본질주의자 주장 사이의 관계에 관한 도넬란의 발표에는 무언가 새롭고 신기한 점이 있었다. 필자가 보기에는 제목을 "새로운 언급론에서 본질주의를 도출하는 방법"이라고 했었으면 좀더 명쾌하게 그 취지를 드러내지 않았나 싶다. 필자는 처음으로 도넬란이 하려는 일이 어떤 미세한 차이를 갖는지 깨닫게 되었다. 도넬란은 마술을 시연하는 일 이상을 했다. 크립키와 퍼트남도 이런 마술을 이미 실연해 보였던 것 같다. 하지만 도넬란은 그에 덧붙여 모자에서 토끼를 꺼내는 방법을 설명하고 있었다. 그는 이런 목적을 위해 크립키와 퍼트남에 의해 사용되었다고 여겨지는 일반적 절차를 제시했으며, 또한 이 절차의 어느 대목에서 언어 철학이 사용되었으며 또 어느 대목에서 과학적인 즉 경험적인 원리가 사용되었는지 아주 정확하게 보여주려는 목적으로, 이 절차를 그 구성 성분으로 나누어 보였다.

이 절차는 토끼를 꺼내는 묘기를 쉬워 보이도록 만들기는 했지만, 또 한편으로는 마술의 신비를 없애기는커녕 더 신비롭게 만들고 말았다. 그 절차는 마술사의 모자 즉 직접 언급론말고도 다른 것을 포함하고 있는 듯이 보이기는 했지만, 그래도 본질주의라는 토끼의 여러 부분들 가운데 본격적으로 형이상학적인 부분이라 할만한 부분은 포함하지 않는 것처럼 비쳤다. 실제적인 물음에는 답이 제시되었는데, "어떻게 언어 철학에서 사소하지 않은 본질주의를 추출하는가?"라는 물음에 "당신은 이 절차를 사용하면 됩니다."라는 답이 그것이다. 그러나 좀더 심각하고 혼란스러운 문제는 그대로 남아 있었다. "빈 모자에서 토끼를 꺼내는 것이 어떻게 가능한가?"라는 물음이 그것이다. 그래서 나는 이 절차의 구조를 버티고 있는 토대를 보기 위해 바닥까지 내려가서, 감추어진 버팀목까지 드러내려고 마음먹었다. 1974년에 행한 도넬란의 강연이야말로 이 책으로 완결된 연구의 촉진제였던 셈이다.

도넬란의 논문이 원래 주석하려고 했던 퍼트남의 글은 1973년에 발표된 이래로 적절하게도 커다란 주목을 받았다. 도넬란의 논문은 출판되지 않았는데, 도넬란의 허락을 받아 필자는 17절 이하에서 그의 논문의 주된 착상의 일부를 제시하려고 했다. 하지만 독자들의 주의를 구하고 싶은 게 있는데, 미발표 논문에서 보여준 도넬란의 착상이 이 책에서 다룬 주제에 관해 그가 현재 가진 견해인지 필자는 모른다.

필자는 이 책을 긴 기간 동안에 걸쳐 단속적으로 써왔다. 이 가운데 많은 것은 1977년 중간에서 1978년 중간에 걸쳐 필자의 고향인 캘리포니아의 호손(Hawthorne) 시에서 박사 학위 논문의 일부로 쓰여졌다. 이후의 글은 1979년과 1980년 뉴저지의 프린스톤에서 눅눅하고 찌는 듯한 무더위 속에서 쓰여졌다. 나는 도넬란의 1974년 강연을 들은 이후에 계속 생각해왔던 논증을 장기간에 걸쳐 대개는 직접 써서 작업하였다.

비록 이 책에서 다루고 있는 주된 논점 가운데 하나 즉 이 언급론과 본질주의의 관계는 상대적으로 적은 관심이 쏠렸지만, 그 사이에 "새로운" 언급론 또는 "인과" 언급론에 관한 글은 문자 그대로 폭발적으로 늘었다. 필자는 이 이론을 비판한 간행물들 가운데 일부를 제 I부에서 제시해놓았으나, 여기서 열거한 글들은 이 이론을 보다 정교하게 다듬는 데 도움이 될만한 것들일 뿐이다. 또한 여기서는 이 이론에 가해지는 비판에 응수해서 이 이론을 철저히 방어하려는 시도나 이 이론이 부딪치는 잘 알려진 난점들, 이를테면 언급적으로 불투명한 구문이나 지시대상이 없는 이름과 관련된 난점들을 전부 해소하려고 시도하지도 않겠다. 필자는 이런 현상들이 이 이론을 반박하지 못한다고 논하기는 하겠지만, 이 명백한 난점들에 대한 궁극적 해소 방안의 제시가 이 책의 목적은 아니다.

참고 문헌 목록은 주로 이 책에서 실제로 언급되었거나 이 책을 준비하는 과정에서 실제로 참고하였던 것들을 열거할 목적으로 모았다. 이는 직접 언급론이나 본질주의에 관해 다루고 있는 중요한 글로 이루어진 완벽한 목록이 아니다. 특히 직접 언급론에 관한 비판적인 글 가운데 비록 빠뜨리지 않은 것도 있지만, 그래도 의의 있는 논의를 담고 있는 글들 중에 빠뜨린 글들이 눈에 띈다. 직접 언급론에 관심 있는 독자들이 유의할 점이다.

이 책에서 내내 사용된 크립키의 『명명과 필연성』의 참고 면은 모두 1980년에 출판된 책(Harvard University Press or Basil Blackwell)을 말한다. 그 책의 본문에 있는 면 번호 n을 보고서, 독자가 (n-21)0.67+252라는 공식을 사용해서 계산기를 두드리면, 데이비슨과 하만이 편집한 그 책에서 근접한 면수에 쉽게 이를 수 있다. 퍼트남의 「'의미'의 의미」의 참고 면은 그의 『철학 논문 II』에 실린 것이다(1975d). 『미네소타 대학 논문집 VII』 (Minnesota Studies VII)에 실린 글의 면수를 찾으려면, 공식 (n-214)1.1+130에 맞추어보면 된다. 반대 방향으로 면수를 찾으려면 이 공식을 n에 관해 풀면 된다.

이 책 전체에 걸쳐 많은 복잡한 표현이 여러 차례에 걸쳐 언급된다. 이런 표현들은 쉽게 찾아볼 수 있도록 번호를 달았고, 이것들을 책의 끝에 모아서 색인을 만들어 두었으니 참고하기 바란다.

린스키의 『이름과 기술』에 관한 나의 논평(새먼, 1979a)의 일부와 나의 글 「언급론에서 본질주의가 어떻게 도출되지 않는가」(새먼, 1979b)의 일부를 여기에 실어서 논의를 전개할 수 있도록 허락해준 *The Journal of Philsophy*에 감사한다. 그리고 또한 『명명과 필연성』에서 광범하게 인용하도록 허락해준 크립키와, 퍼트남의 논문 「'의미'의 의미」(퍼트남, 1975a)에서 인용하도록 허락해준 퍼트남과 미네소타 대학 출판사에도 사의를 표한다. 타자와 복사 비용의 일부는 프린스턴 대학교의 인문사회과학 연구위원회의 보조금으로 충당했는데, 마찬가지로 위원회에 사의를 표한다.

몇몇 개인들도 이 연구를 성공적으로 마치는데 여러 가지 방식으로 도와주었다. 먼저 캐플란에게 아주 큰 신세를 졌으며 감사를 표한다. 그는 1977~78년에 쓰여진 초고에 유용하고 세밀한 논평을 해주었고 이 책에서 제기하고 있는 주제들에 대해 유쾌하고 계몽적인 논의를 셀 수 없이 같이 해주었다. 또한 타일러 버즈(Tyler Burge), 도넬란, 포브스, 히블리(William Hively), 크립키, 내 원고에 대한 익명의 검토자들, 1978년과 1980년 가을학기 동안 프린스턴 대학교의 언어 철학 및 형이상학 세미나에 참가한 학생들의 가치로운 논평과 제안에 대해 감사를 드린다. 또한 일일이 말로 표현하기에는 너무나 많은 여러분께도 감사를 표한다.

도넬란에게는 특별한 사의를 표한다. 그 이유는 이 글의 앞에 세 문단에 걸쳐서 이미 밝혔다. 그리고 순서가 바뀌기는 했으나, 콘라드(Eileen Conrad)에게 감사를 표하고 싶다. 그녀는 시간과 노력을 할애해서 나를 도와주었고, 사랑으로 돌보아주었다.

뉴저지의 프린스턴에서
1980년
나단 새먼

한국 독자에게

『지시와 본질』은 원래 1979년에 썼던 나의 박사 학위 논문 "현대 언급론의 본질주의"에서 비롯되었다. 나는 이 책이 출판된 지 거의 20년이 지나도록 여전히 많은 관심을 받아서 기쁘다. 이 책의 제 1부에서, 나는 도넬란, 캐플란, 크립키, 퍼트남 등의 철학자에 의해 제시된 이른바 직접 언급론의 중심되는 기본 주장과 이 이론을 지지하는 논증을 명료화시키고자 하였다. 이 책이 의미론에 관한 현대 분석철학의 입장을 소개하는 매우 가치로운 입문서라고 여러 독자들이 말해주었으며, 필자로서 이를 만족스럽게 생각한다. 나는 제 2부에서 크립키와 퍼트남의 직접 언급론과 본질주의의 관계에 관한 논증을 핵심으로 다루었는데, 이에 따르면, 크립키와 퍼트남은 직접 언급론이 사소하지 않은 본질주의자 함축을 갖는다는 취지의 주장을 폈으나, 이 주장은 입증되지 않았으며, 실은 그른 주장이다. 내가 제시한 이런 논증은 초기에는 논란거리였지만, 지금에는 이 논증의 취지를 논쟁거리로 삼는 철학자가 거의 없을 만큼 합의가 이루어졌다. 부록은 양상 논리학과 관련된 주제를 포함하고 있는데, 알다시피 양상 논리학이란 '그랬을 수도 있는 것'에 관한 논리학이다. 필자는 부록에서 어떠한 필연 진리도 그와 다른 방식으로 우연 진리였을 수 없다는 기본 주장이 널리 수용된 주장이기는 하지만, 이 기본 주장이 그르기 때문에 정확한 양상 명제 논리학은 이를 타당화해주지 못한다는 내용을 포함시켰다. 따라서 정확한 양상 논리학은 'S5'보다 약하고, 심지어 'S4'보다 약하다. 내가 보기에는 이 추론이 나무랄

데 없지만, 그럼에도 'S4'에 반대하는 나의 논증은 별로 주목을 받지 못했다. 나는 언젠가 결정적인 논증을 찾아내는 철학자가 생길 것이라는 희망을 버리지는 않고 있지만, 현재 벌어지고 있는 논의를 봐서는 이런 낙관주의를 견지하기 어려울 것 같다. 아무튼 이 대목에서 정통이론은 이성보다 관성에 의해서 지지되고 있다.

나는 예전의 스승 도넬란, 캐플란과 예전의 스승이자 동료인 크립키에 감사를 드린다. 이들과 수없이 많은 토론을 벌였고 이를 통해 많은 것을 배웠다. 이 책에서 다루고 있는 주제에 관한 나의 생각과 입장은 1970년대 중반 즉 내가 직접 언급론, 본질주의, 양상 논리학의 관계를 생각하기 시작하던 시절부터 거의 변하지 않았음을 밝혀둔다. 끝으로 나는 이 책을 한국어로 번역한 박준호 박사에게도 감사를 드린다.

2000년 4월 26일
캘리포니아 산타 바바라에서
나단 새먼
nsalmon@humanitas.ucsb.edu

옮긴이의 말

이 책은 새먼(Nathan Salmon)의 *Reference and Essence*(1981, Princeton University Press)를 완역한 것이다. 이 책에서 저자는 크립키와 퍼트남의 본질주의에 대해 살펴보고 있다. 제목이 말하듯이 이 책은 언어 철학에 바탕을 두고 형이상학적 결론을 내리려는 크립키와 퍼트남의 시도를 검토하고 있다. 새먼에 따르면, 그들은 지시에 관한 새로운 생각 즉 직접 언급론으로부터 세계에 본질이 실재한다는 주장 즉 본질주의를 논증하고자 했는데, 이는 부당가정의 오류를 범한 생각이었다. 새먼은 이를 논증하기 위해 아주 자세한 논증을 펴고 있다. 이 책은 크게 2부로 구성되어 있는데, 준비 단계로서, 제 1부에서는 직접 언급론을 정리하고, 제 2부에서는 직접 언급론에서 본질주의를 도출하고자 하는 퍼트남과 크립키의 논증을 자세히 검토하여 비판하고 있다. 특히 제 1부에서 직접 언급론을 정리하고 있는 내용은 이 이론의 골격을 이해하는 데 크게 도움이 될 것이다. 인터넷의 아마존(Amazon.com)에 게재된 콰인의 논평이 이를 잘 지적하고 있다.

이 책의 저자 새먼은 미국의 캘리포니아 대학 철학과의 교수이며, 특히 언어 철학 분야에서 두드러진 활동을 하고 있다. 마커스(Marcus), 플래쉬달(Føllesdall), 힌티카(Hintikka), 플란팅가(Planting), 기취(Geach) 등이 직접 언급론을 창도했고, 캐플란(Kaplan), 도넬란(Donnellan), 크립키(Kripke), 퍼트남(Putnam) 등의 철학자들이 직접 언급론을 1차적으로 발전시켰다면, 새먼은 데빗(Michael Devitt), 베트슈타인(Howard Wettstein), 페리(John

Perry), 알모그(Joseph Almog) 등과 함께 직접 언급론을 2차로 발전시킨 철학자에 속한다. 이 책을 쓴 주된 의도가 바로 바로 직접 언급론에 붙어 다니는 본질주의라는 혐의를 직접 언급론자의 입장에서 벗어 보이는 일이었다. 물론 이런 시도가 성공했는지 여부에는 논란이 있었다. 이런 논란에 대해서는 역자의 졸저를 참고하기 바란다. 저자는 이외에도 『프레게의 난제』(*Frege's Puzzle*, 1986, Ridgeview)를 지었고, 『명제와 태도』(*Propositions and Attitudes*, 1988, Oxford University Press)를 공동 편집하여 내기도 했다. 이들 모두 영향력 있는 책으로 인정받고 있다.

책의 제목을 『지시와 본질』로 옮겼으나 본문에서는 영어의 'reference'를 '언급'으로 옮겼다. 제목을 제외하고 '지시'에 해당되는 영어는 모두 'denote'이다. 그리고 지시나 언급 관계를 나타내는 다른 낱말들은 'designate, extend, demonstrate, indicate' 등이 있는데, 각각 '지칭하다, 외연 지시하다, 현장 지시하다, 가리키다' 등으로 옮겼으며, 'indexical'의 경우 '지표어'로 옮겼다. 특히 'demonstrative'를 '지시 대명사'라고 하지 않고 '현장 지시어'로 옮겼다. 지시나 언급 관계를 다루는 맥락에서 이 지시 대명사는 현장에 벌어져서 감각으로 확인되고 있는 것을 가리키기 때문이다. 다른 번역 용어에 관해서는 역자주(*로 표시했음)를 참고하기 바란다. 그리고 본문 가운데 나오는 형식문들은 기호로 취급하였으며, 따라서 형식문 내부에 출현하는 영어 표현들은 옮기지 않고 그대로 두었다. 그리고 자연 언어 표현 자체에 관해 말하는 경우 인용부호를 사용하듯이, 변항을 포함한 언어 표현 자체에 관해 말할 때 콰인의 괄호라고 알려진 괄호를 사용한다. 그런데 사용했던 문서 작성기에서 적절한 기호를 찾지 못해서 여기서는 '「 」'를 대신 사용하였다.

역자는 이 책을 번역하면서, 한국 땅에서 철학하는 일, 그리고 서양 철학을 전공하는 일에 관해 생각하는 계기를 가졌다. 현대 영미 분석

철학을 이끈 문제 가운데 하나가 영어의 한정 기술 'the'에 관한 분석이었다. 물론 이는 자연언어인 영어에 관한 문제가 아니었고 의미의 본성을 해명하려는 고도로 일반적이고 지극히 근본적인 철학 문제의 전형이었다. 그러나 그럼에도 불구하고 그 문제는 우리에게 외국어인 영어의 'the'를 대상으로 삼고 진행되었다. 우리는 우리에게는 아예 있지도 않은 구에 관심을 가져야만 하는가? 관심을 갖는다면 왜 가져야 하고, 갖지 않아도 된다면 왜 그런가? 다른 철학의 문제들은 한정 기술 'the'의 경우와 같은가, 아니면 다른가? 이 책에서 만나는 한정 기술에 관한 문제는 이런 질문이 떠오르게 만들기에 충분한 문제 가운데 하나일 뿐이다. 이 책을 통해서 누군가 다시 이런 질문에 직면하게 된다면, 그래서 철학의 보편성과 특수성(이 경우에서는 '의미'와 'the')이 만나는 한계에 대해 생각하게 된다면, 이 책을 소개하는 보람이 되지 않을까 생각한다. 우리가 철학해야 할 거리가 생겨나는 곳 가운데 하나가 바로 그 경계선이라고 믿기 때문이다.

평소에 번역하는 일의 중요성을 가르쳐주시고 몸소 보여주신 전북대학교 철학과 곽강제 교수님께 감사드린다. 이 책이 그 가르침을 조금이나마 실천하려는 몸짓이지만, 그에 누가 되지 않을까 걱정이 앞선다. 이 책에 나오는 양상 표현을 더듬더듬이나마 이해할 수 있었던 것은 김영철 교수님의 양상 논리학 강좌를 청강했기 때문이다. 청강을 허락해주시고 가르쳐주신 교수님께 감사드린다. 이문성 박사님께서 이 책을 소개해주셨고 원고 일부를 살펴주셨다. 이 자리를 빌어 감사드린다. 전북대학교 과학학과 정광수 교수님께서 보내주신 원문 덕에 일이 시작될 수 있었다. 바쁜 시간을 쪼개 책을 보내주셨던 교수님께 감사드린다. 말없이 보살펴주시고 걱정하시는 부모님, 옆에서 지켜주는 아내, 생활에 활력을 주는 아이들, 모두 고마울 뿐이다. 열악한 출판 여건에도 불구하고, 이 책을 출판해주겠다고 나선 한국문화사에도 큰 감사를 드린다. 아마 한국문화사가 아니었다면 이 책이 한국 문화에 아무런 보탬이 되지 않았을 것이다.

2000년 5월
옮긴이 박 준 호

참고문헌

Coppock, P., "Book Review of Reference and Essence", 1984, *The Journal of Philosophy* 81.

Smith, Q., "A More Comprehensive History of the New Theory of Reference", Humphreys, P. W. & Fetzer, J. H. eds., *The New Theory of Reference: Kripke, Marcus, and Its Origins*, 1998, Kluwer Academic Publishers의 235-283에 수록.

Quine, "Review on Reference and Essence", <http://www.amazon.com/ exec/obidos/ASIN/ 0691101280>, 1999.

Salmon, N., "Salmon Page", <http://humanitas.ucsb.edu/depts/philosophy/ salmon.htm>, 1999.

박준호, 『현대 본질주의: 크립키와 퍼트남의 본질주의 연구』, 1999, 서광사.

머리말

최근 철학계의 관심이 의미론에 관한 철학에서 중요 분야인 언급론에 크게 쏠리고 있다. 필자는 이 책에서는 최근의 언급론에서 야기되는 철학적 문제들을 검토하고 명료화시킬 것이다. 문제의 언급론은 필자가 이 책을 쓰고 있는 동안에도 완전히 전개되어 발전되지 않았다. 하지만 그 가운데 몇 가지 형태의 주장은 현대의 여러 의미론 철학자들에 의해 독립적으로, 부분적이지만 충분히 개진되어 있었다. 특히 그 가운데서도 도넬란, 캐플란, 크립키, 퍼트남 등이 두드러진 업적을 보이고 있다. 도넬란이 보여준 선구자적인 저작은 주로 한정기술이 보통 사용되는 방식, 다시 말해, 이른바 언급적 용법에 관심을 보였으며, 또한 이후에 문제거리로 떠오르게 된 고유명과 '물', '호랑이' 같은 자연류어에도 관심을 보였다.[1] 캐플란은 지표어 즉 '나', '여기', '이것' 등의 맥락-의존적인 표현에 관한 이론을 전개했었다.[2] 퍼트남은 자연류어와 '에너지'와 같은 물리량을 나타내는 용어에 관한 이론을 제시했는데, 후에 그는 이 이론을 '연필'과 같은 인공류어와 다른 담화 형태에 적용되도록 확장시켰다.[3] 크립키는 널리 논의된 바 있는 고유명에 관한 설명을 정식화했으며,[4] 그

---

1. 도넬란, 1966, 1978, 1972, 1974a, 1973b, 1974b
2. 캐플란, 1970, 1973a, 1973b, 1975
   * 지표 표현은 indexical expressions를 옮긴 말이다. indexical의 경우는 지표어로 옮기겠다.
3. 퍼트남, 1970, 1973b, 1975a, 1973a
4. 크립키, 1971, 1972a, 1979a, 1979b

역시 자신의 설명을 자연류어와 '열'과 같은 자연 현상을 나타내는 용어에 확장하여 적용시켰다. 이런 여러 이론은 그 범위와 강조점의 차이에도 불구하고 서로 뚜렷한 유사성을 갖고 있으며, 그래서 이런 이론들을 혼성 이론을 "새로운" 언급론이나 "인과적" 언급론이라는 이름 아래 논의하는 게 적당하겠다.[5] 간단히 말해서, 이 이론은 위에서 언급된 언급 표현들이 비내포적 명칭이며, 프레게 식의 뜻(Sinn, or sense)을 매개로 하여 언급하게 되는 위장된 기술이나 축약된 기술이 아니라고 주장한다. 우리는 이를 제 I부에서 좀더 명확히 밝힐 예정이다. 이 이론들의 주장에 따르면, 어떤 표현들은 직접적으로 언급하는 언어 표현이다. 그래서 필자는 이런 주장을 펼치는 이론을 직접 언급론이라고 부르겠다.

이 주제에 관한 크립키의 논문은 가장 큰 주목을 끌었다. 자신의 언급론을 전개하는 과정에서, 그는 다수의 중요하고 흥미로운 견해를 개진함과 동시에 이를 능란하고 설득력 있는 논증으로 뒷받침하고 있다. 가끔 명확하지 않은 방식이긴 하지만, 직접 언급론과 관련된 매력적인 논점들이 그의 논의를 통해 제기되었다. 크립키는 고유명이 비내포적 명칭이라는 주장과, 이 주장을 지지해주는 논증들로 이루어지는 비교적 단순한 근거에서 출발하여, 양상 맥락과 지식 맥락에서 고유명의 언급, 우연 선천 진리와 필연 후천 진리의 가능성, 대언 양상과 대물 양상, 본질주의, 심지어 데카르트 식의 심신 문제에 관한 논란거리를 처리하려고 한다. 그래서 크립키에 의해 제기된 많은 문제들이 철학적 의미론의 익숙한 개념들을 포함하고 있기는 하지만, 그의 많은 논의가 언어 철학에 속하는 주제를 다룬다기보다는 형이상학에 속하는 주제들을 취급한다고 해야 할 것이다.

크립키가 고유명에 관한 비교적 단순한 이론을 가지고 고전적인 형이상학의 문제를 어느 정도나 해결할 수 있을지 여부야말로 그의 이론

---

5. 예를 들어 슈바르츠(1977) 서문을 보시오.

을 평가하는 시금석이다. 그러나 언어 철학에서 형이상학으로 가는 길은 복잡한 험로이다. 때로는 제시된 견해들 가운데 어떤 것이 크립키 언급론(과 더불어 사소할 정도로 명백하며 논란의 여지가 없는 전제들)의 직접적인 결론인지 여부를 말하는 것조차도 어렵다. 또한 어느 정도의 직접적인 방식으로 언급론과 관련을 맺는지, 혹은 언급론과 전적으로 전혀 무관한 것인지 여부를 말하기도 또한 어려운 것 같다. 이런 문제를 분간하는 일에는 세심한 주의가 필요하다. 그래서 한 논증이 관련된 기본 주장들 사이의 불분명한 연관 관계에 의존하고 있을 때, 그리고 그 논증이 연관된 전제들 가운데 사소하지 않으면서 은폐되어 있는 전제들을 사용하고 있을 때, 어떤 전제들이 정말로 논증과 무관한 기본 주장인지를 결정짓는 일도 대개는 어려운 일이다.

아무튼 직접 언급론의 귀결을 명료화시켜 보려는 필요성이 특별히 가중된 이유는 크립키가 본질주의를 옹호하고 나섰기 때문이다. 본질주의는 사물의 속성 가운데 일부가 그 사물이 존재하기를 그치지 않는 한 갖지 않을 수 없는 속성이라는 신조이다. 크립키에 따르면 현실 속에서 나무 덩어리로 원래 만들어진 탁자는 얼어버린 물에서 비롯될 수가 없는 것이며, 특정의 고통 감각은 간지러움일 수는 없었던 것이다. 방금 말한 감각에 관한 견해는 크립키의 심신 동일론 논의의 핵심이다. 크립키의 본질주의는 그의 언급론과 보조를 함께 하는 것으로 보인다.

최소한 처음에는 언어의 기본 측면에 관한 단순한 이론이 이런 거창한 형이상학적 비중을 가질 수 있다는 게 놀라워 보인다. 우리가 보기에는, 언급에 관해 적절한 이론이라면, 임의의 언어 표현과 그 표현이 나타내는 대상 간의 의미론적 관계의 본성에만 관여해야 하고, 또한 언급되는 대상이 자신의 속성 가운데 일부를 본질적으로 갖는지 여부와는 무관해야 하기 때문이다. 과연 본질주의가 어느 정도까지 직접 언급론의 귀결인지를 검토하려는 것이 이 책의 주된 작업이 될 것이다.

필자는 이 책을 두 부분으로 나누어 구성하였다. 제 I부에서는 직접 언급론을 명료화하고, 상세히 부연하며, 더욱 발전시킬 여지를 찾아보는 일까지 아주 조심스럽게 진행시키겠다. 물론 이 과정에서 이 이론을 지지해주는 논증들과 그 이론의 직접적인 귀결인 고정 지시어[6]에 관해서도 마찬가지의 일을 병행하겠다. 사소한 형태의 본질주의는 직접 언급론에 붙박여 있으며, 어떤 의미로는 직접 언급론에서 도출될 수 있다는 점을 논증하겠다. 개개의 모든 대상은 제 자신이 아닐 수는 없는 그런 것이다. 제 II부에서는 퍼트남이 제시하고 도넬란이 더욱 정교하게 만들면서 구체화시키려 했던 주장, 즉 자연류어와 관련된 사소하지 않은 형태의 본질주의가 직접 언급론의 귀결이라는 주장을 제시하고 분석하겠다. 필자가 논증하려는 바는 이런 계획에 결정적인 흠이 있다는 점이다. 직접 언급론에서 사소하지 않은 본질주의를 이끌어 내려는 계획은 직접 언급론과는 아예 아무 관련도 없는 전제 즉 본질주의적인 전제에 이미 의존함으로써 심각한 부당 가정의 오류를 범하고 있다. 이와 관련된 크립키의 논증 즉 구체적인 인공물의 기원에 관한 본질주의의 일종을 직접 언급론으로 증명할 수 있다는 논증도 역시 분석하게 될 것이며, 이에 따라 크립키의 구상 역시 그 자체로 본질주의의 주장을 담고 있는 본질주의자의 전제에 의존하고 있다는 점이 밝혀질 것이다.

그리고 두 편의 부록을 실었는데, 첫 번째 부록에서는 통세계 동일성 원리에 대해 살펴볼 것이다. 이 부록에서 다루는 원리는 여러 형태로 개진된 통세계 동일성 원리 가운데서도 크립키가 자신의 본질주의를 옹호하면서 내놓은 논증에서 등장하는 원리이다. 두 번째 부록은 도넬란과 크립키의 의견 불일치를 조정해보려는 것이다. 그들은 우리의 논의

---

[6] 직접 언급론은 이 책에서 주로 다루게 될 본질주의나 양상 문제와 직접적인 관련이 없는 측면도 함께 가지고 있다. 예를 들어 II부에서는, 도넬란과 크립키가 어떤 화자의 방언 내에서 고유명의 언급을 결정하는 일에 관해 제시한 역사적, 인과적 설명과, 퍼트남이 제시한 언어분업에 관한 사회 언어적 가설은 이른바 고정 지시 현상에 비해 중요성이 덜하다. I부에서도 직접 언급론의 여러 측면 가운데 이 이론이 사소한 본질주의를 포함하는가 여부에 직접 관련되어 있다고 여겨지는 면을 주로 명확히 해보겠다.

에 관련되어 있는 논증들에 포함된 결정적으로 중요한 본질주의 전제의 인식론적인 격위와 이론적인 격위에 대해 의견의 일치를 보지 못하고 있다. 이런 탐구와 제 II부의 논의를 거치고 나면, 자연류와 구체 개별자에 관한 사소하지 않은 본질주의는 본래, 하나의 형이상학적 신조이거나 일련의 형이상학적 신조들이어서, 언어철학이나 과학철학으로 환원될 수도 없고 또 그것들의 소산이라고 할 수도 없다는 주장이 명확히 드러날 것이다.

목 차

o···지은이의 말 ——— 7
o···한국 독자에게 ——— 13
o···옮긴이의 말 ——— 15
o···머리말 ——— 19

I. 직접 언급론

하나 · 단칭 직접 언급론 ——— 33

1. 이론의 정식화 ·· 33
   1.1 뜻에 관한 정통 이론 ·· 33
   1.2 기술 단칭어 ·· 40
   1.3 관계 기술 단칭어 ·· 44
   1.4 정통 이론과 직접 언급론 ·· 50
2. 논증들 ·· 53
   2.1 양상적 논증 ·· 54
   2.2 인식론적 논증 ·· 58
   2.3 의미론적 논증 ·· 60
   2.4 언급의 맥락적 요인 ·· 63
3. 고정 지칭어 ·· 65
   3.1 두 종류의 고정 지칭어 : 부착 고정어와 고착 고정어 ·········· 65
   3.2 고유명, 비기술성, 고착성 ······································ 69
   3.3 고착성의 기준 ·· 75

둘 · 직접 언급론의 확장 —— 77

4. 이론의 재정식화 ·· 77
   4.1 기술 일반어 ·· 77
   4.2 고유명으로서 보통 명사 ·· 81
   4.3 유비가 성립되지 않는 논점 ·· 85
   4.4 지칭 ·· 91
   4.5 관계 기술 지칭어 ·· 93
   4.6 정통 이론과 직접 언급론 ·· 95
   4.7 인지와 이해에 관한 전통 이론 ···································· 96
5. 논증의 재검토 ·· 99
   5.1 논증의 일반 형식 ·· 99
   5.2 명백한 반론 ·· 102
   5.3 답변 : 퍼트남의 쌍둥이 지구 논증 ··························· 108
6. 고정 지칭어에 관한 재검토 ··· 113
   6.1 일반어 지칭과 고정 지칭 ·· 113
   6.2 일반어 지칭에 관한 기준 ·· 118

셋 · 언급과 필연적 후천성 —— 123

7. 직접 언급론의 몇 가지 귀결 ·· 123
   7.1 전통적 동화론 ·· 123
   7.2 필연 후천적 동일성 ·· 124
   7.3 일반적 현상 ·· 128
8. 필연 후천적 진리의 후보들 ··· 129
   8.1 사례들 ·· 129
   8.2 사소한 본질주의 ··· 131
   8.3 자연류에 관한 사소하지 않은 본질주의 ·················· 134
   8.4 개별자에 관한 사소하지 않은 본질주의 ·················· 137
9. 결정적 물음 ··· 138

넷 · 퍼트남의 자연류어 이론 ——— 145

10. 퍼트남의 기본 주장 145
11. 해석상의 예비적 주의 사항 153
    11.1 예화의 '이다' 153
    11.2 전반적인 그릇된 해석 154
    11.3 세부적인 그릇된 해석 156
    11.4 해석상의 난점 161
12. 첫 번째 정식화 163
    12.1 최초 형식화 163
    12.2 지속 개별자의 시각-단면과 가능 세계-단면 165
    12.3 가능 세계-단면을 제거하려는 최초의 시도 169
13. 통세계 관계 176
    13.1 통세계 관계로 볼 수 있는 이항 관계 176
    13.2 내세계 귀속성, 외세계 귀속성, 통세계 관계 179
    13.3 통세계 관계를 산출하는 절차 182
    13.4 비지시 단칭어 199
14. 재정식화 202
    14.1 형식화의 새로운 시도 202
    14.2 기본 주장 T3 206
    14.3 환원주의와 분석 207
    14.4 양상 연산자를 이용한 담화로의 번역 210
15. 해석상의 추가 주의 사항 218
    15.1 기본 주장 T5와 T6 218
    15.2 기본 주장 T4 224
    15.3 기본 주장 T7 227
    15.4 기본 주장 T6 재음미 229

II. 언급론에서 본질주의를 도출하려는 계획

다섯 · 절차 K와 I ——— 233

16. T9에 관한 퍼트남의 주장 233

17. T9에 관한 도넬란의 해명 ·· 236
18. OK-절차 ·· 241
  18.1 타당한 양상 논증 ··· 241
  18.2 일반적인 경우 ··· 242
19. 일반적 K 절차와 I 절차 ······································· 244
  19.1 일반적 K 절차 ··· 244
  19.2 I 절차 ··· 248
20. 도넬란의 계획 ··· 251

여섯 · 절차 K와 I에 감추어진 본질주의 ——— 253

21. 두 전제 ··· 253
22. 세 번째 전제 ·· 254
  22.1 세 번째 전제에 관한 퍼트남과 도넬란의 견해 ······ 254
  22.2 형식화 ··· 255
  22.3 K 절차 ··· 260
  22.4 I 절차 ··· 261
23. 계획의 실패 ··· 263
  23.1 원래의 논증 ··· 263
  23.2 K와 I 절차 ·· 270

일곱 · 기원 본질성 논증 ——— 277

24. 크립키와 퍼트남의 계획 ·· 277
25. 크립키의 기원 본질성 "증명" ······························· 282
  25.1 논증에 관한 크립키의 정식화 ······················ 282
  25.2 몇 가지 예비적 고찰 ······································ 284
  25.3 공가능성 전제 ··· 287
  25.4 끝나지 않은 논증 ·· 292
  25.5 통세계 동일성 원리 ·· 294
  25.6 대체 논증 ··· 303
26. 공가능성 원리와 통세계 동일성 원리 ················ 306

맺음말

맺음말 ——— 311

부 록

하나 · 통세계 동일성 원리 ——— 317

  27. 통세계 동일성 원리와 테시우스의 배 ·· 317
      27.1 우연적 동일성 논증 ··· 317
      27.2 오류 ··· 321
      27.3 더 나은 이론 ··· 323
  28. 네 세계 역설 ··· 330
      28.1 논증 ··· 331
      28.2 하나의 해결책 ··· 334
      28.3 더 나은 해결책 ··· 341
      28.4 모호성과 역설 ··· 344

둘 · K 절차와 I 절차에 포함된 본질주의자 원리 ——— 361

  29. 도넬란 대 크립키 ··· 361
  30. 양상에 관한 인식론에 포함된 문제 ··· 362
  31. 비양상적 결론 ··· 365
  32. 연결 진술 ··· 370
      32.1 연결 진술의 필요성 ··· 370
      32.2 연결 진술의 이론적 격위 ··· 374
  33. 맺음말 ··· 375

참고문헌 ——— 377
형식문 목록 ——— 395
색인 ——— 399

I. 직접 언급론

하나 · 단칭 직접 언급론

1. 이론의 정식화

1.1 뜻에 관한 정통 이론

직접 언급론은 반동의 결과이다. 뜻에 관한 정통 이론 즉 프레게의 의미론 철학을 거부하는 것으로 그 출발점을 삼았기 때문이다. 이 이론이 강하게 주장한 바는 다름아니라 밀(J.S. Mill)이 주장한 적이 있으며 또한 럿셀(Russell)도 어느 정도 주장했다고 생각되는 소박한 견해 즉 일부의 표현 특히 고유명은 비내포적 명칭이라는 견해로의 복귀였다.[1] 정통 이론과 직접 언급론의 대비는 '셰익스피어', '세상에서 가장 잘 사는 그 배관공', '이것'과 같이 단일한 것을 지시하거나 나타낸다고 여겨지는 지시 표현 즉 (한정) 단칭어의 경우에서 가장 잘 드러난다.

---

1. 밀, 1843, 그리고 럿셀, 1918과 1911, 특히 pp.216, 224를 보시오.

 * 영어의 meaning과 sense는 맥락에 따라 일반성의 정도가 다르게 사용될 수 있다. 이를테면 meaning은 sense와 renference를 모두 의미하도록 사용될 수 있다. 이런 경우는 meaning과 sense가 반드시 구별되어야 혼동을 막는다. 그래서 여기서는 전자를 '의미'로 후자를 '뜻'으로 옮기겠다.
 그리고 이와 관련하여 theory of meaning은 '의미 이론'으로 옮기겠다. 그러나 semantics는 지금까지의 관례대로 '의미론'으로 옮겨 구별하겠다.

프레게로부터 이어지는 정통 이론에 따르면, 모든 단칭어는 지시대상 즉 그 용어에 의해 지시되는 대상에 덧붙여 뜻을 갖는데, 이 뜻은 다름 아니라 이 용어가 청자나 독자에게 지시대상을 드러내 보이는 방식이다. 같은 언급대상을 갖는 용어의 쌍, 즉 같은 지시대상을 갖는 용어의 쌍은 그들의 지시대상을 서로 다른 방식으로 드러낸다. 그래서 예를 들면 '복촛점 안경의 그 발명자'와 '가난한 리차드 달력의 그 제작자'라는 두 용어가 같은 지시대상 즉 벤자민 프랭클린을 갖지만, 뜻은 서로 다르다. '소크라테스의 제일 빼빼한 그 적'과 '소크라테스의 가장 깡마른 그 원수'와 같이 엄밀한 동의어 쌍 즉 같은 뜻을 갖는 용어들의 쌍은 더더욱 같은 언급대상을 갖는 용어인데, 그 이유는 그것들이 정확히 똑같은 방식으로 똑같은 개별자를 드러내 보이기 때문이다. 따라서 용어의 뜻은 그 용어의 언급대상을 확인하는 기준을 제공하며, 그 기준에 의해 그 용어의 언급대상이 누구이며 무엇인지를 결정짓는다. 단칭명사의 뜻은 화자가 정신적으로 파악하거나 이해하는 어떤 것이며, 그 용어를 포함하여 표현되는 임의의 신념 (또는 주장, 생각, 희망) 일부를 형성하는 어떤 것이다. 한 용어의 뜻은 개념이며, 반면 용어의 지시대상이나 언급대상은 그 개념에 유일하게 합치하는 임의의 사람이나 대상이다.[2]

정통 이론에 따르면 모든 단칭어는 (속성 귀속적 사용) 한정 기술이라는 모형으로 동화된다. 표현의 뜻은 대개 일단의 조건이나 속성이며, 이 조건들을 충족시키기만 하면 무엇이든, 만일 존재한다면, 이 표현의 지시대상이다.[3] 표현의 뜻은 속성의 "연접"(conjunction)과 동일시되기도

---

2. 프레게, 1892와 1918을 보시오.
3. 도넬란, 1966과 1978을 보시오. 거기서 도넬란은 소위 한정 기술의 언급적 사용과 속성 귀속적 사용의 구별을 제시하고 있다. 그 요지를 대충 정리하자면, 화자 자신이 미리 염두에 두고 있던 개별자를 주목하도록 주의를 환기시키는 장치이며, 또한 그것에 관해 무엇인가를 말하고 (묻고 등등)싶었음을 드러내는 장치로만 사용했을 때, 화자는 한정 기술을 언급적으로 사용했다. '저쪽 구석에서 샴페인을 마시고 있는 남자'라는 한정 기술을 예를 들자면, 이 표현을 쓰고 있는 화자가 저쪽 구석에서 샴페인을 마시고 있는 남자가 있음을 보고 믿는

한다. 그렇지만 프레게의 설명을 다듬어 주장하는 사람들, 예를 들어 써얼(Searle)과 같은 철학자들에 따르면, 한 표현은 뜻에 담겨진 개념적 내용에 가장 적합한 대상 모두를 지시한다. 이렇게 수정된 프레게식 설명에 의하면 표현의 뜻은 속성의 연접이라기보다 속성의 "무리"이다.[4] 린스키(1977)의 경우[5]처럼 다른 방식으로 수정된 이론들이 제시되기도 했었지만, 서로 엇비슷한 이런 이론들은 각기 프레게의 원래 입장을 맴도는 정도 이상이 못되었다. 이런 주장들을 살펴보면, 어떤 표현의 지시는 속성으로 이루어지는 개념에 의존하는 간접적인 방식으로 결정된다. 즉 기술로 이루어지는 지시 관계를 주장하고 있는데, 바로 이런 일반 착상은 본질적으로 바뀌지 않고 있다. 용어는 개념을 표현하고, 다시 개념은 대상을 결정한다. 말하자면 어떤 대상이든 단일하게 그리고 가장 적절하게 개념에 부합된다. 따라서 지시 관계는 용어와 대상 사이의 간접적

바로 그 사람을 언급하려는 의도로 발언된 표현이다. 도넬란에 따르면 한정 기술의 언급적 사용은 비록 기술 그 자체가 애초에 언급하고자 의도했던 언급대상을 언어적 기술로서는 잘못 기술할지라도 의도한 개별자를 언급하는 데 성공한다. 그리고 동시에 기술이 언어적 기술로서 사용되면서 언급하려고 의도하지 않았던 개별자에 대한 정확한 기술을 하는 경우, 이를테면 만일 그 구석에 있던 다른 사람이 실제로 샴페인을 마시고 있었지만 화자가 언급하려고 의도했던 사람은 실은 물을 마시고 있는 경우에도 한정 기술은 언급에 성공한다. 이에 비해 화자는 기술을 속성을 귀속시키기 위해서도 사용한다. '(누가 되었든) 내 지갑을 훔친 그 도둑'이라는 표현으로 화자가 누가 되었든 무엇이 되었든 간에 그 기술에 문자 그대로 부합되는 것을 언급하려고 하는 경우가 그렇다. 프라이어, 1971, pp.152-153도 보시오.

4. 예를 들어 써얼, 1958과 1967을 보시오.
  * cluster는 송이, 무리 등의 의미이다. 여기서는 맥락에 따라 '무리'와 '군'이라는 용어를 사용하겠다. cluster of properties는 '속성의 무리' 또는 '속성군', cluster theory는 '군이론' 또는 '기술군이론' 등으로 옮기겠다.
  ** 속성의 군이나 무리를 말로 표현하면 '선언'(disjuction)이 된다. 이와 달리, 속성의 연접(conjunction)을 말로 표현하면 '연언'(conjunction)이 된다.
5. I부, 특히 pp.134-169를 보시오.. 린스키는 자신의 견해를 비트겐슈타인으로부터 도출했다. 그에 따르면 고유명의 뜻은 일반적으로 모호하며 변하기 쉬운데, 왜냐하면 고유명과 별개인 한정 기술로 표현되는 많은 개개의 개념들 가운데 뜻이 결정되지 않은 채 남아 있기 때문이다. 비트겐슈타인, 1953, I부, 79번, pp.36-38을 보시오.

인 관계이다. 이는 용어와 개념 사이에 맺어지는 표현(expressing) 관계, 그리고 개념과 대상 사이에 맺어지는 결정(determining) 관계의 상관물이다. 단칭어는 특정한 대상이 일정한 조건을 충족시키지 못하는 상황에서도 그 대상을 지시할 수 있도록 되어 있는 방식의 본래적인 관계를 갖지 못한다. 비유를 들자면, 단칭어는 그 뜻으로 하여금 바로 그 시점의 한 가능 세계를 뒤져서 그 단칭어에 유일하게 부합되는 지시대상을, 그것이 누구이든 무엇이든, 찾게 만든다.

특히, 정통 이론은 럿셀과 프레게가 심각한 문제라고 생각했던 언급의 수수께끼에 상당히 그럴듯한 해결책을 제시한다는 점에서 만족스러운 이론이다. 이는 결국 동일성 진술의 정보성(informativeness)에 관한 프레게 수수께끼의 해결책, 양상 맥락과 명제 태도 맥락에서 대입 실패를 설명해 주는 해결책, 부정 실존 진술 문제의 해결책, 좀더 일반적으로는 비지시 단칭 용어를 포함하는 진술의 유의미성과 진리치에 관한 문제의 해결책으로서 강점을 갖는 이론이라는 말이다. 단칭 용어를 포함하는 진술이나 구에 의해 표현되는 명제, 즉 전달되는 정보가 그 용어의 지시의 함수라기보다 뜻의 함수이거나 적어도 부분적으로 뜻으로 구성된다는 점을 유념한다면, 이런 각각의 난제들은 해결될 수 있다. 정통 언급론이 언급의 수수께끼를 성공적으로 풀어내는 것이야말로 이 견해가 그토록 광범한 철학적 호소력을 갖게 된 사실을 설명해줄 수 있는 것 같다. 이 정통 이론을 주장한 철학자들로는 가장 두드러진 카르납(Rudolf Carnap)을 비롯하여 처취(Alonzo Church), 더밋트(Michael Dummett), 린스키(Leonard Linsky), 써얼, 스트로슨(P.F. Strawson) 등을 들 수 있겠다.

이에 비해 도넬란이나 크립키가 지지하고 있는 단칭 언급론에 따르면 고유명은 뜻을 갖지 못한다. 고유명은 뜻을 갖는 대신에 단지 대상에 제 각각의 표시를 달아주는 정보를 갖지 않은 '빈 꼬리표'일 뿐이다. 바로 그런 이유에서 이름에 포함된 개념 내용에 의해 언급이 결정되지 않는다. 그보다는 대상으로부터 그 대상의 이름에 대한 화자의 사용에 이르는 일종의 인과사슬을 거슬러 올라감으로써 결정된다.6 그래서 이 언급론을 인과 언급론이라고 부르기도 한다. 이렇게 이해되었을 때 이 이론에 대해 비판이 이루어진다면, 분명히 이 이론이 언급의 수수께끼에 의해 반박된다는 식이 될 것이다. 하지만 이렇게 논의가 진행된다면, 이는 그릇된 비판이 되고 만다.

우리가 직접 언급론을, 어떤 뜻에서, 고유명이 프레게식의 뜻을 갖는다는 생각을 거부하는 주장이라고 보는 게 옳다해도, 고유명이 뜻을 갖는지 여부를 문제의 핵심으로 본다면 언급론과 관련된 논점을 이해하는 데 도움이 안될 뿐 아니라, 논점을 전혀 해명해주지도 못하게 된다. 린스키가 지적한 바에 따르면(1977, p.75), 프레게식의 뜻 개념은 "(상당히) 구조화되어 있는 개념이며 어느 정도 정교하고 명확하게 표현된 이론의 부분이다." 버즈(Tyler Burge)는 프레게의 뜻 개념에서 세 가지 서로 다른 기능을 구분한다(1977, p.356). 우리는 이 세 가지 구분을 더욱 다듬어 사용해 볼 수 있겠다. 그렇지만 이렇게 되면 버즈 자신이 구분했던 것과는 다소 달라지겠지만 그래도 대체로 보아 버즈의 구분을 좇아서, 용어에 부여되는 다음과 같은 적어도 세 가지 속성이 구별되어야 하겠다.

뜻$_1$. 순전히 개념적인 표상. 충분한 언어 능력을 가진 화자가 자신의 특정한 방식으로 자신의 용어 사용과 이 개념적 표상을 연결시킨다. 뜻$_1$은 심리학적이고 개념적인 관념이다. 용어의 뜻$_1$은 용어를 사용하는 주체가 "파악하는" 것이다. 이것은 오직 순전히 질적인 속성(이 관념은 아래에서 설명된다)이다. 그래서 외부 대상은 뜻$_1$의 구성요소가 될 수 없다. 대신에 외부 대상에 대한 개념적 표상만이 있을 뿐이다.

뜻$_2$. 그에 의거하여 용어의 언급이 (어떤 한 가능 세계 그리고 한 시

---

6. 예를 들어 에커만, 1979a와 1979b, 그리고 린스키, 1977, 1부 전체를 보시오.

각과 관련하여) 확보되며 의미론적으로 결정되는 절차

뜻$_3$. 용어의 정보치. 즉 그 용어를 포함하는 문장의 정보 내용에 그 용어가 기여하는 바이다. 뜻$_3$은 인지적이고 인식론적인 관념이다. 용어의 뜻$_3$은 그 용어를 수단으로 표현되는 신념의 일부를 형성하며, 그 용어를 포함하는 문장의 인식론적 격위(즉 선천적, 후천적, 동어반복적, 통보적 특성)에 관련된다.[7]

---

[7]. 버즈의 구분을 쫓아 도입된 세 가지 구분은 버즈 자신이 받아들이지 않을만큼 애초의 구분과 달라졌다. 이를테면, 버즈의 '뜻$_1$'은 이 책에서 구분하고 있는 뜻$_1$과 뜻$_3$의 일부가 결합된 것이다. 또한 버즈의 '뜻$_3$'은 여기서 제시된 프레게식 뜻의 세 가지 속성에 덧붙여 네 번째 속성을 갖는데, 이 네 번째 속성은 'that-절'이나 그밖에 불투명 맥락에 포함된 용어가 지시하는 바로 그것으로 이해될 수 있겠다. 하지만 이런 생각과 이 책의 뜻$_3$은 대부분의 목적에 비추어볼 때 거의 하나로 보아도 무방하다고 생각된다.
   한편 용어가 갖는 뜻 가운데 이 책의 뜻$_1$과 아주 흡사하면서 다른 종류의 "뜻"이 있다. 화자가 일정 방식으로 자신의 용어 사용과 연합시키는 속성 집합이나 속성군(그 용어 사용에 의해 얻게 되는 것들, 그 대상의 확인 특성들 등등, 그리고 더불어 그밖에 것들, 이를테면, 그 대상에 대한 정서적 태도)이 그것이다. 철학자들은 이를 용어에 부가되어 있는 "정신의 기록철"(mental file)이라고 말한다. (예를 들어 록우드(Lockwood), 1971, pp.208-209를 보시오. 이런 관념은 퍼트남의 "정형"(stereotype) 관념과 아주 밀접하게 연관되어 있다.) 정신의 기록철을 용어의 뜻$_1'$이라고 부르자. 뜻$_1$과 뜻$_1'$과의 주된 차이를 지적해 본다면, 후자가 일반적으로 순전히 질적이거나 개념적인 것만은 아니며, 그 구성요소로서 비내포적인 것을 포함할 수도 있다는 점이다. 이렇게 본다면 프레게가 자신의 뜻 관념에서 아무런 역할도 못한다고 거부한 것이 바로 이 뜻$_1'$이었다.
   그리고 우리는 뜻$_1$이나 뜻$_1'$를 뜻$_3$과 동일시하라는 유혹을 반드시 물리쳐야 하는데, 앞에서 말한 똑같은 이유 때문이다. 뜻$_1$ ≠ 뜻$_3$에 관해서는 새먼, 1979a를 보시오. 뜻$_3$을 다음과 같이 정의된다고 보면 도움이 될 것이다. 뜻$_3$은 동일성에 관한 프레게 수수께끼를 정확하게 해결해주는 것이다. 다시 말해 임의의 문장 형식 「φ( )」에 관하여, 용어 τ와 동일한 지시대상을 갖는 공통 지시어 τ'이, 만일 「φ(τ)」가 「φ(τ')」와 다른 정보를 담고 있다면, 반드시 서로 다를 수밖에 없게 만드는 τ의 국면이 바로 τ의 뜻$_3$이다. 이를 염두에 두고, 우리는 용어의 뜻$_3$이 그 언급대상과 똑같지 않다는 것(즉 공통의 언급대상을 갖는 α와 β라는 한 짝의 용어를 보면, α = β는 정보를 전달하지만 α = α는 그렇지 않다는 것)을 증명하려는 프레게의 전략을 용어의 뜻$_3$이 마찬가지로 뜻$_1$이나 뜻$_1'$과도 같지 않음을 증명해준다고 일반화시킬 수 있겠다.
   다른 철학자들도 뜻 관념의 구성요소 간에 비슷한 구분을 도입했었다. 예를 들어 블랙번(Blackburn), 1975과 크립키 1972a, p.59, 그리고 퍼트남, 1973b를 보시오.
   그리고 필자가 뜻$_1$을 "심리적" 관념이라고 부를 때, 용어의 뜻$_1$이 오직 한 주관의 정신에 어떤 프레게식 이론에서든 우리는 용어의 이 세 가지 속성이 합성되어 있다는 것을 발견할 수 있다. 어떤 유의미한 단칭어에 대해서든, 그 용어의 뜻$_1$은 뜻$_2$이며 뜻$_2$는 뜻$_3$이고 물론 뜻$_1$은 뜻$_3$이기도 하다는 점이 가정되어 있다. 이렇게 세 가지 뜻을 세 가지 방식으로 동일시한다면, 자연스럽고 만족스러워 보이기는 해도, 매우 강한 이론적 주장을 하고 있는 셈이며, 따라서 우리는 이를 무조건 승인하기 전에 어느 정도라도 주의를 기울여 살펴보아야만 할 것이다. 일부의 단칭어에 대해서는 의심할 것도 없이 뜻$_2$와 뜻$_3$이 동일하다고 보아도 무방하다. 귀속적으로 사용된 한정 기술이 그런 경우다. 만일 이에 덧붙여 그 기술이 '가장 키 작은 그 첩자'와 같이 고유명이나 지표어를 전혀 포함하지 않았다면, 뜻$_1$, 뜻$_2$, 뜻$_3$을 동일하다고 보는 게 정당할 것이다. 그러나 이는 매우 특별한 종류의 표현이다. 일반적으로, 모든 종류의 단칭어에 관해서, 세 가지 뜻을 전면적으로 동일시하려는 시도가 어떤 방식으로든 정당화되지 못한 상황에서, 고유명의 언급과 서로 다른 고유명의 뜻$_3$이 필요하다고 증명하려는 프레게식 논증은, 고유명의 뜻$_1$이면서 동시에 뜻$_2$인 어떤 것이 반드시 필요하다는 것을 증명하려는 데에, 전혀 성공하지 못한다. 프레게의 동일성 수수께끼의 경우를 생각해 보더라도, '개밥바라기'라는 이름과 '샛별'이라는 이름 각각이 이 둘 중 하나를 포함하는 문장들의 정보 내용에 똑같이 기여한다고 주장하기도 어렵게 된다. 이처럼 '개밥바라기'와 '샛별'을 포함하는 문장들이 결국 똑같은 정보 내용을 갖는다고 한다면 이는 아주 극단적인 주장일 것이다. 이에 반해, 크립키가 『명명과 필연성』에서 옹호하고 나섰으며, 다른 철학자들이 여러 저작에서 제시한 직접 언급론은 이런 주장을 하지 않는다. 크립키의 이론은 프레게류의 주장에 대해

의하여 접근 가능한 사적인 주관적 경험과 같은 것이라는 뜻으로 그런 게 아니다. 용어의 뜻$_1$은 개념적 실재이며, 간주관적 실재이고, 다른 사람들에 의해서 그리고 시간이 달라져도 같은 사람에 의해 파악 가능한 실재이다. 뜻$_1$은 심리적 관념이며, 프레게가 강조하고 있듯이 이 뜻 안에서 표현의 개념 내용이 정신적으로 "파악" 즉 "납득" 된다.

전혀 호의를 보이지 않는다고 하겠는데, 왜냐하면 크립키의 주장(1072a, pp.101-105)에 따르면 "개밥바라기는 개밥바라기다."는 필연적이며 선천적인 명제인 반면, "개밥바라기는 샛별이다."는 필연적이며 후천적인 명제이기 때문이다. (하지만 1979b, pp.269, 281, n.44를 보시오.) 고유명이 세 종류의 "뜻" 가운데 하나를 갖는다고 인정할 필요성에 촛점을 두고서 직접 언급론을 비판하는 일은 그 이론의 주된 취지에 대한 심각한 오해를 드러낸다. 사실상 직접 언급론의 주된 기본 주장은 고유명의 언급대상과 구별되는 세 종류의 "뜻" 가운데 어느 하나를 거부하자는 게 아니다. 직접 언급론은 고유명이 세 종류의 "뜻" 중 어느 하나를 갖는다는 주장이나 세 가지 뜻 사이에 이루어지는 삼중의 동일성 주장을 부정하는 일을 주된 주장으로 삼지 않고 있다. 그 주된 기본 주장은 고유명의 뜻을 아예 허용하지 않으려고 하는 것이며, 이 점을 생각할 때, 직접 언급론자들은 고유명에 적용된 프레게식의 뜻 관념, 다시 말해, 뜻의 세 가지 기능 중 하나를 만족시키는 것이 다른 두 가지를 만족시킨다는 확대된 프레게식 관념도 반대한다.[8] 만일 용어의 뜻이라고 여겨지는 것이 이런 류의 것이라면, 아마도 일부의 한정 기술은 정말로 뜻을 가질 것이다. 다른 한편으로는 고유명과 지표 단칭어는 확실히 갖지 않을 것이다.

1.2 기술 단칭어

고유명의 언급과 별개인 세 종류의 뜻 가운데 어떤 것 하나라도 용인한다면, 그게 결국 프레게식 이론이 아닌가? 만일 직접 언급론이 뜻$_1$이

---

[8] 만일 이 이론이 뜻$_2$를 인정한다는 점을 감안한다면 '직접 언급론'은 엄격하게 말해서 정확한 말이라고 볼 수 없겠다. 이 구는 확장된 프레게식 뜻의 의미론적 매개 없이 이루어지는 언급이라는 관념을 제시하기 위한 것이어서, 용어와 용어로 지시되는 사물을 연결시키는 어떤 것에 의한 언급을 부인하기 위해 사용되었다고 여겨져서는 안된다. '직접 언급'이라는 구를 기술로 이해하기보다는, 뜻과 무관하게 이루어지는 언급이라는 현상의 이름, 좀더 엄밀히 말해서 '비기술성'이라고 할 수 있는 현상의 이름이라고 이해하면 좋을 것이다.

나 뜻2, 뜻3을 반대하지 않는다면, 어떤 면에서 프레게에 반대되는 주장일까? 필자는 이에 답하기 위해 전문 개념을 하나 도입하겠다. 단칭어 α를 카르납의 방식으로 기술적 표현이라고 말할 수 있는 경우는 다음과 같다. (그 뜻1'의 일부로서) α와 연합된 속성의 집합이 있는데, 가능세계 w와 시각 t에 관하여 만일 w와 t에서 이 모든 속성들을 갖고 있는 유일한 개별자가 실존한다면 그것이 누구든 또는 무엇이든 유일하게 w와 t에서 이 모든 속성들을 갖는 바로 α의 지시대상이라고 결정되며, 만일 실존하지 않는다면 지시대상이랄 것이 아무 것도 없다고 결정될텐데, 이때 이런 일이 오직 의미론에 의해서만 이루어진다면 카르납의 방식으로 기술적 표현이라 할 수 있겠다. 이 정의는 고유명의 뜻에 대한 다른 생각과 문자 그대로는 일치하지 않는다. 이를테면 써얼이나 린스키의 이론에서 제시된 관념들과 다르게 보인다. 뜻에 관한 다른 이론들이 적절하고 명확하게 표현되는 경우에 한해서, 그 각각의 이론에 따라 써얼 방식의 기술적 표현이라거나 린스키 방식의 기술적 표현이라 정의할 수 있겠다. 예를 들어 뜻에 관한 써얼의 "무리"개념을 내가 제시한 정의에 맞도록 조정하기 위해서는, 어떤 사람이건 무엇이건 간에 이런 속성들 전부는 아니라도 '충분히 많이'[9] 가졌을 때 그 지시대상일 수 있다고 인정해야만 할 것이다.[10] 만일 단칭어가 카르납의 방식 또는 원래

---

[9]. 어떤 것이 "가장 만족스러운" 조건의 집합이라는 관념이나 만족스럽고 "충분히 많은" 조건의 집합이라는 관념은 사실 모호하다. 하지만 기술 일반어에 대한 정의뿐만 아니라 다음에 제시될 기술 단칭어의 정의에 이른바 무리 용어가 포함되도록 하는 게 낫겠다. 물론 기술 일반어라는 관념은 좀더 정확하게 정의되어야 할 것이다.

[10]. 뜻에 관한 린스키의 관념을 여기서 제시한 정의에 맞게 조정하기 위해서는, 이런 저런 속성의 퍼지 집합(fuzzy set)의 가능성이나 또는 이런 저런 속성 집합의 모호 집합의 가능성도 고려할 필요가 있는 것 같은데, 이때 다음과 같은 두 가지 약정도 이미 함께 고려되고 있다. 고유명의 경우, 모호 집합 내의 속성 각각이 현실적으로 속성 P를 갖고 있다 즉 현실 세계에서 속성 P를 갖고 있다는 양상적으로 지표된 (modally indexed) 속성이라는 약정과, 모호 집합 내의 속성들 가운데 정확히 어떤 속성이 언급을 결정하는지 여부에 관한 일종의 비결정성이 존재한다는 약정이 그것이다. 각주 5를 보시오. 린스키의 방식으로 기술적이라는 말에 정확한 정의를 부여하려면, 린스키가 충분하게 정의를 제시하지 않았기

의 프레게식 주장에 기반을 둔 다른 변종 이론 중 하나에 관련되어 있다면, 이 단칭어를 (순전한) 기술적 용어라고 말하겠다.11 기술적 용어는 속성에 의거하여 지시하는 것이다. 무엇인가를 (그 뜻¡이라고) 알아차리는 방식을 표현하는 것은 바로 용어이며, 그 용어의 언급대상은 한 가능 세계에서 그 시각과 관련하여 이 개념 즉 "뜻"에 의해 간접적으로

에, 독자들이 능력을 발휘하여 알아내야 한다. 특히 그가 대답하지 않고 남겨 놓은 중요한 물음은, 뜻이 달라지면서 대상이 달라질 때 언급이 결정되는 방식에 관한 물음이다. 린스키가 자신의 견해를 어느 정도나 개진했든, 이 물음에 대해 2절에서 인식론적 논증과 의미론적 논증이 제시될 것이다.

11. 나는 좀더 일반적으로 사용되고 있는 '기술하는'(discriptive)이라는 말보다 '기술적'(discriptional)이라는 형용사를 좋아하는데, 여기에는 몇 가지 이유가 있다. 'discriptive'라는 형용사는 한정 기술의 의미론적 속성을 암시할 필요가 없는 기본적으로 비전문적인 뜻을 갖는다. 반면 'discriptional'이라는 형용사는 준-전문 용어이다. '저 키 큰 농구 선수'와 같은 현장 지시 기술(demonstrative description)은 비록 여기 제시된 전문적 뜻으로는 비기술적 용어이지만 일상적인 뜻에서는 명백히 기술하는 내용을 갖는다. 마찬가지로 한정 기술에 캐플란의 '바로-그것'(dthat)이라는 연산자를 덧붙여 이루어진 표현도 필자의 뜻대로는 기술적 표현이 아니지만 명백히 기술하는 내용을 갖는다. '기술하는'이라는 표현을 사용하는 데 따르는 또 다른 어려움이 있다. 직접 언급론을 비판하는 액커만(Diana Ackerman)은 이 책의 참고 문헌란에 열거된 그녀의 책에서 고유명은 "기술하지 않는 내포" 즉 "기술하지 않는 뜻"을 표현한다는 견해를 제시한다. 이를 통해 그녀가 뜻하는 바는, 비록 일반적으로 말해서 (정말로) "순수히 성질을 표현하는" 일반어 즉 술어는 없다할 지라도, 고유명은 기술적 표현이라는 것이다. 이 일반어나 술어는 한정 기술 연산자 (즉 단칭어에서의 '그'(the))와 정확히 꼭 같은 동의어를 제공하도록 결합될 수 있다. 고유명에 관한 그녀의 견해가 정확한지 여부는 접어두고, 어쨌든 전문적인 뜻으로 기술적 뜻의 표현이 있을 수 있다. 하지만 한편 그 표현이 기술로 이루어지는 동의어를 제공하는 게 어렵거나 불가능하기 때문에 일상적으로는 '기술하는' 표현이라고 할 수 없을 것이다.

* descriptive는 '기술하는'이라 하고, descriptional은 '기술적'이라고 하겠다. '기술하는'이라는 말은, '그 키 큰 농구 선수'라는 구가 원래 기술하려는 목적을 가진 말은 아니지만, 누구나 일상적으로 이 말을 들으면 언급되는 대상에 대한 기술을 떠올리거나 알게되는 일상적 의미의 '기술하는' 기능을 가진 구의 의미를 잘 반영한다고 보인다. '기술적'이라는 말은 '기술하려는 원래 목적에 부합된다.'는 뜻으로, '-적'의 쓰임이 갖는 다의성에 의해 일상의 의미를 벗어나는 준-전문어의 도입을 보다 가능하게 만들어 줄 수 있는 걸로 보인다. 그리고 덧붙여 '-적' 자가 일으키는 문장의 껄끄러움을 완화시킬 목적으로 이를 빼고 조어를 하기도 하겠다. 물론 descriptional의 경우만을 이렇게 쓰겠다. '관계 기술 단칭어'(relational descriptional singular terms, 1.3절 참고)라는 용어가 그런 예다.

보증된다. (기술적 용어는 그 뜻2가 그 뜻1과 동일시되는 용어이다.) 이 책 전체를 통하여 한정 기술, 적어도 귀속적으로 사용되는 한정 기술은 여기서 정의한 뜻으로 기술적 용어라고 가정될 것이다.12 사실, 기술적 단칭 용어의 가장 명백한 예는 귀속적으로 사용되는 한정 기술이다. 그러나 모든 기술적 단칭 용어가 한정 기술과 아주 똑같은 방식으로 작용할 필요는 없다. 단칭 "무리 용어"가 만일 있다면, 이 역시 이런 뜻으로 기술적 용어이다.

우리는 비기술적 단칭어가 그 언급대상을 직접 언급한다거나 직접 지시한다고 말할 수 있겠다. 왜냐하면 그 지시는 기술하는 뜻의 매개를 거치지 않기 때문이다.13 비기술적이고 또한 직접 언급하며, 단칭인 용어의 예는 (자유 출현하는) 개별자 변항이다. 자유 출현하는 개별자 변항은 아무 제한 없이 지시하지는 않으며, 그 대신 개별자 변항에 값이 할당되는 조건 아래 지시한다. 일정한 가능 세계에서 일정한 시각에, 변항에 값이 할당되는 상황 아래 이루어지는 지시는 그 할당에 의해 의미론적으로 직접 결정되며, 변항이 제시되는 개념적 양상(conceptual mode of presentation)을 변항에서 추출하여 결정되지 않는다.

기술적 지시 표현이라는 관념을 사용함으로써, 직접 언급론 가운데 적어도 한 가지 형태의 주요 기본 주장을 다음과 같이 간단히 진술할 수 있겠다. 정통 이론에서 기술적인 용어라고 주장되는 단칭어 가운데 어떤 종류는 사실상 비기술적이다. 특히 일상적으로 고유명이나 지시어는 한정 기술의 귀속 사용과 같은 방식으로 사용된다고 정통 이론이 주

---

12. 따라서 우리는 속박 개별자 변항이 가능 세계에서 가능 세계로 변화하여 분포하는 변역을 허용하겠다. 변항이 가능 세계 w에 관련하여 분포하는 변역은 바로 w에서 "실존하는" (가능한) 개별자로 이루어진다.
13. 이 주장에 대한 가능한 예외라면, '저 키 큰 농구선수'나 '이 저저분한 원고'라는 등의 현장 지시 기술(demonstrative descriptions)이 그 경우가 되겠다. 물론 이런 표현은 어떤 개념을 싣고 있다. 즉 "뜻"을 표현한다. 비록 그것들이 기술적 표현은 아니지만 그렇다. 각주 11을 보시오.

장하였는데, 실은 그 대신, 값이 할당된 자유 변항에 가까운 방식으로 작용한다.

사실 이는 아주 단순한 주장이다. 우리가 사용하는 용어 가운데 일부는 일정 조건에 부합되는 것을 찾아냄으로써 지시하는 게 아니라, 화자가 개별자에 관해 직접 말(하고 묻고 등등을)할 수 있도록, 그 용어들이 일정 조건과 무관하게 선택된 개별자를 직접 언급한다. 이보다 더 분명한 것이 있을 수 있나? 그러나 이런 기본 주장의 단순성과 명확성에 현혹되지 말아야만 한다. 말로 드러나는 것보다는 감춰지는 게 많은 법이다. 이 단순한 기본 주장은 놀랄 만큼 풍부하고 강력한 철학적 관점의 바탕이 되었다. 이로부터 예측하지 못했던 결과들이 산출되었는데, 가치 문제부터 논리 문제에 이르기까지 분석철학의 거의 모든 분야에서 핵심적인 문제들에 의문을 야기시켰다. 믿기지 않을지도 모르지만 미학, 수학 철학, 인식론, 과학 철학, 종교 철학, 정신 철학 등의 분야까지도 이 영향권 안에 포함되어 있다.

이 책의 제 II부에서 우리는 이 직접 언급론을 제안한 사람들이 주장하는 바에 따라 이 이론이 아주 골치 아프기로 유명한 형이상학 문제인 본질주의 문제에 중대한 영향을 줄 수 있는지 검토할 예정이다. 우리가 제시할 답은 대체로 부정적이겠지만, 처음부터 이런 물음이 고려되어야 한다는 것은 아주 분명한 사실이다. 그렇지만 우리가 직접 언급론을 폭넓게 이해하고 이를 정통 이론과 대비시켜 보지 않고서는 이 물음이 성과 있게 논의되기 어렵다. 바로 이런 일이 I부의 나머지 부분에서 이루어질 것이다.

1.3 관계 기술 단칭어

우리가 이미 보았던 대로, 기술 단칭어는 속성과 조건으로 이루어진 특정 종류의 "뜻"을 일정 방식으로 표현한다. 기술 단칭어의 예로는 귀속적으로 사용된 한정 기술이 있다. α를 비기술 단칭어라 하고 R을 임의의 이항 관계 술어라 해보자. 그러면 평소의 가정에 따라 열린 형식문

R(x, α)

는 한정 조건(definite condition)을 표현하게 되는데, 따라서 다음의 한정 기술

($^?$x)R(x, α)

은 기술적 용어이며, 두 요소 중 하나는 비기술 요소이다. 이런 한정 기술은 전적으로 기술적인 용어(thoroughly descriptional term)와는 중요한 방식에서 서로 다르다.[14] 예를 들어, 만일 α가 버트란트 럿셀을 지시하는 비기술적 명칭이면, 「α의 그 아버지」라는 기술은 기술적이긴 하지만 전적으로 기술적인 건 아니다. 표현된 속성은 이러저러한 신조들을 주장한 적이 있는 그 유일한 척학자의 아버지라는 식의 속성이 아니라, 오히려 럿셀에 대한 직접 언급을 포함하는 속성이다. 즉 럿셀 자신이, 그의 용어를 빌어 말해서, "구성 성분으로서 출현하고 있는" 속성, 바로 이 개별자의 아버지라는 속성이다.[15] 한편 전적으로 기술적인 용어의 예

---

14. 현실적으로, 거의 모든 단칭 낱말들에 직접 언급론을 적용할 수 있는 가능성(이는 캐플란 1973a, p.518, n.31에서 지적되었다)에 비추어볼 때, 전적으로 기술적인 용어가 도대체 있을 수 있는가하는 것은 의심스럽게 된다. 이제 보게 되겠지만, 이점은 정통 이론과 아주 선명하게 대비되는 점이다.
15. 럿셀은 주로 명제의 구성 성분으로 등장하는 개별자에 관하여 말했으나, 럿셀의 착상은 속성과 관계 그리고 그 형식적 표현이 진정한 이름의 사용을 포함하고 있는 다른 내포적 실재에 확장하여 적용해볼 수 있겠다. 명제의 구성 성분으로 출현하는 개별자라는 착상은 럿셀의 여러 저작에서 발견할 수 있다. 예를 들어 1905, pp.55-56, 1956 ; 1911, pp.216-221 ; 1912, pp.54-57 ; 1981, pp.242-243. 우리는 캐플란(1970)에 따라서 개별자를 그 구성

는 아마도 '가장 잘 사는 그 배관공'과 같은 표현일텐데, 이 용어는 순전히 개념적 속성만을 표현하며, 이 속성은 한 개별자에 대한 직접 언급을 포함하지 않는 속성이다.

전적인 기술적 용어와 비기술적 요소를 포함한 용어의 차이는 만일 R을 동일성 술어라 하고 그 결과로 만들어지는 한정 기술 「$(\text{'}x)(x = \alpha)$」 즉 「α인 개별자」와 비기술 단칭어를 전혀 포함하지 않는 기술적 용어, 예를 들어, '가장 잘 사는 그 배관공'을 비교해 보면 확연해진다. 3.2절에서 보게 되는 바대로 비기술 단칭어 α는 양상 맥락과 시제 맥락에서 자신과 거의 비슷한 역할을 하는 기술적 용어인 「$(\text{'}x)(x = \alpha)$」와 그 기능을 달리 할 수 있다. 하지만 여러 목적상 이는 무시될 수 있을 정도의 차이이다.

여기에 정통 이론과 직접 언급론의 논쟁거리를 이해하기 위해서 중요한 일이 있다. 바로 전적으로 기술적인 표현과 비기술적 요소를 거느리고 있는 기술적 표현을 구별하는 일이다. 유감스러운 일이지만, 비록 모든 비기술적 표현이 구문론적인 특징에 의해 나열될 수는 있다해도, 구문론적 특징만으로 비기술 표현인지 분간하기 어렵다. 모든 기술적 표현이 비기술적 표현을 그 구성요소로 가지고 있다고 드러내고 있는 것은 아니기 때문이다. 아마도, 예를 들어, '그 부활'(the resurrection)과 '그 동정수태'(the immaculate)와 같은 기술적 표현은 그리스도에 관한 비기술 언급을 감추고 있다고 볼 수 있으나, 겉보기의 표현만 가지고는 이를 명확히 하기 어렵다.16 그리고 우리가 현재 사용하고 있는 언어에서, 모

성분으로 포함하고 있는 명제를 단칭 명제라 하겠다.
16. '그 탁자'(the table)와 같은 소위 불완전 또는 부정 한정 기술(incomplete or indefinite definite description)에 관한 가능한 한 가지 견해(도넬란, 1968, p.204를 보시오.)는 이것들이 모두 감추어진 비기술적 언급을 포함하고 있다고 보는 것이다. 물론 이 언급이 아마도 항상 개별자에 관한 것은 아닐 수도 있지만 어쨌든 그런 언급을 포함하고 있다는 것이다. 그래서 예를 들면 '그 책상'은 'S에 상관된 그 책상'과 대체로 동의어라고 간주될 수 있겠다. 여기서 'S'는 '그 책상'이라는 낱말 사용의 주변 맥락에 의해 묘사되는 상황을

든 기술적 표현이 가질 수도 있는 비기술적 요소를 모조리 드러내주는 일대 일 동의어를 찾아낼 수 있는 것도 아니다. 바로 이런 이유 때문에, 언어의 구문론적 형태를 반영하는 용어에 의거해서가 아니라 명백히 형이상학의 개념을 표현하는 용어에 의거하여 현재 논의에 결정적으로 중요한 구별을 시도하였다.

기술적 단칭 표현과 비기술적 단칭 표현의 구분은 속성이나 조건이라는 관념으로 정의되었다. 전통적으로 속성은 두 종류로 구별되었다. 관계 속성 즉 럿셀을 사냥함이라는 속성과 같이 관계로 이루어지는 속성과 겉보기에 녹색임이라는 성질과 같은 비관계 속성이 그것이다. 이제 이 전통적 구별을 고쳐서 관계 속성을 다음과 같이 정의하고자 한다. 관계 속성이란 한 개별자에 관한 언급을 포함하는 속성이다. 만일 문제의 이 속성에 관해 표준적인 동명사 형태(「X-임이란 그 속성」(the property of X-ing))로 나타낼 때, 적절히 포함된 단칭어로 개별자를 언급한다.[17] 일부 관계 속성은 본래적 관계 속성이라고 할 수 있겠는데, 한

직접 언급하는 이름이다.

* 영어의 the가 이 책이 다루고 있는 논의의 맥락에서는 중요한 역할을 한다. 이 낱말의 여러 용법 가운데 특히 여기서 중요한 것은 '이 표현 이후에 나타나는 표현에 해당되면서 유일한 어떤 것'을 지시하는 영어의 the이다. 우리말에서는 굳이 이 표현이 없이도 뜻이 통하는 경우가 대부분이기는 하지만, 'the'가 논의의 대상이 되는 경우에는 다소 껄끄럽더라도 이를 '그'라는 낱말을 사용하여 옮기겠다.

17. 이를 관계 속성에 대한 정확한 정의라고 하기보다는 그에 대한 임시 방편의 설명이라고 하고 싶다. (예를 들어 표준 동명사형으로 표현되지 않을 속성의 가능성에 관한 문제라든가, 하나 이상의 표준 동명사형으로 표현될 속성의 가능성에 관한 문제가 제기될 것이기 때문이다.) 이 설명에 따르면 특정한 누구와 결혼했음이란 속성, 예를 들어 버트란트 럿셀과 결혼했음이란 속성은 관계 속성으로 취급된다. 반면 (어느 누군가 또는 다른 누군가와) 결혼했음이란 좀더 일반적인 속성은 특정인인 누구에 대한 언급도 포함하고 있지 않기 때문에 관계 속성으로 여겨지지 않는다. 하지만 후자의 속성은 전자의 속성과 마찬가지로 결혼 관계를 포함한다. 이 대목에서 '관계 속성'이란 구절의 두 뜻이 구별될 수 있다. 만일 한 속성이 여기서 제시된 "정의"를 만족시키면 이것은 관계1 속성이라 할 수 있겠고, 만일 한 속성의 표준 동명사형이 특정 개별자나 개별자에 관한 (보편 또는 존재) 양화사 둘 중 하나에 대한 언급을 포함한다면, 예를 들어 누구도 멎지 않음이란 속성은

개별자에 대한 직접 언급을 포함한다. 즉 많은 경우에 어떤 속성을 표준 동명사형으로 표현할 때, 기술적 단칭어말고 다른 방법으로 개별자를 언급해야만 한다. 그런데 이때 개별자에 대한 언급은, 그렇게 지칭된 속성의 실질적인 내용의 변화 없이는, 럿셀의 방법에 의해 "분석되어 버려서" 제거될 수 없다.[18] 예를 들어 이제까지 가장 위대한 영국의 극작가와 사상하고 있음이라는 속성은 셰익스피어에 관한 언급을 포함하고 있지만, 누구에 관한 직접 언급은 포함하고 있지 않는다. 왜냐하면 이 속성은 어떤 뜻에서 모든 사람을 능가하는 영국 극작가는 사상핬이란 속성과 동등하기 때문이다. 이것이 x는 사상핬(여기서 'x'의 값은 셰익스피어이며, 따라서 그는 사상핬이란 셰익스피어에 관한 직접 언급을 포함하고 있는 속성)과 다른 속성이라는 건 다음과 같은 경우에 지시대상이 달라지는 걸 보면 증명된다. 예를 들어 셰익스피어가 희곡을 쓴 적이 결코 없고 프란시스 베이컨 경이 영국의 가장 위대한 극작가가 되었을 경우 그 지시대상은 달라진다. 개별자에 관한 직접 언급을 포함하지 않는 속성을 순전히 직적인 속성 또는 일반 속성이라 하자.

개별자에 관한 직접 언급을 포함하는 관계 속성은 럿셀의 단칭 명제와 비슷한데, 이 단칭 명제 내에서 관계 속성들은 내포적 실재이다. 이 관계 속성들은 개념만이 아니고 비내포적인 개별자를 그 구성 성분으로 포함한다. 도넬란과 캐플란이 제안한 바에 따라, 럿셀의 단칭 명제 가운데 하나를 개별자와 속성의 순서쌍으로 나타낼 수 있겠다. 이를 좀더 일반화시켜 표현한다면, 개별자 n과 n-관계(n-ary relation)가 이루어지는 n+1 용어의 연쇄로 나타낼 수 있겠다. 이런 표현 방식에 따라, 본래적 관계 속성은 n-1인 개별자 관계항(individual relata)과 이와 적절히 관련된

관계₂ 속성이라 할 수 있겠다. 관계₂ 속성이라는 두 번째 관념은 현재의 목적상 중요하지 않으며, 또한 이는 비관계 속성으로 동화될 것이다.
18. 가능-세계 모형 이론이라는 전문적 틀을 가지고, 직접 언급을 가진 속성과 이와 관련된 관념들을 산뜻하고 정밀하게 설명한 글을 원한다면, 파인(Fine), 1977b를 보시오.

n-항 관계(the relevant n-ary relation)로 이루어진 n 용어 계열로 표현될 수 있겠는데, 이렇게 되면 어쨌든 먼저 나오는 관계항의 계열은 이 전체 관계의 자리 수보다 하나 적게 번호가 매겨진다. 따라서 α 아래서 배움(studying under)이라는 속성은 'α'가 럿셀을 직접 지시할 경우,

<럿셀, 아래서 배움이라는 그 관계>

라는 순서쌍으로 표현되고, 비트겐슈타인의 이런 속성을 직접 서술하는 명제는 아래와 같이 연쇄적으로 표현된다.[19]

<비트겐슈타인, 럿셀, 아래서 배움이라는 그 관계>

만일 기술적 조건을 표현하고 있는 일부의 용어가 개별자에 관한 직접 언급을 포함한다면, 이런 기술적 단칭어를 관계 기술 닫칭어 또는 더 단순히 관계 닫칭어라고 하고, 만일 그렇지 않다면 전적인 기술 닫칭어라 하자.[20] 우리는 관계 기술 용어가 사물이나 사물들에 기술적으로 관계되어 있다고 말할 것이다. 물론 어떤 사물이나 사물들의 속성이 표현될 때, 그 사물이나 사물들에 대한 직접 언급을 포함될 경우, 그 사물

---

19. 이 명제를 나타내는 연쇄 표현(sequence representing)은 다음 둘 중 하나의 방식으로 "문장 분석"이 될 수 있겠다. 먼저 단순 단일-주어-일항-술어-분석인 <비트겐슈타인>⌒<럿셀, 아래서 배움>과 두 번째로 이항 관계를 나타낸다고 보이는 분석인 <비트겐슈타인, 럿셀>⌒<아래서 배움>이다.

* represent는 '표상'이라는 번역어가 일반적으로 사용되며, '표현'이라는 번역어는 express 라는 영어 단어를 대응시키는 게 일반적이다. 하지만 이 두 영어 단어는 단어나 구 또는 문장 등의 말을 주어로 삼고 등장할 때는 대부분의 경우에 서로 바꾸어 쓸 수 있는 말이므로, 구별할 필요가 있을 경우를 제외하고는 둘 다 '표현'으로 옮기겠다.

20. 아담스(Adams), 1979를 참조. 일반 속성의 정의와 전적인 기술적 용어의 정의는 잠정적인 것으로 보고 싶다. 이들은 4.1절에서 비기술 일반 용어를 포함하여서 적절하게 표현될 수 있는 속성들에도 적용되도록 수정할 예정이다.

이나 사물들에 관련지어서 기술적 용어라고 할 것이다. 비기술 단칭어를 구성요소로 포함하고 있는 기술 표현은 관계 기술 표현이다. 일반 속성만을 표현하고 있는 기술 표현은 전적인 기술 표현이다.

만일 a가 개별자 i를 지시하는 비기술 단칭어라면, 열린 형식문 「x = a」는 특별한 종류의 속성을 "표현한다". 이 속성은 둔스 스코투스를 따라서 아담스(R. Adams)가 i 개체성("이것임")(the haecceity("thisness") of i)이라고 불렀던 속성이다. 이는 i 바로 이것임(being this very thing i)이라는 속성인데, <i, 동일성>이라는 순서쌍으로 표현된다.[21]

1.4 정통 이론과 직접 언급론

단칭어에 관한 기술 이론의 주장에 따르면 모든 단칭어 특히 고유명과 지시어는 기술적이다. 프레게는 이런 형태의 이론 가운데 특히나 강한 형태의 주장을 폈던 것 같다. 그렇지만 그가 모든 고유명이 한정 기술과 동의어라고 주장했는지는 논란의 여지가 있다. 하지만 이 문제에 관한 그의 견해가 무엇이 되었든, 모든 고유명이 전적으로 기술적이라

---

21. 이 속성은 비관계 속성인 자기-동일적임 즉 자기-동일성이라는 비관계 속성과 뒤섞으면 안되는 속성이다. 이는 '$\lambda x[x=x]$'라는 표현으로 지시되는 속성이며, 이때 'λ'는 변항을-속박시키는 속성 추상 연산자("...인 개별자 x임이라는 속성")로 사용되었다. 자기 동일성이라는 속성은 보편 일반 속성 즉 어떤 개별자가 되었든 모든 개별자가 갖고 있는 속성이다. 반면 특정 개별자 i의 개체성이라는 속성은 본래적으로 관계 속성이며 또한 특수하된 속성 즉 개별자 i만이 가질 뿐 다른 것은 갖지 않는 속성이다. 한 개별자는 자신의 "구성요소로서" 자신의 개체성 "안에 출현하며", 반면 자기-동일성은 만일 있다면 순수한 일반 속성이다.

* reality, thing, entity, term 등은 각기 고유한 각자의 뜻을 갖고 있다. 하지만 이 말들이 갖고 있는 공통된 뜻은 우리말의 '것'에 해당된다. '(그 논의의 영역에 있는) 것'을 뜻한다. 그리고 이 책에서도 이런 말들이 구별되지 않은 채 혼용되고 있으므로, 특별히 그 의미가 달라지는 맥락을 제외하고는 같은 뜻으로 보고 옮기겠다. 또한 원래의 용어들을 살려 '실재', '사물', '실재 또는 것', '항' 등으로 각각 옮기더라도 같은 것을 뜻하고 있다고 보면 되겠다. 물론 원래의 뜻을 살려야 하는 경우는 그때그때 부언하도록 하겠다.

고 주장한 것은 분명하다 하겠다. 프레게의 이론에 의하면, 만일 "성앤"(St. Anne)이 '마리의 그 어머니'라고 분석될 수 있다면, 어떤 뜻에서 이는 더욱 분석될 수 있는데, '마리'라는 이름 역시 그와 동의어인 한정 기술을 갖고 있든 없든 기술적이라고 가정되기 때문이다. 그래서 '예수의 그 어머니의 그 어머니'는 '예수'라는 이름이 출현했다는 점을 고려한다면 이런 뜻에서 반드시 더 분석될 수 있어야 한다. 써얼이나 린스키가 프레게의 원래 이론을 더 다듬어서 제시한 주장을 보더라도, 근본적인 프레게식 기본 주장의 골격을 벗어나지 않고 있다. 전적인 기술적 용어는 프레게의 세 종류 "뜻"이 뭉뚱그려져 이루어지는 바로 그런 류의 용어이며, 그래서 고유명에 관한 어떤 프레게식 언급론도 뜻에 관해 고도로 구조적인 개념과 이론-의존적인 개념을 가정하고 있다고 하겠다.22

그럼 이제 도넬란, 캐플란, 크립키와 다른 여러 사람들이 제안한 바 있는 단칭 직접 언급론의 주요한 중심 주장을 좀더 정밀하게 진술할 수 있게 되었다. 정확히 말해 정통 이론에 의해 전적으로 기술적이라고 주장된 일부 단칭어는 특히 고유명과 지표 단칭어는, x가 이 용어의 언급

---

22. 진정한 고유명에 관한 이론에서, 럿셀은 몇 가지 특별한 것에 부여되는 약간의 비기술 명칭을 인정했다. 그가 염두에 둔 특별한 것이란 사적 감각 경험, 관념, 보편자, 그리고 아마도 자기 자신 등인데, 그에 따르면 화자 자신은 이런 것에 대해 사적으로 알 수 있는 방법을 갖고 있다. 우리가 럿셀의 기술 이론을 언급 수수께끼에 대한 해결책으로 간주했을 경우에, 이 이론이 개별자 변항들과 방금 말한 아주 제한된 일단의 비기술 명칭들을 제외한 모든 단칭어를 철저히 제거하려 하지 않았더라면, 논리적 고유명에 관한 그의 이론은 명백히 관계 기술 지칭어의 가능성을 허용했을 것이다(1905 ; 1911 ; 1912, V장, pp.46-59 ; 1918). 만일 럿셀의 기술 이론은 거부하면서 그의 논리적으로 진정한 고유명에 관한 이론을 수용한다면 ― 적어도 쉬퍼(1978, Stephen Schiffer)가 이런 전략을 부분적으로 수용했었다 ―그 결과 일상의 언어에서 사용되는 지시어, 고유명, 한정 기술과 같은 통상적인 부류의 단칭어는 전적으로 기술적이거나 익숙지의 대상과 관련해서 상대적으로 기술적이라고 할 수 있었을 것이다. 하지만, 비록 이런 이론이 언급 수수께끼를 해결하기 위해 밀의 소박한 견해에 담긴 정신을 유지하려고 했으며, 그 비중도 상당할지 모르지만, 이 역시 프레게의 정신에 충실한만큼, 직접 언급론자들에 의해 반박될 수밖에 없을 것이다.

대상인 경우, x임이라는 특별한 속성 때문에 관계적인 기술적 용어라는 사소한 뜻이라면 모를까, 사실상 비기술적일 뿐이다. 따라서 직접 언급론의 주장에 의하면, 예를 들어 '셰익스피어' 같은 고유명이 '영국의 가장 위대한 시인'과 같은 기술을 축약해 놓은 것이 결코 아니며, 아예 비기술적이거나 아니면 셰익스피어의 질적 속성이 아닌 개체성 즉 그가 바로 그 개별자임이라는 속성을 고려할 때만 기술적이다. 나아가 이 이론의 강한 형태는 이름과 지표 단칭어가 모두 비기술적일 뿐이며, 이 특정 개별자임이라는 속성으로도 기술적 용어가 되지 못한다고 주장한다. 직접 언급론을 주장하는 사람들은 보통 이런 강한 주장을 펼치며, 따라서 이 책에서도 주로 이런 강한 언급론을 주로 살펴보겠다.[23]

하지만 약한 형태나 강한 형태의 직접 언급론이 반-프레게주의이지만, 직접 언급론의 주요 기본 주장이 옳다고 해서, 단칭어가 프레게류의 세 가지 뜻 가운데 하나도 갖지 못한다는 주장이 도출되지 않는다. 사실 프레게주의 이론은 강한 주장 즉 단칭어는 기술적일 뿐만 아니라 그것도 전적으로 기술적이라는 주장을 포함한다. 이에 반대하여 도넬란, 캐플란, 크립키는 많은 단칭어가 전적인 기술 용어가 아닐 뿐 아니라, 전적으로 비기술적이라는 점을 보여준다. 이런 주장에 바로 뒤따르는 귀결은 아주 많은 한정 기술, 아니 아마도 거의 대부분의 한정 기술조차도, 고유명이나 '나의', '이', '저'와 같은 지표어를 포함하기 때문에 전적인 기술 용어가 아니라는 주장이다.

직접 언급론의 주요 기본 주장은 단순히 럿셀의 기본 입장 즉 일상의 맥락에서 사용되는 고유명이나 지표 단칭어가 한정 기술과 동의어라는

---

23. 크립키 1972a에서 그의 견해가 가장 선명하게 드러난 진술은 pp.127-128, 134-135에서 찾을 수 있다. p.128의 주 66은 크립키가 반대하는 견해를 이해하는 데 특히 중요하다. 그가 이 문장들과 이 문장의 전후 문맥에서 속성의 상관성을 강조하는 점을 보면, 우리는 그의 논증이 주로 이름의 비기술성 주장을 강조하고 있다는 것을 알 수 있게 된다. 또한 크립키, 1979b, p.240과 슈바르쯔, 1977에 실린 도넬란, 1974a, pp.227-228을 보시오. 이름이 개체성을 표현한다고 보는 견해는 록우드, 1971, 1975에 의해 제시되었다.

입장을 부정하는 것 보다 훨씬 강한 주장이다.24 이름과 지시어는 한정 기술과 동의어가 아닐 뿐 아니라 조금도 비슷하지 않다. 하지만, 다시 말하지만, 직접 언급론의 주요 기본 주장은 이름과 지표 단칭어가 세 종류의 뜻 가운데 어떤 것도 갖지 못한다고 말하지 않는다. 크립키의 『명명과 필연성』을 보면, 이름을 배우고 사용하는 화자의 정신에 그 이름이 어떠한 개념도 개념을 환기시키지 못한다고 논증을 찾지 못할 것이다. 이름이 언급하는 일 말고 이름을 포함하여 표현되는 신념이나 주장에 기여하는 바가 없다고 논증하지도 않으며, 그가 그런 논증을 펴고 싶었는지도 의심스럽다.25 확실히 말해 크립키는 이름의 언급을 보증해 주거나 의미론적으로 결정해주는 수단이 아무 것도 없다고 논증하려고 하지 않았다. 그가 분명히 주장하고 있는 바에 따르면, 만일 "뜻"이 동시에 개념 내용이면서 언급을 결정하는 수단이며 또 인지적 내용인 어떤 것이라면, 이름이 뜻을 결여하고 있다.

2. 논증들

지금까지 단칭 직접 언급론의 중심 기본 주장을 옹호하는 논증이 많이 제시되었다. 비록 이 논증들이 그 수가 많고 다양하더라도, 그 대부분은 주로 세 가지 종류 즉 양상적 논증, 인식론적 논증, 의미론적 논증에 속한다고 볼 수 있겠다. 이 논증들은 보통 한 사람의 이름이나 그를 나타내는 한정 기술을 예로 들어 개진되게 마련이지만, 우리는 이런 논증으로부터 다른 고유명과 지표 단칭어에도 적용될 수 있는 일반 논증을 쉽게 추상할 수 있겠다.

---

24. 1911, p.216 ; 1912, p.54 ; 1918, pp.200-201, 243-248 of 1956을 보시오.
25. 크립키는 1973b에서 이름의 뜻₃(물론 이 책에서 구분한 뜻으로)에 관한 물음을 논의하고 있다. 1972a, pp20-21도 보시오.

2.1 양상적 논증

양상적 논증은 주로 크립키의 논증에서 비롯되었다. 유명한 영국의 극작가를 언급하도록 사용되는 '셰익스피어'라는 이름을 살펴보자.[26] 그리고 이제 누군가 ─ 화자, 청자, 일반적 언어 공동체의 불특정 구성원, 프레게를 따르는 의미론자, 일찍이 카르납의 대학원생이었던 철학자들 ─ 가 특정한 경우에 이 이름의 뜻을 형성시킨다고 생각해서, 이 이름과 결부시키게 될 속성을 고려해보자. 이런 속성들은 셰익스피어의 구별 특성 즉 그에 의해 우리가 셰익스피어를 확인할 수 있는 기준을 포함할 것이다. 16세기 말에서 17세기 초에 활약한 유명한 영국의 시인이자 극작가이며, 『햄릿』, 『맥베스』, 『로미오와 줄리엣』 등의 고전적 희곡의 작가이고, 글로브 극장의 협력자라는 등의 속성이 그것이다. 우리는 이런 속성 목록이 셰익스피어의 개체성 즉 그가 바로 그 개별자이란 속성을 포함하지 않을 수 있으며, 뿐만 아니라, 다른 한편으로는 관계 속성을 포함할 수 있다는 것을 주목해야 한다. 프레게나 그의 추종자들은 개체성을 이름의 뜻을 이루는 부분이라고 주장할 것 같지 않다. 프레게주의자는 이런 목록에 등장하는 어떤 관계 속성이라도 앞에서 정의된 뜻으로 일반 속성이라고 간주할 것이다.

그렇다면 '셰익스피어'라는 이름이 단순히 '누구든 이런 속성을 가진 사람', 또는 더욱 간단하게 『햄릿』, 『맥베스』, 『로미오와 줄리엣』을 쓴 영국 극작가'를 의미한다고 가정해보자. 다시 말해 간접 증명법을 사용할 목적으로 프레게주의자가 올바르고 이름은 이런 속성에 의해 기술적인 용어라고 가정해보자. 이제 다음 문장을 검토해보자.

---

[26] 각 논증들은 엄격히 말해서 고유명과 지표 단칭어가 특정 가능 맥락에서 사용된 경우에 그것들에 적용된다. 이는 '나', '너', '이'와 같이 맥락에 맞춰 언급을 변화시키는 지표어는 물론이고, 동시에 둘 또는 그 이상의 개별자의 이름일 수 있는 '새먼'과 같은 고유명에도 중요한 사항이다.

셰익스피어는, 만일 그가 실존했다면, 『햄릿』, 『맥베스』, 『로미오와 줄리엣』을 썼다.

만일 누군가 『햄릿』, 『맥베스』, 『로미오와 줄리엣』의 유일한 작가인 영국 극작가라면 그는 셰익스피어다.

만일 이름에 관한 정통 이론이 올바르다면, 이름에다 동의어를 대입하여, 우리는 이 두 문장이 단지 다음과 같은 의미일 따름이라는 걸 알게 된다. 누군가가 만일 그가 『햄릿』, 『맥베스』, 『로미오와 줄리엣』을 쓴 영국 극작가라면 그리고 오직 그 경우만 『햄릿』, 『맥베스』, 『로미오와 줄리엣』을 쓴 영국의 극작가이다. 다시 말해 만일 기술 이론이 정확하다면, 위의 문장은 논리적 진리를 표현해야 하며 — 또한 전통적 뜻으로 분석적 문장이기도 해야 하며 — 따라서 모든 가능 세계에 관해 옳은 명제인 필연 명제를 표현해야만 한다. 하지만 양상적 논증에 따르면 확실히 만일 누군가 『햄릿』, 『맥베스』, 『로미오와 줄리엣』을 쓴 영국 극작가라면 그리고 오직 그 경우만 그가 셰익스피어라는 명제는 전혀 필연 명제가 아니다. 우선 셰익스피어가 실존했으나 이런 작품을 쓰지 않게 되었을 수 있다. 셰익스피어는 작가나 극작가가 되는 대신에 법관이란 직업을 택했을 수도 있다. 확실히 이는 가능성이 있는 일이다. 따라서 위에 제시된 첫 번째 문장은 필연 진리를 표현하지 않는다. 그 문장이 그르게 되었을 상황은 가능하다. 게다가, 셰익스피어가 극작가 대신 법관이 되었다고 가정해 본다면, 셰익스피어말고 예를 들어 프란시스 베이컨이 이런 희곡을 쓸 뻔했는지도 모른다. 즉 셰익스피어 아닌 누군가가 이런 희곡을 쓸 수밖에 없었다는 건 불가능하지 않다.[27] 따라서 위에서

---

[27] 나는 여기서 다음과 같은 직관, 즉 어떤 문예 작품을 쓴 현실의(actual) 작가가 그 작품의 본질 특성이며, 따라서 비록 베이컨이 현실의 셰익스피어 희곡과 글자 하나 하나까지 동일하면서 "햄릿"이라고 명명된 희곡을 원래 썼다해도, 현실의 셰익스피어의 희곡과 아주 똑같은 희곡은 아니며, 그 특성이 서로 꼭 닮은 복사판 희곡일 뿐이라는 직관은 주제와 무관하기 때문에 무시하겠다. 그리고 여기서 사용된 논증의 강점은 예를 바꾸면 없어져

제시된 두 번째 문장조차도 우연 진리를 표현할 뿐이다. 그러므로 '셰익스피어'라는 이름은 속성에 의한 기술적 용어가 아니다.[28]

앞에 제시된 두 문장이 일부 가능 세계에서 그르다는 직관은 다음과 같은 보완적인 직관을 지지하며 동시에 그에 의해 지지된다. 우리가 어떤 개별자를 확인하기 위해 현실에서 사용하는 구별 특성을 그 개별자가 모두 결여하고 있는 반사실 상황에서조차 '셰익스피어'라는 이름은

버린다. 하지만 더 중요한 점이 있다면, 기술 이론가는 기술 이론을 포기하지 않으면서도 양상 논증을 봉쇄하기 위해 이 직관에 의존하지 않을 수도 있다는 것이다. 프레게주의자에게 '햄릿'이란 제목은 전적인 기술 용어이다. 이 용어는 그 희곡을 지시하는데, 오로지 그 희곡의 일반 속성들, 이를테면 그 희곡이 셰익스피어 대신에 베이컨에 의해 쓰여졌다면 베이컨의 바로 그 작품도 갖게 될 속성만으로 지시한다.

28. 써얼의 기술 "군" 이론에 의하면, 앞서 보인 두 문장 가운데 첫 번째 문장은 분석 진술을 표현하지 않는다. 그럼에도 양상적 논증을 수정하면 여전히 적용 가능한 논증이다. 우리는 첫 문장을 다음과 같이 대치할 수 있다.

셰익스피어는, 만일 그가 실존한다면, 『햄릿』을 썼거나 『맥베스』를 썼거나 『로미오와 줄리엣』을 썼거나….

기술군 이론에 따르면 '셰익스피어'는 "이런 작품들 가운데 충분히 많은 작품을 쓴 개별자"와 같은 것을 의미하기 때문에, 이렇게 약화된 문장은 기술군 이론의 견지에서 조차도 분석 진리를 표현해야 한다. 그러나 확실히, 셰익스피어는 현실적으로 그에게 귀속되는 중요한 업적들 가운데 아무 것도 수행하지 않고서도 실존했을 수 있다. 기술군 이론에 반대하는 인식론적인 논증과 의미론적 논증에 대처하기 위해서도 마찬가지의 수정이 필요하다. 명료성을 기하기 위하여, 논증을 이루는 본문의 진술에서 미묘한 차이점은 생략될 것이다. 수정은 간단하며 독자들도 쉽게 해볼 수 있다. 그리고 두 문장 가운데 두 번째 문장에 관한 논증은 수정 없이 군이론을 반박하는 데도 적용된다.

그런데 여기서 제시된 논증은 공통된 반대의 여지를 허용하는 것 같다. 먼저 더밋 1973, pp.112-116에서 제시된 것으로서, 고유명은 일상적으로 (또는 언제나) "가장 넓은 범위"(widest scope)를 취하는 기술어이다. 다시 말해 임의의 양상 연산자를 포함하는 문장이 명확하게 형식화되었을 때, 일상적으로 그 연산자의 범위를 벗어나서 출현하는 용어가 바로 기술어이다. 하지만 크립키가 이미 지적하고 있듯이(1972a, pp.61-62), 이 논증을 형식 화법으로 완전히 형식화한다면, 간략히 제시된 이 논증의 강점은 사라진다. 다시 말해, 이 형식 화법에 대응하는 실질 화법 양상 연산자를 이용한 형식문을 사용하는 대신, 여러 가능 세계에서 비양상 문장의 옳음과 그름에 대해 말한다면, 또는 하나의 가능 세계에서 비양상 문장을 통해 현실적으로 표현된 명제의 옳음과 그름을 말한다면, 더밋트의 논증이 갖는 강점을 비껴갈 수 있다. 의미론적 상승을 이렇게 사용하면 양상 연산자는 제거되며, 따라서 범위에 대한 어떤 형태의 고려도 할 필요가 없게 된다. 크립키, 1972a. pp.10-14, 와 허드슨과 타이(Hudson and Tye), 1980을 보시오.

여전히 똑같은 사람을 지시한다. 그가 아니라 다른 영국인이 『햄릿』, 『맥베스』, 『로미오와 줄리엣』을 썼다고 할 반사실 상황에 관한 논의에서도 '셰익스피어'라는 이름은 여전히 똑같은 개별자를 지시하기 때문에, 앞서 제시된 두 문장은 이런 논의에서라면 그를 수밖에 없다. 따라서 양상적 논증의 배경을 이루는 주된 직관은 다른 가능 세계를 관련지어 고유명의 지시나 지표 단칭어의 지시를 파악하는 언어 직관과 밀접한 연관을 맺고 있다하겠다.

그러나 양상적 논증에는 약점이 있다. 양상적 논증은 이름과 지표 단칭어가 쉽게 생각해낼 수 있는 단순한 종류의 속성 예를 들면 어떤 작품의 저작자라는 식의 속성과 관련지었을 때 기술 용어가 아니라는 점을 증명했을 뿐이다. 그런데 이 속성은 프레게 자신이 개별 사용자에게 이름의 뜻을 부여한다고 특별히 강조했던 종류의 속성이다.[29] 이런 사실은 그 자체로 중대한 발견이다. 그러나 양상적 논증을 접하면서 일부 기술 이론가, 예를 들어 린스키(1977, p.84)와 플란팅가(1978)는 양상적으로 지표된 속성 이를테면 어떤 작품의 현실의 작가라는 속성을 채용한 정교화된 기술을 채용하는 쪽으로 방향을 잡았다. 셰익스피어가 현실-세계에서 ―『햄릿』을― 쓰지 않은 가능 세계가 있다는 주장이 양상적 논증의 틀 내에서는 거부될 수 없다. 셰익스피어가 현실 세계에서 햄릿을 썼으며, 이로부터 셰익스피어가 현실적으로 햄릿을 썼다는 사실이 필연적이라고 도출된다. 따라서 양상적 논증은 고유명이 린스키의 방식으로 기술적 용어라는 기본 주장을 반박하는 데 효과가 없는 것 같다.

하지만 린스키나 플란팅가가 취한 방향에도 두 가지 심각한 문제가 있다. 물론 그들은 대체로 이 문제점을 파악하지 못하고 있다. 먼저 4.1 절에서 보게 되겠지만, '현실의'(actual)와 같은 용어는 정확하게 직접 언급론이 적용되는 종류의 용어이다. 어떤 작품의 현실 저작자라는 속성

---

29. 프레게, 1892, n.2, 1970의 p.58, 그리고 1918, pp.24-25에 있음.

은 정통 이론이 요구하는 종류의 순전히 질적인 속성이 아니다. 둘째로 양상적 논증이 양상적으로 지표된 용어를 도입한 기술 이론에 적용되지 않는다 해도, 인식론적 논증과 의미론적 논증은 정통 이론의 동일선상에 있는 최근의 이 기술론에 의해 영향을 받지 않는다.

2.2 인식론적 논증

다시 한번 두 문장을 살펴보자.

> 셰익스피어는, 만일 그가 실존했다면, 『햄릿』, 『맥베스』, 『로미오와 줄리엣』을 썼다.

와

> 만일 누군가 『햄릿』, 『맥베스』, 『로미오와 줄리엣』의 유일한 작가인 영국 극작가라면, 그는 셰익스피어다.

앞 절에서 보았던 대로, 정통 이론은 이 문장들이 전통적 뜻으로 분석적이라 주장한다. 정통 이론이 정확하다고 가정한다면, 이 두 문장은 선천적으로 알 수 있는 즉 감각경험 없이 개념에 의거하기만 해서 알 수 있는 정보를 전달해야 한다. 만일 '셰익스피어'라는 이름이 정말로 이런 속성들 때문에 기술적이라면, 이런 작품들 중 어떤 것 하나를 쓰지 않았다해도 그가 실존했었다고 생각하는 일이나 또는 셰익스피어가 아닌 다른 한 영국인이 이런 작품들을 썼다고 생각하는 일은 아예 불가능하다. 이런 속성을 갖지 않은 셰익스피어를 상상하는 일은 '결혼한 총각', '결혼하지 않은 남편'을 상상하는 일과 마찬가지로 어려운 일이다. 게다가 '셰익스피어'라는 이름이 양상적으로 지시된 속성들에 의해 기술적이라고 주장된다할 지라도, 이런 문장들이 선천적 지식을 담고 있다는 결론이 나온다. '셰익스피어'라는 이름이 "그가 누가 될 수 있었을 지라도 그는 현실에서 영국 출신의 극작가였던 개별자, 그리고 현실에서 『햄릿』, 『맥베스』, 『로미오와 줄리엣』을 썼던 개별자"와 같은 어떤 것을 의미한다할 지라도, 누군가는 만일 그가 『햄릿』, 『맥베스』, 『로미오와 줄리엣』을 쓴 영국 극작가일 경우 그리고 오직 그때만 셰익스피어이라는 걸 선천적으로 알 수 있어야 한다.[30] 그러나 어렵지 않게 다음과 같은 상황을 상상할 수 있다. 대부분이 믿고 있는 바와 달리 셰익스피어가 『햄릿』, 『맥베스』, 『로미오와 줄리엣』을 비롯하여 그가 썼다고 믿어지는 다른 작품들을 실은 그가 쓰지 않았다는 사실이 발견될 수 있다. 이런 가능성이 개념만 살펴서는 자동적으로 배제되지 못하기 때문에, 첫 번째 문장이 후천적으로만 알 수 있는 즉 감각 경험에 의존하여야만 알 수 있는 정보를 담고 있다고 해야 할 것이다. 심지어 이런 상황도 상상할 수 있다. 우리 모두 집단적으로 사기를 당했다든지, 비록 셰익스피어가 이 위대한 작품들을 쓰지 않았다해도, 다른 영국인 이를테면 베이컨 같은 사람이 통상 셰익스피어의 작품이라고 여겨지는 희곡이며 소네트를 썼다고 밝혀지는 상황도 상상할 수 있다. 이는 앞서 제시된 문장 가운데 두 번째 문장도 분석적으로, 즉 정의에 의해 옳다고 하지 못한다는 뜻이며, 원래 후천적인 정보를 담고 있다는 뜻이다.

인식론적 논증과 양상적 논증의 유사성은 명백하다. 특정 고유명이나 지표 단칭어 a와 속성 $P_1, P_2, P_3 \cdots P_n$을 생각해보자. 용어 a는 특정의 가능한 맥락에서 사용되며, 속성 $P_1, P_2, P_3 \cdots P_n$은 a에 뜻을 부여하는 역할로 a의 특정한 사용과 연합될 수 있다고 보자. 만일 a가 정말로 이런 속성들 때문에 기술적이라면, 오직 이런 속성을 갖는 경우에만 그

---

30. 이는 캐플란(1977)에 의해 설득력 있게 논증된 바 있는데, 다음과 같은 사실에 의해 진리성이 보증된다. 즉 「현실적으로 φ인 경우 그리고 오직 그때만 φ」라는 구절은 '현실적으로'라는 말의 논리에 관한 진리이며 그러므로 선천적으로 알 수 있다.

용어의 지시대상이 될 논리적 필요충분조건을 구성할 수밖에 없다. Π_1, $\Pi_2 \cdots \Pi_n$이 속성 $P_1, P_2, P_3 \cdots P_n$을 표현하는 술어인 경우, 바로 다음과 같은 문장은 옳아야만 한다.

> 그나 그녀 또는 그것이 Π_1이고 Π_2이며 $\cdots \Pi_n$인 개별자라면 그리고 오직 그 경우만 그 무엇인가는 α이다.

이 문장은 전통적 뜻으로 분석적이어야 하며, 그러므로 필연적이며 선천적인 진리를 표현해야만 하기 때문이다. 그러나 우리는 틀림없이 분석적 문장이라고 주장되는 다음과 같이 다소 약화된 문장

> α는 Π_1이거나 Π_2이거나 $\cdots \Pi_n$

이 그른 상황을 상상할 수 있으며, 마찬가지로

> α 말고 다른 누군가가 Π_1이고 Π_2이며 $\cdots \Pi_n$인 개별자이다

는 문장이 옳은 상황도 상상할 수 있다. 따라서 용어 α는 이런 속성들에 의거하여 기술적 용어가 되는 게 아니라고 결론지을 수 있겠다.

2.3 의미론적 논증

우리는 이제 직접 언급론의 주된 기본 주장을 옹호하는 세 가지 논증 가운데 가장 강력하고 설득력 있는 논증을 살펴보게 되었다. 이는 바로 의미론적 논증이다. 도넬란, 캐플란, 크립키, 퍼트남 등에 의해 충분히 제시되었음에도, 대개 이것들은 직접 언급론을 비판하는 사람들에 의해 가장 무시되어온 논증이다. 이 가운데 가장 두드러진 예는 탈레스에 관

한 도넬란의 예이다.31 프레게식 이론에 따라, '탈레스'에 뜻을 부여하면서 이 이름과 연합될 수 있는 속성 집합을 생각해보자. 프레게의 노선에서 직접 언급론을 비판하는 린스키는 '탈레스'의 뜻은 하나의 단순한 기술 즉 '모든 것은 물이라고 말한 그리스 철학자'에 의해 결정될 수 있다고 강하게 주장한다.32 정통 이론의 의하면 이름은 이 기술을 만족시키는 누구라도 지시한다. 이제 이런 가정을 해보자. 우리가 '탈레스'라는 이름을 아리스토텔레스나 헤로도투스 같은 저술가들에 의거해서 사용하고 있는데, 이들에 의해 언급된 그 사람이 실은 모든 것이 물이라고 믿은 적이 전혀 없다고 해보자. 그리고 한 그리스의 은둔 철학자가 있었고, 그가 비록 아리스토텔레스나 헤로도투스에게 알려지지 않아서 우리와는 아무런 역사적 관련을 맺지 않았지만, 아주 기막힌 우연의 일치로, 실은 그가 이 알쏭달쏭한 견해를 내세웠다고 해보자. 이 경우 '탈레스'라는 이름은 두 철학자 가운데 누구를 언급하는가? 이는 명료한 답변을 들을 수 있는 명료한 의미론적 물음이다. 그 이름은 둘 중 첫 번째 사람인 탈레스를 언급할 것이다. 우리가 이 이름을 사용할 때 두 번째 등장 인물과 어떤 의의있는 연관 관계도 없는 것 같다. 그는 오직 이런 별난 가정을 통해서나 이야기에 등장하게 된다.

  이 예를 통해 구성될 수 있는 양상적 논증이나 인식론적 논증("탈레스는 모든 게 물이라고 말한 그리스의 철학자가 아니었을 수도 있다.")

---

31. 그의 1972. pp.373-375에 있음. 또한 이 비슷한 많은 예가 크립키의 1972a에 제시되어 있다. 의미론적 논증 가운데 단순한 형태는 이름을 예로 지적함으로써 이루어진다. 물론 이 이름의 경우 그 이름의 사용자가 언급을 제대로 하기 위해 의존할 수 있다고 기대되는 그럴듯한 속성 집합이 존재하지 않는다. 그리고 예를 들어 캐플란, 1973a, p.516, n.8을 보시오.
32. 그의 1977, p.95에 있음. 그 사용자가 아주 적은 정보만을 갖고 있는 유명한 역사적 이름 ('탈레스', '호머', '성 앤')의 경우, 이 이름은 그 사용자가 갖고 있는 아주 적은 정보를 포함는 단순한 한정 기술과 동의어라 해도 무방하다고 그는 주장한다. 이 경우 이름과 기술의 유일한 차이는, 린스키에 따르면, 이름은 이 기술을 만족시키는 사람 누구나를 고정 지시한다는 점이다.

과 의미론적 논증을 혼동하지 않아야 한다. 형이상학인 의미로 또는 인식론적 의미로 가능하도록 상상된 상황에서 평가된다고 할 때, 정의에 의해 옳은 문장 '탈레스는 모든 것이 물이라 주장한 그리스 철학자이다.'의 진리치가 어떻게 평가될 것인가 하는 물음이 양상적 논증과 인식론적 논증에서 주된 물음이다. 하지만 의미론적 논증의 전략은 좀더 직접적이다. 여기서 논점은 상상된 그 상황에서 이름이 현식적으로 언급하는 사람이 누구인가 하는 게 아니다. 그보다는 만일 위에 기술된 상황이 벌어진다면 그 이름이 언급할 사람이 누구인가 하는 문제다. 특정 용어가 다른 가능 세계에서 언급하는 것이 무엇인가 하는 물음에 양상적 논증은 간접적인 연관을 갖는다. 그에 비해 의미론적 논증은 지시에 관한 비양상적 물음에 직접 관여할 뿐이다. 그래서 기술적 단칭어의 정의에서 핵심 구절은 '한 가능 세계에서 지시한다.'는 게 아니고, '그 속성을 독특하게 갖는 임의의 사람이나 사물'이다. 이름에 관한 어떤 형태의 기술적 이론에 따르든지, 이름이 누구를 지시하는가 하는 문제는 전적으로 누가 되었든 그 속성을 유일하게 갖게 된 그 사람에게 의존하여 답할 수밖에 없다. 따라서 기술 이론에 따르면, 만일 이런 상황이 벌어졌을 경우, '탈레스'는 탈레스 대신 은자를 지시할 것이다. 그리고 린스키는 이런 귀결을 기꺼이 받아들이겠다고 말한 바 있다.[33] 그러나 이 대목에서 그의 기술론은 단지 착오에 빠졌을 뿐이다. 우리가 '탈레스'라는

---

[33] 1977, p.109에 있음. 린스키에 의하면 '탈레스'의 뜻은 '모든 것이 물이라 믿은 엘레아의 철학자'라는 기술에 의해 결정되며, 이 기술은 "내가 가진 정보를 모두 드러내는" 것이다.(p.95) 파슨스(Charles Parsons)가 필자에게 말한 바에 따르면, 탈레스가 엘레아 출신이 아니고 밀레투스 출신이라서 이 기술이 아예 탈레스를 지시하지 않는다. 그렇다면 여기에 문제의 현실 사례가 하나 있는 셈이다. 만일 린스키의 이름에 관한 이론이 올바르다고 가정한다면, '탈레스'라는 이름을 사용할 때, 린스키는 아마도 아무도 언급하지 않았던 것이라고 말해야 하며, 또 만일 모든 것이 물이라는 탈레스의 말을 원래 주장하였으나 우리에게는 알려지지 않은 엘레아의 철학자가 있었다는 게 밝혀진다고 가정해보면, 린스키의 언급대상은 처음부터 탈레스 대신 이 미지의 엘레아인이었어야 한다. 이런 귀결을 정말로 수긍할 수 있겠는가?

이름으로 연합시키는 지시대상과 은둔 철학자의 실존은 서로 무관하기 때문이다.

2.4 언급의 맥락적 요인

고유명과 지표 단칭어가 비기술 용어이거나 그렇지 않으면 개체성(haecceities)에 의한 기술 용어라고 주장하는 이론, 그리고 이런 단칭어가 전적으로 비기술 용어라고 주장하는 강한 이론조차도, 개체성을 제외한 어떠한 기술적 개념이나 속성도 이름이나 지표어에 의미론적으로 연합되지 못한다는 식의 주장을 펴지 않는다. 바로 이점을 잘 이해해야 한다. 게다가 직접 언급론의 옹호자들 모두가 비기술 용어가 기술적인 뜻을 갖는 표현을 통해 "정의"되거나, 언어나 개인 방언에 도입될 수 있다고 인정한다. 이런 특별한 종류의 정의에서 기술적 표현의 역할은 그 표현을 통해 도입되는 용어에다 지시대상을 할당하는 것일 뿐이며, 그와 동시에 도입되는 새로운 용어에 그 뜻을 실어서 전달하지는 않는다. 여기서 크립키의 적절한 표현대로, 정의항에 등장한 기술 표현은 피정의항인 비기술 용어의 "언급을 확정"하는 데만 사용되었으며, 피정의항의 용어에 프레게식 뜻을 제공하지는 않았다.

때로 기술적 요소도 단칭어의 지칭을 확정하는 일을 할 수 있다면, 비기술적인 맥락적 요소 역시 지칭의 확정에 역할을 할 것이라고 짐작할 수 있다. 우리는 이를 의미론적 논증을 통해 다시 확인할 수 있다. 의미론적 논증은 '뜻$_2$'의 본성을 드러내준다. 이름의 뜻$_2$는 이름의 언급이 결정되는 방식인데, 순전히 개념상의 문제가 아니다. 외부의 요인이 이에 개입된다. 화자 스스로 발견하게 되는 주변의 배경이 이름과 용어의 지칭을 결정하는 데 결정적이다. 언급대상이 발견되는 언어외적 배경만 말하는 게 아니라, 용어의 화자에 의해 습득되는 언어적 배경 즉 화자의 이름 습득에 이르는 그 이름 사용의 역사도 포함한다. 한 마디로 말해 뜻2는 맥락적 현상이다. 도넬란(1972와 1974a)과 크립키(1972a)는 의사 소통의 역사적 사슬을 통해 고유명의 지칭을 설명한다. 퍼트남(1973a, 1975a와 1975b)은 "언어 분업"과 "전문가와 비전문가 간의 구조화된 협동"에 의해 자연류어의 지칭에 관해 엇비슷한 설명을 내놓았다. 직접 언급론이 "인과" 언급론이라 불리기도 하는 이유가 바로 이런 설명 때문이다. 그러나 인과적 요인이 언급을 결정하는데 유일한 외부 요인이 아니다. 다시 말해서, 언급에서 모든 외부 요인이 인과적 현상으로 환원 가능하다는 것은 또 하나의 독자적인 철학적 신조일 따름이다.(김재권, 1977 참조) 그래서 이 이론은 맥락적 언급론이라 불리는 게 더 나을 것이고, 그렇다면 이 언급론은 캐플란의 비기술 지표이론을 포함할 것이며, 캐플란의 주장은 도넬란, 크립키, 퍼트남의 언급론과 공통점을 갖는 이론이라고 볼 수 있게 된다. 이에 비해 정통 언급론의 주장에 따르면, 이름은 그에 연계된 일반 속성에 의해서만 누군가 또는 무엇인가를 언급하며, 따라서 언어적 맥락이나 언어외적 맥락에 의거한 설명의 여지를 남기지 못한다. 그래서 퍼트남은 "전통 의미론은 언급의 결정에 기여하는 두 가지 사항을 무시했다. 사회가 기여하는 점과 세계가 기여하는 점이 바로 그것이다. 향상된 의미론은 반드시 둘 다를 포함해야만 한다."(1973b, p.711)

직접 언급론자들이 말하는 맥락적 요인은 이름과 연합되어 파악될 수 있는 개념적 내용과 거의 관계가 없거나 아예 관계가 없다고 지적하는 점에서, 린스키는 정확했다. 이름의 뜻2는 순전히 개념적인 것은 아니며, 맥락적인 것이다. 만일 뜻에 관한 이론을 제시하면서 원하던 바가 완전한 프레게 류의 뜻이었다면, 뜻2와 같은 것은 그 원하는 바를 만족시키지 못할 것이다.[34]

---

[34]. 앞에서 말한 세 종류 "뜻"의 본성과 서로에 대한 관계를 더욱 논의한 것을 살펴보려면, 새먼, 1979a에 간단히 논의된 것을 보시오.

3. 고정 지칭어

3.1 두 종류의 고정 지칭어 : 부착 고정어와 고착 고정어

우리는 2.1절에서 단칭 직접 언급론을 옹호하기 위한 양상적 논증이 양상 직관에 의존하고 있으나, 프레게식의 정통 이론이 이 직관과 상충함을 보았다. 이 직관은 특정 고유명이나 지표어가 반사실 상황에서도 여전히 같은 개별자를 언급한다는 이론-이전의 직관과 밀접한 연관을 갖고 있다. 직접 언급론자는 이 직관을 확인시키는 또 다른 직관을 제시한다.

단칭 직접 언급론의 중요한 귀결 가운데 하나는 고유명이나 지표 단칭어와 같은 표현이 '고정 지칭어'라는 점이다.35 '고정 지칭어'라는 구절

---

35. 물론, 엄격히 말해서, 단칭어가 비기술적이라면 고정적이라는 말은 논리적 진리가 아니다. 우리는 비기술 용어의 지시대상이 가능 세계에 따라서 변한다고 정합성 있게 용인할 수 있다. 그러나 만일 비기술 단칭어가 구문론적으로 비구조화된 개별자 상항에 의해 형식적으로 표현된다면, 모든 가능 세계에 걸쳐 그 용어의 지시대상이 확정되어 있다고 보는 게 자연스럽다. 예를 들어 카르납은 개별자 상항을 이런 식으로 처리한다(1947, pp.180-181). 체계에 의한 여러 방법이 개별 상항의 지시대상을 가능 세계에 따라 변화시킬 수 있도록 고안될 수 있겠으나, 이런 일은 자의적이고 인위적인 것으로 보인다. 비기술 단칭어—그 변항에 값을 할당함으로써 완전하고 직접적으로 지시대상이 결정되는 자유 변항—의 뚜렷한 예에서 아주 분명히 알 수 있듯이, 비기술 용어의 지시대상이 가능 세계가 달라지면서 바뀌어야 한다는 가정은 근거 없는 가정이다. 한정 기술과 같이 구문론적으로나 의미론적으로 구조화된 단칭어에 관해서는 상황이 아주 다르다. 이 용어에 관해서는, 구문론적이고 의미론적인 구조에 의거하여, 가능 세계에 따라 지시대상이 변하는 체계적이고 비자의적인 방식을 자연스럽게 제시할 수 있다. 비기술적 단칭어의 경우 지시대상을 결정하는 이런 가능-세계에-상관된-과정이 없다. 고유명은, 말하자면, 일정 조건에 유일하게 부합되는 임의의 사람이나 사물을 찾아내기 위해, 어떤 가능 세계에서 개별자를 전부 뒤지는 방식으로 지시하지 않는다. 그러므로 지시대상이 한 세계에서 다음 세계로 변한다고 기대할 이유가 없다. 대신에, 최초의 수여 의식에 의하여 또는 변항에 값을 할당하거나 그 밖의 다른 방법에 의하여, 모든 시각과 모든 가능 세계에서 그 지시대상이 고정되었다고 생각할 수 있다. 린스키와 플란팅가의 생각과는 달리, 고유명의 내포가 한결같은 까닭은 풍부한 의미론적 구조 때문이 아니라, 바로 고유명이 의미론적 구조를 아예 갖지 않기 때문이다.

은 크립키에 의해 만들어졌으며 이제 널리 사용되고 있다. 하지만 유감스럽게도 고정 지칭어의 개념이 사용되고 있는 여러 저작을 살펴볼 때, 적어도 고정 지칭어 개념은 세 가지로 구별될 수 있을 것 같다.36 아마 가장 익숙한 것은 셋 가운데 가장 일반적인 개념일 것이다. 즉 어떤 표현이 만일 그 표현으로 지칭되는 사물이 실존하는 모든 가능 세계에서 똑같은 것을 지칭한다면 고정 지칭어이다(크립키, 1972a, pp.48-49). 이 책에서 앞으로 고수할 '고정 지칭어'의 용법이 바로 이것이다.

이런 뜻으로 사용된 고정 지칭어 개념은 두 종류로 구별될 수 있겠다. 그 표현이 지칭하는 것이 실존하는 모든 가능 세계에서 똑같은 것을 지칭하며, 그것이 실존하지 않는 가능 세계에서는 아무 것도 지칭하지 않는 표현을 고정 지칭어라 할 때, 아마도 이것이 가장 빈번히 사용되는 고정 지칭어 개념일 것이다(크립키, 1971, p.146). 이 특별한 경우를 좀더 일반적인 개념과 구별하기 위해, 이런 표현을 (대상의 실존에) 부착된 고정 지칭어, 더 간단히 부착 지칭어라 하겠다.

다른 종류의 고정 지칭어는 모든 가능 세계에서 똑같은 것을 지칭할 뿐인 표현이다. 이런 종류의 표현을 (세계에) 고착된 고정 지칭어, 더 간단히 고착 지칭어라 하겠다.37 고착 지칭어는 그 가능 세계에 그것의 지

---

36. 더밋(1973, p.126), 린스키(1977, p.51), 퍼트남(1973b, p.707)은 각각 고정 지칭어에 관해 여기서 제시되는 세 가지 개념과 서로 다른 네 번째 개념을 덧붙인다. 그들은 지칭 표현이 만일 그 표현이 무엇이든 지칭하고 있는 바로 그 모든 가능 세계에서 똑같은 것을 지칭한다면 고정 지칭어라고 부른다. 하지만 이 철학자들이 크립키가 의도한 개념과 다른 개념을 제안하고자 했던 것 같지는 않다.
37. 캐플란은 이런 개념을 예상했던 것 같다. 그가 쓴 바에 따르면, "우리는 더 작은 이름 집합에 관심을 기울여야 한다. 이 이름들은 호명되는 대상과 아주 밀접히 연관되어서 그것을 호명하는 일을 할 수밖에 없는 이름이다. 나는 이런 이름이 그 대상을 퍽연격으로 지시한다고 말하겠다."(1969, p.222).
  캐플란(1977, n.5)은 여기서 말하는 고착 지칭어를 의도하였으며, 다른 두 정의가 이렇게 의도된 개념을 잘못 기술하고 있다고 주장한다. 크립키의 1972a, 서적판 p.21n의 서문을 보시오.
** persistence와 obstinacy는 고정되어 있다는 공통의 의미를 가지고 있지만, 전자는 '지속,

칭대상이 실존하는지 여부에 의해 영향을 받지 않는다. 지칭대상이 실존하거나 하지 않거나 그들은 모든 가능 세계에서 똑같은 것을 지칭한다.

어떤 단칭어가 되었든 단칭어 α가 주어진다면, 우리는 그것의 의미론적 함수를 고려해볼 수 있겠는데, 이 함수는 임의의 가능 세계에다 바로 그 가능 세계와 관련한 α의 지시대상을 할당한다. 카르납(1947, pp.181-182)은 이 함수를 α의 내포라 하였다. 이런 착상을 사용한다면, 우리는 용어의 부착 고정성과 고착 고정성의 차이를 특징지을 수 있겠다. 고착 고정어의 의미론적 내포는 가능 세계의 변역에 대해서 전체 상함수(a total constant function)이지만, 반면에 부착 고정어의 의미론적 내포는 그 상항값이 실존하지 않는 가능 세계에서는 정의되지 않는 상항 함수이어서, 가능 세계의 변역에 대해서 부분 함수(a partial function)일 것이다.

정의에 의해, 부착 지칭어와 고착 지칭어는, 일반적인 뜻으로, 고정 지칭어이다. 크립키는 만일 어떤 표현이 필연적 존재자를 고정 지칭한다면, 즉 모든 가능 세계에 걸쳐서 실존하는 어떤 것을 지칭한다면, 그 표현은 *강한* 고정 지칭어라고 했다. 한 지칭어가 부착 지칭어이면서 고착 지칭어라면 그리고 오직 그런 경우에 그것은 강하게 고정되었다. '짝수인 소수 정수'(the even prime integer)와 같이 수학의 기술은 강한 고정치칭어의 예일 수 있겠다. 그러나 우연적 실재에 관한 어떤 부착 지칭어도 바로 그 우연 실재에 관한 고착 지칭어일 수 없다.

'짝수인 소수 정수'와 $(^{\imath}x)[([x+2=5] \land p) \lor ([2x=6] \land \sim p)]$와 같은 한정

영속'이 강조되고 후자는 '완고'가 강조되는 말이다. 저자가 이 낱말들에 부여하고자 한 의미, 즉 전자는 고정 지칭어가 "지칭대상의 실존의 함수인 고정 지칭어"이며 후자는 "지칭대상의 실존에 무관한 고정 지칭어"라는 점에 착안하여, persistent designators를 '(지칭대상의 실존에) 부착된 지칭어', obstinate designators를 '(지칭대상의 실존과 무관하게 세계에) 고착된 지칭어'라고 옮기겠다.

기술을 통해 우리는 기술 지칭어도 경우에 따라서는 고정 지칭어가 될 수 있다는 것을 알 수 있다. 크립키는 이를 사실 그 자체로(de facto) 고정된 표현이라고 했으며, 이를 규약에 의한(de jure) 고정어 즉 의미론적 약정에 의한 고정어와 구분지었다.38 기술 단칭어의 정의에 의해, 모든 고정 기술 단칭어는 부착적이어야 한다. 앞서 살펴보았던 대로, 이 책에서는 시종일관하여 모든 한정 기술은 기술적 용어라고 가정된다. 형식적 용어로 말해 보면, 어떤 가능 세계 w에서 개별자 변항이 분포하는 변역을 w에서 실존하는 개별자로 제한하는 일을 하는 셈이다. 또한 주어진 가능 세계 w 이내에서 부적당한 한정 기술을 w에서는 비지시 표현으로 취급하는 셈이다. 이럴 경우에 다음과 같은 귀결이 나온다. 변항을 속박시켜 한정 기술로 만들어주는 연산자 ' '(그리스어 이오타(ι)를 뒤집어 만든 연산자)에 의해 형성되는 단칭어는 주어진 가능 세계와 관련하여 만일 그 세계에서 어떤 것이 실존하는 경우에만 그것을 지시할 수 있다. 따라서 한정 기술을 형식적으로 다루게 되면, 모든 고정 한정 기술이 부착 용어라는 점을 보여준다. 만일 관계 기술 단칭어가 고정되었다면, 그것조차도 부착 용어이어야 한다. 예를 들어 만일 단칭어 α가 우연적 개별자 i를 고착 지칭한다면, 고정 지칭어 「($^{\backprime}$x)(x = α)」도 그 개별자 i가 실존하지 않는 가능 세계에서 어떤 것도 지시하지 못한다. 이 비슷하게, 만일 한정 기술 「($^{\backprime}$x)φ(x)」가 우연 개별자 i를 지시한다면, 고정 지칭어인

($^{\backprime}$x)Aφ(x)

즉 현실에서 (여기서 'A'는 문장에 붙는 현실성 연산자인데) φ인 유

---

38. 크립키, 1972a, 서문, p.21, n. 크립키의 사실 그 자체의 고정성은 기술적 고정성 개념에 대응하며, 그의 약정에 의한 고정성 개념은 (앞의 주 35의 제한 조건에 의거한) 비기술성 개념에 대응한다.

일한 개별자조차도 i를 부착적으로 지칭할 뿐이다. 때로 양상 맥락에서는 비고착 단칭어를 같은-언급-대상을-갖는 고착 용어로 대치할 수 있다면 편리하겠지만, 우리가 논한 바에 따르면, 한정-기술-연산자나 더 나아가 현실성 연산자를 보강해도 그의 목적에 적절하지 않다. 캐플란(1970)은 지표 연산자 'dthat'를 고안하였는데, 임의의 단칭어 α를 고정 지칭어로 변화시키는 연산자이다. 이때 고정 지시어는 주어진 발언의 맥락에서 그 α가 지칭하는 모든 것을 고착 지칭한다. 따라서

다음은 필연적이다 : 『햄릿』의 작가는 이성적이다.

는 문장은 『햄릿』의 집필이 오직 이성적인 존재에 의해 이루어졌다는 대언적(de dicto) 주장을 펴는 반면,

다음은 필연적이다 : dthat(『햄릿』의 작가)는 이성적이다

는 문장은 『햄릿』의 현실 작가에 관한, 대물적(de re) 주장이다. 후자는 셰익스피어 즉 바로 그 개별자의 필연적 속성, 다시 말해 셰익스피어의 비이성적임은 불가능하다는 필연 속성에 관한 주장을 편다. 우리는 이 책 전체를 통해 몇 군데에서 이 연산자를 사용할 것이다.

3.2 고유명, 비기술성, 고착성

부착 지칭어와 고착 지칭어 간의 차이에 관한 논쟁은 캐플란의 저술에서 중요한 관심사로 떠오른다. 캐플란(1977)은 비기술 단칭어가 고착 고정 지칭어이며, 지표어와 고유명은 비기술 표현이라고 강하게 주장한다. 이 이전(1973a, 부록 X, pp.503-505)에 그는 이미 고유명이 고착 지칭어라 논증했었다.

비기술 지칭어가 고착어라는 주장은 비기술성의 명확한 예인 개별자 변항의 자유 출현으로 뒷받침된다. 캐플란의 비판에 의하면, 단칭어의 지시대상은 개별자 변항의 속박 출현이 분포하는 변역의 원소이어야만 한다는 주장은 편견이다. 이미 보았던 대로, 여러 변항에 값들이 할당된 상황에서 하나의 개별자 변항이 자유 출현하는 임의의 가능 세계와 관련하여, 그 개별자 변항의 지시대상은 여러 변항에 값들이 할당됨으로써 비기술적으로 결정된다.[39] 엄밀히 말해, 임의의 가능 세계의 특징에 관한 물음은, 할당된 값이 그 가능 세계에서 실존하는지 여부에 관한 물음과 더불어, 현재의 논의와 상관없다. 여러 변항에 값들이 할당되는

---

[39]. 이에 대한 이유는 타르스키 식 의미론이 띠게 마련인 정밀성을 포함하고 있다. 다음과 같은 닫힌 양상 문장

필연적으로, 어떤 것은 φ를 갖는다는 게 가능한, 그런 것이다(Necessarily, something is such that possibly, it has φ)

을 평가하기 위해, 우리는 먼저 다음의 닫힌 문장

어떤 것은 φ를 갖는다는 게 가능한, 그런 것이다(Something is such that possibly, it has φ)

를 모든 가능 세계 w에 관련하여 평가해야 한다. 이런 일을 하기 위해, 우리는 w에서 실존하는 대상을 w에 접근 가능한 다른 가능 세계로 옮겨 보아서, 거기서 실존하는지를 검토하며, 그 대상이 새로운 가능 세계와 관련하여 다음과 같은 열린 표현

_____ 는 φ를 갖는다(_____ has φ)

을 충족시키는지 여부를 결정해야 한다. 일반적으로, 임의의 열린 표현이 의미론적으로 평가되는 상황에서, 변항 값의 할당이 결정되는 방식은 그 표현을 포함하는 닫힌 표현을 의미론적으로 평가하는 과정의 일부로서 이루어진다. 위에 제시된 두 번째 닫힌 문장을 w와 관련하여 평가하기 위해서는, 주어진 대상이 주어진 가능 세계에서 φ를 갖는지 여부에 관한 물음이 w에서 실존하는 그 대상들과 관련하여서만 제기된다. w 이외의 가능 세계와 관련하여 의미론적인 평가가 이루어지기 위해서 w에서 실존하는 한 대상이 선택되는 셈이다. 양화 양상 언어에 관한 크립키 식의 의미론에서, 변항은 다른 세계에 관련하여 의미론적인 평가가 이루어지도록 한 세계에서 대상에 장소를 정하는 장치로서 작용한다. 변항은 적어도 고착 지칭어이다. 크립키, 1963을 보시오.

여기서 양상 언어 의미론에 관해 제시된 설명은 루이스(1968)에 의해 전개되었던 상대역 이론(counterpart theory)과는 실질적으로 다르다. 현재의 목적상 상대역 의미론(counterpart semantical theories)은 비표준 이론으로 간주될 것이다. 상대역 이론 가운데 한 가지를 28.2절에서 간단히 논의되고 비판될 것이다. 부록 I의 각주 16을 보시오.

상황에서 개별자 변항의 값은 그대로 유지되는데, 이 값은 개별자 변항이 평가되어서 정해지는 값에 관한 가능 세계의 선택과 무관하게 항상 유지된다. 임의의 가능 세계에서 자유 변항의 값이 바로 그 가능 세계에서 속박 변항의 변역에 속할 필요가 없는 것과 마찬가지로, 즉 그 세계에서 "실존하는" 대상들일 필요가 없는 것과 마찬가지로, 일반적으로 어떤 비기술 지칭어의 지시대상이든 임의의 가능 세계에서 그 세계에서 실존하고 있는 대상에 속할 필요는 없다. 비기술 지칭어가 지칭대상을 결정할 때, 그때 주어진 가능 세계의 질적 측면을 고려하지 않으며, 또한 그것들이 "질적" 측면이나 존재론적 측면 가운데 어느 것 한 가지라도 고려할 이유가 없다. 이렇게 본다면 우리는 캐플란에 따라서 비기술 단칭어는 고착 고정어라고 결론지을 수 있겠다.

고유명이 고착어라는 캐플란의 입장은 양화 시제 언어에 관한 형식적 의미론과 양상 언어에 관한 형식적 의미론 사이의 면밀한 유비를 사용하여 제시되는데, 이제 이 유비는 널리 인정되고 있다. 만일 우리가

나단 새먼은 죽었다

는 문장의 값을 정한다면, 이것은 1980년에는 그르지만 내가 죽은 다음의 어느 시각과 관련해서는 옳게된다. 그렇다면 '나단 새먼'이라는 고유명은 말하자면 22세기와 관련하여 누군가를 지시하는가? 물론 내가 죽는다면 나는 더 이상 실존하지 않는다는 건 당연하다. 비지시 주어를 포함하는 단순 주어-술어문장의 진리치에 관한 통상의 이론에 의거하면, 만일 미래의 시각과 관련하여 '나단 새먼'이라는 이름이 아무도 지시하지 않는다면, 미래의 그 시각과 관련하여 위에서 제시된 문장이 옳다고 기대할 수 없다. 그러나 '나단 새먼'이라는 이름은 22세기와 관련하여서도 누군가 즉 이 책의 필자를 지시한다고 말해야 좀더 자연스럽다. 나는 현재 살아 있지만, 언젠가는 죽는다. '나단 새먼'이라는 이름은 오

늘 실존하고 있으나 22세기에는 더 이상 실존하지 않을 사람을 지시한다. 이 문장이 그 시각과 관련하여 옳은 이유는 바로 22세기와 관련하여 '나단 새먼'이라는 이름으로 지시되는 사람이 죽을 것이라는 데 있다.

똑같은 논점이 사람의 이름을 포함하면서 그 사람의 출생 이전 시각과 관련하여 평가되는 문장에서도 지적될 수 있겠다. 예를 들어 다음과 같은 문장의 진리-조건을 살펴보자.

> 존 로크는 솔 크립키가 주장하는 바와 같은 내용의 주장을 앞서서 주장했다.[40]

이 문장에서 1689년에 비록 솔 크립키가 실존하지 않았다 해도, '솔 크립키'라는 이름이 현재의 철학자 솔 크립키를 지시한다고 말한다면 아주 자연스러운 일이다. 이는 '솔 크립키'라는 이름이 1689년에도 현재의 철학자를 가리키기 위해 사용되었다는 말이 아니다. 만일 그런 말이었다면, 분명히 그른 역사적 주장이다. 시각에 관련된 지시라는 개념은 역사적 개념이 아니라 의미론적 개념이다. 아마도 '솔 크립키'라는 이름은 1689년에는 사용되지 않았을 것이며, 더구나 현재 활동하고 있는 철학자의 이름으로 사용된 적도 확실히 없다. 그 이름은 그 철학자를 지시하도록 현재 사용되고 있으며, 그가 태어나기 오래 전인 1689년에 벌어진 사건에 관한 논의에서조차 그를 지시하도록 현재 사용되고 있다. 이런 생각으로부터 지표 단칭어 '나', '너', '그녀' 등이 만일 특정 맥락에서 성공리에 사용된다면 (즉 만일 언급에 사용되었다면), 모든 시각에 관련하여 똑같은 것을 지시한다고 결론지을 수 있겠다.

고유명이나 지표 단칭어가 과거와 미래와 관련하여서도 현재의 언급 대상을 지시하는 것을 근거로 유추해본다면, 고유명과 지표 단칭어가

---

40. 맥키(Mackie), 1974에서 이런 주장을 하고 있다.

한번 고정된 바에는, 그것들의 현실적 언급대상이 실존하지 않는 세계를 포함한 모든 가능 세계와 관련하여 현실의 언급대상을 지시한다. 하지만 이것은 이름 자체에 관한 본질주의자의 주장 즉 '솔 크립키'라는 이름이 그가 실존한 적이 없었더라도 현실의 철학자의 이름으로 사용되어야만 한다는 식의 주장을 성립시키지 못한다. 이런 주장은 명백히 그르다. 만일 그 언어로 말하는 사람이 실존하지 않았으며, 크립키가 실존인물이 아니었다면, '솔 크립키'라는 이름은 이름으로 사용되지도 않았을 것이다. 비록 영어 사용자가 존재했으나, 크립키가 어떤 형태로든 실존한 적이 없었다고 가정해보자. 이렇다해도 과연 그 영어 사용자가 여러 다른 가능한 모든 개별자들과 구별되는 사람인 크립키에게 '솔 크립키'라는 이름을 사용하는 경우를 상상하기 어렵다.[41] 어쨌든 이름을 현

---

[41]. 단지 가능할 뿐인 개별자를 명명하는데 따르는 이런 화용적 난점에 관해 더 알아보려면, 캐플란, 1973a, pp.505-508을 보시오. 캐플란은 같은 글에서(pp.517, n.19) 다음과 같은 견해를 제시해보고 있다. 아주 드물기는 하겠지만, 가능할 뿐인 대상이 단일하게 지목되어서 명명될 수 있다. 그 대상을 구성하게 될 부분들이 현실적으로 실존하며 그리고 지목될 수 있는 경우에는 언제나 그렇게 될 수 있다. 따라서 예를 들면, 우리는 가능한 임의의 사람을 생각해볼 수 있는데, 그는 이 정자와 저 난자의 결합에서 비롯되어 발육되었을 수 있었으며, 그리고 우리는 그를 '노만'이라고 명명할 수 있다. 캐플란과 크립키 둘 다 강의와 대화에서 이런 입장을 견지했었다. (이 견해가 전제 가정하고 있는 원리가 있다. 이 원리에 따르면, 똑같은 물질 또는 똑같은 구성 성분으로 이루어진 개별자의 동일성을 다른 가능 세계에서 허용하게 된다. 이 원리는 부록 I 이하에서 논의되고 있다.) 아주 마음이 끌리는 견해이긴 하지만, 이 견해에는 뚜렷한 난점이 있다. 곧이곧대로 보자면, 이 원리는 (상위 언어에서) 존재 일반화에 의해 실존하지 않는 대상이 존재한다고 인정하게 된다. 즉 실존한다는 걸 명백히 함의한다. 따라서 이런 입장은 모순에 빠진다. 하지만 이런 어려움은 이 주장을 다음과 같이 재해석함으로써 피할 수 있다. "'노만'은 만일 정자 S가 난자 E를 수정시킨다면 태어나게 될 가능할 뿐인 개별자를 지시한다."를 "만일 S가 E를 수정시킨다면, 다음과 같은 경우가 성립된다 : 어떤 개별자 x가 태어나며, '노만'이 현실적으로 x를 지시한다."나 또는 이 비슷한 반사실적 주장으로 재해석하면 된다. 재해석된 주장이 이해되기 어렵기는 하지만, 가능할 뿐인 개별자에 관한 명백한 존재론적 언질을 피할 수 있다. 이는 단지 S에 의해 E가 수정됨으로써 한 사람이 태어났을지도 모른다는 걸 주장할 뿐이며, 실존하지 않으나 실존했을 수도 있으며 '노만'이라는 이름으로 지시되는 가능한 개별자가 사실상 있다는 주장을 뚜렷이 피하고 있다. 이 대목에서 특별한 주의가 필요하다. 이 주장은 '노만'이라고 지시되는 누군가가 있었을 수도 있다는 주

실의 사람에 관한 이름으로 사용하는 게 보통이며, 그가 실존하지 않았을 수도 있는 (또는 그 이름으로 통하지 않았을 수도 있는) 반사실 상황에 관한 논의에서도 그를 언급하도록 그 이름을 사용한다. 다음의 문장이 그런 예이다.

크립키는 태어나지 않았을 수도 있다.

단칭 직접 언급론에 따르면, 고유명과 지표 단칭어는 그 지시대상의 개체성 즉 바로 이 개별자이나는 속성에 의해 비기술어이거나 기술어이다. 그 개체성에 의해 기술적인 단칭어는 부착어이다. 그리고 우리는 이미 비기술 단칭어가 고착어라는 논증을 살펴보았다. (각주 35를 보시오.) 따라서 고유명과 지표 단칭어는 부착 고정어이거나 고착 고정어라는 건 단칭 직접 언급론의 귀결이다. 두 경우 모두 여기서 사용되는 일반적 뜻에서 고정 지칭어이다.

그리고 우리는 이미 시제 의미론과의 체계적인 유비를 토대로 삼은 캐플란의 논증을 보았는데, 고유명과 지표 단칭어가 고정어라면 고착 고정어라는 게 그 내용이었다. 우연히 실존하는 대상을 고정 지칭하는 기술 단칭어는 부착어이어야만 하며, 고착어일 수 없다. 고유명과 지표 단칭어는 명백히 우연적 대상을 언급하도록 사용될 수 있다. 따라서 캐플란의 유비에 의한 논증은, 애초의 단칭 직접 언급론의 논증과 별도로 그리고 그것을 보충하여, 보다 강화된 형태의 직접 언급론으로 곧바로 인도된다. 그 강한 논증에 따르면 고유명과 지표 단칭어는 전적으로 비기술어이다.

장만은 아니다. 그렇다면 이는 아무런 내용도 없는 하나마나한 주장일 것이다. 그렇다면 이 주장은 현실적으로는 실존하지 않지만 현식에서 '노만'이라는 이름으로 지시되는 누군가가 있을 수 있다는 주장이다. 그렇긴 해도, 현실적으로 '노만'으로 지시되는 사람이 없는데도, '노만'으로 지시될 가능성이 있을 뿐만 아니라 현실적으로 지시되는 누군가가 실존할 수도 있다는 말이 어떻게 성립할 것인지 아리송하다.

3.3 고착성의 기준

만일 α가 고착 고정 단칭어라면, 대상 언어 수준에서 α가 고착어라는 사실을 다음과 같은 형식의 양상 문장으로 표현할 수 있다.

(1) $(\exists y) \Box \, [\alpha = y]$

만일 β가 α와 (현실 세계에서) 같은 지시대상을 갖는 임의의 단칭어라면, 나아가 대상 언어 수준에서 β를 사용하여 α가 고착적으로 지시하는 것을 표현할 수 있다. 이런 표현의 한 방도는 익숙한 럿셀식의 범위 장치와 "양화" 장치를 이용하는 것이다.

(2) $(\exists y)(y = \beta \wedge \Box \, [\alpha = y])$

α가 β의 언급대상을 고착 지시한다는 사실을 대상 언어로 표현하는 다른 방도는 캐플란의 지표 연산자인 'dthat'을 사용하는 것이다.[42]

(3) $\Box \, [\alpha = \text{dthat}(\beta)]$

---

42. (1)이나 (2) 둘과 (3) 사이의 차이는 이런 점일 것이다. (3)은 현실에서 실존하지 않는 가능할 뿐인 대상에 대한 고착 지칭어가 있을 수 있다고 허용하는데, 그와 달리 (1)과 (2)는 그렇지 않다. 그럼에도 여전히 (1)과 (2)는 α의 고착성에 대한 충분조건을 제공한다. 그리고 문장 (1)과 (2)는 좀더 일반적인 고착성 개념을 수용하기 위하여 가능성 연산자를 문두에 붙일 수 있다. 하지만 현재의 목적상 가능할 뿐인 것들을 언급하는 특별한 상황은 무시해도 상관없겠다.
　그런데 다음과 같은 사항은 반드시 주의가 필요하다. (1), (2), (3) 가운데 어떤 것의 실례들이든지, 앞으로 우리가 사용하게 될 구절들의 뜻대로, 개체성에 관한 본질주의 언직을 포함한다. (1), (2), (3) 가운데 어떤 것이든 단칭어 α가 고정어라는 취지의 주장 특히 대상 언어 수준의 주장으로 받아들여질 수 있으며, 일부의 단칭어가 고정어라는 것은 직접 언급론에 속하는 주장이기 때문에, 직접 언급론이 특별한 형태의 본질주의 언질을 포함한다는 건 당연한 귀결이다. 이점에 관해서는 7절과 8절 이하에서 좀더 분명히 밝혀질 것이다.

I. 직접 언급론

(2)와 (3)에서 한 용어가 α이고 다른 하나가 고착 고정 지칭어인 동일성 문장을 필연화시키고 있다. (2)나 (3)의 논리적 형식을 갖는 문장은 대상 언어 수준에서 약정 "정의"로 사용되었다. 물론 이 경우 '정의'의 느슨한 뜻으로 사용되었으며, 여기서 이 정의의 역할은 α의 언급을 고착 고정 지칭어라고 정하는 일이다. 물론 만일 대상 언어 수준에서 (2)나 (3)과 같은 형식의 문장을 적형문이라고 인정된다고 가정하면, 단칭어 α가 만일 (2)나 (3)과 같은 형식의 문장이 옳은 경우 그리고 오직 그 경우에만 단칭어 β가 지시하는 것을 고착 지시하기 때문에, (2)나 (3)의 형식을 띤 문장의 진리성은 α를 고착 고정 지칭어라고 가를 수 있는 기준으로 간주될 수 있겠다. 물론 이 단칭어는 개별자 i를 지시할 것이고, 이 경우 β도 개별자 i를 지시하는 단칭어이다.[43] 물론 만일 α가 고착될 수밖에 없다는 약정을 추가하지 않은 채 α의 언급을 확정시키는 데에만 관심이 있다면, 다음과 같은 형식의 단순한 동일성 문장으로 충분하다.

(4) $\alpha = \beta$

이 문장 (4)를 (1)의 주장 즉 α가 고착어라는 주장을 연언으로 묶어보면, (2)와 동등한 문장이 된다.

---

43. β는 α와 구별될 필요가 없다. (3)의 형식을 갖는 문장의 진리성은 α의 고정성에 대한 기준으로 간주될 수 있지만, α의 "정의"로 취급된다면 순환되는 것이다.

둘 · 직접 언급론의 확장
　－일반어에 적용된 직접 언급론

4. 이론의 재정식화

4.1 기술 일반어

지금까지는 단칭어만을 논의해왔으나, 직접 언급론이 단칭 언급론이라고만 할 수는 없다. 이는 일반어, 이를테면, 단 하나의 낱말로 표현되는 단일어(single-word) 자연류 보통 명사('물', '호랑이' 등)에 적용될 수 있으며, 단일어 형용사나 동사에도 확장되어 적용될 수 있다.44 '호랑이'

---

44. 도넬란, 크립키, 퍼트남은 모두 자신의 논증을 자연류어에도 적용한다. 크립키는 '열'과 같은 자연 현상을 나타내는 용어에 자신의 설명을 확장시킨다(1971, pp.158-160, 1972, pp.131-137). 퍼트남은 '에너지'와 같은 물리량을 나타내는 용어(1973a, pp.198-204, 페이지 수는 1975d의 수)와 '연필'과 같은 인공물(1975a, pp.242-244)에 확대한다. 덧붙여 크립키는 '열', '시끄러운', '붉은' 등의 자연 현상을 나타내는 형용사에 자신의 설명을 적용시킬 수 있다고 제안하며(1972a, p.134, p.128, n.66), 이에 비해 퍼트남은 형용사 '붉은'과 자연류 동사 '자란다' 그리고 "거의 대다수의 모든 명사"에 확대 적용할 수 있다고 한다(1975a, pp.240, 242, 244). 그리고 제 1장의 각주 14와 그에 앞선 내용을 참고하시오.

* general term은 여러 개별자를 지칭하는 용어로서 '일반어', singular term은 하나의 개별자를 지칭하는 용어로서 '단칭어'로 옮겼다. 그리고, 지칭과는 무관하게 사용된 single-word는 한 개의 낱말로 이루어진 용어로서 '단일어'로 옮기겠다.

같은 명사는 단일 개별자(single individual)를 지시하려는 게 아니다.[45] 일반어는 본질상 술어적이다. (영어의) 문법에 비추어 본다면, (영어의 단칭어 형태로 사용된) 일반어는 보통은 문장의 주어 역할을 할 수 없으며, 따라서 문장에서 그 용어의 출현을 존재 양화할 수 없다. 다음 문장

    토니는 호랑이다(Tony is a tiger)

에서 주어 '토니'는 단일한 개별자를 지시하려는 단칭어이며, 화자는 그 또는 그녀 자신이 하고 있는 말을 통해 이 개별자의 실존에 대해 언질을 하고 있는 셈이다. 이 문장에는 다음 문장

    토니는 호냥이라는 종의 구성원이다(Tony is a member of the species *Tiger*)

의 경우와 달리 토니라는 개별자에 대한 언질말고는 다른 존재론적 언질 포함되지 않은 것 같다.

두 번째 문장은 동물 가운데 임의의 한 종류(kind), 즉 임의의 추상물(abstract entity)이나 보편자를 지시하려는 또 다른 단칭어를 포함한다. 이 문장은 단칭어들의 두 가지 출현 모두에 대해 존재 일반화를 허용한다.

---

45. 이 다음부터 보게 되는 바와 같이, 퍼트남은 물질 명사 '물'을 임의의 모든 개별 물 표본들(samples)에 적용되는 일반어로 취급하여 이해하는데, 이렇다면 '물'이라는 용어를 '물의 표본'과 같은 일반 명사구의 축약어로 보는 것 같다. 우리가 일반어의 지칭에 관한 직접 언급론을 해설할 때, 퍼트남이 명백하게 물질 명사를 일반어로 여기던 취급 방식을 따르겠다. 하지만 물질 명사가 추상 보편자(대게 화학적 실체)를 지시하는 단칭어인지 여부라든지 일반어가 개별 실례들(instances)에 적용되는지 여부에 관해서는 중립적인 입장을 견지하겠다. (물론, 물질 명사는 종종 이중적인 양태를 보여준다. 즉 어느 때는 단칭어의 기능을 하고 어느 때는 일반어의 기능을 한다.) 물질 명사의 구문론적이고 의미론적인 격위에 관한 논란의 배경을 더 보려면, 버즈, 1972 ; 파슨스, 1970 ; 콰인, 1960, pp.90-100를 보시오.

종에 관한 유명주의자는 앞의 첫 번째 문장을 믿는다고 주장할 수 있겠지만, 두 번째 문장을 믿는다고 하지 못할 것이다.

필자가 제시했던 기술 단칭어의 정의에 따라 일반어에 관해서도 비슷한 정의를 제시할 수 있겠다. 일반어 τ는 다음과 같은 경우라면 카르납의 방식으로 기술적이다. τ와 (그 뜻,' 의 부분으로서) 연관된 일련의 속성이 존재하는데, 한 가능 세계와 시각과 관련하여 이 τ의 외연 (즉 τ가 적용되는 것들의 집합)이 의미론에 의해서만 결정되는 경우이다. 그런데 τ가 적용되는 것들이란 누가 되었든 무엇이 되었든 그 시각에 그 가능 세계에 실존하며, 그 시각에 그 세계에서 이 속성들을 모두 갖고 있다. 여기서 주의해야 할 것이 있는데, 일반어에 관한 이 정의가 단칭어에 관한 이전의 정의와 단지 한가지 면에서 다르다는 점이다. 앞의 정의가 지시대상(denotation)을 말하던 대목에서 이 정의는 외연(extension)을 말하고 있다. 이 정의를 아주 간단히 바꾸기만 해도, 단칭어뿐 아니라 일반어에도 적용될 수 있는 런스키식 기술어, 써얼식 기술어, 또 다른 사람 식의 기술어라는 관념을 재정의할 수 있을 것이다. 그렇다면 앞에서와 마찬가지로 이런 관념들 전부를 선언으로 묶음으로써 일반적 기술어가 정의될 것이다. 기술 일반어는 속성을 통하여 대상에 적용되는 용어이다. 이 용어는 어떤 것 또는 사물의 어떤 종류를 알아채는 방식을 (그것의 뜻,' 로서) 표현하는 용어이며, 한 가능 세계와 한 시각과 관련하여 그 외연은 이 "뜻"에 의해 간접적으로 보증된다. 기술 일반어의 전형적 실례는 '사나운, 네-발인, 황갈색으로 윤기 나는, 검은 줄무늬의, 고양이 같은 동물' 등의 보통 명사구이다. 이런 보통 명사구는 한정 기술과 유비되는 일반어이지만, 단칭어의 경우처럼, 보통 명사구들이 기술 일반어의 유일하며 가능한 종류인 것은 아니다. (퍼트남, 1966에 의해 논증된 바대로) 만일 일반적 "무리 용어"(general "cluster terms")가 존재한다면, 그것 역시 기술어일 것이다.

단칭어의 경우처럼, 일반어에 관한 가장 강한 형태의 직접 언급론은 다음과 같이 진술될 수 있을 것이다. 정통 프레게식 이론이 기술어라고 주장해온 일부의 단일어 보통 명사는 사실상 비기술어이다. 정통 이론가들이 단칭 언급의 뜻에 관한 이론에 유비해서 일반어의 뜻에 관한 이론을 자연스럽게 채용했듯이, 앞장에서 살펴본 단칭 언급론의 주창자들이 일반어에 관해 단칭 언급론에 부합되는 기본 주장을 자연스럽게 지지할 수밖에 없었을 것이다. 만일 화자가 속성 기술과 무관하게 확정되어 있는 개별자 약간에 관해 직접 무언가를 말할(물을, 등등) 수 있도록, 일부의(그리고 나아가 아주 많은) 단칭어가 그 개별자를 직접 언급해낸다면, 왜 몇몇 보통명사들 역시 속성을 사용하지 않은 채 사물에 직접 적용되어서는 안된다는 말인가? 곧이어 보게 되는 바대로, 우리는 이처럼 솔깃할 정도로 단순 명확한 의미론에 관한 철학에서 예기치 못해서 깜짝 놀랄만한 철학적 기본 주장으로 아주 자연스럽게 그리고 거의 확실하게 인도된다.

우리가 '기술적'이라는 용어와 '비기술적'이라는 용어를 적절하게 적용할 수 있는 표현에 단칭어와 일반어만이 있는 것은 아니다. 언어의 종류라는 관점에서 볼 때, 예를 들어, 만일 양화사와 문장연산자 등의 표현의 뜻이 의미론적 평가를 위해 관련된 양화사나 인자의 변역을 일종의 개념적 "기술"을 통해 결정한다면 이런 표현은 기술적 표현일 수 있다. '모든 사람'이라는 양화 표현이 그 양화의 변역, 말하자면, 사삻 집합을 "기술"하는지, 또는 직접적인 의미론적 규칙에 의거해 그 변역을 비기술적으로 가리키는(indicate)지를 묻는다면, 이는 분별 없는 짓이 결코 아닐 것이다. 현실성 문장 연산자인 '현실로'는 현실 세계, 달리 말하여 ("벌어져 있는 현실 세계 안에서") 현실임이라는 (비관계적인) 존재론적 격위를 갖는 가능 세계를 기술하는가? 아니면 이 연산자는 의미론적인 평가를 위해 관련된 현실 세계를 직접 그리고 비기술적으로 가리키는가? 비록 이 책에서 단칭어와 일반어가 주로 다뤄지지만, 독자들은 기술 표현과 비기술 표현의 구분이 상당히 여러 언어 표현들에 대해 이루어질 수 있다는 것, 그리고 직접 언급론을 적용시킬 수 있는 언어 표현도 그만큼 광범하다는 것을 염두에 두어야 한다.

4.2 고유명으로서 보통 명사

일부의 보통 명사가 비기술 표현일 수 있다는 기대는 고유명과 단칭 언급의 경우에 성립되던 뚜렷한 유비 관계를 떠올릴 수밖에 없도록 한다. 만일 비기술 일반어가 임의의 것들에, 다른 것이 아니라, 바로 그것들에 적용된다면, 다른 것들이 아니라 바로 그것들에 적용된다는 사실 때문에, 그 용어가 비기술 표현이라 해도, 그 외연에 속하는 개별자들이 공통으로 갖는 무엇인가가 있어야만 한다. 그 외연에 속한 대상은 반드시 똑같은 종류이어야 하며, 그 용어는 그 종류에 속한 사물들에게 비기술적인 꼬리표일 수밖에 없다. 이와 똑같은 논점을 달리 설명하면, 비기술 일반어는 사물의 일정 종류에 대한 꼬리표이어야만 한다. 사실상 단일어 보통 명사에 관해 마치 그것이 사물들의 일정 종류를 언급하는 고유명이라는 듯이 말하는 게 일반어에 관한 직접 언급론의 특성이다. '호랑이', '물'과 같은 자연류어는 자연류를 "지칭"하는데, 이는 고유명이 그 담지자를 "지칭"하는 방식과 아주 똑같은 방식으로 이루어진다. 따라서 카르납의 용어법과 유사하게, 우리는 고유명과 그 비슷한 보통 명사를 "지칭어"라고 분류할 것이다.[46]

보통 명사를 아주 철저하게 류의 이름으로 취급하려는 시도는 자연스럽게 그리고 즉각 다음과 같은 귀결로 이어진다. 만일 '호랑이'와 같은 단일어 보통 명사가 호랑이라는 종을 지칭하는 고유명이라는 식으로 유비된다고 보면, 이와 마찬가지로 '암여우'와 같은 보통 명사구가 그 속성에 의해 일정 종류의 동물을 지칭하는 단칭어구나 단칭 한정 기술에 유비된다고 못 볼 이유가 없는 것 같다. 우리가 보통 명사구를 사물

---

46. 카르납, 1947, p.6 ; 크립키, 1972a, p.24를 보시오.

의 종류를 지칭하는 걸로 보자마자, 언어가 보통 명사구를 생성시키는 꼭 그만큼 자유롭게 사물의 류를 생성시킬 수 있어야만 한다. 이는 즉각 반박하기는 어려운 주장이다. 우리는 가끔 '백인 앵글로색슨 개신교도'와 같이 주절주절 긴 어구로 개별자들의 종류를 드러낼 수밖에 없다. 비록 이런 표현을 반복해서 사용하다 보면 이를 대신하는 단일어 축약어가 도입되는 게 일반적인 현상이지만 말이다. 보통 명사를 이름으로 그리고 명사구를 기술로 보자는 제안은 그럴 듯하기조차 하다. 사람과 마찬가지로 자연류는 우리의 생활에서 중심적인 역할을 한다. 그리고 언어가 진화하면서 사물들을 언급하기 위해 지표어나 기술과 같이 보다 특수화된 언어 장치를 이용해왔던 것에 비추어 본다면, 그리고 사물들로 이루어진 이런 종류에 대해 특별한 이름을 확보해 왔다고 한다면, 이치에 닿는 주장이라 하겠다.

이제 '프린스턴 대학교의 마스코트 역할을 하는 종의 원소'라는 보통 명사구를 살펴보자.[47] 이 표현은 무엇을 지칭하는가? 이에 대한 명백한 답은 그 "종류", 즉 범주, 프린스턴 대학교의 마스코트 역할을 하는 종의 원소라는 종류나 범주이다. 이것은 동물의 한 종이다. 생물학적인 종이나 유전자와 달리, 이는 자연류가 아니다. 물론 호랑이라는 종은 프린스턴 대학교의 마스코트 역할을 하는 유일한 종이기 때문에, 호랑이 그리고 오직 호랑이만이 이런 비자연류에 속하는 동물이다. 다시 말해 명사 '호랑이'와 명사구 '프린스턴 대학교의 마스코트 역할을 하는 종의 원소'는 아주 똑같은 의미론적 외연을 갖는다. 이제 (한 종류나 범주와 같은) 추상 보편자 k의 실례들로 이루어진 집합을 k의 형이상학적 외연이라고 하자. 이와 더불어 우리는 보통 명사와 보통 명사구가 어떤 종

---

47. 엄밀히 말해 프린스턴 대학교는 그 호랑이를 마스코트로 택했지, 호랑이라는 종을 택한 게 아니다. 셀라스(1963)는 이런 것들 즉 그 호랑이, 그 고래, 등을 주연 개별자(distrivbutive individuals)라고 했다. 현재의 목적상 집합의 주연인 동물과 그에 상응하는 종을 구별하지 않는 게 훨씬 낫겠다.

류를 지칭한다고 볼 수 있겠다. 그런 류에 속하는 것들로 이루어진 집합은 그 표현의 의미론적 외연이면서 동시에 그 류의 형이상학적 외연이다.

호랑이라는 종과 프린스턴 대학교의 마스코트 역할을 하는 종의 원소라는 비자연류는 아주 꼭 같은 형이상학적 외연을 갖는다. 그러나 이런 사실은 두 류가 수적으로 동일하다고 하는데 충분한 것은 아니다. 그들의 형이상학적 외연이 일치한다는 사실은 우연적 사실일 뿐이다. 형이상학적 관점에서 보자면, 외연의 일치는 그저 일치일 뿐이다. 프린스턴 대학교는 호랑이 대신에 너구리를 마스코트로 택했을 수도 있다. 만일 그랬었다면 너구리는 후자의 범주에 속하는 동물이 되었을 테지만, 호랑이는 그러지 못했을 것이다. '호랑이'라는 용어와 프린스턴 대학교의 마스코트 역할을 한 종의 원소라는 비자연류 또는 범주 사이의 연관이 보여주는 우연성은 '호랑이'와 그 지칭대상인 펠리스 타이그리쉬 (Felis tigris) 사이에 성립하는 관계와 아주 선명히 대조된다. '호랑이'라는 용어는 하나의 동물에 적용되는데, 오로지 그 동물이 일정한 자연류에 속하기 때문에 그렇다. 형식적으로 말하자면, '호랑이'는 어떤 가능세계와 어떤 시각과 관련해서든 그 주어진 세계의 주어진 시각에 그 자연류에 속하는 원소인 사물들 전부에 적용된다. 그리고 오직 그 사물들에만 적용된다. 단칭어의 경우처럼, 어떤 일반어 τ 에 대해서도 우리는 그 의미론적 함수를 고려할 수 있다. 즉 τ 의 의미론적 외연을 임의의 가능 세계에다, 그 세계에서, 할당해주는 함수를 생각할 수 있겠다. 카르납에 따라서 이 함수를 τ 의 의미론적 내포라고 부르자. 우리는 어떤 추상적 보편자 k든지, k의 실례들의 집합을 임의의 가능 세계에다, 그 가능 세계에서, 할당할 수 있다. 이런 함수를 우리는 k의 형이상학적 내포라고 하자. 그렇다면 우리는 '호랑이'라는 용어의 의미론적 내포는 펠리스 타이그리쉬라는 종의 형이상학적 내포와 아주 정확히 똑같은 함수라고 말해도 되겠다. 공통의 형이상학적 외연을 갖는다해도 펠리스 타이

그리쉬라는 종은 프린스턴 대학교의 마스코트 역할을 하는 종의 원소라는 비자연류와는 형이상학적 내포가 다르다. 후자는 전자와 달리 모든 너구리라든지 또는 오직 너구리만을 그 원소로 포함했을 수도 있었다.[48]

이로부터 명백한 결론이 도출될 것이다. 즉 만일 보통 명사와 보통 명사구가 종류를 지칭한다면, 공통-지칭 보통 명사와 명사구는 반드시 공통-외연뿐 아니라 공통-내포를 가져야만 한다. 이는 보통 명사를 종

---

48. 여기서 전개된 논증은 명백히 형이상학에 속하는 진리, 즉 임의의 두 가능 세계 w_1과 w_2에서, 프린스턴 대학교의 마스코트 역할을 하는 종의 원소라는 w_1의 류와, 프린스턴 대학교의 마스코트 역할을 하는 종의 원소라는 w_2의 류가 아주 똑같은 것이라는 (그리고 이와 마찬가지로 w_1의 호랑이와 w_2의 호랑이가 아주 똑같은 것이라는) 진리를 암암리에 가정하고 있다. 이 가정이 주장하는 바에 따르면, 프린스턴 대학교의 마스코트 역할을 하는 종의 원소라는 류는 다른 종류의 류 즉 자연류나 샌디에고 동물원의 동물 류와 같은 것이 될 수 없으며, 바로 이 점 때문에 이 가정은 형이상학적 가정이다. 이 류는 그 외연이 정해지는 방식이 일정하게 제한될 것이다. 다시 말해 어떤 종들의 원소들로 이루어진 집합은 어떤 속성을 우연히 갖게 될 것인데, 프린스턴 대학교의 마스코트 역할을 하는 종의 원소라는 류가 그 우연적 속성을 가진 집합이라는 바로 그 사실에 의해서 이 류가 갖게 되는 형이상학적 외연을 정하는 류이어야만 한다. 만일 그렇지 않다면, 그 대신에, 현실 세계에서 프린스턴 대학교의 마스코트 역할을 해낸 종의 원소라는 류는 샌디에고 동물원의 동물들 집합이라는 형이상학적 외연을 그 외연으로 골랐을 수도 있다. 달리 말해, 샌디에고 동물원의 동물이라는 류일 수도 있었다는 말이다. 철학의 전문 용어로 이를 말해본다면, 이 가정은 류에 관한 일종의 본질주의이다.

이런 사소한 형태의 본질주의는 이미 일반어에 관한 직접 언급론의 기초에 이미 전제되어 있다고 보는 게 온당하다. 그러나, 우리는 8, 9절에서 보게 되는 바와 같이, 직접 언급론자들이 자신들의 언급론에서 추출하고자 하는 본질주의 신조 가운데 일부는 이보다 더 강한 형태의 본질주의를 포함하고 있다.

여기서 다루고 있는, 류에 관한 사소한 형태의 본질주의에 암암리에 가정된 것은 직접 언급론에만 특별한 것은 아니다. 이와 유비되는, 속성에 관한 본질주의 가정은 정통 단칭 언급론에 관한 논의에도 역시 전제되어 있으며, 또한 이런 숨겨진 전제 가정은 실질적으로 속성과 양상에 관련된 모든 철학 토론에 포함되어 있다고 하겠다. 따라서 예를 들면, '셰익스피어에 관해 말하자면, 그가 결코 『햄릿』을 쓰지 않았을 상황도 가능했던 사람이다.'는 문장과 '셰익스피어에 관해 말하자면, 그에게 『햄릿』을 썼음이라는 속성이 결여된 상황도 가능했던 사람이었다.'는 문장 사이에 대강의 동등성을 가정한다면, 우리는 암암리에 『햄릿』을 집필함이라는 속성이 『햄릿』을-지음이라는 속성이어야만 하며, 다른 가능세계 w에서, 말하자면, 『맥베스』를 씀이라는 (w에서의!) 속성은 될 수 없었던 실재물이라고 가정한 셈이다.

류에 대한 지칭어로 보자는 제안에서 비롯되는 자연스러운 귀결인 듯 싶은데, 보통 명사구의 의미론적 내포는 그 명사구에 의해 지칭되는 류의 형이상학적 내포라고 부르는 것과 일치해야만 하기 때문이다. '호랑이'라는 용어와 '프린스턴 대학교의 마스코트 역할을 하는 종의 원소'라는 구절은 명백히 의미론적 내포가 다르다. 그렇다면 분명히 지칭도 달라야만 한다.

4.3 유비가 성립되지 않는 논점

우리는 만일 보통 명사를 류에 관한 지칭어로 보자는 제안에 따른다면, 공통-지칭 보통 명사가 공통-내포를 갖는다는 결론이 아주 명백히 도출된다는 것을 논증하였다. 그러나 이런 뻔한 결론 역시 또 다른 귀결을 갖는데, 그 가운데 일부는 보통 명사와 그에 연합된 류와의 관계를 고유명이나 단칭 한정 기술어의 지시 관계와 유비된다고 보려는 체계이고 전면적인 시도에 위협을 준다. 보통 명사를 이론적으로 유비시키는데 관여되어 있다고 여겨지는 단칭 지시 관계에 관한 적어도 두 가지 기초적인 사실이 있다. 하나는 논리적 동치인 단칭어 —「$\alpha = \beta$」가 논리적으로 옳은 경우에 사용된 α와 β라는 단칭어 — 는 똑같은 사물을 지시한다는 것이다. 물론, 이는 단칭어에 관한 의미론적 정리이다. 우리는 이 정리에 대응하는 가정 즉 논리적 동치인 보통 명사가 똑같은 것을 지칭한다는 가정을 할 수 있다. 좀더 정확히 말하여, 우리는 단일어 명사 또는 명사구인 보통 명사 ν와 ν'의 짝이 「만일 어떤 것이 ν'인 경우 그리고 오직 그 경우에만 그것은 ν이다」는 문장에 사용되었을 때, 이 문장이 논리적으로 옳다면, 언제든지 똑같은 것을 지칭한다고 가정할 수 있겠다. 이 문장이 ν와 ν'이 똑같은 의미론적 외연을 갖는다는 상위 언어적 사실을 대상 언어로 표현한다는 데 주의해야 한다. 만일 이것이 논리적으로 옳다면, 우리는 대개 ν와 ν'이 똑같은 의미론적

I. 직접 언급론 85

내포를 갖는다고 결론지을 수 있다. 따라서 '호랑이'라는 용어는 이런 가정에 의거하면, 그 용어의 "논리적 동치" 가운데 어떤 것, 예를 들어 '자신과 동일한 호랑이'와 '줄무늬가 있거나 없는 호랑이'와 마찬가지로 서로 똑같은 것을 지칭한다. 만일 '호랑이'가 호랑이라는 종을 지칭한다면, 이 가정에 의해 '자신과 동일한 호랑이'도 이를 지칭하며, 그리고 '줄무늬가 있거나 없는 호랑이'도 이를 지칭한다. 이 가정은 비록 약간 무리한 점이 있긴 하지만, 보통 명사와 그에 연관된 류 사이의 관계를 단칭어의 지시 관계에 유비하여 다루자는 제안에 큰 부담을 주지 않는다.

단칭 지시 관계에 관한 두 번째의 기초적인 사실은, 프레게가 주의를 주고 있듯이, 하나나 그 이상의 단칭어를 그 고유한 부분으로 포함하고 있는 한정 기술의 지시 관계가 보통 그 구성 성분인 단칭어의 (통상적) 지시 관계의 함수이라는 점이다. 이런 한정 기술의 지시 관계가 공통의 언급 관계를 갖는 다른 단칭어를 원래의 단칭어 자리에 그 한정 기술의 구성요소로서 대입하는 모든 상황에서 유지된다. 우리는 단칭 지시에 관한 이 두 번째 사실을, 콰인의 관념을 빌어 표현한다면, 좀더 충분하게 드러낼 수 있다. 표현 $\emptyset$에서 단칭어 α가 출현하는 것을 다음과 같은 경우에 순수 언급 표현이라 하자. 만일 $\emptyset$의 적용 가능성 조건을 명세하는 의미론적 규칙이 α의 출현에서 α의 지시대상을 본질적으로 언급하면서, 한편으로는 α의 출현에서 α의 다른 측면, 이를테면, α의 뜻 또는 구문론적 실재로서 α 자체는 본질적으로 포함하지 않을 경우라면, 순수 언급 표현이다.[49] 좀더 쉽게 말하자면, 어떤 단칭어가 자신을

---

49. α라는 용어는 자유 변항을 갖고 있으면서 $\emptyset$ 안에서 속박되어 있는 열린 단칭어(open singular term)일 수도 있다. 특히 α는 그 자체가 변항일 수 있다. 그런 경우, 'α의 지시대상'이라는 구절은 그 변항에 값이 할당된 상태에서 α의 지시대상을 의미한다고 이해된다. 비록 필자가 보기엔 여기에서 제시된 정의가 콰인의 프레게주의적 취지에는 일치된다고 보이지만, 그가 제시한 기준(예를 들어, 그의 1953a, p.139f에 제시된 바)에 문자 그대로 일치하지는 않는다. 콰인은 문장 $\emptyset$ 내에서의 출현에만 관련된 기준을 말하며, $\emptyset$의 진리치가 α의 출현에다 공통-언급 표현을 대입해서 보존되어야 한다고 요구할 뿐이지

포함하고 있는 표현 내에서 순수 언급 출현을 하고 있다고 말한다는 건, 그 표현을 적용할 때의 의미론적 함수가 단지 그 용어의 지시대상을 지시할 뿐인 바로 그런 것이라는 말이다. 그렇다면 기초적인 의미론적 사실을 이렇게 말할 수도 있겠다. 인용 부호와 같은 비일상적 장치를 포함하지 않은 복합적인 구조를 가진 언어 표현에서, 그리고 특히 거의 대부분의 명사구에서, 한정 기술이든 보통 명사구든 상관없이 대부분의 명사구에서, 그 언어 표현의 고유한 일부분으로 출현하는 어떤 요소 단칭어도 순수 언급 표현이다. 한정 기술의 경우 다음과 같은 교체원리(interchange priniciple)를 정리로 증명할 수 있겠다.

만일 τ_a가 한정 기술이고 τ_β가 다음과 같은 점만을 제외하고는 τ_a와 흡사하다면, 즉 τ_a가 β와 똑같은 것을 지칭하는 단칭어 α의 순수 언급출현을 포함하는 경우에 τ_β가 단칭어 β의 순수 언급출현을 포함한다는 점만을 제외하고는 τ_a와 흡사하다면, τ_β는 τ_a와 똑같은 것을 지칭한다.

이를 한정 기술 교체원리라고 부르자.
이 한정 기술 교체원리에 대응하도록 유비하여, 프레게가 그랬듯이, 순수 언급출현이라는 똑같은 관념을 사용함으로써 우리는 이에 평행하는 보통 명사 교체원리를 주장할 수 있겠다.

만일 τ_a가 보통 명사구이고 τ_β가 다음과 같은 점만을 제외하고는 τ_a와 흡사하다면, 즉 τ_a가 β와 똑같은 것을 지칭하는 단칭어 α의 순수 언급출현을 포함하는 경우에 τ_β가 단칭어 β의 순수 언급

만, 우리가 본대로, $\emptyset$의 진리치가 $\emptyset$의 진리 조건을 명세하는 의미론적 규칙 내에서 α가 출현함으로써 해내는 역할의 직접적인 귀결이어야 한다고 요구하지 않았다. 따라서, 콰인이 주의를 환기하는 바대로, 그의 기준에 의하면 '셰익스피어'는 "'셰익스피어'는 극작가를 지시한다."는 문장에서 언급적으로 출현한다.

출현을 포함한다는 점만을 제외하고는 τ_α와 흡사하다면, τ_β는 τ_α
와 똑같은 것을 지칭한다.

하지만 이 원리는 단칭어에 관한 첫 번째 의미론적 정리와 평행되는
이전의 가정과 연언으로 결합하여, 보통 명사를 사물의 집합을 지칭한
다고 하기보다는 사물의 류를 지칭한다고 보자는 제안이 되고 만다. 아
래에서 이 논증을 명확히 해보자.[50]

임의의 보통 명사 ν에 대해, 우리는 그 의미론적 특성 함수 $f\nu$를 이
렇게 정의할 수 있겠다. 수 1을 ν가 적용되는 임의의 개별자 x(와 가능
세계 w 그리고 시각 t)에 할당하고, 수 0을 임의의 다른 개별자(와 다른
세계와 시각)에 할당하는 함수가 바로 $f\nu$이다. 이에 따라서 척도를 1과
0으로 정의해보자. 이 척도에 따르면, (임의의 세계 w와 시각 t에서) 개
별자 x의 호랑이인 정도(the degree of tigerness)를, 만일 x가 (w와 t에서)
호랑이라면 1이고, 그렇지 않다면 0이다. 이와 비슷하게, (w와 t에서) 한
개별자 x의 프린스턴-마스코트인 정도를 만일 (w와 t에서) x가 프린스
턴 대학교의 마스코트 역할을 하는 종의 원소라면 1, 그렇지 않다면 0이
라고 정의한다. 현실의 현재에서 임의의 x에 대해, x의 호랑이인 정도는
항상 x의 프린스턴 마스코트인 정도와 똑같은 수라고 하겠다. 비록 임
의의 개별자의 호랑이인 정도가 프린스턴-마스코트인 정도와 다른 가

---

50. 여기서 사용된 논증은 프레게의 입장을 대변하는 처취(1943, pp.299-301), 데이비슨(1967,
pp.305-306), 괴델(1944, pp.128-129)에 의해 제시된 비슷한 논증에서 도출되었다. 이 논증
의 핵심은 프레게 자신으로 소급될 수 있다. 여기서 제시된 논증은 보통 명사에 적용된
반면, 처취, 데이비슨, 괴델의 논증은 문장에 적용되었다. 그들은 그들의 논증을 다음과
같은 사항을 증명하기 위해 사용하였다. 만일 문장이 지시대상을 갖는다면, 아마도 문장
의 진리치를 지시한다고 보아야한다는 것이다. 콰인도 (1953a, 와 1953c, p.161의 마지막
쪽에서) 이 비슷한 논증을 제시하여 다음과 같은 점, 즉 논리적 동치의 진리치 변함 없는
교체를 허용하는 어떤 비-진리-함수 문장연산자이든 반드시 불투명하다는 점을 증명하
고자 한다. 우리의 논증을 통하여, 보통 명사의 지칭을 직접 언급이라고 보는 견해에 따
르다 보면, 보통 명사구의 지칭이 언급적 출현을 하는 요소 단칭어의 지칭(지시)의 함수
라는 원리를 거부하게 된다고 본다.

능한 상황을 쉽게 기술할 수 있다고 해도 이는 마찬가지이다.

더불어 주목해야 할 점은 이렇다. 하나의 자유변항을 가진 임의의 열린 문장을 이에 대응하는 보통 명사구로 변형하는 것이 항상 가능하다. 물론 이 보통 명사구는 (임의의 가능 세계 w와 시각 t에) 그 열린 문장을 만족시키는 (w와 t에) 모든 개별자에 그리고 오직 그 개별자에만 적용되는 명사구다. 영어에서는, 이런 변형이 열린 문장 앞에 '...와 같은 것'(thing which is such that)을 붙이고 변항의 모든 자유출현에다 대명사 '그것'(it)을 대입함으로써 어설프게나마 이루어지곤 하는 일이다. 따라서 'x는 줄무늬이고 고기를 먹는다.'는 열린 문장에서 우리는 '줄무늬이면서 고기를 먹는 그런 것인 사물'이라는 닫힌 보통 명사구를 얻는다. 만일 논증에서 본질적인 요소는 전혀 아니지만 기호 표현을 써도 괜찮다면, 형식상 변항을 유지하며 변항-속박 연산자를 사용하여 어중간한 기호 표현인 보통 명사구 '줄무늬이고 육식성인 사물 x'(thing x which is such that x is striped and eats meat)라는 표현을 얻을 수 있겠다. 이 절차는 관용적인 (영어)표현에서 약간 벗어나고 있기는 하지만, 많은 경우에 내용을 보충했다기보다는 표현의 간결성을 높였다고 여겨진다.

이제 다음과 같은 일련의 보통 명사를 살펴보자.

(i) 호랑이
(ii) x의 호랑이인 정도가 1인 그런 사물 x
(iii) 프린스턴-마스코트인 정도가 1인 그런 사물 x
(iv) 프린스턴 대학교의 마스코트 역할을 하는 종의 원소

이미 정의된 바에 따라 명사 (i)은 (ii)와 사소한 동등 관계이다. 무엇인가가 그 호랑이인 정도가 1이라면 그리고 오직 그런 경우에만 호랑이라는 말은 임의의 개별자의 호랑이인 정도에 관한 정의로부터 직접 귀결되기 때문이다. 이와 비슷하게, (iii)과 (iv)는 사소하게 동등하다. 우

리가 위에서 첫 번째로 했던 가정에 의해, (i)과 (ii)가 공통-지칭 보통 명사이고 이와 마찬가지로 (iii)과 (iv)가 공통-지칭 보통 명사라는 것이 귀결되기 때문이다. 그렇다면 (ii)가 'x의 호랑이인 정도'라는 단칭어의 순수 언급출현을 포함하는 경우에, (iii)은 'x의 프린스턴-마스코트인 정도'라는 단칭어의 언급출현을 포함한다는 점만을 빼면, (iii)은 (ii)와 흡사하다. 이 단칭어들은 열린 한정 기술인데, 'x'가 (ii)나 (iii)의 맥락에 가서야 속박되는 자유변항으로 출현하기 때문이다. 이미 지적되었듯이, 변항 'x'의 값으로 취해진 임의의 개별자 i에 대해 'x의 프린스턴-마스코트인 정도'라는 기술과 'x의 호랑이인 정도'라는 기술은 똑같은 원소를 지칭한다. 만일 i가 호랑이라면, 그 둘은 1을 지칭한다. 그렇지 않다면 그 둘은 0을 지칭한다. 보통 명사구의 교체 원리에 의해 (iii)과 (iv)가 공통-지칭 보통 명사라는 게 귀결된다. 따라서 공통-지칭 관계의 이행성에 따라 '호랑이'가 '프린스턴 대학교의 마스코트 역할을 하는 종의 원소'와 똑같은 사물을 지칭한다는 게 귀결된다. 그러나 호랑이라는 종과 프린스턴 대학교의 마스코트 역할을 한 종의 원소라는 비자연류 또는 범주는 서로 수적으로 별개인 류나 범주라는 점은 앞 절에서 이미 논증하였다.

앞서 제시된 일반적 논증은 현실 세계의 현재 시각과 관련하여 정확히 똑같은 사물에 적용될 뿐인 ν와 ν'로 이루어지는 임의의 보통 명사 짝에도 확장될 수 있다. 단칭어에 관한 두 의미론적 정리에 평행하는 두 가정은 ν와 ν'가 똑같은 것을 지칭한다는 결론을 즉각 산출한다. 이런 결과는 다음과 같은 것을 강하게 제시한다고 볼 수 있다. 위의 두 가정이 보통 명사의 지칭이라는 관념에 관해 어느 정도 적합하다면, 보통 명사는 류나 범주를 지칭하지 않고 집합을 지칭한다.

만일 우리가 직접 언급론자와 마찬가지로 '호랑이'라는 용어가 호랑이라는 종을 지칭하며 현실의 호랑이 집합을 지칭하지 않으며 프린스턴 대학교의 마스코트 역할을 하는 종의 원소라는 범주를 지칭하지도 않는다고 말한다면, 이 논증의 두 가정 가운데 최소한 하나, 즉 모든 공통-외연 보통 명사구는 똑같은 사물을 지칭한다는 가정은 반드시 거부되어야 한다. 사실상 교체 원리는 거의 대다수 난점의 원인이라는 게 명백하다. 셰익스피어는 영국의 가장 위대한 극작가이지만, 만일 보통 명사가 류를 지칭한다면, '셰익스피어의 이웃'이라는 구절과 '영국의 가장 위대한 극작가의 이웃'이라는 구절이 다른 류의 사람을 지칭한다고 해야 하는데, 하나의 류에는 속하지만 다른 류에는 속하지 않는 개별자가 존재하는 상황을 쉽게 상상할 수 있다.

보통 명사구 교체 원리를 이렇게 거부한다면, 이는 직접 언급론에 포함되어 있는, 보통 명사의 지칭이라는 관념과 단칭어의 지칭이라는 관념 사이에 유비가 성립되지 않음을 보여주는 주목할 만한 측면이다. 그래서 비록 일반어에 관한 직접 언급론을 해석하면서 보통 명사가 류를 지시하는 고유명이라고 취급하려는 시도는 유용하다고는 하지만, 주의해야 할 바가 있다. 보통 명사와 고유명 사이의 유사성이 보여주는 본성은 직접 언급론을 다루는 저작에서도 아직 충분히 탐색되지 않았다는 점이 바로 그것이다.

4.4 지칭

Ⅱ부에 가서 일반어에 관한 직접 언급론에서 야기되는 철학적 논점들을 논의하면서, 직접 언급론이 단일어 보통 명사와 고유명 사이에 성립하는 유사성의 정확한 본성을 상세히 밝혀줄 필요가 없다는 얘기를 하겠다. 그래서, 특히 Ⅱ부에서는 직접 언급론자가 지칭이라는 관념을 보통 명사에 적용하는 방식과는 상관없이 직접 언급론에 대한 비판을 전개할 것이다. 하지만 직접 언급론자의 주장 가운데 일부를 지지해주는 가능한 가장 강력한 사례들을 그들에게 제공하기 위하여, 이 시점에서 '지칭한다'는 말의 의미를 여기서 사용해온 용법을 확인시키는 방향

으로 약정하면 편리할 것이다. 우리가 이미 보았듯이 보통 명사 ν 가 류 k를 지칭하기 위한 명백한 필요조건은 다음과 같다. ν 의 의미론적 내포(가능 세계로부터 외연으로의 함수)가 형이상학적 내포와 일치하는 것이다. 이것이 충분조건으로도 간주되어야만 한다. 이런 생각은 어느 정도 적절한 것 같다. 사실, 자연류 보통 명사가 류의 이름이라는 생각을 시사하는 이 명사의 핵심 특징은 다음과 같다. 이 용어는 하나의 개별자에 적용되는데, 이때 오로지 그 개별자가 그 것이 속하는 류에 속하는 한 개별자이기 때문에 그렇게 적용된다. '지칭'이라는 용어의 현재 용법이 갖고 있는 본래의 카르납식 취지에 맞추어 말한다면, '지칭'을 단칭어와 개별자 사이의 지시 관계, 그리고 일반어의 의미론적 내포와 추상 보편자의 형이상학적 내포가 일치할 경우에 일반어와 그에 적절한 추상 보편자 사이에 성립되는 지시 관계, 양자를 모두 나타내는 중성적 용어로 사용하겠다.51 그리고 단칭어 a 가 하나의 가능 세계 w와 시각 t에서 i를 지시한다면, a 는 w와 t에서 한 개별자를 지칭한다고 말하겠다. 또한 임의의 가능 세계 w′과 임의의 시각 t′에서 일반어 τ 의 의미론적 외연이 w′과 t′에서 보편자 k의 형이상학적 외연이라면, τ 는 적정한 유형의 보편자 k를 (한 세계 w와 시각 t에서) 지칭한다고 하겠다.52 만일 의미론 연구자가 추상 보편자를 현상이라고, 그리고 이 보편자를 보통 명사가 적용되는 사물의 류, 형용사가 적용되는 사물의 속성, 동사가 적용되는 상태나 행동 등이라고 기꺼이 인정한다면, 일반어와 단칭어 둘

---

51. 카르납, 1947, p.161f.를 참조.
52. 여기서 똑같은 형이상학적 내포를 가진 류나 범주가 동일성을 가진다고 가정하지도, 또한 그 반대를 가정하지도 않겠다. 단지 보통 명사 ν 가 어떤 보편자 k든 지칭할 수 있다고 제안할 뿐이다. 물론 이 경우 k는 그 형이상학적 내포가 ν 의 의미론적 내포와 일치하는 (적정 부류의) 보편자이다. 만일 ν 와 내포가 일치하는 (적정 부류의) 보편자가 하나 이상 있다면, ν 는 그들 각각을 지칭할 것이다. 따라서 이 정의에 따르면 보통 명사의 "다중 지칭"(multiful designation)이라는 개념도 가능할 것이다. 한편, 똑같은 형이상학적 내포를 갖는 류들이 동일성을 갖는다면, 류의 형이상학적 내포가 다른 류가 아닌 문제의 바로 그 류를 결정짓는다고 해도 되겠다.

다 앞 문장에서 밝힌 정의에 의해서 이른바 지칭어이다.

이 정의는 보통 명사구의 교체원리에 관하여 앞 절에서 논의했던 바와 잘 맞아 들어간다. '호랑이'는 호랑이라는 종을 지칭하지만, 현실의 호랑이 집합이나 호랑이라는 종과 상이한 형이상학적 내포를 가진 다른 보편자를 지칭하지 않는다는 식으로 '지칭한다'는 용어를 사용해왔기 때문에, 앞 절에서 제시된 논증은 그 교체원리에 대한 귀류 논증이라고 보아도 되겠다. 이는 보통 명사구의 지칭과 단칭 한정 기술 지칭의 중대한 차이를 여실히 보여준다. 한정 기술 연산자 — 단칭으로 사용된 '그'(the) — 와 달리 보통-명사-형성 연산자 '-인 그런 사물'(thing which is such that)은 일종의 내포적 연산자이다. 이때 내포적 연산자란 최소한 보통 명사구의 지칭이 단순히 자신의 요소 단칭어로 이루어지는 지칭의 함수가 아니라는 뜻이다. 구성요소 단칭어의 내포는 보통 명사구의 지칭의 결정에 상관되어 있는데, 이는 이미 '셰익스피어의 이웃'과 '영국의 가장 위대한 극작가의 이웃'을 대조함으로써 예시되었던 바다. 그런데, 또 한편 보통 명사구 안에 출현하는 단칭어는 전형적으로 앞에서 정의되었던 뜻에서 언급적으로 출현한다. 따라서 보통-명사-형성 연산자 '-인 그런 사물'은 외연적 연산자이기도 하며, 최소한 이는 일상의 보통 명사구의 외연이 단순히 그 성분 단칭어의 외연(과 지시대상)의 함수라는 뜻에서 그렇다.

4.5 관계 기술 지칭어

이 장에서 제시되고 있는 방식대로, 예비적인 문제점들이 해결되면, 1.3절에서 제시했던 정의는 이제 일반어에도 어느 정도 적용될 수 있겠다. 개별자에 관한 직접 언급을 포함하고 있는 속성의 정의에 맞춰서, 만일 속성을 표준 동명사로 표현할 때, 반드시 그 류를 지칭하는 단칭어나 일반어 가운데 하나의 비기술어를 사용한다면, 속성의 정의가 사물의 류에 관한 직접 언급을 포함한다고 하자.53 사납고, 네 다리를 가졌으며, 윤기나는 황갈색이고, 검은 줄무늬를 가졌으며, 고양이와 흡사한 생물로 보임이라는 속성은 사납고 네 다리를 가졌으며 윤나는 황갈색에 검은 줄무늬를 갖고 있는 고양이와 흡사한 생물이라는 류에 관한 언급을 포함하고 있다. 하지만 이런 류의 생물에 관한 직접 언급을 포함하고 있지는 않은데, 보통 명사구 '사납고, 네 발을 가졌으며, 윤나는 황갈색에 검은 줄무늬를 가진, 고양이와 흡사한 생물'이 기술표현이기 때문이다. (덧붙여, 현실적으로 셰익스피어와 이웃함과 같이 양상적으로 지표된 속성은 현실 세계에 관한 직접 언급을 포함한다. 여기서 현실성 연산자 '현실적으로'는 비기술적이다.)

이미 제시되었던 일반 속성이나 순수 성질 속성이라는 관념을 수정하여, 개별자나 류(또는 가능 세계)에 관한 어떤 직접 언급도 포함하고 있지 않은 속성을 일반 성질 또는 순수 성질이라고 하자. 일반 속성은 "순수한" 개념적 실재다. 그것은 어떤 방식으로든 비내포적 실재를 포함하지 않는다.

이제 ν를 비기술 보통 명사라 하고 k를 ν에 의해 지칭되는 류라고 해보자. 그렇다면, 「ν 임」(being a ν)에 의해 지칭되는 속성은 k에 대한 직접 언급을 포함한다. 이는 어떤 뜻에서 류 k임이라는 속성과 논리적으로 (또는 집합-이론적으로 동등한 것에 유비하여 류-이론적으로 (kind-theoretically, on analogy to set-thoretically)) 동등하다. 즉 순서쌍 <k, 류-구성원 관계>에 의해 표현되며, 류 k에 속하는 모든 사물에 의해 그리고 그것에 의해서만 필연적으로 소유된 본래적 관계 속성과 논리적으로 동치이다. 만일 용어 '호랑이'가 예를 들어 비기술적이라면, 호랑이임

---

53. 이것을 정확한 정의로 보고 제시한 건 아니다. 제 1장의 주 17을 보시오.

  * 여기서 영어의 동명사 표현을 잘 드러내는 것이 필자의 의도를 반영하는 것이므로, 우리말로 했을 때 다소 껄끄럽더라도, 영어 동명사 표현을 드러내도록 우리말 명사형 어미 '…임', '…함' 등을 붙여서 사용하겠다.

이라는 속성은 여기서 사용된 뜻으로 <펠리스 타이그리쉬 종, 류-구성원 관계>에 의해 표현되는 속성과 동등하다. 물론 전자의 속성과 후자의 속성은 수적으로 동일할 수 있으며, 따라서 호랑이임은 일종의 은폐된 관계 속성이다. 비기술 보통 명사 ν를 지칭체 k에 대한 직접 지시 고유명이라고 여기는 것이 유용하듯이, 「ν임」을 <k, 류-구성원 관계>에 의해 표현되는 본래적 관계 속성으로 여기는 것이 마찬가지로 유용하다. 따라서 애초의 정의를 단칭어에 적용되도록 확장시킨다면, 단칭어든 일반어든(또는 양화사든 문장 연산자든), 기술표현은, 만일 표현된 일부의 속성이 개별자나 사물의 류 무엇이든(또는 가능 세계든), 무언가에 관한 직접 언급을 포함한다면 관계 기술 표현이라 할 것이며, 만일 그렇지 않다면 전적인 기술 표현이라 하겠다. 또한 사물이나 사물들의 표현된 속성이, 이 사물이나 사물들에 대한 직접 언급을 포함하고 있을 경우, 관계 기술 표현을 이 사물이나 사물들에 관해 기술적으로 상관되었다고 말하겠다.

4.6 정통 이론과 직접 언급론

프레게 자신과 카르납, 처취, 더밋, 린스키와 기타 최근의 프레게주의자에 의해 주장된 바 있는 일반어에 관한 정통 이론에 따르면, 모든 일반어는 전적인 기술 표현이다. 프레게주의자에겐 '호랑이'와 같은 낱말의 뜻은 네-발달린, 줄무늬임, 고양이 같은 모습임 등의 속성으로 분석 가능하며, 이 각각의 속성은 좀더 원초적인 일반 속성들로 분석될 수 있거나 제 자신이 원초 속성이다. 프레게주의자는 분석의 어느 단계에서도 직접 언급을 포함하는 속성을 수긍하지 않을 것이다.

단칭어의 경우와 마찬가지로, 일반어의 직접 언급에 관해 좀더 정확하게 진술한다면, 정통 이론에 의해 전적인 기술 표현이라고 주장된 어떤 일반어 특히 단일어 자연류 보통 명사는 사실상 전적으로 비기술적이며, 그렇지 않다면 오직 사소한 뜻으로만 기술적이다고 말할 수 있다. 사소한 뜻으로 기술적이라는 말은, 류 k에 속하는 어떤 것임이라는 속성 때문에, 한 용어가 그에 의해 지칭되는 류 k와 기술적으로 상관된다는 뜻이다. 따라서, 예를 들면, 직접 언급론은 '호랑이'라는 용어가 약간의 기술구, 이를테면 '사납고, 네-발 달렸으며, 윤기 있는 황갈색 바탕에, 검은 줄무늬를 가진, 고양이와 흡사한 생물'과 같은 기술구의 속기 표현임을 거부하지만, 대신에 이 용어는 전적으로 비기술 표현이거나 아니면 호랑이라는 종에 대한 직접 언급을 포함하는 특별한 속성 즉 바로 그 류에 속하는 어떤 것임이라는 속성 때문에 기술 표현이라고 주장한다. 좀더 강한 주장을 하면서 좀더 흔한 형태의 직접 언급론에 따르면, '호랑이'는 아예 전적으로 비기술 표현일 뿐이다.

필요한 만큼의 변경을 가한다면, 1.4절에서 단칭어에 관한 직접 언급론과 뜻에 관한 프레게식 개념의 관계를 검토하면서 논급되었던 사항은 일반어에 관한 직접 언급론에 적용된다. 직접 언급론은 고유명, 지표어, 자연류어와 관련하여 1.1절에서 말한 "뜻"의 세 종류 가운데 어떤 것도 부정하지 않는다. 이런 부류의 용어들이 그 사용자의 마음에 어떤 개념을 환기시킨다거나(뜻$_1$), 어떤 방식으로 그들의 지칭 관계를 보증한다거나(뜻$_2$), 그 용어가 그 용어를 사용하여 형성되는 신념에 기여한다(뜻$_3$)는 것을 부정하는 것은 다소 우스운 일이다. 직접 언급론이 부정하는 것은, 다름아니라, 이 세 뜻 모두가 똑같은 것에서 비롯되었다는 프레게의 가정과, 어떤 용어에 의해 환기된 정신적 개념이 언급을 보증하며 그 사용자의 신념과 욕구의 일부를 형성한다는 그의 가정이다.

4.7 인지와 이해에 관한 전통 이론

낱말이 전적인 기술 표현이라는 정통 이론의 중요한 특징 가운데 하나를 든다면, 이 이론이 언어에 관한 신념, 언어에 관한 생각, 언어에 관한 이해 등과 관련하여 제기되는 인식론 및 정신 철학의 특정 관점과 결합되어 나타난다는 데 있다. 우리가 이미 주목했던 대로 표현의 프레게식 뜻은 여러 다른 것들 가운데 그 표현의 개념적 내용 즉 그 뜻₁이다. 술어나 단칭어와 같은 단순 표현의 뜻은 개별자의 귀속성이나 개념인데, 이는 문장의 뜻을 형성하는 개념의 벽돌이다. 프레게는 문장의 뜻을 '사고 내용'(thoughts, Gedanke)라고 하였다. 그가 강조한 바에 따르면, 표현의 뜻은 사적인 것이 아니라, 공적인 속성이다. 뜻은 그 누군가에 의해 파악되었다는 사실과 독립적으로 실존한다. 그래서 똑같은 뜻이 서로 다른 사람에 의해 파악될 수 있으며, 시각이 변해도 똑같은 사람에게 파악될 수 있다. 이런 점에서 뜻은 객관적이다. 그러나 프레게가 이와 함께 주장하고 있는 바에 따르면, 우리는 특별한 정신적 납득 능력(apprehension)에 의해서만 표현의 뜻에 도달할 수 있다. 그가 아주 명백하게 드러내어 말하고 있는 바에 따르면(1918), 뜻의 "파악"이나 "납득"은 최소한 부분적으로라도 정신의 과정이다. 그는 이를 시지각 비슷한 정신의 과정으로 간주한다. 따라서, 예를 들어, 그가 "특수한 정신 능력인 사고의 힘은 사고 내용[문장의 뜻]의 납득 능력에 대응해야만 한다. 우리가 생각할 때, 우리는 사고 내용을 산출하는 게 아니라 그 사고 내용을 납득한다."(1918, Strawson ed., p.35). 이후에 프레게는 "비록 사고 내용이 사고자의 [사적] 의식의 내용에 속하지 않는다 할지라도, 그의 의식 속에 있는 무엇인가는 반드시 사고 내용과 부합되어야 한다."(p.35)고 말하며, 이때 그는 뜻의 파악이 항상 본질적으로 의도된 경험을 포함한다는 주장을 하고 있었다. 마지막 문단에서, 프레게는 문장의 뜻을 파악하거나 납득하는 일은 "사고자의 내면 세계에서 이루어지는 과정이다…하나의 사고 내용이 납득될 때, 그것은…이해자의 내면 세계에 변화를 가져온다."(p.38)

문장의 뜻에 관한 프레게식 개념 — 사고 내용 — 은, 용어의 뜻이라는 개념과 비슷하게, 뜻₁의 측면 뿐 아니라 뜻₃의 측면도 갖고 있다. '셰익스피어는 극작가다.'는 문장의 뜻은 바로 한 사람이 셰익스피어는 극작가라는 것을 믿고 생각하고 주장할 때, 그나 그녀가 믿고 생각하고 주장하는 것이다. 프레게 식의 사고 내용은 정보이며 또한 신념, 주장, 그리고 좀더 일반적으로 말해서 명제 태도의 대상인 어떤 것이다. 따라서 동시에 문장의 뜻 즉 그 사고 내용은 정신에게 주어진 순수 개념 내용이며 또한 사고, 생각, 이해의 대상이기도 하다.

퍼트남(1975a, pp.218-222)의 지적에 따르면, 이 정통 프레게식 의미론은 언어 이해와 사고에 관한 전통적 견해를 아주 잘 도와준다. 이런 식의 견해에 의하면, 한 표현을 이해할 때 화자의 상태는 전적으로 내적이라고 간주되며, 그나 그녀의 마음에 나타나 있는 것 또는 그의 마음에 직접 접근 가능한 것을 제외하고는 화자에게 덧보탤 것이 없다. 이와 비슷하게 어떤 사고 내용을 생각하거나 어떤 신념을 갖고 있는 주관의 상태는 전적으로 내적인 것으로 간주된다. 이런 "심리적 상태"는 퍼트남이 말하고 있듯이 한 주관과 그나 그녀의 의식 내용만을 포함하며, 이때 의식 내용이란 어떤 공적인 개념적 실재를 포함한다. 한 사람이 이런 심리적 상태에 처해있다면, 이 상태는 그 사람의 실존과 본성상 개념적인 것의 실존을 필반하며, 그 주관에 본질적으로 또는 근본적으로 외적이라고 할만한 것은 거기에 전혀 포함되지 않는다. 전통 프레게식 이론에 의하면, 사고의 대상은 직접 언급을 포함하지 않는 일반 속성만으로 이루어지고, 따라서 그 구성원으로서 비내포적인 실재는 포함하지 않는다. 정확을 기해 말한다면, 언어 이해와 명제 태도에 관한 내재적(internalistic) 견해가 순수 내포 실재를 허용할 것이다. 정통 이론은 언어 이해와 인지에 관한 내재적 철학을 지지한다고 보아야 하며, 이는 이 이론이 강력하게 뒷받침하고 있는 다른 견해 즉 뜻$_1$과 뜻$_3$의 동일시를 통해 이루어진다. 뜻을 파악하는 일과 사고 내용을 생각하는 일은 주관의 정신에 나타난 일반 속성으로 완벽히 결정되게 마련인 활동이나 상태로 보인다. 한 사람이 이해하고 있는 사고 내용을 결정하기 위해,

그 사람의 마음에 있는 것만을 조사하면 충분할 것이다. 우리는 화자 전체로서 언어 공동체인 외적 현상, 또는 화자의 어떤 표현에 대한 이해를 둘러싸고 있는 상황에 관심을 두지 않아도 될 것이다.[54]

그러나 이와 대조적으로 직접 언급론은 이해와 인지에 관한 이런 전통 이론을 거부하는 길을 닦아놓는다. 이런 얘기의 요점은 우리가 직접 언급론을 내세우는 의미론적 논증을 재검토하면서 드러날 것이다.

5. 논증의 재검토

5.1 논증의 일반 형식

2절에서 제시했던 세 종류의 논증, 다시 말해 양상 논증, 인식론적 논증, 의미론적 논증은 각각 '호랑이'나 '물'과 같은 단일어 보통 명사에 적용되도록 쉽게 변형될 수 있다. 세 논증은 이런 용어들이 기술 용어일 수 없음을 증명하고자 한다. 물론, k가 그 용어에 의해 지칭되는 류이고, 그 용어가 류 k의 사례임이라는 특수한 속성 때문에 기술 용어라고 말하게 되는 사소한 주장은 여기서 제외된다.

'호랑이'라는 전형적인 자연류어와, 정통 이론이 그 뜻을 형성시킨다

---

54. 이와 똑같은 논점이 럿셀의 논리적으로 진정한 고유명에 관한 이론에도 적용될 수 있다. (제 1장, 주 22를 보시오.) 좀 느슨하게 말한다면, 의미와 언급에 관한 럿셀 식의 이론이라도 다음 사항은 허용한다. 의미가 본래적 관계 속성으로 구성될 수 있으나, 그런 경우에 이는 주관에 의해 아주 직접적으로 숙지되는 익숙지에 해당되는 것을 직접 언급하는 본래적 관계 속성만으로 이루어진다. 이 이론의 장치는 비록 정통 프레게식 이론의 장치보다 약간 낫다고 해도, 아직 한 주관의 정신으로만 접근 가능하다는 한계를 안고 있다. 이 장치는 인지에 관한 전통적 정신주의적 견해에 의해 허용되는 자료로만 그 의미를 구성한다. 이 자료로는 인식 주체, 그나 그녀의 사적 주관적 경험, 순수하게 질적인 속성, 그리고 이미 허용된 사물들에 관해 직접 언급을 포함하는 속성 등이 있다.

퍼트남은 이런 럿셀의 이론을 중요하게 여기지 않았지만, 정통 프레게식 이론의 간주관적 심리 상태는 중요하게 여겼다.

고 이 낱말에 연합시키는 속성을 살펴봄으로써 논의를 시작하겠다. 이 속성들은 호랑이의 구별 특성 즉 네발 동물임, 겉모습이 고양이와 흡사함, 황갈색 바탕에 검은 줄무늬를 가졌음, 육식임 등이다. 그런데 이 속성들 가운데 다음과 같은 속성을 포함시키지 않았다는 데 주의해야 한다. k가 호랑이라는 종인 경우, 바로 이 k 류에 속하는 동물임이라는 특별한 본래적 관계 속성이 그것이다. 호랑이라는 종에 대한 직접 언급을 포함하는 이 특별한 속성은 정통 이론이 '호랑이'의 뜻의 일부를 이룬다고 허용할 수 없는 부류의 속성이다.

만일 용어 '호랑이'가 정통 이론가의 주장대로 위에서 인용한 속성 때문에 기술적이라면, 다음의

> 만일 어떤 것이 네발 동물이고, 육식동물이며, 황갈색 바탕에 검은 줄무늬를 가진 고양이와 흡사한 동물인 경우 그리고 오직 그 경우만 그것은 호랑이다

는 문장은 전통적 뜻으로 분석적이어야만 하며, 따라서 필연적이고 선천적인 진리를 표현해야만 한다. 이 문장이 필연 진리라고 말하는 것은 반사실 상황과 관련된 논의에서 용어 '호랑이'가 위에서 언급한 특징들 모두를 갖는 그 사물들, 그것이 무엇이든 바로 그것들에 적용되어야만 한다고 말하는 것이다. 다시 말해, 호랑이가 이런 특징을 결여하고 있는 가능 세계는 없으며, 이런 특징을 모두 갖고 있는 것은 무엇이건 바로 그 사실에 의거해서, 그리고 또한 정의에 의해서, 어떤 가능 세계에서든, 무엇이 되었든, 그것은 호랑이다. 한 문장이 선천적으로 알 수 있는 진리를 표현한다고 말하는 것, 즉 그 문장이 선천적 정보를 전달한다고 말하는 것은, 그 문장에 포함된 개념들을 반성하기만 하면, 그리고 감각 경험으로 얻게 되는 정보에 전혀 의존하지 않고, 이런 특징을 갖고 있으면서 호랑이 아닐 수 없으며 또한 호랑이라면 이런 특징을 결여하지 않

는다는 것을 알 수 있다고 말하는 셈이다. 물론 호랑이가 이런 특징을 결여한다는 가정이나 또는 어떤 비호랑이가 이런 특징을 가졌다는 가정은 "결혼한 총각"이나 "미혼인 아내"라는 가정만큼이나 무의미하다. 만일 용어 '호랑이'가 정통 이론에 규정된 방식으로 기술적이라면, 이 용어는 호랑이를 확인할 때 사용되던 구별 특성을 갖는 것이라면 무엇이든 그 모든 것들에 그리고 오직 그것들에만 정확히 적용된다. 하지만 이어지는 논증에 따르면, 분명히 우리는 뜻밖에도 호랑이와 겉모습은 거의 흡사하지만 유전적으로는 호랑이와 아주 달라서 두 종의 교배는 생물학적으로 불가능한 고양이과에 속하는 희귀하고 색다른 종을 발견하는 상황을, 가능하다는 말의 진정한 뜻으로, 상상해보는 게 가능하다. 즉 호랑이는 아니지만, 위에서 인용한 호랑이가 가진 속성들을 갖고 있는 호랑이 비슷한 다른 종이 있다는 건, 형이상학적인 뜻과 인식론적인 뜻 모두에 의거해볼 때 가능하다. 반대로 일종의 집단 환각과 모두가 속을 만큼 흡사한 외관 때문에, 우리가 호랑이라고 불렀던 것이 위에서 말한 속성을 하나도 갖지 않는다고 밝혀지는 상황도 쉽게 상상할 수 있다. 예를 들어 호랑이가 전혀 유기체가 아니고 교묘하게 위장된 로봇이며, [55] 우리가 검은 줄무늬로 간주했던 것이 실은 연속된 파란 점들이라는 등을 상상할 수 있다. 다시 말해 정통 이론가에 의해 '호랑이'라는 용어에 분석적으로 결합되어 있다고 간주되어 인용되던 속성들을 호랑이가 결여할 수도 있다고 생각할 수 있다. 이런 고찰을 통해 우리는 앞에서 제시된 문장이 분석적 문장일 수 없다는 것을 알 수 있다. 이 문장은 필연 진리나 선천적으로 알 수 있는 진리를 아무 것도 표현하지 못한다. 이점이 바로 기술주의 기본 주장에 반대하는 양상 논증과 인식론적 논증의 주요 취지이다.[56]

---

55. 호랑이가 로봇으로 밝혀진다는 예는 퍼트남의 예(1962)에서 도출해본 것이다.
56. 자연류어에 관한 "군" 기술론에 반대하는 논증을 펴려면, 위에 제시된 문장은 다음 두 문장으로 대체되어야만 한다.

다음으로 설득력 있는 의미론적 논증을 구성하기 위해서 다음과 같이 상상해보자. 우리가 알지 못하고 있지만 우연히도 우주의 한 구석에 있는 먼 혹성에, 지구에서 발견되는 종과 생물학적으로 아주 다르면서, 호랑이와 거의 비슷한 동물의 종이 있다고 해보자. 자, 이제 다음과 같이 물어보자. 우리가 '호랑이'라는 낱말을 사용할 때, 이 외계의 먼 곳에 있는 종의 구성원을 언급하는가? 우리는 이들과 맞닥뜨린 적이 한 번도 없으며, 단지 그들이 우리가 언급하려고 의도하던 우리 혹성의 동물과 우연히 닮았다는 사실만 가지고 그럴 수 있는가? 분명히 그럴 수 없다. '호랑이'라는 용어는 우리에게 친숙한 어떤 류의 동물에만 적용되는 꼬리표이다. 이는 우리가 호랑이에 연계시키는 일반적 특징을 갖는 모든 것에 적용되지 않는다. 간단히 말해, 용어 '호랑이'는 정통 이론에 의해 주장된 속성들 때문에 기술어인 게 아니다.

일반어의 비기술성을 내세우는 논증의 구조는 단칭어의 경우와 똑같다. 우리는 문제의 부류에 속하는 특정한 용어 τ를 검토했다. 만일 τ의 뜻을 형성한다고 해서 τ와 연합시킬 수 있는 속성들 때문에 τ가 기술어라면, 체계적인 형이상학적, 인식론적, 의미론적 귀결이 얻어질 수 있을 것이다. 그런데 직관적으로, 이런 귀결들을 얻을 수 없다. 그러므로 τ는 이 속성으로 인해 기술어가 되지 못한다.

5.2 명백한 반론

지금까지 살펴본 논증이 효과적이었던 이유는 오직 그릇된 속성을

어떤 호랑이든 네 다리를 갖고, 육식을 하며, 고양이와 흡사한 외관을 갖고, 황갈색 바탕이거나 또는 검은 줄무늬를 갖고 있는 동물이다.
네 다리를 갖고, 육식을 하며, 황갈색 바탕에 검은 줄무늬를 가진 것은 어떤 것이든 호랑이다.
그리고 제 1장의 각주 28을 보시오.

택해서 논증에 사용했기 때문일 뿐이라는 식의 반대 논증도 가능하다. 하기야 '호랑이'라는 용어의 뜻을 구성하기 위해 양상 논증, 인식론적 논증, 의미론적 논증이 부과하는 제한을 그 자체로 모두 충족시키는 듯이 보이는 뚜렷한 속성들이 존재하는 것 같다. 이는 호랑이임(being a tiger)이라는 속성이다. 그래서 모든 호랑이 그리고 오직 호랑이만이 이런 속성을 갖는다는 것이 당연히 분석적이고, 이와 똑같이, 용어 '호랑이'가 호랑이임이라는 속성을 갖는 모든 것에 그리고 오직 이것에 정확히 적용된다는 게 명백하다. 그래서 단칭어의 경우와 마찬가지로, 정통 이론가들은 이름 '셰익스피어'가 단일한 속성에 의거해서만 기술적이라고 논증할 수도 있다. 이 단일한 속성을 표준적인 동명사형으로 표현해 보면, '셰익스피어와 동일함'이나 좀더 단순히 '셰익스피어임'이라고 할 수 있겠다. 지금까지 보았던 논증 가운데 어떤 것도, '셰익스피어'라는 이름이 셰익스피어임이라는 속성을 내포(connote)하지 못한다는 것을 증명하도록 구성될 수 없었다.

물론, 이런 논증을 하려고 마음먹은 정통 이론가가 이 속성에 관해 주장해야만 하는 바는 이렇다. 셰익스피어임이라는 속성은 셰익스피어의 비질적 개체성(nonqualitative haecceity)이 아니라, 아주 특별한 일반적인 질적 속성이다. 왜냐하면, 이는 질적 속성임에도 불구하고 좀더 원초적인 일반 속성에 의해 전혀 명세될 수 없는 속성이기 때문이다. 바로 이런 입장이 전통 이론가가 취할 입장이 아닌가 싶다.

하지만, 지금까지 보았던 세 논증이 호랑이임과 같은 속성에는 적용되지 못한다는 것은 직접 언급론자들이 아주 뚜렷이 인식한 논점이었다. 이와 관련된 퍼트남의 글을 보자.

전통적 견해에서는 '레몬'과 같은 낱말의 의미는 속성을 명세하는 연언에 의해 표현된다. 각각의 속성에 대해 '레몬은 속성 P를 갖는다.'는 진술은 분석진리이다. 그리고 만일 $P_1, P_2 \cdots P_n$이 연언으로 묶일 모든 속성이라면, 'P₁, P₂ ⋯ Pₙ이라는 속성 전부를 가진 어떤 것이든지 레몬이다.'는 진술도 마찬가지로 분석진리이다.

어떤 뜻으로, 이는 사소하게 정확한 말이다. 만일 우리가 분석할 수 없는 속성을 미봉책으로 고안하는 것이 허용된다면, 우리는 레몬임이나 금임(being gold) 또는 그 무엇이라도, 바로 레몬임이나 금임의 필요충분조건을 (속성의 연언이 아닌) 단 하나뿐인 속성이 갖추고 있다는 것을 알 수 있다. 다시 말해, 우리는 레몬임이라는 속성이나 금임이라는 속성 또는 필요한 어떤 속성이든 가정하면 된다. 그런데 만일 속성 P₁, P₂ ⋯ Pₙ가 미봉적 특성이 아니라면 상황은 매우 달라진다. 사실 '속성'이라는 용어를 자연스럽게 이해하기만 하면, 어떤 것이 하나의 자연류에 속한다고 말함이 그것에 속성의 연언을 귀속시킴일 뿐이라는 주장은 그른 주장일 뿐이다(1970, 1975d의 p.140).

이와 비슷하게 크립키는 고유명과 자연류어에 관한 자신의 견해를 개괄하면서 다음과 같이 말한다.

나의 생각을 밀의 견해와 비교해보면 흥미롭다. 밀은 '젖소'와 같은 술어, 한정 기술, 고유명을 모두 이름으로 간주했다. 그는 '단칭' 이름에 대해 말하기를 이것이 한정 기술이면 내포적이지만, 고유명이라면 비내포적이라고 했다. 한편, 밀에 따르면 모든 '일반' 이름은 내포적이라고 했다. '인류'와 같은 술어는 인간성(사회성, 동물성, 기타 물리적 특징)에 대한 필요충분조건을 부여하는 속성들의 연언으로 정의된다. 프레게와 럿셀로 대변되는 현대 논리학의 전통은 단칭 이름에 관해서는 밀이 그르지만, 일반 이름에 관해서는 올바르다고 보는 것 같다 ⋯ 하지만 내가 보는 바로는 '단칭' 이름에 관해서도 어느 정도 올바르지만, '일반' 이름에 관해서는 그르다. 아마도 일부의 '일반' 이름('바보 같은', '살찐', '노란')은 속성을 표현한다. '젖소', '호랑이'와 같은 일반 이름은, 사소한 일이긴 하지만 만일 젖소임을 속성이라고 간주하지 않는 한, 속성을 표현하지 않는다. 확실히 '젖소'와 '호랑이'는, 밀이 생각했던 식의 용어 즉 그것들을 정의하려고 사전이 동원하는 속성의 연언에 대한 속기어가 아니다(1972a, pp.127-128, 강조는 필자가 덧붙였음).

퍼트남과 크립키는 둘 다 자연류어 ν가 「ν임」에 의해 지시된다는 속성에 의해서 기술어라고 할 수 있다고 인정하려는 듯이 보인다. 하지만 이렇게 양보한다고 해서 자신들의 논지를 포기하지 않는 것은 물론이다. 둘 다 이렇게 내세워진 속성들을 진정한 속성으로 보아야만 하는지 여부에 대해서 미심쩍어하는 것 같기 때문이다.

그런데 레몬임과 젖소임과 같은 속성을 진정한 속성으로 간주하지 않으려는 회의주의는 다소 이상해 보인다. 심지어 직접 언급론을 구하려는 미봉책으로 보일 수도 있다. 확실히, 모든 진정한 속성이 몇몇 한정된 구성요소로 완벽하게 그리고 남김없이 "분석될 수 있어"야 한다는 요구는 지나친 것이다. 적어도, 이런 분석이 언제나 가능하다는 논증이 실질적으로 제시되지 않은 상황에서는 지나친 것이다. 주지하다시피, 예를 들어, 감각 가능한 성질(sensible qualities)은 이런 "분석"을 좌절시킨다. 퍼트남이나 크립키는 명백한 속성인 레몬임과 호랑이임을 미봉적이라거나 사소하다는 이유로 속성의 목록에서 제거하는 반면, 어떤 속성은 의미 이론에서 중요한 역할을 한다고 허용하는데, 이들 가운데 누구도 납득할만한 근거를 제시하지 못한 것 같다.

분명히, 레몬임과 같은 속성을 제거하려는 시도는 설명을 요한다. 비록 퍼트남과 크립키가 이들을 속성의 목록에서 없애는데 대한 이유를 하나도 밝히지 않았다해도, 우리는 그 이유를 크립키와 퍼트남의 목표와 방법에서 추출할 수 있을 것이다. '호랑이'라는 용어를 다시 생각해보자. 해석의 목적상, 크립키와 퍼트남이 최소한의 일치된 주장을 가지고 있다고 해보자. 이들이 '호랑이'를 전적으로 비기술어라고 했다고 가정해보자. 이렇게 가정한다면, '호랑이인'에 의해 지시되는 속성은, 만일 이런 속성이 있다면, 호랑이라는 종에 대한 직접 언급을 포함한다. 그리고 또한 어떤 의미에서, 바로 이 류의 동물인이라는 본래적 관계 속성이 호랑이라는 종에 대한 직접 언급과 더불어 말해졌을 때, '호랑이인'에 의해 지시되는 속성은 이 본래적 관계 속성과 필연적으로 동등하다. 호랑이라는 류와 류-구성원 관계로 이루어진 순서쌍으로 이런 속성을 나타낼 수 있겠다. 만일 애초에는 '호랑이'가 전적으로 비기술어라는 것을 주장하던 사람이 이런 속성 때문에 입장을 바꿔서 '호랑이'가 기술어라고 말할 수 있다고 주장한다고 해서, 그의 입장 변화가 심각하게 재고되어야 할만한 것은 아니다. 재고될만한 새로운 주장이 있다면, '호랑이'라는 용어가 비기술 용어이거나 또는 (만일 우리가 직접 언급을 포함하는 속성의 실존을 주장한다면) 사소한 기술 용어인 것 같다는 주장일텐데, 이 경우에 오직 반-프레게주의적 속성 때문에 이런 주장을 한다고 해야 한다.[57] 직접 언급론이 이와 같은 선언적(disjuctive) 주장을 하고 있다고 보는 이유가 있다. 직접 언급론자들이 제시한 논증은 결국 일부의 표현이 그 지칭대상에 관한 비기술 표현이거나 기술 표현이라는 점을 말할 뿐이기 때문이다. 엄밀히 말해서, 만일 문제의 부류에 속하는 표현이 자신의 지칭대상에 관한 기술어가 되기 어렵다는 점을 증명하려면, 별도의 보충 논증이 필요하다. 단칭어의 경우 이런 논증이 3.2절에서 제시되었다. 하지만 이제 보게 되는 바대로, 일반어의 경우에 이런 논증이 제시되지 않았다. 만일 우리가 본래적 관계 속성을 인정한다면, 우리가 <종 호랑이, 류-구성원 관계>라는 말로 나타내는 속성 즉 바로 그 류에 속하는 동물인이라는 속성을 '호랑이'라는 용어가 표현하지 않는다고 논증하기는 정말 어렵다.

호랑이인과 같은 속성에 관해 회의적인 생각을 뒷받침하는 한 가지

---

[57] 사실, 앞에서 인용한 크립키와 퍼트남의 글은 그들의 언급론의 선언적 특성을 나타내는 주된 증거로도 인용될 수 있다.

근거는 본래적 관계 속성이 의미 이론 내에서 차지하는 불분명한 격위에서 비롯된다. 그 요소로서 관계 항을 포함하고 있는 관계 속성은 철학적으로 다소 기묘한 것 같으며, 따라서 이런 복잡한 속성을 진짜 속성으로 간주해야만 할 것인지 여부를 물을 때는 정당화가 필요할 것이다.58 의미 이론에 본래적 관계 속성을 끌어들이려는 시도는 실로 모든 용어를 기술어로 보려는 이론의 유물을 복원하려는 미봉책으로 보인다. 본래적 관계 속성을 한번 받아들이면, 자연류 k의 구성원임이라는 속성을 가정하는 일을 막지 못할 것이다. k가 호랑이라는 종인 경우 k의 구성원임이 속성으로 간주되어야만 한다는 것은 사소한 일일 것이다. 게다가, 이는 소 잃고 외양간 고치자는 일이 되고 만다. 기술주의를 구하려는 바램과 다르게, 본래적 관계 속성은 정통 이론이 찬성해온 모든 것과 직접적인 반대 관계를 갖게 되기 때문이다. 용어 '호랑이'가 바로 이 류 k에 속하는 동물임이라는 속성 때문에 기술어라는 주장은 '호랑이'가 전적으로 비기술어라는 주장과 별로 다르지 않다. '호랑이'가 이런 본래적 관계 속성 때문에 비기술어이거나 기술어이거나 상관없이, 실은 '호낭이임'으로 지시되는 속성은 이와 똑같은 본래적 관계 속성 즉 바로 이 류 k에 속하는 동물임과 논리적 동치이다.

한편, 만일 '호랑이'가 기술어이지만 본래적 관계 속성 때문에 그런 게 아니라면, '호낭이임'으로 지시되는 속성은 본래적 관계 속성이 아니며, 이럴 경우에 '호랑이'가 호낭이임이라는 속성 때문에 기술어라는 주장은 자연류어에 대한 크립키와 퍼트남의 이론과 정면으로 상충한다. 직접 언급론 논증이 '호랑이'가 호낭이임이라는 속성을 표현할 가능성

---

58. 이 대목에서 나올만한 반론은 이렇다. 류는 귀속성과 아주 흡사하게 내포적인 것이고 그래서 <종 호랑이, 류-구성원 관계>로 나타나는 속성은 순전히 내포적인 것이며, 그리고 이 속성 안에서는 오직 내포적인 것만이 그 부분으로 출현할 수 있다. 이런 반론은 오해를 근거로 삼고 있다. 속성을 반-프레게적으로 만드는 것은 그 구성 성분들의 본성이 아니라 그것들이 출현하는 방식이다. 이런 우려는 캐플란(1977, n.9)에 의해 논의되고 해소되었다.

을 배제하지 못하기 때문에, 중요한 논점은 '호냉이인'으로 지시되는 속성이 종 호랑이에 대한 직접 언급을 포함하는지 여부이다. 만일 호냉이인이라는 속성이 종 호랑이에 대한 직접 언급을 포함하지 않는 일반 속성이라면, '호랑이'가 호냉이인이라는 속성을 표현한다고 말할 수 있다는 발언만으로, 정통 이론은 재확증되며 직접 언급론은 깨끗하게 반박되고 만다.

5.3 답변 : 퍼트남의 쌍둥이 지구 논증

지금까지 보았던 논증들 가운데 어떤 것도 '호랑이'가 호냉이인이라는 속성 때문에 기술어라는 가능성을 배제하지 못했기 때문에, 직접 언급론자에게 필요한 것은 다음과 같은 논증이다. 만일 '호냉이인'에 의해 지시되는 속성이 있다면, 그것은 일반 속성이 아니라 직접 언급을 포함하는 속성이다. 이 논증은 퍼트남에 의해 전개되었던, 특별한 형태의 의미론적 논증 즉 가상의 쌍둥이 지구 논증에서 추출될 수 있다. 쌍둥이 지구 논증이 증명하려는 바는 정상적으로 자연류어에 연합되는 일반 속성들이 그 낱말을 적용하기 위한 논리적 필요충분조건을 구성하지 못한다는 것이다.[59] 이 논증은 4.7절에서 논의된 정통 프레게식 의미 이론, 언어 이해와 인지에 관한 내재적 설명 사이에 성립하는 연관 관계를 공격하면서 전개된다. 이미 보았던 대로, 정통 이론에 따르면, 용어의 뜻은 특별한 부류의 내포적인 것이다. 이는 정신에 의해 파악된 것으로만 구성된 개념이다. 용어의 뜻을 파악하는 일과 이 용어가 출현하고 있는 신념을 갖는 일은 앞에서 말한 뜻으로 순수 "심리 상태"라고 가정된다.

---

59. 퍼트남의 논증은 1973b, pp.700-704와 1975a, pp.223-227에 제시되었다. (우리는 여기서 퍼트남의 논증을 '호랑이'의 경우에 유비시켜서 사용하겠지만, 그는 원래 '물'과 같은 실체를 나타내는 용어의 경우에 해당되는 논증을 전개했다.) 정상적으로 자연류어에 연합되는 속성은 용어의 적용에 관한 논리적 필요조건을 구성하지 않는다는 요지의 퍼트남의 논증은 그의 1975d에 게재된 1970, pp.141-143에서 제시되었다.

별개의 뜻을 파악하거나 별개의 신념을 갖는 주체는 반드시 별개의 심리 상태에 처해야 한다.[60] 따라서 특정 용어 τ의 뜻을 파악한 심리 상태나 τ를 포함한 문장에 의해 표현된 명제를 믿는 일은 문제의 뜻만을 결정해내야 한다. 그리고 우리는 그 뜻을 파악하였거나 그 개념을 포함한 명제를 믿고 있는 주관의 심리 상태에 어떤 속성이 포함되어 있는지를 탐구함으로써, 그 개념이나 뜻에 어떤 속성이 포함되어 있는지를 결정할 수 있다. 이제, 뜻이나 개념에 포함된 속성의 집합이나 속성의 무리 역시 어떤 가능 세계나 시각에 관해서든 다른 것의 외연이 아닌 바로 그것의 외연을 결정해야만 한다. 따라서 정통 이론에 따르면, 용어 τ의 뜻을 파악하는 주관의 심리 상태, 또는 τ로 표현되는 개념을 포함하는 명제를 믿는 주관의 심리 상태는 다른 용어의 의미론적 내포가 아니라 바로 τ의 의미론적 내포만을 결정할 수 있어야 한다.

그런데 현재의 논의 목적상, 다음과 같은 사항에 주의를 기울이는 게 중요하다. 비록 우리가 비기술적인 용어가 일부 있다고 주장함으로써 의미와 언급에 관한 정통 이론을 궁극적으로 거부한다 해도, 그 뜻이 일반 속성만으로 구성되는 용어에 관해서 말할 때, 이 용어의 뜻 파악은 전적으로 내적이고 심리적인 상태라는 주장은 여전히 살아남는다. 비록 용어 τ를 이해하거나, τ를 포함하는 문장에 의해 표현되는 명제를 믿는 그 주관의 심리 상태가 때로 τ의 의미론적 내포를 결정하지 않는다 해도, 전적으로 기술적인 용어 τ에 관한 한, 다음과 같은 것이 틀림없이 성립한다. τ의 뜻을 파악하거나 τ를 포함하는 문장으로 표현되는 명제를 믿는 심리 상태는 반드시 단일하게 τ의 기술적인 뜻을 결정하며, 따라서 τ의 의미론적 내포를 결정한다. 특히, 만일 용어 '호랑이'가 전적으로 기술적이라면, '호랑이'의 뜻을 파악하였거나 호랑이가 공격하려든다는 믿음을 가진 사람의 심리 상태에 포함된 일반 속성

---

60. 정통 이론에 의거하여, 화자의 심리 상태만이 파악된 뜻을 결정한다고 논증하는 것은 퍼트남, 1975a, pp.221-222를 보시오.

이나 속성들은 어떤 가능 세계에서든지 '호랑이'의 외연을 단일하게 결정해야만 한다. 이런 맥락과 적절히 상관된 심리 상태에 포함된 속성의 소유는 '호랑이'라는 낱말을 정확히 적용하는 데 최소한 충분조건을 이루어야 한다.

이제 다음과 같은 일련의 가상적 상황을 살펴보자. 호랑이가 없다는 점만 빼고 거의 모든 점에서 지구와 똑같은 먼 혹성이 있다고 해보자. 퍼트남에 따라, 이 상상의 혹성을 '쌍둥이 지구'라고 하겠다. 쌍둥이 지구에서는 호랑이 대신 다른 고양이과에 속하는 종이 있다고 해보자. 이 종에 속하는 것들은 겉모습은 호랑이와 구별할 수 없지만 호랑이와 유전적으로 다르며 그래서 두 종 간의 교배가 생물학적으로 불가능하다. 이제 외계의 종을 'k'라 하자. 종 호랑이와 종 k는 선사시대에 지적인 외계인에 의해 쌍둥이 지구로 수송된, 서로 똑같은 종에 속한 조상에서 진화를 겪었다고 가정할 수도 있다. 그리고 두 별 모두에서 한국어가 통용되어서, '호랑이'의 구문적 음향과 모양이 그 외계의 혹성에서도 사용되지만 종 호랑이가 아니라 종 k를 지칭한다는 점만 예외라고 해보자. 용어 '호랑이'는 지금 현실에서 그러하듯이 지구에서는 종 호랑이를 지칭하도록 기능한다. 이런 차이만 빼고는 쌍둥이 지구는 거의 지구와 흡사하다. 그래서 심지어 이런 가정도 할 수 있다. 지구의 모든 화자에 대해 거의 똑같은 상대역 또는 복사본(counterpart or Doppelgänger)이 쌍둥이 지구에 있으며, 이들이 갖고 있는 정신의 일대기는 지구의 화자와 성질의 측면에서 똑같다고 해보자. 성질을 표현하는 용어로 말해서, 다른 것과 관계되지 않은 정신 속의 연상들, 그리고 사건들, 인상들이 임의의 지구의 주관과 그나 그녀의 상대역 외계인의 정신에서 똑같은 경로로 진행된다.

이제 전형적인 지구의 화자와 그나 그녀의 상대역 외계인이 '호랑이'라는 표현의 자연적 의미를 파악하는 경우와 "호랑이가 내게 다가오고 있다!"는 생각을 하고 있는 경우를 살펴보자. 서로 환경이 다름에도 불구하고, 실제로 두 화자가 정확히 아주 똑같은 내적 "심리 상태"에 처해 있다는 말은 가정에 의해 옳다. 캐플란이 지적했던 대로, 문제의 바로 그때에 그들의 두뇌가 둘 다 서로 더 현명해지지는 않을지라도 서로 바뀔 수 있다. 앞에서 채택한 용어법에 따라, 두 주관은 '호랑이'라는 낱말에 똑같은 뜻$_1$을 정확히 부여한다. 즉 그 주관 안에 불러일으켜진 질적 속성과 정신의 개념은 정확히 똑같은 것이다. 그러나 그 외연이 다르고, 따라서 그 내포도 서로 다르다. 지구에서는 낱말 '호랑이'가 호랑이에만 적용된다. 쌍둥이 지구에서는 낱말 '호랑이'는 류 k에 속하는 동물에 적용될 뿐이다. 우리가 말한 대로 이 용어의 의미가 서로 다르다. 낱말 '호랑이'는 외계의 지구에서 사용되는 경우, 그것이 지구에서 사용될 때 의미했던 것을 의미하지 않는다. 의미의 차이가 뜻$_1$의 차이에 동반되지 않았으며 따라서 이에 의해 설명되지 않았다. 오히려 의미의 차이는 화자를 둘러싸고 있는 다른 외적 맥락에 의해, 화자가 처한 서로 다른 언어적 환경 및 비언어적 환경에 의해 설명된다. 퍼트남이 지적한 바대로, 이는 자연류어가 지표 표현과 유사한 점이다. 외연과 그리고 사실상 내포는 최소한 부분적으로라도 맥락에 의해 결정되며, 그에 내적으로 연합된 일반 속성만으로 결정되지 않는다.

　퍼트남의 쌍둥이별 논증과 2.3절, 5.1절의 다른 의미론적 논증의 유사성은 명백하다. 용어와 연합된 속성에 대해 말하는 대신, 퍼트남은 곧장 뜻$_1$ 즉 심리적 개념에 관해 말하고 있으나, 이 논증들의 동기는 마찬가지다. 여러 형태로 전개되는 이런 논증들이 증명하고자 하는 바에 따르면, 화자가 고유명, 지표어, 자연류어에 부여하는 뜻$_1$ 즉 순수한 개념적 내용이나 순수한 질적 속성은 지시대상이나 외연을 항상 결정할 수 없다.[61] 정의에 의해 용어의 뜻$_2$는 지시대상을 확정적으로 결정하는 것이

---

61. 비트겐슈타인의 다음과 같은 주장과 비교해 보라.
　"그 낱말을 통해 우리 둘 다 그를 생각한다." 우리 둘이 각기 똑같은 낱말로 그에 대해 말한다고 가정해보자. 그리고 사실 그것 이상을 의미한다고 볼 수는 없는 법이다. 하지만

다. 그러므로 고유명이나 지표이 또는 자연류어의 뜻$_1$과 뜻$_2$를 동시에 동일시하는 것은 충분히 확장된 프레게식 뜻 개념에 의해 요구되는 바로 그것이지만, 그렇게 동일시하는 일은 성립되지 않는다.[62]

쌍둥이 지구 논증은 특별한 덤을 제공한다. 이 논증은 앞 절에서 제기된 결정적 물음 즉 호랑이임과 셰익스피어임이 순수하게 질적 속성인지 아니면 직접 언급을 포함하는지 여부의 문제를 해결해준다. 퍼트남이 제시한 부류의 공상 과학 소설식 사고 실험은 고유명과 지표어 그리고 자연류어가 전적으로 내적인 심리 상태에 포함되는 속성에만 의존하여 기술어가 되지 않음을 보여준다. 일반 속성은 누군가의 심리 상태에 포함될 수 있는 반면, 임의의 류에 속하는 외부 사물이나 사물의 류에 대한 직접 언급을 포함하는 속성은 심리 상태의 부분일 수 없다. 그러므로, 비록 '호랑이'가 호랑이임 때문에 기술어라 해도, 호랑이임이라는 속성은 아무런 직접 언급도 포함하지 않는 일반 속성일 수 없다. 엄밀히 말해, 유사한 논증이 고유명과 지표 단칭어에 대해서 뿐만 아니라 다른 부류의 일반어에 대해서도 제시될 수 있다.

바로 이런 점에서 퍼트남의 쌍둥이 지구 논증은 이전에 보았던 다른 논증들보다 더욱 강력해 보이며, 바로 이런 점에 주목하면 흥미롭다. 퍼트남은 용어의 뜻$_1$이라는 개념 ─ 그 용어를 이해할 때나 그 용어를 포함한 신념을 가질 때의 "심리 상태" ─ 에 주의를 환기시켰는데 비해, 크립키를 비롯한 다른 사람들은 "그 용어와 연합된 속성"이라는 개념에

이 낱말들이 단지 세균일 수는 없는가? 이들이 정말로 그 사람에 대한 생각을 표현한 것이 되려면, 확실히 어떤 언어에, 그리고 어떤 맥락에 속해야 한다.

만일 신이 우리 정신을 들여다본다면, 그는 거기서 우리가 말하고 있는 사람을 보지 못할 것이다.(1953, p.217)

[62] 직접 언급론의 주창자들은 고유명이나, 지표어 또는 자연류어의 비기술성과 이런 용어들에 대해 직접적인 뜻$_1$-뜻$_2$ 동일시의 실패를 논증하기 위해, 뜻$_3$은 아예 무시한다. 세 뜻의 동일시와 더불어 프레게의 뜻 이론에 추진력을 제공한 것은 다름아니라 뜻$_3$에 대한 최초의 관심이었다. 뜻$_3$의 수수께끼 같은 본성은 새먼 1979a에서 간단히 논의되고 있다. 또 크립키, 1979b를 보시오.

주의를 기울였다. 결과적으로 전자의 개념은 자동적으로 일반 속성 즉 직접 언급을 포함하지 않은 속성에 한정되어 적용되었다. 두 개별자가 똑같은 심리 상태에 처해 있는지 여부에 관한 우리의 직관에 의존함으로써, 퍼트남의 논증은 호냥이임과 같은 속성이 본래적 관계 속성인지 여부를 결정할 수 있다. 그러나 다른 직접 언급론자에 의해 제시된 논증은 호냥이임이라는 속성이, 만일 있다면, 종 호랑이에 대한 직접 언급을 포함한다고 단지 가정할 수 있을 뿐이다.63

6. 고정 지칭어에 관한 재검토

6.1 일반어 지칭과 고정 지칭

우리는 3절에서 단칭어에만 적용된 고정 지칭어 개념을 보았다. 도넬란, 캐플란, 크립키, 퍼트남은 모두 명확하게 일반 자연류어를 자연류에 대한 "고정 지칭어"라고 규정한다.64 퍼트남(1975a, pp.240, 242-244)은 인공물을 나타내는 일반어 즉 일반 인공물어와 약간의 동사와 형용사가

---

63. 어떤 주관의 직적 인식 상황이라는 크립키의 개념은 퍼트남의 신녀 상태라는 개념과 매우 흡사한 개념이다. 하지만 크립키는 그의 개념을 전적으로 다른 목적을 위해 사용한다. 이 다른 목적이란 다름아니라 어떤 필연 동일성 진술, 예를 들어, 개밥바라기는 샛별이다거나, 열은 동력학적 분자 에너지이다는 진술의 겉보기 우연성을 해명하는 것이다. (7.2절을 보시오.) 그는 다음과 같이 주장했다. 비록 개밥바라기와 샛별이 동일하다는 진술이 필연적이라 해도, 개밥바라기와 샛별이 하나라는 것을 발견하기 전에 그 둘과 관련하여 우리가 현실에서 처한 것과 아주 똑같은 질적 인식 상황에 처할 수도 있다는 바로 그런 면에서, 사실 서로 다른 두 개의 천체가 있을 수 있었다. 다시 말해 이름 '개밥바라기'와 이름 '샛별'에 연합되는 뜻, 즉 심리적 개념과 관련하여, 두 개념에 각기 적합한 서로 다른 두 행성이 있음은 형이상학적인 의미에서 정말로 가능하다. 하지만 크립키는 질적 인식 상황이라는 자신의 개념을 '개밥바라기'와 '샛별'이 비기술어라는 최초 논증의 부분으로 직접 이용하지 않았다.
64. 예를 들어 도넬란, 1973a, p.712 ; 캐플란, 1973a, p.518, n.31 ; 크립키, 1972a, p.139 ; 퍼트남, 1975a, pp.231-232를 보시오.

고정 지칭어라는 주장도 제시하며, 크립키(1971, p.160 ; 1972a, pp.134, 148-149)는 자연 현상을 나타내는 일반어와 그에 대응되는 형용사가 고정 지칭어라고 주장한다. 그렇다면 이런 일반어의 경우는 전적으로 고유명의 경우와 유비된다는 가정도 할 수 있겠다. 예를 들어 자연류어의 고정성은 고유명의 경우와 마찬가지로 비기술성(또는 특별한 부류의 관계적 기술성)의 귀결이라는 가정이 있을 수 있다. 하지만 이는 부정확하다.

우리가 '고정 지칭어'에 대해 원래 제시했던 정의에 따르면, 그 지칭 대상이 무엇이 되었든 무언가를 지칭하는 임의의 일반어는 바로 그것을 고정 치칭하며, 이는 개념적 진리이다. 일반어가 비기술어이거나, 관계적 기술어이거나, 전적인 기술어인지의 여부는 아무런 차이도 일으키지 못한다. 이유는 이렇다. 일반어 τ 가 보편자 k를 지칭한다는 개념을 정의했을 때, 우리는 τ 의 의미론적 외연이 τ 의 형이상학적 외연과 일치하는 것 뿐 아니라, 각 외연에 대응하는 내포 역시 일치할 것을 요구했다. 일반어 지칭에 관해 이렇게 제시된 정의를 제안 A라고 부르자. 이 개념은 대충 카르납의 "L-지칭"(1947, pp.161-167)에 해당된다. 그렇지만 우리는 외연의 일치만을 요구함으로써 좀더 느슨한 정의를 할 수 있을 텐데, 이런 요구는 카르납의 좀더 일반적인 개념인 "지칭" 개념과 대충 대응한다. 이를 제안 B라고 하자. 제안 B에 따르게 되면, 일반어 τ 가 k를 "지칭" 할 경우, τ 가 k를 고정적으로 "지칭" 하는지 여부는 개념적인 물음이 아니라 실질적 물음이 된다. 우리는 임의의 단칭어가 언급대상을 고정적으로 지칭하는지 여부가 실질적 물음이라는 것을 이미 보았다. 그에 비해, 대다수 기술 단칭어가 언급대상을 고정 지칭하는지 여부에 대해서는 그렇지 않다고 답해야 한다. 이는 제안 B에 의해 제시된 일반어에 관한 좀더 느슨한 개념이 내포의 일치에 유비된다기보다는 단일어의 지시에 더 잘 유비된다는 것을 보여주는 예 가운데 하나일 뿐이다.[65] 일반어 τ 가 보편자 k와 내포에서 일치하는지 여부의 물음을 실질적 물음이라고 할 때, 일반어 τ가 보편자 k의 형이상학적 외연인 집합을 의미론적 외연으로 갖지만, 다른 가능 세계에서는 k를 벗어나는 경우가 있거나 있을 수 있다는 말이다. 우리는 용어 '호랑이'와 범주 사나우며 네 발 달렸고 황갈색 바탕에 검은 줄무늬를 가진 고양이 같은 동물 및 프린스턴 대학의 마스코트 역할을 하는 종의 구성원과 관련하여 이런 가능한 경우 하나를 이미 보았다. 다른 경우는 용어 '호랑이'와 그 의미론적 외연 자체, 현실적 호랑이의 집합이다. 만일 우리가 집합을 보편자로, 즉 형이상학적 외연이 제 자신이며, 형이상학적 내포를 가능 세계로부터 그 집합 자체로의 상함수(constant function)인 특별한 보편자로 본다면, 이런 일이 성립할 것이다.66 호랑이라는 종은 이런 보편자 모두와 형이상학적 외연에서는 일치할 수 있지만, 이 가운데 어느 것과도 형이상학적 내포에서 일치하지는 않는다. 물론 대다수의 보편자 k에 관해, k로서 똑같은 형이상학적 외연을 가졌으나 다른 형이상학적 내포를 가진 다수의 보편자가 있다. 따라서 일반어 τ가 외연에서 어떤 보편자 k와 일치한다는 가정 하에, τ와 외연은 일치하지만 형이상학적 내포는 k와 서로 다른, 다수의 보편자가 있을 것이다. τ의 의미론적 내포는 이런 보편자 모두의 형이상학적 내포와 한꺼번에 일치할 수 없다. τ의 의미론적 외연이 현실 세계에서 일부 보편자의 형이상학적 외연과 일치되지만, 이들이 일치되지 못하는 다른 가능 세계가 있을 것이다. 이는 τ가 기술어이든 비기술어든 옳으며, 바로 이점이 중요하다. 비록 우리

---

65. 좀더 느슨한 제안 B에 따르다 보면 일반어의 지칭이라는 개념이 단칭어의 지시에 더 잘 유비됨을 보여주게 되는데, 이를 드러내주는 것이 또 있다. 다름아니라 제안 B는 4.3절에서 제시된 보통 명사구 교체원리를 보존한다.
66. 콰인(1977a)과 캐플란(1969, p.224)은 집합(classees or sets)이 모든 구성원이 실존하는 가능 세계에서만 실존한다고 논증한다. 그래서 콰인만을 유일한 원소로 포함한 {콰인}이라는 단원소 집합은 콰인 자신이 실존하지 않는 어떤 가능 세계에서도 실존하지 않는다. 만일 그들이 정확하다면, 집합의 형이상학적 내포는 가능 세계의 범위에서 상부분함수(constant partial function)일 것이다.

가 일반어의 "지칭" 개념을 위해 외연의 일치라는 다소 느슨한 요구를 하는 제안 B를 택했다해도, 우리는 일반어의 경우에 비기술적 지칭이 고정 "지칭"을 함의한다는 주장을 포기해야만 하는 것은 마찬가지다. 용어 '호랑이'는 이런 약한 뜻으로 현실의 호랑이를 "지칭" 하지만, '호랑이'가 아무리 비기술어라 해도, 호랑이 집합을 고정적으로 "지칭" 하지 않는다.

일반어와 보편자 사이의 지칭 개념을 해명하기 위해 제안 A를 택하여 내포의 일치를 요구한다면, 일반어에 의해 지칭될 수 있는 부류의 실재물을 너무 심하게 제한하게 된다. 예를 들어, 대부분의 경우에서 일반어의 의미론적 외연은 그 지칭대상일 수 없다. 왜냐하면 대다수 일반어의 의미론적 외연은 가능 세계가 달라지면서 달라지기 때문이다. 그래서 어떤 용어의 의미론적 외연을 찾는 대신에 우리는 속성, 류, 범주, 상태, 그리고 그 비슷한 것들에 관심을 돌릴 수밖에 없다. 일반어의 지칭에 관해 이런 제한된 개념을 갖는다면, 지칭과 고정 지칭의 구분은 사라진다. 지칭하는 개개의 모든 일반어는 기술적이든 비기술적이든 고정 지칭어이다. 이는 직접 언급론자에 의해 사용된 일반어에 대한 지칭이라는 개념과 일치한다. 예를 들어 캐플란은 다음과 같이 썼다.

> '당신의 눈은 붉다.'는 문장에서의 '붉은'과 '피터는 펭귄이다.'에서 '펭귄'과 같은 지칭어는 통상 고유명으로 간주되지 않지만, 만일 적절한 실재물을 지칭하는 것으로 볼 경우 고정 지칭어인 것 같다. 만일 '붉은'이 붉음이란 속성을 지칭한다면, 아마도 고정 지칭어일 것이다. 이것이 붉은 것의 집합을 지칭하면, 확실히 고정 지칭어가 아니다. 내 사적인 견해로 볼 때, '붉은'은 제 3의 것 즉 붉은 색을 지칭한다. 마찬가지로 '펭귄'은 펭귄이라는 종을 고정 지칭한다. (그리고 내가 보기에 불변화사(particles)를 제외한 거의 모든 단칭 낱말이 고정 지칭어인 것 같다.)(1973a, p.518, n.31)

도넬란도 마찬가지의 글을 썼다.

'호랑이'를 구체적 이름으로 본다면, 그것이 지시하는 것 즉 개별 호랑이를 고정 지칭하지 않는다. 이것을 호랑이성(tigerhoood)이나 호랑이라는 종을 지시하는 추상 명칭으로 볼 때에만 고정 지칭한다.
그런데 이와 똑같은 구분이 다양한 모든 보통 명사에 대해서도 이루어질 수 있다. 예를 들어 '총각'을 구체적 이름으로 본다면, 이는 수많은 개별 남자를 지칭하며 고정 지칭하지 않는다. 하지만 만일 '총각성'이라는 추상 명칭으로 본다면, 어떤 상태 즉 모든 가능 세계에서 똑같은 상태를 고정 지칭한다(1973a, p.712).

3.1절에서 우리는 두 종류의 고정 지칭어를 대비시켰다. 부착 지칭어와 고착 지칭어가 그것이다. 그런데 이런 구분이 일반명의 경우에는 존재하지 않는다. 우리의 정의에 의하면, 모든 일반어는 고착 고정 지칭어이다. 이미 보았듯이 고정 지칭어가 고착적일 수 있는 한 가지 근거는 지칭대상이 필연적 실존자라는 것이다. 만일 지칭대상이 필연적 실존자인 경우에는 부착성과 고착성의 구별이 필요 없다. 많은 철학자들이 추상적 실재물, 적어도 류나 상태(즉 일반어에 의해 지칭되는 실재물의 부류)와 같은 추상적 실재물은 만일 그것이 실존하기만 한다면 모든 가능 세계에서 실존한다고 주장해왔다. (하지만 각주 23을 보시오.) 예를 들어, 도넬란(1973b와 1974b)의 제안에 따르면, 생물 종과 화학적 실체와 같은 자연류는 이 류가 사례나 실례를 갖지 않는 가능 세계를 포함하여 모든 가능 세계에서 실존한다. 만일 이 견해가 정확하다면, 모든 일반어는 3.1절에서 제시된 뜻으로 *강한* 고정어이고 따라서 고착어이다. 하지만 이런 생각이 정확한지 여부는 불분명하다. 아마도 호랑이라는 종은 호랑이가 실존하는 모든 가능 세계에서 실존할 것이다. 하지만 어떤 호랑이도 존재한 적이 없고 앞으로도 존재하지 않을 가능 세계를 생각해

보라. 그런 세계에서 호랑이라는 종은 단지 존재하도록 진화하지 못했을 뿐이고, 따라서 실존하지 않는다고 말하고 싶을 것이다. 마찬가지로 물의 실례가 존재하지 않는 임의의 가능 세계는 실체인 물 자체가 실존하지 않을 뿐인 세계라고 말하고 싶을 것이다. 중요한 점은, 비록 '고정 지칭어'에 관한 우리의 정의에 따라 일부의 류는 우연적인 것이라 해도, 부착 일반어와 고착 일반어 사이에 어떤 구분도 내릴 수 없다는 점이다. 그래서 만일 우리가 종, 실체 등이 진짜로 실존하는 것이라고 가정한다면, 약간의 호랑이가 존재하는 어떤 가능 세계에서든 호랑이라는 종은 실존하며, 약간의 물이 존재하는 어떤 가능 세계에서든 물이라는 실체는 실존한다. 따라서 호랑이라는 종이 실존하지 않는 모든 가능 세계에서 아무런 호랑이도 존재하지 않으며, 그래서 그런 세계에서 종의 형이상학적 외연(다시 말해 그 구성원의 집합)은 단지 공집합일 뿐이다. 그런데 호랑이가 없는 모든 가능 세계에서 '호랑이'라는 용어의 의미론적 외연도 역시 공집합이다. 그러므로 용어 '호랑이'의 의미론적 외연은 그 종이 실존하지 않는 가능 세계에서조차도 종 호랑이의 형이상학적 외연과 일치한다. 이와 마찬가지의 상황이 '물'이라는 용어와 실체인 물 등의 예에서 벌어질 수 있다. 그러므로 모든 일반어는 고정어일 뿐 아니라 고착어이기도 하다.67

6.2 일반어 지칭에 관한 기준

3.3절에서 임의의 단칭어 a가 고착 지칭어 즉 a는 고착적으로 지칭

---

67. 종 호랑이가 실존하지 않는 가능 세계에서 '호랑이'같은 일반어가 아무런 외연 — 공집합 외연조차 — 도 할당받지 못할 수도 있으며, 따라서 '호랑이'의 의미론적 내포가 가능 세계의 변역에 관한 전함수라기보다 부분 함수일 수 있는 가능성이 논급되어야만 하겠다. (물론, 만일 종 호랑이가 필연적 실존체라면, '호랑이'의 의미론적 내포는 두 경우 모두 전함수이다.) 만일 일부의 일반어 또는 모든 일반어가 본문에서 기술된 방식이 아니고 방금 말한 방식의 함수라면, 일부의 일반어는 고착어라기보다 부착어일 것이다.

하는 것이라는 사실을 대상 언어 수준에서 표현하는 다양한 방식을 보았다. 단칭어의 경우에 유비하여 일반어를 일차-질서 양상적 대상 언어로 표현할 수 있다면 바람직할 것이다. 보통 명사는 단칭어가 아니므로, 임의의 보통 명사가 지칭하는 것을 표현하기 위해, 우리는 (2)나 (3)에 유비되는 방식의 일차-질서 대상 언어로 동일성 술어 '='를 사용할 수 없다. 그러나 이 책의 정의에 따라서, 임의의 가능 세계 w에서 일반어 τ의 의미론적 외연은 w에서 k의 사례 집합 바로 그것일 때 그리고 오직 그런 경우에만, τ는 k를 지칭한다. 이런 정의를 인정한다면, 보통 명사 ν의 언급을 고정하기 위해서, ν의 의미론적 내포가 ν의 지칭대상으로 의도된 대상의 형이상학적 내포와 일치하는 바로 그런 방식으로 ν의 의미론적 내포가 고정되면 충분하다. 이는 고정 지칭어와 의도된 지칭대상 사이에 동일성의 필연화 대신에 보편 양화된 쌍조건문의 필연화를 사용하여 쉽게 표현된다. 그렇다면 임의의 보통 명사나 보통 명사구를 그에 대응하는 술어들로 번역하는 약간의 형식적 절차가 필요할 것이다. 다시 말해 만일 ν가 '호랑이' 같은 임의의 수량 명사라면, 술어 「하나의 ν이다」(is a ν)의 형식적 표현이 필요하며, 만일 ν가 '물'과 같은 물질 명사라면, 술어 「약간의 ν이다」(is a bit of ν)의 형식적 표현이 필요하다. 만일 ν가 임의의 보통 명사나 보통 명사구라면, 그리스 문자 Π에 ν를 아래 첨자로 써서, 그에 해당되는 술어의 형식적 표현으로 「Π_ν」를 사용하겠다. 그리고 만일 β가 현실 세계에서 보통 명사 ν에 의해 지칭되는 류를 지시하는 임의의 단칭어라면, 우리는 대상 언어로 ν가 지칭하는 것을 다음의

(5) $(\exists y)[y = \beta \land \Box(x)(\Pi_\nu(x) \leftrightarrow x \in y)]$

에 의해 표현될 수 있거나, 다음의

(6) □ (x) [Π$_ν$(x) ↔ x ∈ dthat(β)]

에 의해 표현될 수 있다. 이 경우 '∈'는 개별자와 그 개별자가 한 사례인 보편자 사이에 맺어진 관계를 나타내는 술어로 사용되었다. 예를 들어, 우리는 '호랑이'라는 명사가 종 펠리스 타이그리쉬를 지칭한다는 사실을 다음과 같은 문장을 통해 표현할 수 있다. 이 문장에서, 우리는 용어 '호랑이'를 사용하여 지칭하고 있으며, 이 용어 자체에 관해 말하고 있는 게 아니다.

다음은 필연적으로 성립한다 : 무엇인가가 dthat(펠리스 타이그리쉬)의 구성원인 경우 그리고 오직 그 경우에만 그것은 호랑이다

도식적 표현 (5)는 (2)에 유비되며, (6)은 (3)에 유비된다. 둘 중 어느 하나든 $ν$의 지칭을 고정하는데 사용될 수 있다. 물론, 만일 우리가 형식문 (5)나 (6) 가운데 어느 것이든 대상 언어 수준의 적형문이라고 한다면, 보통 명사 $ν$가 형식문 (5)나 (6) 가운데 하나가 옳을 경우 그리고 오직 그 경우에만 단칭어 $β$의 지시대상을 (고정적으로) 지칭하기 때문에, 형식문 (5)나 (6)의 진리성에 의해 $ν$가 적정 보편자 k의 (고정) 지칭어인지를 가릴 수 있겠다. 다시 말해, (5)나 (6)의 진리성 여부는 $ν$의 고정성을 가리는 기준으로 간주될 수 있겠다. 여기서 $β$는 보편자 k를 지시하는 단칭어이다. (앞으로 15.1절에서 보겠지만, 퍼트남의 자연류어 이론은 명백히 이 기준에 의존하고 있다.)

아울러 지적되어야 할 것이 있다. $ν$의 지칭을 고정하기 위해 실질적 보편 양화 쌍조건문

(7) (x) [Π$_ν$(x) ↔ x ∈ β]

을 이를 필연화시킨 보편 양화 쌍조건문 대신에 사용할 수 없다. 도식 (7)은 현실 세계와 관련하여 ν의 의미론적 외연만을 고정하며, 의미론적 내포를 고정시키지 않는다. (7)을 가지고는 ν의 의미론적 외연이 모든 가능 세계와 관련하여 β의 언급대상의 형이상학적 외연과 일치된다는 것을 보장하지 못한다. 따라서 ν와 β가 똑같은 지시대상을 공유한다고 보증하지도 못할 것이다.

셋 · 언급과 필연적 후천성

7. 직접 언급론의 몇 가지 귀결

7.1 전통적 동화론

후천적 수단으로 알려지는 어떤 사태든지 형이상학적으로 우연적이며, 형이상학적으로 필연적인 어떤 사실이든 선천적으로 알려진다는 것이 그간의 통상적인 주장이었다.[68] 이런 기본 주장의 배후에 있는 추론은 단순하고 직관적인 호소력을 갖는다. 경험적 탐구는 이 세계의 특정한 특징에 대한 탐구이다. 그에 비해 필연적인 모든 사태는 어떤 가능세계의 특정한 특징에 의존할 수 없는데, 이는 그 세계의 개별적 특성과 무관하게 개개의 모든 가능 세계에서 성립되기 때문이다. 만일 일정 사태가 성립되는지 여부를 결정하기 위해 우리가 경험적 수단에 의존한다면, 문제의 사태는 우리가 처한 상황의 특수한 특징을 포함하거나 그에 의존해야만 한다. 다른 한편 경험적 탐구는 비필연적이어야만 한다. 따라서 어떤 경험적 사태든지 우연적이어야 한다.

전통적 견해에 따르면 어떤 필연적 사태든 선천적으로 알려질 수 있

---

[68] 이 견해는 일반적으로 1920년대에서 1950년대까지 논리실증주의자들에 의해 주장되었으며, 지금도 광범한 인기를 누리고 있다.

고, 또한 그 역의 기본 주장 즉 어떤 우연적 사태든 후천적이라는 주장이 성립된다. 후자의 배경이 되는 추리는 기본적으로 다음과 같은 주장에 바탕을 둔다. 우리는 임의의 가능하지만 비필연적인 사태가 현실적으로 성립하는지 여부를 결정하기 위해 현실 세계를 경험적으로 탐구해야만 한다는 것이다. 따라서, 전통적으로, 형이상학적 양상과 인식적 양상을 동화시켜 생각했던 셈이다. 형이상학적 필연성은 선천성과, 형이상학적 우연성은 후천성과 동일시되었다.

여기서도 최근의 용법에 따라, 문장이나 진술이 필연적 사태를 기술할 때는 언제나 필연적이라고 할 것이고, 또 다른 양상 형용사들에 대해서도 이와 마찬가지로 사용하겠다. 물론 한 문장이 모든 가능 세계와 관련하여 옳을 때 그리고 오직 그때만 그 문장은 필연적이다. 옳은 문장이나 진술의 인지적 정보 내용 즉 뜻$_3$이 감각 경험에 의존하지 않은 채로 전적으로 그에 포함된 개념에 대한 반성에 의해서만 지식에 도달할 수 있는 그런 것일 때는 언제나, 이 옳은 문장이나 진술은 선천적이라고 말할 것이며, 우리가 이 문장이나 진술에 포함된 정보(또는 이 정보의 부정 즉 이 정보가 그르다는 것)를 감각 경험에 의해서만 얻을 수 있다면 이는 후천적이라고 할 것이다. 그렇다면 앞에서 기술한 전통적 견해에 의하면, 문장이나 진술은 만일 선천적일 때 그리고 오직 그 경우에만 형이상학적으로 필연적이며, 후천적일 경우 그리고 오직 그 경우에만 형이상학적으로 우연적이다.

7.2 필연 후천적 동일성

우리가 이미 본 바에 의하면 직접 언급론의 직접적인 귀결 가운데 하나는 통상 사용되는 용어의 일정 부류가 고정 지칭어라는 것이다. 그런데 나아가 더 흥미로운 귀결은 형이상학적으로는 필연적이지만 인식론적으로는 후천적이고 그리고 개념적으로는 우연적인 진리가 사소하지 않은 형태로 실존한다는 것이다. 이런 논의의 방향에서 직접 언급론은 전통적으로 제시되었던 형이상학적 필연성과 선천성 그리고 형이상학적 우연성과 후천성의 동일시에 대해 반대사례를 제시한다.

캐플란(1977)과 크립키(1972a, pp.54-56)는 우연적이지만 선천적인, 사소하지 않은 진리의 예가 존재한다고 주장한다. 이들에 따르면, 이런 예가 자신들의 직접 언급론의 귀결이다. 크립키가 말했던 한 가지 예는 '막대기 S가 실존하다고 가정하면, 그것은 정확히 1미터의 길이다.'는 진술이다. 화자가 막대 S의 현재의 현실적 길이인 바로 그 길이의 단위에 대한 이름으로서 '미터'라는 용어의 언급을 고정하고 있는 경우에, 그나 그녀에 의해 이해된 바가 바로 이 진술이다. 캐플란도 우연 선천적 명제의 예를 든다. 이 문장은 결정적으로 지표 표현을 포함하며, 이런 표현들의 의미나 그 용법을 지배하는 규칙에 대한 언어적 지식에 의해, 맥락에 상관없이 이 문장이 옳음을 충분히 보증하는 방식으로 이루어진다. 이런 예는 '나는 지금 여기 있다.'는 문장이다. 만일 캐플란과 크립키가 정확하다면, 직접 언급론은 다음과 같은 두 가지 기본 주장 모두와 상충된다. 즉 모든 필연 진리는 선천적이라는 주장과 모든 선천적 진리는 필연적이라는 주장이 그것이다. 하지만 캐플란과 크립키가 인용한 예들이 진정한 선천적 지식을 표현하고 있는지 여부는 논란거리이다. 예를 들어, 도넬란(1979)은 갖가지 코기토 명제로 표현되는 데카르트식 자기-확증적 진리 말고도 우연 선천 진리의 예가 존재할지 의심한다.[69]

---

[69] 플란팅가, 1974, pp.8-9, n.1도 보시오. 우연 선천 진리에 관한 크립키의 견해를 비판한 것을 보려면, 카줄로(Casullo), 1977, pp.154-159 ; 에반스(Evans), 1979 ; 캐플란, 1969, pp.228-229 ; 오데가드(Odegard), 1976 ; 쉬퍼(Schiffer), 1979, pp.61-62. (이 저자들이 결정할 수 있는 한, 똑같은 비판이 카줄로와 오가드에 의해 제기된다.) 크립키의 견해를 지지하는 것을 보려면, 캐플란 1970 ; 1973a, pp.499, 500, 516, n.7 ; 1977의 'Newman-I'에 관한 예를 보시오. 우연 선천적 진리의 사소하지 않은 예는 다음과 같은 형식을 취하는 문장이다. p가 우연 명제일 때, 「p가 현실적으로 성립하는 경우 그리고 오직 그 경우에만 p」라는 문장이 바로 그것이다. 제 1장의 각주 30을 보시오.

그렇지만 거의 대부분의 직접 언급론자들이 일치하여 주장하는 바에 따르면, 고유명, 지표어, 자연류어 등을 포함하는 진술들은 형이상학적으로 필연적이지만 후천적이며, 이는 직접 언급론의 귀결이다.

필연적이지만 명백히 후천적인 진리의 명확한 예는 일정 부류의 옳은 동일성 진술들이다. 다음과 같은 진술

개밥바라기 = 샛별
시세로는 툴리와 동일하다.
나는 나단 새먼이다.
마크 트웨인은 사무엘 클레먼스와 똑같은 개별자이다.
그녀는 캐롤 버넷이다.

을 옳게 해주는 맥락에서 사용되었을 때, 이들은 그 전형적인 예다. 각 경우마다 동일성 진술은 서로 다른 두 단칭어로 구성되며, 그 각각은 고유명이거나 지표어이다.

이 각각의 동일성 진술은 후천적 정보를 전달하는 것 같다. 개밥바라기는 샛별이다는 진술을 예로 다음과 같이 가정해보자. 청자인 우리가 예시에 의해 새벽녘에 뜬 금성의 이름으로 '샛별'이라는 이름을 습득했거나, 그 용어가 지구의 일정 지점으로부터 하늘의 일정 지점에서 새벽에 볼 수 있는 마지막 천체 즉 "아침별"(the Morning Star)을 명명한다고 학습하여 습득하거나, 그러자고 약정하여 습득한다. 아울러 이런 가정도 해보자. 청자인 우리가 예시에 의해 황혼에 뜬 금성의 이름으로 '개밥바라기'라는 이름을 습득했거나, 그 용어가 지구의 일정 지점으로부터 하늘의 일정 지점에서 황혼녘에 볼 수 있는 최초의 천체 즉 "저녁별"(the Evening Star)을 명명한다고 학습하여 습득하거나, 그러자고 약정하여 습득한다. 나아가 두 이름을 습득하는 상황에서 두 이름이 똑같은 것을 명명한다는 약간의 암시조차도 없었다고 가정하자. 이런 가정 하

에, 두 이름을 습득하는 과정에서 우리가 배운 것만 가지고 본다면, 샛별과 개밥바라기가 서로 다른 두 개의 천체라고 어렵지 않게 상상할 수 있으며, 그렇게 믿기까지 할 것이다. 두 이름은 아주 다른 상황 하에서 아주 다른 경우와 관련지어 습득되었기 때문에, 명백하게도 우리는 경험적 수단을 제외한 채 샛별이 개밥바라기와 아주 똑같은 천체라는 것을 발견할 수 없다. 앞서 열거한 다른 동일성 진술 각각과 관련해서도 이와 마찬가지의 상황이 생긴다. (그렇지만 크립키, 1979b, pp.269, 281 n.44를 보시오.)

직접 언급론에 따르면, 이 동일성 진술들은 비록 후천적이고 개념상으로는 우연적이지만, 그것들이 옳다면 형이상학적으로는 필연적이어야만 한다. 이 점을 밝히기 위해 먼저 직접 언급론의 강한 형태를 가정해보자. 이에 의하면 고유명과 지표 표현은 전적으로 비기술적이고 따라서 고착 고정어이다. 즉 임의의 동일성 진술에 포함된 두 용어는 고착어이다. '샛별'과 '개밥바라기'라는 이름을 예로 본다면, 이들은 금성이라는 대상을 지칭하는데, 이 혹성이 실존하든 하지 않든 모든 가능 세계와 관련하여 이 혹성을 지칭한다. 보통의 양상 의미론에 의하면, 한 동일성 문장에 포함된 두 용어의 지시대상이 한 가능 세계 w에서 똑같다면 그리고 오직 그 경우만 그 문장은 w에서 옳다. 동일성 진술 '개밥바라기 = 샛별'을 옳다고 가정한다면, '샛별'과 '개밥바라기'라는 이름은 현실 세계에서 똑같은 것을 지시한다. 두 이름이 고착어라고 가정되었기 때문에, 그들이 모든 가능 세계에서 똑같은 지시대상을 공유한다고 결론지을 수 있다. 따라서 동일성 진술 '개밥바라기 = 샛별'은 모든 가능 세계에서 옳다. 바꿔 말해서 필연적으로 옳다.

만일 우리가 직접 언급론의 약한 형태 즉 고유명과 지표 표현이 그 지칭대상에 상대적으로 기술적이고 따라서 부착 고정어라고 가정한다면, '개밥바라기는 샛별과 동일하다.'는 동일성 문장은 금성이 실존하는 모든 가능 세계에서 옳지만, 금성이 실존하지 않는 세계에서는 옳지 않다. (좀더 정확히 말해 그르거나 진리치를 갖지 않는다.) 비록 이 동일성 문장은 명백히 필연적인 문장이 아니라 해도, 모든 가능 세계에서 옳지 않기 때문에, 조건적 동일성 문장 '만일 개밥바라기가 실존한다면, 그것은 샛별과 동일하다.'는 모든 가능 세계에서 옳고 따라서 필연적이다. 그리고 조건문 자체는 그 후건과 마찬가지로 후천적인 것처럼 보인다. 따라서 비록 약한 형태의 직접 언급론에 의거하더라도, 일정 부류의 명백한 후천적 동일성 주장은 결국 필연적 주장이라고 할만하다.

7.3 일반적 현상

도넬란(1973b와 1974b)은 두 고유명으로 이루어진 후천적 동일성 진술의 필연성은 두 용어가 똑같은 것을 고정적으로 지칭한다는 사실의 직접적인 결과라고 지적했었다. 그리고 이런 특징은 다른 류의 진술에도 확장되어 적용될 수 있다고도 했었다. 예를 들어 똑같은 고유명과 지표 표현이 두 번 이상 출현하고 있는 선천적 필연 진리, 이를테면 '만일 개밥바라기가 혹성이라면, 개밥바라기는 혹성이다.'를 보자. 이제 이 문장에서 두 번 나타나는 '개밥바라기'라는 표현 가운데 하나에 별개의 표현이면서 공통-지칭 고유명이나 지표 단칭어인 용어 하나를 대체해보자. 이를테면, '만일 샛별이 혹성이라면 개밥바라기는 혹성이다.'는 식으로 바꿔보자. 이에 따라, 우리는 필연적 진리지만 한편으로 후천적인 진리라고 여겨지는 새로운 것을 얻게 된다. 이 진술의 필연성도 '샛별'과 '개밥바라기'가 고정적으로 똑같은 것을 지칭한다는 사실의 귀결이다.

그렇다면 우리는 두 가지를 근거로 삼아 '샛별'과 '개밥바라기'가 똑같은 것을 고정 지칭한다는 것을 안다. 먼저 우리는 '샛별'과 '개밥바라기'가 하나인 똑같은 것을 지시한다는 것을 안다. 이는 천문학의 경험적 발견을 나타낸다. 둘째, 우리는 고유명인 '샛별'과 '개밥바라기'라는 표현이 고정 지칭어라는 것을 안다. 이는 단칭 직접 언급론의 기본 주장을 나타낸다.

 이 시점에서 중요한 사항이 있다. 명백히 후천적 진술인 이 각각의 진술이 필연적 진술이라는 결론은 언급론에서 직접 도출되는데, 이런 결론이 도출되도록 돕는 것은 이런 논의의 맥락에 적절한 동일성 진술이 옳다는 경험적이며 논란의 여지없는 주장, 약간의 기초적 양상 의미론, 그리고 논리학일 뿐이다. 직접 언급론에 이미 포함된 형이상학적 이론말고는, 양상 개념에 게재된 특별한 형이상학 이론은 어떤 것도 동원되지 않았다.

8. 필연 후천적 진리의 후보들

8.1 사례들

 직접 언급론자들에 의해 제시된 필연적 후천 진술의 예들 전부가 선천적 필연 진리에서 공통-지칭 고유명이나 지표 단칭어 가운데 하나만을 다른 것으로 대체하여 만들어지는 진술은 아니다. 여기서 특별히 관심을 두려고 하는 것은 바로 그렇게 이루어지지 않은 동일성 진술들이다. 직접 언급론자들이 이에 속한다고 예로 든 것들은 한 자연류를 다른 자연류로 포섭하는 내용을 담은 일종의 일반 진술과 일부의 실체에 관한 언급을 포함하는 동일성 진술이다. 도넬란, 크립키, 퍼트남이 제시한 예는 '물은 H_2O이다.'는 문장이다. 이 문장은 앞에서 제시되었던 개별자를 포함한 동일성 진술과 그 특성상 다르다. 한편, 'H_2O'라는 용어는 물이라는 실체 — 좀더 정확히 순수한 물 — 을 지칭하지만, 이는 (순수한) 물에 관해 상대적인 기술어가 아니라 수소와 산소라는 구성 성분에 관해 상대적인 기술어인 것 같다. ("물은 그 화학 성분이 수소 둘과 산소 한 부분으로 이루어진 화합물이다.") 따라서 물에 관한 진술은 '개밥바라기는 샛별이다.'와 비슷하기보다는 '개밥바라기는 해에서 두 번째 혹성이다.'는 진술과 더 비슷하다. (하지만 2장의 각주 2를 보시오.) 다른 예로는 "금은 원자 번호 79인 원소이다."(크립키), "호랑이는 육식동물이다."(도넬란), "호랑이는 포유류이다."(도넬란, 크립키), "고양이는 동물이다."(도넬란, 크립키, 퍼트남) 등이 있다. 크립키가 제시하는 바에 따르면, 개별자에 관한 단칭 언급을 포함하면서 대입으로 성립하지는 않는 진리는 앞 절에서 살폈던 예와 마찬가지로 필연적이면서 후천적일 것이다. 그가 든 다른 예들은 다음과 같다. "리차드 닉슨은 무생물이 아니다."(1972a, p.46). "엘리자베스 튜더 2세는 생식 세포 G_1과 G_2에서 생겼다."(이 경우 'G_1'과 'G_2'는 엘리자베스 여왕이 현실에서 발생한 생식 세포를 고정 지시한다. 1972a, pp.112-113). '바로 이 탁자는 원래 H 아닌 다른 물질로 만들어지지 못한다.'와 '이것은 탁자이다.'(이 두 문장은 'H'에 의해 고정 지시되는 목재로 원래 만들어지는 특정한 탁자를 언급한다).(1972a, pp.113-115 ; 1971, pp.151-153)

크립키가 들고 있는 엘리자베스 여왕과 나무 탁자의 예는 아주 분명히 후천적 정보를 전달한다. 이에 비해 닉슨과 자연류어를 포함하는 다른 예가 후천적인지 여부는 덜 분명하다. 예를 들어, '리차드 닉슨'이라는 이름이 전직 대통령을 언급하도록 사용될 때, 그 이름을 가진 자가 인간이며 무생물이 아니라는 게 바로 그 뜻이라고 가정해볼 수 있겠다. 마찬가지로 육식 포유동물임과 동물임이 용어 '호랑이'와 '고양이'의 뜻 가운데 일부라고 가정할 수도 있겠다. 만일 이것이 정확한 얘기라면, 문제의 진술은 전통적인 뜻으로 분석 진술일 것이며 따라서 선천 진술일 것이다. 하지만 직접 언급론의 기본 신조에 따르면, '리차드 닉슨'과 '호랑이'와 같은 용어는 그 뜻의 부분으로서 어떠한 속성도 표현하지 않는다. 도넬란, 크립키, 퍼트남은 모두 자신들의 예가 전통적 뜻과 비슷한 어떠한 뜻에서라도 분석 진리를 표현한다는 데에 공공연하게 반대한다. 문제의 진술이 "뜻에 의거해서만 옳지" 않다면 어떻게 선천적일 수 있는지 아는 일은 어려운 일이다. 하지만 직접 언급론에 따르면 이 진술들은 뜻에만 의존하지 않으면서도 옳다고 주장한다. 아무튼 이 정도의 논의에 비추어 본다면, 이 예들이 후천적이라는 것이 직접 언급론의 결론이다.

8.2 사소한 본질주의

우리는 이미 이 예들이 철학적으로 의의 있다고 봐야 되는 하나의 측면을 살펴보았다. 만일 이들이 필연 후천 진리의 진정한 예라면, 필연성과 선천성 사이의 전통적 관계는 깨지고 말 것이다. 이 예들이 철학적으로 중요한 또 다른 측면은 본질주의라는 형이상학적 신조와 연관되어 있다는 것이다. 본질주의는 다름아니라, 어떤 사물이 갖고 있는 속성들 가운데, 그 사물이 실존하지 않는 경우를 제외하고는 갖지 않을 수 없는 속성이 있다는 견해다.

고정 지칭어 τ의 지칭대상이 어떤 속성을 본질적으로 갖는 경우 그리고 오직 그 경우만 고정 지칭어 τ를 포함한 문장은 필연적이다. 한 예로 '짝수인 최초의 정수는 신비롭다.'는 문장은 만일 수 2가 신비롭지 않을 수 없는 그런 것이라면 그리고 오직 그 경우만 필연적이다. 이미 확인했듯이 직접 언급론의 결론에 따르면, '샛별'과 '개밥바라기'라는 이름은 고정 지칭어이며, 따라서 '개밥바라기는 샛별과 동일하다.'는 동일성 문장이, 만일 옳다면, 필연적이거나, 최소한 금성이 실존하는 모든 가능 세계에서는 옳다. '개밥바라기'가 금성을 고정 지시한다고 가정하에, 만일 금성이 샛별과 동일함이라는 속성을 갖지 않을 수 없는 그런 것이라면 그리고 오직 그 경우에만, '개밥바라기는 샛별과 동일하다.'는 문장은 이런 뜻에서 필연적이다. 그러므로 기초적 수준의 양상 의미론과 더불어 개밥바라기는 샛별이라는 확고한 사실만을 사용하여, 금성이 일부의 본질적 속성 즉 샛별임을 갖는다는 결과가 직접 언급론으로부터 도출된다. 마찬가지로 '개밥바라기'가 금성을 고정 지시한다 가정할 때, '만일 샛별이 혹성이라면, 개밥바라기는 혹성이다.'는 문장은 만일 개밥바라기 즉 금성이 만일 샛별이라면 혹성임이라는 속성을 갖지 않는 것이 불가능한 것이라면 그리고 오직 그 경우만 필연적이다. 따라서 대상에 본질 속성을 귀속시키는 필연적이지만 명백히 후천적인 진술이 존재한다는 주장은 직접 언급론의 진정한 결론이다. 이 시점에서 직접 언급론의 결론이 철학적 의미론에 고유한 관련을 맺을 뿐 아니라 형이상학에도 관련을 맺고 있다는 것이 명백해진다. 다시 말해, 직접 언급론은 언어의 특징 가운데 단순하며 가장 기초적인 의미론의 국면 즉 단칭어의 언급에 주로 관심을 두었던 것이 사실이지만, 이 이론에는 본질주의자가 주장하고자 하는 바도, 적어도 약간일 망정, 포함되어 있다.[70] 또한

---

70. 한 주장(진술, 문장, 명제 등)이 "사소하지 않은 본질주의자의 함축을 갖는다."는 생각은 매우 모호하다. 어떤 주장이 본질주의자의 함축을 갖는다고 말할 경우를 가려주는 기준을 많은 철학자들이 제시해 왔으나, 대개 이 제안들은 여기서 염두에 두고 있는 것보다 더 엄밀하다. 우리는 다음과 같은 주장에 특별한 형태의 본질주의가 명백하게 담겨 있다고 보고자 한다.

　만일 소크라테스가 인간이라면, 그렇다면 소크라테스는 인간이 아닐 수 없는 그런 것이다.

　하지만 이 주장만 가지고는 누군가가 인간이 아닐 수 없는 그런 것이라는 귀결이 논리적으로 따라나오지 못한다. 소크라테스가 정말로 사람이라는 경험적이며 논란의 여지없는 전제가 더 필요하다. 이를 염두에 두고, 다음과 같은 기준을 제안해보겠다. 어떤 주장 A가 그 자체로 사소한 전제와 순전히 경험적으로 검증 가능한 전제만을 추가하는 경우이거나, 아니면 A가 철학적으로 논란의 여지가 없는 (양상) 논리에 의거하여 「(∃x)□[Exists(x) → φ(x)]」와 같은 형식의 진술을 필반하는 경우에, 주장 A가 속성 P와 관련하여 본질주의 언질을 포함한다고 말하겠다. 물론 여기서 φ(x)는 속성 P를 "표현한다." (또는 지칭한다). (만일 실존이 속성으로 취급된다면, 약간의 제한이 필요하다. 이때 실존이 항상 본질 속성이라는 말은 아니다.) 그리고 한 주장 A가, 어떤 속성 P에 관해, 그 P와 관련하여 본질주의 언질을 포함하는 경우는 언제나 주장 A가 본질주의자의 함축을 갖는다거나 본질주의자의 주장이라고 하겠다. 마지막으로 어떤 속성 P에 관해, A가 P와 관련하여 본질주의 언질을 포함하고, 필반되는 문장 「(∃x)□[Exists(x) → φ(x)]」이 사소하게 옳지 않다(즉 옳지 않거나 옳지만 사소하지 않다)고 할 경우는 언제나, 주장 A가 사소하지 않은 본질주의자 함축을 갖는다거나 사소하지 않은 본질주의자 주장이라고 하겠다.

　물론 적절하게 제시된 사소하다라는 관념에도 모호성과 맥락 상대성이 있게 마련이어

이는 다음을 필반한다. 만일 개밥바라기가 사실상 샛별임이라는 속성을 갖는다면, 개밥바라기는 샛별임이라는 속성을 갖지 않는 게 불가능한 그런 것이고 따라서 만일 샛별이라면 촉성임이라는 속성도 갖지 않는 게 불가능한 그런 것이다. 개밥바라기가 사실상 샛별과 동일한 것이라는 철학적으로 논란의 여지가 없는 사실을 가정한다면, 이로부터 우리는 개밥바라기가 샛별과 동일함과 샛별이라면 촉성임이라는 특징을 그 본질 속성으로 갖는다고 결론지을 수 있다.

하지만 이렇게 도출된 결론이 만일 일종의 본질주의라면, 가장 사소하고 무해한 종류의 본질주의이다. 이는 심오한 형이상학적 본질주의가

서, 이런 정의에 이 모호성과 맥락 상대성이 끼어 들게 되며, 따라서 이 관념으로 정의된 여러 관념들도 어느 정도 모호하고 맥락 의존성을 띤 채로 제시된다. (하나의 단순한 주장은 어떤 맥락과 관련해서는 사소하지 않은 본질주의자 주장일 수 있으며 다른 맥락과 관련해서는 그렇지 않을 수도 있다.) 그럼에도 불구하고 이 정의들이 적어도 우리가 염두에 두었던 관념들의 명료화에 첫 발을 띠게 해준다는 점에서 기대를 모은다. 한편, 반드시 주목해야 할 것이 있는데, 이 정의의 명백한 귀결에 따르면, 개개의 모든 주장이 무엇이든 간에 어느 정도의 본질주의자 함축을 갖는다. 이는 다음과 같은 것 때문이다. 임의의 술어 'F'에 관하여, 문장 「(∃x)□ [Exists(x) → (F(x)∨ ~F(x))]」는 (대다수의 양상) 논리(체계)의 진리이며, 따라서 모든 진술에 의해 논리적으로 필반된다. (우리는 여기서 존재 함축을 갖는 진술이 진정한 논리적 진리인지 여부에 관한 물음은 무시하겠다. 하지만, 어떤 경우가 되었든지 어떤 것이 F이거나 비-F라는 주장은, 그런 주장이 있기만 하면, 언제나 완벽하게 사소한 주장이다.) 덧붙여 S5와 Brouvershe 체계에서, 어떤 원자 주어-술어 진술 「Π(α)」는 「□◇Π(α)」를 필반하며, 따라서 이 체계에 의하면 많은 주장은 어떤 양상 속성 이를테면 가능하게 이러-저러함(being possibly such-and-such)과 관련하여 본질주의 언질을 포함한다. (정의에 관한 이 사실은 캐플란이 내게 지적했던 바이다.) 한편 어떤 주장들이 이와 같은 속성과 관련하여 본질주의 언질을 포함한다면, 포함한다는 사실 그 자체로는 사소한 본질주의자 함축만을 가질 뿐이다. 소크라테스에 관해 앞에서 제시된 주장은 비-사람이 아님과 관련한 본질주의에의 특별한 언질을 포함하기 때문에, 이 주장은 사소하지 않은 본질주의자 함축을 갖는다. 그런데 이런 형태의 본질주의는 철학적으로 아주 심각한 논란거리이다.

어쨌든 앞으로 전제나 진술 등이 "본질주의자 함축을 갖는다."거나 "본질주의자 주장"이라는 말을 사용하겠는데, 이 경우 우리가 의미하는 바는 그것이 사소하지 않은 본질주의자 함축을 갖는다는 것이며, 그 전제가 "비본질주의자 주장"이라거나 "본질주의와-무관한" 주장이라고 하는 경우에 우리가 의미하고자 하는 바는 그것이 사소하지 않은 본질주의자 함축을 갖지 않는다는 것이다.

아니며, 그래서 아주 많은 비판을 받고 있는 문제의 본질주의가 아니다.71 본래적 관계 속성을 나타내는 표기법에 따라, 샛별과 동일함이라는 속성을 순서쌍 <샛별, 동일성 관계> 즉 <금성, 동일성>으로 나타낼 수 있겠다. 1.3절의 용어법에 의하면, 이는 금성의 개체성, 즉 바로 그 사물임이라는 속성이다. 금성이 이 속성을 본질적으로 갖는다거나 또는 이런 속성에 의해 필반되는 임의의 속성을 갖는다는 주장은 지루할 정도로 자명한 주장일 뿐이며, 따라서 아리스토텔레스식 본질주의를 적대시하는 사람들의 감정을 전혀 휘저을 수 없다. 이런 최소한의 본질주의가, 논란의 여지가 없는 경험적 사실과 더불어 언어 철학에서 도출될 수 있다는 것은 그리 놀랄 일이 아닌 듯싶다.

8.3 자연류에 관한 사소하지 않은 본질주의

실체와 자연류를 포함한 예에서는 상황이 다소 달라진다. '물'과 '호랑이' 같은 자연류어가 자연류를 고정 지칭한다고 가정한다면, '물은 H_2O이다.'와 '호랑이는 포유동물이다.'는 문장은 만일 액체인 (순수한) 물이 두 부분의 수소와 한 부분의 산소로 구성되지 않는 게 불가능할 그런 것이며 호랑이가 포유동물로 이루어질 수밖에 없고 그 이외의 것으로는 이루어지지 않는 그런 것이라면 그리고 오직 그 경우만 필연적이다.72

---

71. 콰인은 가장 잘 알려져 있으며 가장 노골적인 본질주의 비판자이다. 1953a, pp.154-158 ; 1953c, pp.173-174 ; 1960, pp.199-200 ; 1962, p.182를 보시오.
72. '호랑이는 포유동물이다.'가 필연 진리를 표현하다 해도, 이로부터 개별 호랑이가 포유동물이 아닐 수 없는 그런 것이다는 결론을 내리지 못한다. 물론 이 경우에 용어 '호랑이'가 고정 지칭어라고 인정해도 상황은 마찬가지이다. 그런 까닭에 사실상 호랑이인 것이 호랑이가 아니었다고, 이를테면, 로보트여서 포유동물이 아니었을 수도 있다고 정합하게 말할 수 있겠다. 다시 말해

□(x)[호랑이(x) ↔ x ∈ dthat(펠리스 타이그리쉬)]

(즉 '호랑이'가 종 펠리스 타이그리쉬를 고정 지칭한다)와 더불어

□(x)[호랑이(x) → 포유동물(x)]

이와 마찬가지로 용어 '금'이 희귀 광물인 금을 고정 지칭한다고 할 때, '금은 원자번호 79인 원소이다.'는 문장은 만일 광물인 금이 그 구성 원자의 핵에 정확히 79개의 양자를 틀ㄴ없이 지닌 원소인 것이라면 그리고 오직 그 경우만 필연적이다.

이런 예들은 자연류에 관한 본질주의 일반 원리를 설득력 있게 제시한다. 물과 금을 등장시킨 예는 화합물의 화학적 조성이 화합물의 본질적 특징이며, 원소의 원자 번호가 그 원소의 본질 특징임을 제안한다. 또한 호랑이와 고양이를 등장시킨 예를 통해, 이 각각의 종을 하위류로 거느린 분류상 더 높은 생물학적 류가 그 종의 본질적 특징 즉 종 호랑이인 류가 반드시 육식동물, 포유동물, 동물계의 하위류일 수밖에 없는 그런 것임이 제시된다. 금성이 그 개체성을 본질적으로 소유한다는 식의 개별자 동일성에 관한 완전히 사소한 부류의 본질주의에 비해 자연류에 관한 이런 부류의 본질주의는 형이상학적으로 시사하는 바가 훨씬 크다. 또한 자연류에 관한 본질주의가 우리의 형이상학적 신조와 형이상학적 신념에 어떻게 어긋나는가 아는 건 쉬운 일이다. 예를 들어 이런 논의가 있을 수 있다. 이 논의의 핵심은 생물계의 구조가 지금과 달리 다음과 같은 것일 수도 있었다는 것이다. 즉 사실상 종 호랑이인 바로 그 류가 비록 현실에서는 자연류이지만, 그 대신에 머로우 박사의

(즉 필연적으로 호랑이는 포유동물이다)로부터

□(x)[x ∈ dthat(펠리스 타이그리쉬) → 포유동물(x)]

(즉 포유동물만을 구성원으로 갖음이 펠리스 타이그리쉬의 본질 속성이다)는 도출할 수 있으나,

(x)[호랑이(x) → □포유동물(x)]

(즉 호랑이는 본질적으로 포유동물이다)를

(x)[호랑이(x) → □호랑이(x)]

(즉 호랑이는 본질적으로 호랑이다)는 추가 전제 없이는 도출할 수 없다. 텔러(Teller, 1975)는 이를 속성의 공분산 문제(the problem of covariance of properties)라고 했다.

실험실에서 창조된 인공류일 수 있어서, 그 구성원이 포유동물로 분류되지 않을 수도 있다. 이런 입장이 궁극적으로 올바른지 여부와 상관없이, 최소한 조건부로 유지될 수 있는 것이라 여겨진다. 만일 직접 언급론이, 논란의 여지가 없는 약간의 경험적 사실과 함께, 이런 반본질주의자 입장과 정말로 상충한다면, 이 이론은 철학적 의미론에 관련된 의의에 덧붙여 의미심장한 형이상학적 의의를 갖는다.

아직도 자연류에 관한 본질주의에 중대한 형이상학적 의의가 부여될 수 있을지 여부를 의심해볼 수 있겠다. 다시 말해 이런 논의가 가능하다. 이론적 보편자로서 자연류는 어떤 뜻에서 궁극적으로 "마음의 창조물"이며, 따라서 구체적 사물들과는 달리, 이론적 구성물들은 자신의 본질 속성을, 과학자가 이론적 구성물들을 발명하는 과정에서 획득하게 된다.[73] 이런 방식으로, 어떤 사람이 자신의 형이상학적 신조에서, 사람이나 물리적 대상과 같은 구체 개별자에 관해 가장 사소한 부류의 본질주의 말고는 어떤 형태의 본질주의라도 배제하면서, 다른 한편으로는 추상적인 것에 관한 본질주의를 허용할 수 있을 것이다.[74]

---

[73]. 화학 원소와 화합물은 구체적인 물리적 사물과 동일시되어서는 안된다. 그래서 만일 물이라는 실체가, 말하자면, 시각 t에 실존하는 모든 H_2O 분자와 그리고 오직 그 분자들만을 가지고 시각 t에 구성된 레스니프스키 식이나 굳맨 식의 산재된 전체(scattered whole)라는 방식으로 구체화될 경우, 뻔히 옳은 것도 인정할 수 없게 되는 것 같다. 다시 말해, 산재된 전체 개념에 따르면, 현실적으로 존재하는 표본말고는, 실체 물의 다른 표본이 있을 수 있었으며, 더욱이 현실의 물 표본 집합과는 완전히 달라져 이와는 아주 전적으로 다른 물 표본 집합이 존재할 수 있었는데도, 이들을 인정할 수 없게 된다. 바로 이와 유사한 이유로, 생물 종과 동물이나 식물의 단순한 군집을 동일시하려는 시도 역시 가망 없는 시도라 하겠다. 우리는 개별자의 단순한 군집에다 통세계 동일성 확인을 위해 똑같이 느슨한 필요조건을 부여할 것이다. 이 필요조건은 다른 물리적 대상들(살아있는 유기체의 신체와 같은 대상들)의 잠재성 즉 현실에서 시각 t에 그 물리적 대상들이 갖고 있는 조성이 아닌 다른 물리적 조성을 (임의의 시각 t에) 가질 수 있는 잠재성을 결정한다. 그렇다 해도 우리는 여전히 산재한 전체가 완전히 다른 "부분들"로 (원래부터) 구성될 수 있었다는 것을 인정할 수 없다. 이런 직관에 대해서는 7장과 부록 I에서 더 논의하겠다.
[74]. 캐플란(1969, pp.224-225)은 이런 형이상학적 신조를 피력했다. 도넬란(1974b) 역시 사람이나 탁자에 관해 사소하지 않은 본질주의에 관해 다소 회의적인데 비해 일부 보편자에 관

8.4 개별자에 관한 사소하지 않은 본질주의

개별자에 관해 사소하지 않은 본질주의는 특별히 아리스토텔레스의 본질주의라고 하겠는데, 반대자들이 가장 격렬히 반론을 제기하는 게 바로 이 형태의 본질주의이다. 닉슨, 엘리자베스 여왕, 나무 탁자 등 크립키가 제시한 예(8.1절을 보시오)가 철학에서 비중을 차지하게 된 게 바로 이런 맥락이다. 고유명 '리차드 닉슨'과 '엘리자베스 튜더'와 지시사 '이것'을 고정 지시어라고 가정할 때, 만일 닉슨이 생물이라는 게 그의 본질적 특징이며, 엘리자베스 여왕이 현실에서 태어난 바로 그 생식세포에서 태어났다는 게 그녀의 본질적 특징이고, 특정한 목재 덩어리로 원래 만들어졌다는 것 또는 최소한 완전히 판이한 물질로 만들어지지 않았다는 특징이 화자에 의해 언급된 그 나무 탁자의 본질적 특징이라면 그리고 오직 그 경우에만, 크립키의 각각의 예들은 필연적이다. 이것이 바로 그렇게도 심하게 전개된 철학적 논란의 주제인 바로 그 실질적인 부류의 본질주의이다.

만일 직접 언급론이, 자신과 더불어 오직 경험적으로 검증된 사실이거나 아니면 철학적으로 논란의 여지가 없는 사실만 가지고서, 이런 예들 가운데 어느 것 하나라도 필연 진리를 정말로 표현한다는 결론을 갖는다면, 이 이론은 아주 심각히 고려되어야 하며 상당히 놀라운 것을 함의하는 셈이다. 사소하지 않은 본질 속성에 관한 철학적 물음(그런 것이 하나라도 있는가, 있다면 어떤 것인가?)은 어렵기로 유명하고 그것이 논의된 역사도 길다.75 만일 단칭어 언급에 관한 이처럼 상대적으로 단순한 이론에 의거해서 이 물음에 관한 해결책이 얻어진다면, 이 이론은 경외의 대상이거나 회의의 대상이어야 한다. 그래서 만일 단칭어 언급

한 본질주의를 기꺼이 수긍한다.
75. 본질주의자와 반본질주의자 사이의 논쟁, 그리고 두 진영의 논증이 갖고 있는 각각의 고유한 난점을 알아보려면, 이에 관해 잘 정리되어 있는 논의를 보려면, 카트라이트(Cartwright), 1968을 보시오.

론이 신실로 이런 거창한 형이상학적 결론을 갖는다면, 우리는 고유한 철학적 의미론뿐만이 아니고 형이상학의 난제라고 여겨지던 철학적 문제에 실질적인 답을 얻게되며, 그래서 철학 활동에서 실질적인 성과를 거두는 셈이다.

9. 결정적 물음

철학의 중요한 물음이면서 이 책의 II부에서 제시될 핵심 물음은 다음과 같다. 자연류를 포함한 예와 사람과 탁자를 포함한 크립키의 예에 의해 빚어지는 상황은 고정 지칭어들 사이의 필연적 동일성이 빚어놓는 상황과 비슷한가? 특히 이런 예들이 필연 진리를 표현한다는 주장이 직접 언급론과 전적으로 무관하면서 논란의 여지가 있는 형이상학적 이론에 의존하지 않고 직접 언급론에서만 도출되는가, 아니면 직접 언급론에 덧붙여 그와 독립적인 다른 특별한 형이상학적 이론에 궁극적으로 의존하는가? 이런 예들이 필연 진리를 표현한다고 주장할 때, 퍼트남과 같은 직접 언급론자는 자신의 언급론에 포함된 사소하지 않은 본질주의자 함축을 드러내는가, 아니면 자신들의 언급론과 아예 분리시킨 채로 주장하는 사소하지 않은 본질주의를 내놓는가? (각주 3을 보시오.) 간단히 말해, 자연류와 개별자에 관한 사소하지 않은 어떤 형태의 본질주의가 되었든, 어떤 의의 있는 방식이 되었든, 그것이 직접 언급론에서 한 걸음 더 나아간 귀결인가?

자연류와 개별자에 사소하지 않은 본질 속성을 귀속시키는 필연 후천 진리가 존재한다는 주장이 직접 언급론만 가지고 도출되어야 한다는 것이 아니다. 오히려 진술 '개밥바라기 = 샛별'이 필연적이라는 주장은 고유명에 관한 직접 언급론에 덧붙여 무엇인가에 의존하고 있다. 직접 언급론 그 자체만으로는 우리에게 이 동일성 진술이 *만일 옳다면* 필연적이다고 말할 뿐이다. 직접 언급론에서 개밥바라기와 샛별의 필연적 동일성을 도출하려면, 우리는 반드시 어떤 독립적인 사실 즉 개밥바라기는 사실상 샛별과 동일하다는 사실에 의존해야 한다. 따라서 개밥바라기는 샛별인이라는 본질 속성을 갖는다는 주장은, 다름아니라, 개밥바라기는 샛별이다는 완벽히 무해하고 논란의 여지없는 사실에 의해 보충된 직접 언급론의 귀결일 뿐이다. 이와 마찬가지로, 자연류와 개별자에 관해 앞에서 말한 예들의 필연성이 직접 언급론에서만 도출될 수 있는지 여부도 여기서는 묻지 않겠다. 만일 이런 본질주의자 기본 주장이 직접 언급론에서 도출되려면 다른 사실적 전제, 예를 들어, 물은 사실상 H_2O이다는 전제를 보충 받아야만 한다는 걸 지적하는 걸로 충분하겠다. 물론 이때 보충되는 전제들은 그 자체로 순전히 경험적으로 검증 가능하거나, 아니면 철학적으로 논란의 여지가 없다고 가정한 것이다. 특히 이 전제들은 사소하지 않은 형이상학 이론으로서의 본질주의를 전제 가정함으로써 부당 가정의 오류를 범하는 일은 없어야만 한다.[76] 어떤 본

---

76. 어떤 부류의 추가 전제가 "부당가정을 범했다."고 배제되는가? 각주 3에서 부분적으로 명확해진 뜻에 의거하여, 어떠한 사소하지 않은 본질주의자의 전제도 부당가정을 범했다고 배제되겠으나, 이것이 전부는 아니다. '개밥바라기는 샛별이다.', '물은 H_2O이다.', '호랑이는 포유동물이다.'는 전부 완벽히 추가 전제로 허용될 수 있지만, 이들을 필연적 문장으로 본다면, 노골적으로 부당 가정을 범하는 셈이다. 그러나 이런 필연성 주장 그 자체만으로는 본질주의자의 주장이라고 하기는 이르다. 정통 프레게주의자도 이런 예들 가운데 어떤 것에 관해서든 그것이 분석성을 띠고 있기 때문에 (즉 프레게식의 뜻에 의거해서만) 필연성을 가졌다고 주장할 수 있기 때문이다. '샛별', '물', '호랑이' 등의 용어가 각각 샛별, 실체 물, 종 호랑이의 고정 지칭어라는 것은 반프레게주의의 가정일 뿐이고, 샛별, 물, 종 호랑이에 관한 각각의 주장이 필연적이라고 보는 건 본질주의자의 주장이다. 이런 문장의 필연성을 주장하는 데, 프레게주의자처럼 비본질주의적 근거에 의존할 수 없는 직접 언급론자의 입장에서는, 이 필연성 주장이야말로 바로 본질주의자 주장이다. 각주 3에서 부분적으로 명료해진 관념에 따라, 주장 A가 (사소하지 않은) 본질주의자 주장이라는 것이 이론 T의 귀결인 경우 그리고 오직 이 경우에만 주장 A가 이론 T의 맥락 내에서 (사소하지 않은) 본질주의자 주장이다. 이때 이론 T의 귀결이라는 말은 주장 A가 사소하거나, 순전히 경험에 의해서 검증 가능하거나, 아니면 철학적으로 논란의 여지없는 전제에 의해 보충되고, 거기다 덧붙여 이론 T에 의해 보충되면, (사소하지 않은) 「(∃x)☐[Exists (x) → φ(x)]」라는 형태의 귀결을 갖는다는 뜻이다. (어떤 주장이 사소하지 않은 그

질주의사의 함축과도 완전히 무관한 경험적 전제가 주어진다면, 직접 언급론이 사소한 형태의 본질주의를 필반한다는 것을 이미 보았다. 예를 들어 개밥바라기는 샛별과 동일하다이라는 속성을 갖지 않을 수 없는 그런 것이다는 식의 사소한 본질주의가 그것이다. 그러므로 직접 언급론은 비록 어떤 대상에 관해 그것이 바로 그것이다라는 속성을 가져야만 하는 그런 것이라고 주장하는 사소한 본질주의라 해도, 최소한 약간의 본질주의자 함축을 갖는다고 할 수 있겠다. 하지만 자연류와 개별자에 관해 사소하지 않은 형태의 본질주의가 본질주의 자체를 부당하게 가정하지 않은 채로 직접 언급론에서 도출될 수 있다는 주장이 어느 정도나 성립할 수 있는지 여부를 평가하는 게 바로 II부에서의 주된 목적이다.[77]

리고 제한 없는 본질주의자 주장이라면, 이는 개개의 모든 이론의 맥락에서나, 또는 그 대신에 영-이론의 맥락 즉 다른 실질적인 이론들 없이 논리학만의 맥락에서 성립되는 사소하지 않은 본질주의자 주장으로서, 본질주의의 특수한 경우일 것이다. 마찬가지로 우리는 어떤 주장이, 이론 T의 맥락에서, 특정 속성 P와 관련하여 본질주의 언질을 포함한다는 생각을 정의할 수 있다. 이 정의에 의해, 사소하지 않은 본질주의자 이론의 맥락 내에서는 어떤 주장이 되었든 사소하지 않은 본질주의자 주장이라는 점을 주의하자.) 그렇다면 직접 언급론의 맥락에서, 본질주의자의 주장에 속하는 추가 전제 (또는 직접 언급론의 맥락에서 자연류나 개별자에 관한 사소하지 않은 본질주의에의 언질을 포함하는 전제), 그리고 그 자체로는 사소하지 않으며, 순전히 경험에 의해 검증가능하지 않으며, 그렇다고 철학적으로 논란의 여지가 없는 것도 아니고, 직접 언급론의 귀결이라고 증명되지도 않은 추가 전제라면, 부당가정의 오류를 범했다고 배제시켜야 한다.

77. 본질주의의 흥미로운 예로는, 수와 같이 추상적인 것에 관한 본질주의가 있을 수 있겠다. 이런 본질주의는, 상대적으로 논란이 적은 전통적 견해, 즉 순수 수학의 옳은 명제는 어떤 것이든 필연적으로 옳다는 견해를 보충하면, 숫자에 관한 직접 언급론의 귀결로서 도출된다. 예를 들어, 0이 짝수 정수라는 것은 산술학의 정리이며, 따라서 0이 짝수라는 건 필연적 진리이다. 이에 '0'은 고착 지칭어이다. 즉 (∃x)□[0 = x]라는 전제를 덧붙인다면, 수 0은 짝수가 아닐 수 없는 그런 것이라는 귀결이 나온다. ('0'이 고착어라는 전제는 추리를 위해 필요한 전제이다. 만일 예를 들어 '0'이 '럿셀이 가장 좋아하는 짝수'와 같은 비고정 한정 기술과 동의어라면, 본질주의자 기본 주장은 도출되지 않을 것이다.) '0'이 고착어라는 전제는 숫자에 관한 직접 언급론에서 직접 도출된다. (제 1장의 각주 35에서 명확히 제시한 뜻으로 그렇다는 말이다.) 프레게의 주장처럼 숫자에 관한 기술론도 '0'이 고착어라는 상위 수학적 사실을 적절하게 수용할 수 있지만, '0'으로 표현된 속성이 0에 본

질적이라는 견해를 받아들여야만 가능하다. 따라서 직접 언급론이 추상적인 수학적 실재에 관해 (비록 상대적으로만 논란의 여지가 덜한 본질주의일 망정) 사소하지 않은 형태의 본질주의를 산출한다고 해도 되겠다. 이런 주장의 정당성은 모든 수학의 정리가 필연적이라는 기본 주장이 수학적 본질주의를 부당 가정하지 않는다는 데 달려 있다. 이 기본 주장은 직접 언급론과는 독립적이고 수에 관한 직접 언급론의 맥락 내에서 수학적 본질주의에의 언질을 포함한다. 이점에 관해서는 바로 앞의 각주 9를 보면 된다. (이 기본 주장이 그 자체로 본질주의는 아니다. 숫자에 관한 프레게식 기술론을 주장하면서 수학의 모든 정리가 분석적이라는 또 다른 프레게주의적인 기본 주장을 내세움으로써, 극단의 반본질주의도 이 기본 주장을 견지할 수 있다. 프레게가 수학적 본질주의에 반대했다고 상정할 아무런 이유가 없긴 하지만, 그는 기술론과 수학적 정리의 분석성 주장을 모두 유지했다. 수학적 본질주의는 프레게식의 이 두 기본 주장과 완전히 독립적이다.) 따라서 여기서 말하고 있는 뜻에서, 숫자에 관한 직접 언급론이 수학적 본질주의를 "귀결"로서 산출한다는 주장은, 예를 들어, 0이 짝수라는 것의 필연성 기본 주장이 사소하거나 철학적으로 논란의 여지가 없는 주장이라고 할 때 맞는 말이다.

추상적인 것에 관한 본질주의를 논의하기 위해 또 하나의 추상물인 집합과 관련된 본질주의를 살펴보자. 집합과 그 원소 자격에 관한 본질주의가 집합론의 공리로부터 표준 양상 추리를 사용하여 도출될 수 있다는 주장이 제기된 적이 있었다. 위긴스(1980)는 그런 주장을 아주 명확히 제시한 철학자로서 우리에게 아주 훌륭한 예를 제시해준다.

모든 유한 집합 $α$에 대해, 만일 $α$가 x를 그 원소로 갖는다면 $α$는 필연적으로 x를 그 원소로 갖는다는 것을 증명하려면, 짝짓기 공리와 외연성 공리, 그리고 이에 덧붙여 동일성 명제의 필연성 증명에 사용된 바 있는 것과 똑같은 양상 논리학을 사용하면 된다 (p.113, n.18).

… [집합 {x, y}가] 필연적으로 집합이라는 게 인정되기만 하면, 집합론의 원리는 이 쌍의 현실적 원소 자격이 그 집합의 유일하게 가능한 원소 자격이라는 귀결을 가져오는데, 우리는 이 귀결로서 집합들이 갖는 본성과 집합들이 개별화되는 방식을 규정짓게 된다 (p.114).

(또한 샤비(Sharvy), 1968을 보시오. 샤비에 대한 비판으로는 팍스(Parks), 1972, 반 클리브(Van Cleve), 1978, 새먼, 1979c의 부록 II가 있다.) 위긴스는 증명이라 할만한 것을 제시하지 않았으며, 어떤 초보적 양상 논리학이 필요한지 엄밀하게 드러내지도 않았다. 위긴스의 의도가 무엇이었든 (유한) 집합에 관한 이런 형태의 본질주의가 집합론의 공리와 더불어 S5를 사용하여 도출될 수 있다는 말은 옳지 않다. 비록 S5(의 형식문 하나)만 동일성 명제의 필연성을 도출하는데 필요하다고 해도 이는 마찬가지이다. 그리고 집합론의 공리들과 보통의 산술학 공리들 사이에는 결정적 차이가 있다. 보통의 산술학 공리들은 원초 개체 상항들을 포함한다. 적어도 '0'이라는 숫자 하나라도 포함한다. 반면에 집합론의 공리들은 단칭어 비슷한 것을 전혀 포함하지 않으며, 집합이라는 추상적인 것들 즉 집합 추상물들(예로, '$\hat{x}$[F(x)]'"{x, y}' 등등)을 포함하는데 이들은 기술적 표현이다. (집합 추상물 「$\hat{x}$[φ(x)]」는 한정 기술 「(' y)(Class(y) ∧ (x)[x∈y] ↔ φ(x)])」에 대한 축약어라고 간주될 수 있겠다.) 집합론의 공리들은 집합들의 영역(universe of classes)에다 일정 구조

따라서 우리는 이 책에서 다룰 주된 물음을 다음과 같이 제시할 수 있겠다.

우리가 필요로 하는 논리적 장치 (예를 들어, 고차 논리학, 집합론, S5 양상논리학, 등등)가 주어지고, 그리고 또 부당가정의 오류를 범하지 않으면서, 순전히 경험적으로 검증 가능하거나 아니면 철학적으로 논란의 여지가 없는 사실(예를 들어, 물은 사실상 H_2O이다)이 주어지면, (유기체나 인공물 같은) 자연류나 개별자에 관한 실질적이고 사소하지 않은 형태의 본질주의가 언어 철학 즉 구문론, 언급론, 양상 의미론에서 도출되는 게 가능할까?

도넬란(1973b ; 1974b), 크립키(1972a, p.114, n56), 퍼트남(1973b, pp.708-709)은 모두 '그렇다'는 답을 시사한다. 그리고 놀랍게도, 언어의 가장 기초적인 의미론적 측면에 관한 그들의 이론이 어떤 류에 속하는 사물의 본성이나 사물로 이루어진 어떤 류의 본성에 관해, 그리고 그것들의 본성이 아닐 수 없는 것과 본성이어야만 하는 것에 관해 할 말이 많을 수밖에 없다고 시사한다.[78] 하지만 필자는 II부 이하에서 이 물음에 관해

를 그 특징으로 부여하고 있을 뿐이다. 일정 모형 내에서, 이 구조는 다음과 같은 실재들의 영역들(universes of entities)에 의해, 공리들의 필연화를 어기지 않으면서, 충족된다. 이 실재들의 영역들은 동형이지만 수적으로는 서로 다른 영역, 다시 말해 여러 가능 세계에 걸쳐 (원래 원소를 상항으로 유지하고) 있는 "겹친" 영역이다. 공리들의 필연화가 요구하는 바는, 각각의 가능 세계에서, 공집합이 있을 것, 모든 x와 y에 대해 쌍집합 {x, y}가 존재할 것, 임의의 원소 자격에 대해 오직 하나의 집합이 있을 것일 뿐이다. 공리들의 필연화는 이 집합들 각각이 하나의 세계에서 다른 세계에 걸쳐 똑같은 것이어야 한다고 요구하지 않는다. (이는 집합들의 원소 자격을 하나의 세계에서 다른 세계로 변화시키는 모형이 집합들의 양상적 실재성을 반영한다는 말이 아니다. 왜냐하면 이는 확실히 사실과 다르기 때문이다. 이런 모형이 공리들의 필연성들을 충족시킬 수도 있어서, 그 이상의 본질주의자 공리가 양상 집합론에서 이런 반본질주의 모형을 배제하는데 필요하다는 말일 뿐이다.)
78. 이 점에 관해서 명시적으로 주장하는 정도는 세 철학자 모두 다르다. 퍼트남과 도넬란은 기본적으로, 직접 언급론을 사용하여, 자연류어를 포함하는 후천적 진리 즉 개념적 우연

정확한 답은 '아니오'임을 논증할 작정이다. 필자는 이 물음에 긍정적인 답을 하는 주장을 가능한 강한 논증으로 재구성하고, 그 연후에 그 약점을 드러냄으로써 이런 일을 하려 한다.[79]

이 점을 보다 명료히 해보자. 필자는 직접 언급론에 도전할 생각이

진리(예를 들어, 물은 H_2O이다)가 형이상학적 필연 진리라는 결론이 도출된다고 말한다. 퍼트남은 이를 자연류어에 관한 그의 이론의 "귀결"이라고 아주 공공연히 말한다. 하지만 그는 직접 언급론에 의거하고 있는 이 결과가 자연류에 관한 사소하지 않은 형태의 본질주의와 동등하다는 사실을 전혀 말하지 않는다. 퍼트남의 명시적 주장이 정확하다고 할 때, 우리가 제기한 물음에 대해 긍정적인 답을 할 수밖에 없다. 도넬란은 주로 1973b와 1974b에서 직접 언급론에서 자연류에 관한 일부 후천적 진리의 필연성을 도출해보려는 퍼트남의 계획을 보다 정교하게 발전시키려고 했는데, 퍼트남의 노선에 따르다 보면 일종의 본질주의가 도출된다고 말한다. 크립키는 구체적 인공물의 기원에 관한 일종의 본질주의에 증명 비슷한 것을 제공한다고 말한다. 이때 (앞의 7.2절에서 논한 바 있는) 특수자(particulars)로 이루어지는 동일성 진술의 필연성 원리를, 크립키 자신이 말하고 있는 맥락에서는 본질주의와 무관한 듯해서 해로울 게 없어 보이는 (좀더 정확히 말해 필자에게 그렇게 보이는) 전제와 더불어 사용하고 있다. 하지만 크립키가 염두에 둔 전제는 본질주의자 주장인데, 그는 자신의 "증명"을 통해 이 책에서 제시된 것과 같은 질문에 긍정적인 답을 하려고 작정한 건 아니었다고 필자에게 알려 왔다. 그럼에도 철학자들 사이에는 크립키의 『명명과 필연성』 및 기타의 저술에서 천명된 직접 언급론이 '물은 H_2O이다.'와 8.1절에서 열거한 다른 예들과 같은 후천적 진리가 필연적이다는 귀결을 갖으며, 따라서 자연류와 개별자에 관한 어떤 형태의 본질주의가 옳다는 귀결을 갖는다는 식으로 널리 알려져 있다. (심지어 이런 식의 견해 가운데 하나가 『명명과 필연성』 1980판의 주에서도 발견된다.) Ⅱ부에서의 필자의 주목적은 이런 견해를 제거하는 일이다.

79. 특히, 우리는 언급론에서 사소하지 않은 본질주의를 도출하려는 시도가 실패라는 걸 보이려한다. 이런 시도는 암암리에 본질주의자 전제를 전제 가정함으로써 본질주의를 부당 가정하고 있기 때문이다. 물론 이 전제는 언급론과는 독립적이다. 따라서 형이상학적 함축을 담고 있는 결론에 포함된 본질주의자 함축은 언급론에서 도출되지 않고, 언급론과는 독립적인 형이상학적 전제가정에서 도출한다. 언어 철학 즉 언급론으로부터 사소하지 않은 본질주의를 도출하려는 그들의 특정 시도에서, 크립키와 퍼트남의 작업은 멜러(D.H. Mellor, 1977)에게서 비판을 받는다. 멜러의 비판 가운데 크립키와 퍼트남에게 부담을 주는 대목이 바로 이 시도의 실패를 지적한 것이다. 멜러는 본질주의를 도출하려는 시도가 "근거도 없이 본질주의자 결론을 가정한다."는 바로 그 점 때문에 실패한다고 말한다. 주제가 비슷하긴 해도, 멜러와 이 책의 Ⅱ부에서 제시될 비판의 관련은 거의 없다. 멜러의 주된 비판 논증은 이 책의 이하에서 제시할 비판 논증과 매우 다르며, 본질주의와 언급론, 그리고 전자에서 후자를 도출하려는 시도에 대해 아주 상이한 개념에 근거를 두고 있다고 여겨진다.

없다. 실제로 앞의 두 장에서 그에 호의적인 논증을 전개해왔다. 하지만 Ⅱ부의 목적에 관한 한 직접 언급론에 대해 수용, 거부, 판단 유보의 여부는 아무런 관련이 없다. 더구나 어떤 본질주의자 신조에도 도전하지 않겠다. 우리가 묻고자 하는 바는 단지 직접 언급론이 자연류나 구체 개별자에 관해 사소하지 않은 본질주의를 결론으로 산출하는지 여부이고, 따라서 이런 목적에 중요한 것은 직접 언급론의 특성을 규명하는 일이다. 이 책의 나머지 부분을 통해, 직접 언급론은 앞의 두 장에서 그 특성이 규명된 것으로 취급하겠다.

 사소하지 않은 형태의 본질주의가 직접 언급론에서 도출 가능하다는 주장을 구체화시키고 있는 가장 정교한 논의는 퍼트남의 자연류어 이론에서 발견된다. 그리고 도넬란이 자연류어에 관한 필연 후천 진리를 "생성하는" 퍼트남의 "절차"를 해설하는 과정에서도 발견된다. I부를 마감하는 다음 장에서 우리는 퍼트남의 자연류어에 관한 이론을 좀더 자세히 연구하도록 하겠다.

넷 · 퍼트남의 자연류어 이론

10. 퍼트남의 기본 주장

 우리는 이미 퍼트남식의 의미론적 논증 즉 정상적으로 자연류어에 결부되는 일반 속성이 그 용어 적용에 논리적 충분조건을 구성하지 못한다는 요지의 의미론적 논증을 보았다. 개념을 파악하는 누군가의 '심리' 상태만이 그 개념을 포함하는 일반 속성의 집합이나 군을 결정한다. 실은 '일반 속성'에 관한 정의에 의해 이 말이 옳다. 만일 자연류어가 기술어라면, 관계 기술어이든 아니든 간에, 자연류어에 의해 표현되는 개념 또는 뜻은 유일하게 그 용어의 의미론적 내포를 결정짓고 따라서 의미론적 외연을 결정짓는다. 가상의 쌍둥이별에 있는 나의 복사판 인간을 이용한 간단한 사고 실험에 의하면, '호랑이', '물'과 같은 자연류어를 이해하거나, 또는 이런 용어를 포함하는 문장에 의해 표현되는 바로 그 신념을 갖는 누군가의 내적 심리 상태가 용어의 외연을 결정짓지 못한다. 어떤 사람이 갖고 있을 호랑이에 관한 정신적 개념은 너무나 느슨하다. 이 개념은 호랑이 아닌 가상의 다른 종에 적용될 수 있을 만큼 느슨하다. 그런데 우리가 사용하는 자연류어의 의미론적 내포와 외연을 결정하는데, 맥락의 비질적 측면 또는 외적 배경이 관련을 맺게 마련이다. 그러므로, 일반적으로, 전적으로 내적 심리 상태의 일부로서 역할을 할 수 있는 일반 속성에 의해서 기술어 여부를 판가름할 수 있는데, 자연류어는 이런 일반 속성에 의존해서만 기술어가 되는 게 아니다. 퍼트남이 지적한 대로 그들의 "'의미'는 머리에 있을 뿐인 게 아니다!"(1973b, p.704) 퍼트남은 또한 비슷한 사고 실험을 통해 지표어들이 맥락 의존적이며 또 질적 속성에 의해서만 기술어가 되지 못한다고 한다.

'지금', '이것', '여기'와 같은 낱말들은 오랫동안 지표어 또는 표지-반사어라고 간주되었다. 즉 맥락에 따라 또는 표지에 따라 변하는 외연을 가진 낱말이라고 간주되었다. 이 낱말들에 관한 한 지금까지 누구도 "[전적으로 기술적인 뜻이] 외연을 결정한다."는 식의 전통적 이론을 주장하지 않았었다. 쌍둥이 지구의 예를 보자. 만일 내가 쌍둥이 지구에 나의 복사판 인간을 갖는다면, 내가 "나는 두통을 앓고 있다."고 생각할 때, 그도 "나는 두통을 앓고 있다."고 생각한다. 그러나 그가 자신의 생각을 말로 표현했을 때, 특정 표지인 '나'의 외연은 바로 그 자신(엄밀히 말해, 오직 그 사람으로만 이루어진 단위 집합)이지만, 반면에 내가 내 생각을 언어로 표현했을 때, 그 속에서 '나'의 외연은 바로 나(엄밀히 말해서 나의 단위 집합)이다. 그래서 '나'라는 같은 낱말이 서로 다른 두 개의 방언에서 각각 다른 외연을 갖는다. 그러나 이로부터, 내가 내 자신에 관해 갖고 있는 [순수한 질적] 개념과, 어떤 방식으로든 나의 복사판 인간이 그 자신에 관해 갖고 있는 [순수한 질적] 개념 서로가 다르다고 할 수 있는 건 아니다(1973b, pp.709-710 ; [ ]는 저자가 추가한 내용임).

따라서 자연류어에 관한 퍼트남의 설명은 다음과 같은 두 기본 주장으로 시작된다.

T1 : 자연류어의 의미론적 외연과 그에 따른 의미론적 내포(즉 가능

세계로부터 외연에로의 함수)는 그 용어를 이해하거나 그 용어를 포함하는 문장으로 표현된 신념을 갖고 있는 화자의 전적으로 내적인 "심리 상태"에 의해서만 결정되는 게 아니다. 이런 면에서 자연류어는 지표어를 닮았다(1973b, pp.700-702, 709-710).

T2 : 따라서 자연류어는 전적으로 내적인 심리 상태에 포함될 수 있는 일반 속성어에 의해서만 기술어인 게 아니다.[80]

논의를 진행시키기 전에, 퍼트남은 T1과 T2에 대한 가능한 도전을 검토한다. 이를테면 이런 식의 반박이다. 그의 논증에 따르면, 만일 용어 '호랑이'를 이해하거나 "호랑이가 내게 다가온다!"고 생각하는 심리 상태가 펠리스 타이그리쉬라는 종과 겉으로는 구별할 수 없으나 서로 다른 종 k에 속하는 동물을 포함할 정도로 뚜렷한 구분이 아니라면, 그런 심리 상태에 처한 화자에게 용어 '호랑이'가 오직 펠리스 타이그리쉬의 구성원에만 적용된다고 가정할 이유가 전혀 없게 된다. 만일 용어 '호랑이'에 결부되는 뜻¡이나 정신적 개념이 정말로 느슨해서 다른 종 k에 속하는 동물들을 배제하지 못하는 경우라면, 아마도 용어 '호랑이'는 적어도 그 화자에게는 호랑이에 관한 대강의 표면적 특성, 이를테면, 아마 고양이러이며, 황갈색 바탕에 검은 줄무늬를 갖음이라는 특성만을 표현하고, 따라서 종 펠리스 타이그리쉬를 지칭하지 않고, 펠리스 타이그리쉬와 k를 함께 거느린 보다 일반적인 범주를 지칭할 것이다. 마찬가지로 이런 논증도 가능하다. 만일 "물"의 심리적 개념이 너무 느슨해서 (불순물을 함유한) H_2O의 액체 표본뿐 아니라 겉보기는 H_2O와 구별되지 않으나 서로 다른 화학적 실체의 액체 표본—퍼트남의 경우 그가 상상한 액체 성분인 XYZ — 까지 포함한다면, 무색의 액체이며, 무취이며, 갈증을 가시

---

80. T2는 퍼트남의 저작에 명확한 게 표현된 게 아니다. 하지만 이런 결론은 명백히 T1에 함축되어 있다.

게 함이라는 특성으로 인해, 아마도 용어 '물'은 이 개념을 마음에 품고 있는 화자에게는 기술어이다. 그렇다면 용어 '물'은 H_2O를 지칭하지 않고, 무색 무취이면서 갈증을 가시게 하는 액체와 같은 좀더 일반적인 범주, 즉 H_2O 이외의 화학적 실체를 그 표본으로 가질 수 있는 범주를 지칭할 것이다. 그렇다면 우리가 이와 다른 생각을 가질 이유는 무엇인가? 물론 오늘날 거의 모든 사람이 기본적으로 H_2O로 구성되었다면 그리고 오직 그런 경우에만 그 액체 표본이 물의 표본임을 알며, 물의 개념이 아마도 퍼트남의 가상적 액체 화합물 XYZ 즉 "가짜 물"의 표본을 배제한다는 걸 안다. 그렇지만 옛날에 보통 사람들이 믿었던 물의 개념은 XYZ의 표본을 배제하지 못하는데도, 무엇 때문에 용어 '물'이 XYZ의 표본에는 적절히 적용되지 못할 거라고 가정해야 하는가?

기본 주장 T1과 T2에 관한 이런 부류의 의심은 직접 언급론을 주장하던 애초의 논증들을 그저 되풀이한다고 없어질 수 없다. 용어 '물'이 무색 무취이면서 갈증을 가시게 해줌 등의 속성에 의해 기술적이라면, 용어 '물'은 이런 속성을 우연히 갖게 된 어떤 실체에나 적용되어야만 한다. 게다가, 물이 이런 특성을 갖는 액체이며 이런 특성을 갖는 어떤 액체든 물이라는 것은 선천적이며 형이상학적으로 필연적이어야만 한다. 애초의 직접 언급론 논증은 이 조건문의 후건을 부정하여 후건부정식의 형태로 구성되었다. 그러나 지금 제기되고 있는 반론은 후건부정식 대신에 전건긍정식을 사용하지 말하여만 하는지 여부에 관한 것이다. 비록 그 화학 성분이 XYZ이고 H_2O가 아니라 해도, 아마, 용어 '물'이 예전에 사용되었듯이, 무색무취이며 갈증을 가시게 해주는 어떤 것이든 물이라고 해야만 할 것이다.

퍼트남은 이런 의심을 다른 방식의 상황 묘사로 무마시키려고 한다.[81] 그는 다음과 같이 말했다.

---

[81] 여기 제시된 현재의 반론에 대한 퍼트남의 답변은 1975a, pp.235-241에 상세히 전개되어 있다.

내가 물이 담긴 컵을 가리키면서 "이 액체를 물이라고 한다."는 말을 했다 가정해보자. 물에 관한 나의 "예시 정의"는 다음과 같은 경험적 전제 가정을 갖고 있다. 내가 가리키고 있는 액체는 나의 언어 공동체에 속한 나와 다른 화자들이 이와 다른 상황에서 "물"이라고 불러왔던 것 대부분과 동일성 관계(즉 X는 Y와 똑같은 액체이다. 또는 X는 Y와 액체로서 똑같다)를 유지하고 있다. 그런데 이를테면 내가 잘 모르고 물 잔이 아니라 진(gin)이 담긴 잔을 가리켰기 때문에 이 전제 가정이 빗나갔다면, 나는 이 예시 정의가 수용되도록 하지 못한 셈이다. 따라서, 예시 정의는 "반박 가능한" 필요충분조건이라 할 수 있는 것을 전달한다. 물에 관한 이 필요충분조건은 잔 속의 그것과 액체로서 똑같은 관계를 유지하는 것이다. 이는 그러나 경험적 전제가정이 충족될 때만 필요충분조건이다. 만일 이것이 충족되지 못한다면, 소위 일련의 "최소" 조건 중 하나가 작용하게 된다.

요점은 바로 액체로서 똑같은 관계가 이론적 관계라는 것이다. 어떤 것이 이것과 똑같은 액체인지 아닌지 여부를 가리기 위해서는 수많은 과학 탐구가 필요할 것이다. 따라서 1750년의 영어 사용자가 XYZ를 "물"로 불렀을지도 모르며, 한편으로 1800이나 1850년에 그나 그의 자손이 XYZ를 물이라고 하지 않았었다는 사실은 그 중간에 살았던 보통의 화자들 사이에서 '물'의 "의미"가 바뀌었다는 걸 뜻하지 않는다. 1750년이나 1850년이나 1950년에 예를 들어 미시건 호수에 출렁이고 있는 액체를 "물"의 예라고 가리켰을 것이다. 여기서 바뀐 게 있다면 바로 인식의 변화다. 1750년에 XYZ이 미시건 호수의 액체와 액체로서 꼭 같은 관계를 유지하고 있다면 잘못 생각하고 있었으나, 그와 달리 그런 관계가 없다는 것을 1800년이나 1850에야 알게 된 것이다(1973b, pp.702-703).

인용한 문단의 요점은 '물'과 같은 용어가 "정의될" 수 있다는 것인데, 이 경우 '물'이라는 말의 의미가 전부 전달될 수 있다는 뜻에서 그렇다.

(퍼트남의 "정의"는 "의미 설명"이지, 새로운 언어를 도입하기 위한 수단이나 약어 도입이 아니다.) 이때, 정의는 청자가 용어에 연합된 심리적 "개념"을 획득하는 방식으로 이루어진다. 하지만, 이 개념에 덧붙여서 다른 어떤 것도 더 필요하지 않다. 다른 어떤 것이란, 다름아니라, 개념에 들어맞는 일정 표본과 용어가 적용되는 것이 일치하는지 여부를 해결하기 위해, 여타의 다른 정보의 도움이 필요한 것이다. 만일 '물'이 이런 방식으로 "예시 정의"된다면, 청자는 이 정의에 포함된 모범 표본(paradigm sample)로부터 물을 무색무취이며 해갈시켜 주는 액체인지 판단할 수 있을 것이며, 그에 따라 청자는 물의 개념을 획득하지만, 그에 비해, 맑은 액체 표본을 대했을 때, 청자는 이 표본과 예시 정의를 통해 현장 지시된 표본이 서로 액체로서 똑같은 관계를 유지하는지 여부를 아는 처지에 있을 수 없다. 퍼트남은 이런 논점을 예시 정의를 통해서 설명하지만, 다른 곳에서는, 용어 '물'이 "조작적으로" 정의될 수 있다고 말하기도 한다. 조작적 정의는 모범 표본 대신에 물이 갖고 있는 확인 특성들의 목록을 이용함으로써 이루어진다. 퍼트남은 이런 특성을 용어 '물'과 결부된 정형성(stereotype)이라 했다. 더불어 지적되어야 할 점은, 예시적 정의의 경우와 마찬가지로 조작적 정의의 경우에도 주어진 표본이 물의 표본일 때, 청자가 정의만 가지고는 알 수 없는 결과가 있게 마련이라는 것이다.[82]

우리는 다음과 같은 여섯 개의 기본 주장을 통해 자연류어에 관한 퍼트남의 이론을 되짚어 볼 수 있겠다. 이는 1975a, pp.229-223에서 필자가 추출한 것이다.[83]

---

82. 퍼트남에 따르면, 적절한 방식으로 자연류어와 연합되는 "정형성" 즉 일련의 속성은 그 용어가 갖는 의미의 개념적 내용을 망라하지만, 그 적용에 대한 논리적 필요조건이나 충분조건이 아닐 수 있다. 이런 주장은 의미와 언급에 관한 이론을 다룬 그의 책에서 반복하여 다루고 있는 주제이다. 예로 1970, 특히 pp.148-152를 보시오. 그리고 1장 각주 7 이상을 보시오.

83. 퍼트남의 주장을 이렇게 대강 재구성하면서 우리는 그의 더욱 중요한 기본 주장 즉 , 이

T3 : 우리는 다음과 같이 의도된 논리적 요지를 갖는 예시 정의에 의해 '물'과 같은 자연류어의 "의미를 설명" 할 수 있다.

모든 가능 세계 w와 w의 모든 개별자 x에 관해, 만일 w에서 x가 현실 세계의 이것(또는 이것들)과 똑같은 액체라면 그리고 오직 그 경우에만 x는 w에서 물이다.

물론 여기서 '이것'이라는 현장 지시어는 현실 세계에서 물의 표본을 고정 지시한다 (pp.229-232).

T4 : 우리는 소위 조작 정의에 의해 '물'과 같은 자연류어의 "의미를 설명" 할 수도 있다. 이 경우 물의 모범 표본을 지표적으로 언급하는 대신에, 그것을 확인시켜 준다고 여겨지는 특성들(물의 "정형성")로 물을 기술함으로써 정의가 이루어진다 (pp.229-230).

T5 : '물'과 같은 자연류어는 자연류에 대한 고정 지칭어인데, 이는 T3의 귀결이다 (p.231).

T6 : '물'과 같은 자연류어는 "지금까지 간과된 지표적 구성요소"를 갖는데, 그 가운데 하나가 T3에서 드러났다 (p.234).

T7 : T1은 다른 지표어에 해당되는 것과 똑같은 이유로 자연류어에 그대로 해당된다 (p.234).

른 바, 언어 분업과 사회언어적 가설을 생략하였다. 이점은 1973b나 1975a, 특히 pp.227-229를 보시오. 퍼트남의 이론 가운데 이 부분은 여기서 다루는 기본 주장 (T2)를 중요한 측면에서 보충해주긴 하지만, II부 이후에 전개될 논의에서는 핵심적인 관심사가 아니다. 퍼트남의 이론 가운데 그가 "필연 진리에 관한 이론에 놀라운 귀결"이라고 말한 측면이 우리의 주된 관심사이기 때문이다. 머리말의 각주 6 이상을 보시오.

T8 : 의미론적 외연이 다른 자연류어는 바로 그 사실에 의해 "의미"도 다르다. '물'과 같은 자연류어의 의미만이 더 이상 맥락에 의존하지 않고서 (한 가능 세계에서의) 외연을 독자적으로 결정한다 (p.234).

퍼트남이 명시적으로 주장하는 바에 의하면, 이상의 주장에 의거하여 진술 '물은 H_2O이다.'가 비록 개념적으로는 우연적이지만 형이상학적으로는 필연적이라는 결론이 귀결된다. 그는 다음과 같이 쓰고 있다.

크립키가 맨 처음 알아낸 바에 의하면, '물'(과 그뿐 아니라 다른 자연류어)의 의미(또는 "사용"이나 그밖의 무엇이든)에 관한 이론이 필연 진리에 관한 이론에 놀라운 귀결을 가져왔다…….
……내가 물의 현미경적 구조 즉 물이 H_2O라는 것을 발견했다고 해보자. 이 시점에서는, 이전에 물이라고 오해했던 쌍둥이 지구의 물질이 실은 물이 아니라고 말할 수 있다. 이와 똑같은 방식으로, 만일 당신이 현실 세계의 다른 혹성을 기술하는 게 아니라, 물을 가려내려는 "조작 시험"을 통과하며 XYZ라는 화학식을 가진 물질이 있는 다른 가능한 우주를 기술한다면, 그 물질은 물이 아니라 단지 XYZ일 뿐이라고 말할 수밖에 없다. 당신은 "물이 XYZ이다."가 성립되는 가능 세계를 기술하였던 게 아니라, XYZ로 이루어진 호수가 있으며, 사람들은 (물이 아니라) XYZ를 마시는 등등의 가능 세계를 기술하였던 셈이다. 사실, 물의 본성이 발견되기만 하면, 그 본성을 갖지 않는 물이 존재하는 가능 세계가 성립된다고 하지 못한다. 우리가 물은 (현실 세계에서) H_2O라는 걸 한번 발견하고 나면, 물이 H_2O 아닌 가능 세계는 성립되지 못한다.
한편, 물이 H_2O가 아니라는 것을 확신하도록 만드는 (그래서 물이 H_2O가 아니라는 것을 합리적으로 믿게 만들 수 있는) 경험을 완벽하게 상상할 수 있다. 이런 뜻으로 물이 H_2O가 아니라는 것은 생각 가능하다. 그러나 생각 가능하지만 가능하지는 않다! 생각 가능성은 가능성 그 자체를 보증해주지 못한다.

…어떤 진술은 (형이상학적으로는) 필연 진술이지만 [개념적으로는] 우연 진술일 수 있다. 인간의 직관은 형이상학적 필연성에 접근할만한 아무런 특권도 갖지 못한다(1973b, pp.708-709 ; 1975a, pp.232-233).

따라서 퍼트남은 다음과 같은 기본 주장을 더하는 셈이다.

T9 : 기본 주장 T1에서 T8에 걸쳐 개진된 이론은 "필연 진리에 관한 이론에 놀라운 귀결" 즉 물은 H_2O이다와 같은 형이상학적으로는 필연적이지만 개념적으로는 우연적인 진리의 (사소하지 않은) 예가 존재한다는 귀결을 갖는다.

이 장의 나머지 부분에서의 주된 일거리는 자연류어에 관한 처음 여덟 개의 기본 주장을 명료화시켜서 전개하는 일이다. Ⅱ부에서 이 여덟 개의 기본 주장이 추가된 기본 주장 T9를 지지해줄 수 있는 정도를 평가해보려 한다. T1과 T2는 이미 어느 정도 논의했었다. 이제 T3에서 T8까지 살펴볼 차례다.

11. 해석상의 예비적 주의 사항

11.1 예화의 '이다'

논의를 시작하면서 약간의 단순하지만 꼭 명료화되어야 할 점이 있다. 퍼트남이 사용했던 것처럼 술어 '물이다'에서 출현한 동사 '이다'는 서술의 '이다'이지 동일성의 '이다'가 아니다. 이 술어는 '물의 표본이다.'

를 축약한 걸로 생각할 수 있다. 따라서 T3에서 제시된 물의 "예시 정의"는 다음과 같이 다시 써볼 수 있겠다.

> 모든 가능 세계 w와 w의 모든 개별자 x에 관해, 만일 w에서 x가 현실 세계의 이것이 표본인 똑같은 그 액체의 표본이라면 그리고 오직 그 경우에만 x는 w에서 물의 표본이다.

독자는 반드시 실체와 그 표본간의 확연한 구분을 염두에 두어야만 한다. 물은 액체인 실체이며—즉 자연류이고—한 잔의 물은 그 류에 속하는 표본을 담고 있다. 물은 물의 모든 표본이 그것의 표본인 액체이다. 똑같은 액체라는 관계는 액체 표본들 사이에 동등 관계이지, 액체 실체와 그 표본 가운데 임의의 어떤 것 사이에 성립되는 관계도 아니며 액체 실체에만 성립되는 동일성 관계도 아니다. 이는 그 두 액체 표본 사이에 성립되는 관계인데, 두 액체 표본이 똑같은 실체의 표본일 경우,[84] 즉 두 표본이 동체(consubstantial)인 경우에 성립된다. 아마도 만일 문제의 자연류어가 실체를 나타내는 용어 대신에 '호랑이'처럼 종을 나타내는 용어라면, 우리는 똑같은 액체 관계 대신에 똑같은 동물 관계, 다시 말해 두 동물이 동종(conspecific)일 경우 즉 똑같은 종에 속하는 동물일 경우 두 동물 사이에 성립하는 관계를 사용할 것이다.

11.2 전반적인 그릇된 해석

여러 기본 주장 가운데 T6는 상대적으로 분명하고 따라서 간단히 명료화될 것 같다. 퍼트남은 여기서 '물'이 '현실 세계에서 이것과 똑같은

---

[84]. 이는 다소 부정확하다. 이후에서 퍼트남의 액체로서 똑같은 관계가 우리가 액체 표본의 "가능 세계 단편"(possible world-slice)이라고 부르게 될 것들 사이의 동등 관계임을 볼 것이다.

액체' 또는 '이것이 그 표본인 액체 실체'와 같은 지표구에 대한 축약어라고 주장하지 않는다. 이를 '물'과 같은 용어의 의미론적 속성에 관한 설명이라고 본다면, 이런 주장은 보자마자 그른 말이며 또한 기본 주장 T8을 명백히 부정하는 셈이다. 만일 용어 '물'이 '이것이 그 표본인 액체 실체'와 같은 부분적 지표 기술에 대한 축약어라면, 그 구절이 토마토 즙 한잔을 지적하도록 사용되었을 때는 언제나 토마토 즙이라는 실체를 지칭해야만 한다. 그러나 '물'은 어떤 맥락에서든 토마토 즙을 지칭하지 않는다. 부수적 현장 지시와 같은 여타의 외부적인 맥락적 요소와 무관하게 '물'은 항상 물 실체를 지칭한다. 자연류어의 지칭은 발언 맥락에 따라 변하지 않는다는 것을 깨닫는 게 중요하다.85 이런 인식은 T8에 아

---

85. 자연류어가 완전히 일의어이거나 맥락 의존어라는 것은 하나의 규칙처럼 간주될 수 있겠는데, 매우 적은 수의 자연류어만이 이런 규칙의 예외로 여겨질 만하다. 퍼트남에 따르면 그런 것 가운데 하나가 '옥'(jade)인데, 이는 경옥(硬玉, jadeite)의 표본과 연옥(軟玉, nephrite) 비슷한 것의 표본에 적용될 수 있어 보인다. 용어 '옥'이 어떤 맥락에서는 경옥을 지칭하고 다른 맥락에서는 연옥을 지칭한다는 주장에도 일리가 있다. 하지만 만일 이 용어에 이런 부류의 다의성이 있다면, 이 용어에 ('너'라는 낱말처럼) 진정한 지표성을 귀속시키기보다는 ('은행'이라는 말처럼) 단순한 의미론적 애매성을 귀속시키는 것이 더 나아 보인다. 다른 예로는 '암'과 같은 병명이 있다. 이에 덧붙여, 또 다른 예로는 '코끼리'를 들 수 있겠는데, 이는 다른 두 종의 동물, 아니, 사실은 두 속(genera)에 각각 속하는 동물인 아프리카 코끼리와 인도 코끼리에 적용된다. 다른 한편에서 보면, 다의어(가 만일 있다면, 그것)에 일상의 의미론적 애매성을 귀속시키기보다는 특정의 맥락적 요인에 체계적으로 의존하도록 되어 있다는 성질을 귀속시키는 게 더 나을 것 같다. 이런 맥락적 요인은 캐플란에 의해 면밀히 다듬어진 바 있는 "맥락" 관념을 구성하는데, 이를테면, 행위자 역할을 하는 개별자와 다른 한편으로 수신자 역할을 하는 개별자, 그리고 특정 시각, 특정 장소, 아마도 덧붙여서 부수적 특징 서술 등이다. 퍼트남(1975a, p.241)은 '옥'과 같은 용어에 의해 제기되는 특별한 문제를 논의한다. 그의 견해에 의하면, '옥'은 전적으로 일의적이어서, 연옥이나 경옥이 갖고 있는 (현실의) 표면적 동일성-확인 특성을 (임의의 가능 세계 w에서) 갖고 있는 임의의 것에 (w와 관련하여) 적용된다. 퍼트남의 설명은 용어 '옥'을 통상의 동일성-확인 특성 때문에 기술어인 것처럼 다루고 있어서, 푸르거나 흰색을 띠면서 단단한 반투명 석이라는 비자연류 내지 비자연 범주를 일의적으로 지칭하는 것으로 보고 있다. 다시 말해, 퍼트남의 견해에 의하면, 임의의 가능 세계 w에서 용어 '옥'은 그 세계 w에서 표면적으로 현실의 옥과 비슷한 임의의 것 x에 적용된다. 이 경우에, 현실적으로, x가 경옥의 표본인지 또는 연옥의 표본인지 여부와 상관없다. 이런 문제를 처리하고자 하는 다른 가능한 견해를 보자면, '옥'과 같은 용어가 문제의 두 실체로 이루어진 경합류(kind-union) 즉 경옥

I. 직접언급론 155

주 명확하게 반영되어 있다. 부분적 지표 기술에 의해 용어 '물'의 "의미를 설명"할 수 있다고 퍼트남이 주장할 때, 그는 그 기술이 물 표본에 대한 부수적 현장 지시와 더불어 사용되어야만 한다고 명확히 말한다. 예시 정의를 반박 가능한 것으로 만드는 것이 바로 이 요구이다. 소위 예시 정의는 문자 그대로의 예시 즉 가리킴을 포함할 필요는 없으나, 일정 부류(여기서는 물의 표본)에 대한 진정한 언급을 포함해야만 한다. 복합적 지표 표현에게, 발언의 맥락과는 따로, 축약어를 제공하는 일은 예시 정의를 제시하는 일과 똑같은 게 아니다. 두 언어 행위는 닮은 점 조차도 없다.

11.3 세부적인 그릇된 해석

앞서 말한 것 대신에 우리는 퍼트남의 주장을 다음과 같이 해석할 수도 있다. 용어 '물'의 뜻은 물의 특정 표본을 언급하려고 특정 맥락에서 사용되었을 경우에 '현실 세계에서 이것과 똑같은 액체'라는 부분적 지표구에 의해 사용된 뜻이며, 그래서 '물'은 그 표본과 관련하여 기술어다. 이런 해석은 핵심적 기본 주장 가운데 몇 가지는 설명할 수 있다. 만일 '물'이 특정 맥락에서 사용되는 것처럼 '현실 세계에서 이것과 똑

또는 연옥의 류(이는 합집합(class-union)에 유비한 것이다)를 일의적으로 지칭한다는 생각이다. 마찬가지로 용어 '코끼리'는 아프리카 코끼리 또는 인도 코끼리라는 류, 좀더 엄밀히 말해 현존하거나 멸종했거나 간에 코끼리과(the family Elephantidae)를 구성하는 현실의 종 모두의 결합류를 지칭한다고 여겨질 것이다. (물론, 이 용어는 코끼리과 그 자체를 지칭한다고 취급되어도 그럴 듯할 것이다. 이 과가 포섭하고 있는 현실의 종 전체로 이루어진 결합류와 바로 이 과가 동일한 것인지 여부는 문제로 남겨두겠다.) 퍼트남이 견해와 달리, 이런 대안적 견해들에 따르면 다음과 같은 결론이 논리적으로 귀결된다. 임의의 가능 세계 w에서 어떤 것 x가 경옥이거나 연옥이 아니라면, 용어 '옥'이 w에서 x에 적용될 수 없다. 비록 w에서 x가 현실의 옥과 표면적으로 비슷하다 해도 그렇다. '옥'과 같은 용어가 항상 진정한 자연류를 지칭해야만 하는지 여부에 관한 시비는 남겨두기로 하겠다. 결합류인 경옥 또는 연옥은 통상의 광물 화학 이론에서 주제로 삼는 류의 실체는 아니다. 이에 비해 코끼리과는 물어볼 필요 없이 자연류이다.

같은 액체'라는 복합구와 동의어라고 할 때, '만일 어떤 것이 현실 세계에서 "이것"과 똑같은 액체의 표본이라면 그리고 오직 그 경우에만 그것은 물의 표본이다'는 분석적이며, 따라서 모든 가능 세계에서 옳다고 말할 수 있겠다. (T3과 비교해보시오.) 현장 지시어 '이것'의 출현은 복합구의 지표적 요소인데, 이 구와 동의어라고 주장된 '물'에 드러나지 않은 채로 남아 있다. (T6과 비교해보시오.) 이 현장 지시어가 한 액체 표본을 언급하는 적절한 맥락에서 사용되었을 때, 화자나 청자 모두 어떤 일반적 속성 이를테면 액체 표본임, 무색임 등등을 이 용어의 사용과 결부시킬 수 있지만, 그 현장 지시어의 언급은 적어도 부분적으로는 맥락적으로 결정된다. 다시 말해 그 용어가 사용된 배경에 의해서 결정되며, 심리적으로 결부된 일반 속성들에 의해서만 결정되는 게 아니다. '현실 세계에서 이것과 똑같은 액체'의 지칭은 현장 지시어 '이것'의 언급에 달려 있다. '이것'은 물의 특정 표본을 지칭하기 때문에, 복합구는 물의 실체를 지칭한다. 감추어진 지표적 요소 때문에, 용어 '물'의 지칭은 전적으로 내적인 "심리 상태"에 포함되어 있는 일반 속성만 가지고는 일괄적으로 결정되지 못한다. (T7과 비교하시오.) 만일 현장 지시어 '이것'이 토마토 즙의 표본을 언급하도록 사용된다면, 이는 그 자체로 다른 뜻을 사용하는 셈이며, 따라서 이 현장 지시어를 포함한 복합구도 그렇게 사용한 셈이다. 이 구절은 물 대신 토마토 즙을 지칭할 것이다. 따라서 만일 이 현장 지시어가 토마토 즙의 표본을 언급하도록 사용된다면, 이를 포함한 구절은 더 이상 용어 '물'과 동의어가 아닐 것이다.(T8과 비교하시오.)

방금 개괄한 해석에 따라 퍼트남이 주장했다싶은 이론은 자연류어의 의미에 관해 별로 개연성이 없는 이론이다. 먼저 이는 직접 언급론을 주장하는 애초의 논증 가운데 일부에 논박의 근거를 제공해줄 수 있다. 물을 예시적으로 정의하는 데 물의 어떤 표본(또는 표본들)이 사용되든지, 다음과 같은 가능성이 명백히 존재한다. 즉 이 표본들이 전혀 물이 아니며 오히려 신(gin)이라는 것을 발견할 상황을 상상할 수 있다. 하지만 우리는 만일 '물'이 단지 '이것들이 그 표본 역할을 하는 어떤 액체 실체이든 바로 그것'을 의미할 뿐이라면 이 표본이 "물"의 표본이 아니라고 상상할 수는 없다. 이것들이 "물"의 표본들이 아니라고 가정하는 것은 "결혼한 총각"을 상정하는 것이나 마찬가지이다.

게다가, 물의 진정하고 적절한 전형적 표본 가운데 아무 것이나 가리킴으로써, 퍼트남이 말한 뜻으로, 물은 "예시 정의될" 수 있으며, "의미"는 예시 정의에 의해 "설명될" 수 있다. 언급되는 물의 적절한 전형적 표본이 무엇이든, '이것들이 그 표본 역할을 하는 액체 실체'란 기술은 '물'의 의미를 설명할 것이다. 만일 한 지표어가 서로 다른 맥락에서 사용될 때 서로 다른 뜻을 취한다면, 하나의 현장 지시어가 수적으로 구별되는 것들을 언급되도록 사용되었을 때, 아무리 그 대상들이 질적으로 동일한 쌍둥이라 해도, 서로 다른 뜻을 취했다고 말해야만 한다. 지구의 화자와 쌍둥이 지구의 닮은 꼴 화자가 둘 다 문장 '나는 두통이 있다'를 발언할 때, 발언의 뜻은 두 경우에서 달라진다.[86] 마찬가지로 기술 '이것들이 그 표본 역할을 하는 액체 실체'는 물의 표본을 언급하면서 사용될 때 하나의 뜻을 취하며, 물의 다른 표본을 언급하는 다른 맥락에서는 아주 다른 뜻을 취한다. 하지만, 두 뜻은 각각 '물'의 의미를 설명할 것이다. 동의성 관계가 이행성과 대칭성을 띠므로, 문제의 기술을 두 경우에서 사용할 때 '물'은 동시에 동의어일 수 없다. 한편, '물'의 뜻으로서 둘 가운데 하나를 선택하는 것은 명백히 자의적인 일이다.

어떤 이론이 설득력이 없다고 해서, 특정 철학자가 그 이론을 견지한다고 해석하지 말아야 하는 법은 없다. 퍼트남의 핵심적 기본 주장 가운데 일부는 그가 다음과 같이 주장 즉 '물'이 현실 세계에서 물의 특정 표본을 언급하여 사용될 때 '현실 세계에서 이것과 똑같은 액체'와 동의

---

86. 퍼트남의 이 예가 보이고자 하는 요점은 캐플란, 1977에서 강력하게 제시된다.

어라고 주장했다고 암시하는 것 같다. 비록 그가 이런 주장을 했을지라도, 문제의 해석은 올바른 해석일 수 없다. 그런 까닭 가운데 한 가지는 T4에 제시된 퍼트남의 논점, 즉 용어 '물'의 "의미"는 예시 정의 대신에 조작 정의에 의하여 동등하게 그리고 아주 훌륭하게 "설명될" 수 있다는 것이다. 이 경우, 물의 모범 표본을 지표적으로 언급하는 장소에서, "정형적" 속성으로 이루어진 물에 대한 기술을 사용하여 정의가 이루어진다. 그가 명백히 거부하는 바는(1975a, pp.230, 232), 예시 정의나 조작 정의 둘 중 하나가 '물'의 의미에 대한 "분석적 명세"라는 점이다(각주 3을 보시오). 물의 예시 정의와 연관되어서 퍼트남이 "진심으로 시인하는" 바는 바로 다음의 애매성 없이 명료하게 표현된 크립키의 말이다.

> 우리가 기술에 의해 이름의 언급을 확정한다고 가정해보자. 우리가 그렇게 한다고 해도, 이름을 그 기술과 동의어로 만들지 못한다. 오히려, 그 대신에 비록 명명된 그것이 문제의 기술을 충족시키지 못하는 반사실 상황에 대해, 우리가 말할 때조차도, 명명되고 있는 그 대상을 고정적으로 언급하려고 이름을 사용하게 된다. 그리고 이는 기술에 의해 언급이 확정될 경우에 이루어지는 명명에도 마찬가지로 성립된다는 게 내 생각이다. 그리고 이런 말로 내가 의미하는 바가 써얼의 주장 즉 "언급을 확정시키는 것은 단일 기술이 아니라 속성 군 즉 속성들의 가족"인 것도 아니다. 나는 이런 뜻의 속성을 아예 사용하려 하지 않고자 한다(크립키, 1971, p.157).

다른 문단(1975a, p.265)에서 퍼트남은 아주 명백히 주장한다. "…만일 우리가 올바르다면, '물'은 기술과 동의어도 아니며 기술의 퍼지 집합과 동의어도 아니다…."

이런 전거에 의거해볼 때, 퍼트남이 물의 예시 정의에 사용된 부분적 지표 기술로 '물'의 뜻을 가리키려고 했던 게 아니라고 보아야만 할 것이다. 이는 오로지 지칭을 나타낼 목적으로 사용되었을 뿐이다. 따라서 기본 주장 T2는 강화될 수 있겠다. 이 전거에 따라, 퍼트남은 자연류어가 전적인 비기술어라는 데 의거하여 강한 형태의 직접 언급론을 주장했다 하겠다.[87] '호랑이'나 '물'과 같은 자연류어가 일반적으로 모범 표본을 예시함으로써 학습되거나 도입되는 비기술어라는 생각은 자연류어에 관한 크립키의 설명에서도 두드러진 것이다. 퍼트남의 견해와 자신의 견해 사이의 유사성을 지적하면서 크립키는 말한다.

> 고양이라는 원래의 개념은 : 저런 류의 사물인데, 그 류는 모범적 실례에 의해 동일성이 확인될 수 있다. 이는 성질을 묘사하는 어떠한 사전적 기술로도 드러나는 것이 아니다…(1972a, p.122).

> 종과 그에 관한 고유명을 생각해보면, 용어의 언급이 확정되는 방식이 용어의 동의어로 간주되어서는 안된다. 고유명의 경우, 언급은 여러 방식으로 확정될 수 있다. 전형적으로 최초의 명명식에서 예시나 기술에 의해 고정된다. … 이와 마찬가지의 주장이 '금'과 같은 일반어의 경우에도 적용된다. 만일 우리가 그 실체에 대해 가상적(이고 다소 인위적인) 명명식을 상상한다면, 우리는 그것을 '정의' 즉 '금은 저기 있는 것들, 또는 어쨌든 그것들 가운데 거의 대부분의 것들에 의해 예시되는 실체이다.'에 의해 드러난다고 상상해야만 한다. …내가 보기엔 일반적으로 자연류(예를 들어 동물, 채소, 화학적 류)를 나타내는 용어는 자신들의 언급을 이런 방식 즉 '그 실체는 주어진 표본(또는 그 가운데 거의 대부분)에 의해 예시된 류라고 정의되는' 방식으로 획득한다.(pp.135-136)

---

87. 이는 자연류어가, 퍼트남에게, 아무런 "의미"도 갖지 못함을 말하는 게 아니다. 그보다는 1975a에서 그의 주된 목적은 다른 부류의 용어 뿐 아니라 자연류어의 "의미"라는 생각을 명료화하는 것이다.

11.4 해석상의 난점

자연류어의 지칭이 발언의 맥락에 따라 변화하지 않는다는 것은 이미 지적된 바이다. 한국어의 경우 '물'은 모든 맥락에서 (다양한 정도의 불순물을 포함한) 액체 H_2O를 지칭하며, '호랑이'는 모든 맥락에서 종 펠리스 타이그리쉬를 지칭한다. 우리가 그 용어를 사용해왔던 대로, 어떤 지표 표현은 그 의미론적 내포가 발언의 맥락에 따라 체계적인 방식으로 변화하는 표현이다. 일반어의 내포는 그 용어의 지칭을 결정하고 또 그에 의해 결정되므로, 지표 일반어는 그 지칭이 맥락에 따라 체계적으로 변화하는 용어라고 정의될 수 있겠다. 보다 일반적으로 말한다면, 어떤 지표 표현은 그 외연이 약간의 고정된 가능 세계와 관련하여 (그리고 그 표현이 시제 표현이라면, 약간의 고정된 시각과 관련하여) 맥락에 따라 변화하는 표현이라고 정의될 수 있다. 퍼트남이 다음과 같이 썼을 때 그의 용어법은 우리의 용어법과 일치하는 것 같다. "'이제', '이것', '여기'와 같은 낱말은 오래 전에 지표 표현이거나 표지-반사 표현, 다시 말해 맥락에 따라 또는 표지에 따라 변화하는 외연을 갖는 표현이라는 게 인식되었다."(1973b, p.709). 지표 표현은 맥락 의존적이며, 이에 비해 자연류어는 맥락 비의존적이다. T8을 제시하면서 퍼트남은 자연류어에 관한 이런 사실을 완전히 깨닫고 있었다. 그는 그 다음 문단에서 이런 주장까지 하고 있다. 만일 '호랑이' 같은 표현이 외계의 한국어 사용자들에 의해 호랑이와 다르면서 겉보기에 비슷한 종을 지칭하도록 사용되었다면, 그들의 용어 '호랑이'는 우리가 사용한 용어 '호랑이'와 서로 다른 외연으로 서로 다른 맥락에서 사용되었기에, 똑같은 용어라고 하기 힘들며, 심지어는, 다른 의미를 지닌 똑같은 낱말이 아니라 전혀 서로 다른 낱말이다.

우리가 서로 똑같은 언어 습관을 갖듯이 우리와 똑같은 언어 습관을 갖는 쌍둥이 지구의 화자는 그들의 방언 내에서 '호랑이'라는 낱말의 외연이 호랑이 집합일 경우 그리고 오직 그 경우에만 '호랑이'라는 낱말을 획득했다고 간주한다. …(예를 들어 만일 쌍둥이 지구의 유기체가 규소라는 화학적 성질을 갖는다면, 그들의 '호랑이'는 실은 호랑이가 아닌데, 비록 그것들이 호랑이처럼 보이고, 평범한 쌍둥이 지구 화자의 언어 습관이 평범한 지구 화자의 습관에 정확히 대응한다고 해도 마찬가지이다.) …이런 경우, 우리는 쌍둥이 지구 화자가 우리의 낱말 '호랑이'를 습득하지 못했다고 말할 것이다. (비록 그들이 똑같은 철자와 발음을 갖고 있는 다른 낱말을 습득했다고 해도, 상황은 마찬가지일 것이다)(1975a, pp.247-248).

이는 해석상의 어려운 문제를 드러내준다. 퍼트남이 제안하는 용법에 의하면, '지표적'이라는 용어는 정의상 맥락 의존적이라는 뜻이다. 그는 또한 자연류어가 맥락 비의존적임을 잘 알고 있다. 그렇다면 우리는 어떤 방법으로 기본 주장 T6과 T7을 T8과 일치하도록 이해해야만 하는가? 퍼트남에게 자연류어는 어떤 뜻으로 지표적인가?

우리는 이 물음에 대한 부분적인 답을 퍼트남의 이론에서 찾을 수 있다. 그에 따르면, 지표성은, 이 낱말의 가장 합당한 뜻에서, 자연류어의 "의미를 설명하는"데 결정적 역할을 하며, 따라서 자연류어의 지칭을 고정하는 데 결정적인 역할을 한다. 앞으로 보게 되는 바와 같이, 이는 자연류어의 예시 정의뿐만 아니라 조작 정의에도 그대로 적용된다. 자연류어는 그 자체로는 맥락 의존어가 아니고, 오히려 맥락이 자연류어의 의미를 설명하는 데서 중요한 역할을 수행하며, 이는 부분적으로 T6이 의미하는 바이다. 퍼트남이 "…외연은 부분적으로 지표적으로 결정된다. 우리가 사용하는 용어의 외연은 모범 역할을 하는 특정 사물의 현실적 본성에 의존하며, 이 현실적 본성은 일반적으로 화자에게 충분히 알려지지 않는다."(1973b, p.711)라고 썼을 때, 그가 강조한 바가 바로 용어의 지칭을 결정짓는 과정에서 지표성의 역할이다. 또한 "우리가 고정적으로 지칭하는 사물, 또는 여기 있는 이런 사물들, 또는 여기 있는 '물'이라고 부르는 물질, 또는 그 무엇이든 그런 것과 어떤 방식으로든 비슷한 사물을 우리의 용어가 언급한다는 바로 이 사실, 다시 말해, 의미의 지표적 구성 성분…"(1975a, p.265)에 관해 말할 때, 퍼트남이 언급하고 있는 바는 바로 용어의 지칭을 고정하는 과정에서 지표성의 역할이다.

지표성은 자연류어의 "의미를 설명할" 때 중요한 역할을 하기 때문에, 우리는 부분적으로 그 용어의 지칭을 고정하는 맥락적 요인에 의존해야만 한다. 자연류어에 관한 정의가 예시적이든 조작적이든, 그 정의에 바탕을 두고서 자연류어에 결부시킬 수 있는 일반적이거나 순전히 질적 속성에 의존할 수만은 없다. 자연류어를 정의할 때 개재되는 비기술적 요소 때문에, 이런 일반 속성은 대개 충분치 않으며, 이는 부분적으로 T6에서 의미하려는 바이다. 퍼트남이 의미와 언급에 관한 프레게의 정통 이론을 비판하면서, "우리가 대다수 낱말의 지표성이라고 부른 것을 무시한 탓에 주변 여건의 기여하는 바를 무시하게 되었다."(1975a, p.271)고 썼을 때, 강조하려 했던 것은 우리가 우리 자신을 그 안에서 발견하게 되는 비언어적 배경의 관련성 바로 그것이었다.

12. 첫 번째 정식화

12.1 최초 형식화

우리가 T3에서 말한 '물'에 대한 예시 정의의 논리적 형식을 형식적으로 정밀하게 만들고자 할 때, 자연류어의 지칭을 고정하는 과정에서 지표성이 수행하는 역할이 부상된다. 이 정의의 논리적 형식에 관해 좀더 명료하게 말하는 것은 기본 주장 T5를 이해하는 데에도 중요하다. 왜냐하면 T5는 가장 자연스럽게 다음과 같은 취지의 기본 주장이라고 이해되기 때문이다. '물'과 같은 자연류어는 자신의 예시 정의에서 비롯되는 형식적 귀결로서 자연류어의 고정 지칭어이다.

이제부터는 표준 논리 기호를 사용하겠다. 소문자 'w', 'w_1', 'w_2' 등은 가능 세계만을 치역으로 하는 변항으로 사용될 것이다. '$W_@$'라는 문자는 현실 세계를 지시하는 개체 상항으로 사용될 것이다.[88] 소문자 'x', 'y', 'z'는 프라임 부호(')를 붙이거나 붙이지 않은 채로 개체 변항으로 사용될 텐데, 개별자의 전 변역을 치역으로 삼는다. 따라서 우리의 기호 언어는 두-부류 언어이다. 그리고 일정 가능 세계에서 서술의 성립을 보이기 위해 가능 세계 변항 또는 상항 '$W_@$'를 가진 첨자 술어를 채용할 것이다. 그리고 다음의 사항도 상기할 필요가 있다. 만일 ν가 보통 명사라면, 「$\Pi\nu$」는 보통 명사에 상응하는 술어 「ν이다」나 「약간의 ν이다」의 형식적 표현이다. 명사와 그에 대응하는 술어 간의 구별이 중요하지 않을 때, 우리는 간혹 명사를 'Π'의 첨자로 덧붙이기보다는 그 명사를 대문자화해서 술어로 직접 사용하겠다.

퍼트남이 기본 주장 T3의 형태로 제시한 물에 대한 예시 정의의 이면에 존재하고 있는 논리적 취지를 이해하려면, 다음의 인용문이 결정적으로 중요하다.

---

[88] '$W_@$'가 현실 세계를 지시하는 개체 상항이라고 말할 경우, 여전히 문제가 남는다. 이것이 '찰리'와 같은 고유명과 똑같은 방식으로 기능하는지, 또는 맥락 c에서 발언되었을 때 맥락 c의 가능 세계를 지시하는 지표 단칭어와 똑같은 방식, 다시 말해, '이 가능 세계'나 (4.1절에서 보았던 것과 마찬가지 뜻에서) '현실 세계'라는 지표 구절과 유비되는 방식으로 기능하는지 여부의 문제가 그것이다. 14.4절에서 우리는 상항 '$W_@$'를 포함한 표현을 이 상항 자리에 문장 현실성 연산자를 대신 사용한 표현으로 번역할 것이다. 우리가 사용하게 될 현실성 연산자는 지표 연산자 즉 어떠한 맥락 c에서 c의 가능 세계를 "지칭하는" 연산자이므로, 만일 이 대목에서 약정을 한다면 '$W_@$'가 어떠한 맥락 c에서든 c의 가능 세계를 지시하는 지표 단칭어라고 보는 게 최선이다.

통세계 관계(cross-world relation) 개념을 도입해보자. 이항 관계 R의 외연이 똑같은 가능 세계 내에서 일부 개별자들의 순서쌍의 집합이라고 할 때 그 관계는 통세계성을 띤다고 하자. 예를 들어 -과 똑같은 높이라는 관계를 통세계 관계로 이해하기는 쉽다. 이런 식으로 이해하면 되는데, 예를 들어 만일 x가 세계 W_1에서 키가 5피트인 개별자이고, y가 세계 W_2에서 키가 5피트인 개별자라면, 순서쌍 x, y는 -과 똑같은 높이의 외연에 속한다. (어떤 개별자가 존재하는 다른 가능 세계에서 바로 그 개별자가 다른 높이를 가질 수 있기 때문에, 엄밀히 말하여, -과 똑같은 높이의 외연의 원소를 이루는 것은 순서쌍 x, y가 아니라, 오히려 순서쌍 세계-W_1-의-x, 세계-W_2-의-y이다.)

마찬가지로, 액체로서 똑같은 관계(-과 똑같은 액체인 관계)를 다음과 같이 이해함으로써 통세계 관계라고 이해할 수 있다. 이것은 세계 W_2의 액체가 (W_2에서) 갖고 있는 속성인데, (W_1에서도) 똑같이 중요한 물리적 속성이며, 이것을 갖고 있는 세계 W_1의 액체가 W_2의 액체와 액체로서 똑같은 관계를 맺고 있다.

그렇다면 필자가 제시했던 이론은 다음과 같이 요약할 수 있겠다. 어떤 것 x가 현실 세계에서 "물"이라고 불리우는 물질과 (통세계 관계라고 해석된) 액체로서 똑같은 관계를 맺고 있는 경우 그리고 오직 그 경우만 그 x는 임의의 가능 세계에서 물이다(퍼트남, 1973b, p.708).

퍼트남의 가능 세계와 통세계 관계에 관한 논의는 물에 대한 예시 정의를 다음과 같은 기호로 나타낼 수 있다는 주장을 한 셈이다.

(8) $(w)(x)(Exists_w(x) \rightarrow [\Pi water_w(x) \leftrightarrow Same_L(x\text{-in-}w, \text{this-in-}W_@)])$.

12.2 지속 개별자의 시각-단면과 가능 세계-단면

퍼트남이 통세계 관계에 관해 논의하면서 두드러진 것은 'w-의-x'와

'W@-의-이것'에서와 같은 연자 부호(-)를 붙인 표현의 사용이다. 이런 표현들은 중대한 점에서 일상적 개별자와는 다른 철학적 실재물을 지시하도록 고안되었다. 연자 부호 표현은 우리가 개별자의 "가능 세계-단면"이라고 부를 것에 관해 다소 이상야릇한 존재론을 부과한다. 개별자의 가능 세계-단면은 어떤 부류의 것인가? 그들은 지속 개별자의 시각-단면이나 순간적 국면에 유비시킴으로써 가장 잘 이해된다.

조각상과 같은 지속적 대상의 시각-단면은 그 상의 순간적 "부분"인데, 이는 조각상의 전체를 관통하여 절단한 한 조각이 그 상의 공간적인 일부분인 것과 똑같은 방식이라고 볼 수 있다. 지속되는 대상의 시각-단면은 아주 덧없는 실존을 가질 것이다. 시간 간격-t-동안의-조각상은 t 동안 실존하지만, 순간-t'에-조각상은 번개같이 실존의 영역에서 사라져버릴 것이고 바로 그렇게 사라져서 다시 볼 수 없을 것이다. 하지만 그 덧없는 실존에 대해 말해보면, 시각-t에-조각상은 그것의 물리적 속성 가운데 많은 면에서 조각상 자체와 닮았다. 그것은 조각상이 시각 t에 차지하고 있던 곳과 똑같은 공간상의 위치를 점유하고 있다. 또한 그것은 조각상이 시각 t에 갖고 있던 똑같은 모양, 크기, 무게 색깔도 갖고 있다. 또한 그것은 조각상의 시각적인 성분, 조각상의 실존이 보여주는 일시적 국면일 뿐이지만, 조각상 자체와 동일하지 않다. 조각상의 서로 다른 시각-단면은 수적으로 구별되는 사물이며, 비록 그것들이 중대한 점에서 서로 동치 관계를 갖더라도 마찬가지이다. 그들은 똑같은 지속대상의 단편들 즉 종-동일적(gen-identical)이다.[89]

유비에 의해 조각상의 가능 세계-단면은 이 조각상의 양상적 "부분"

---

89. 개별자 x의 시각-단면은 그 시각-단면을 갖는 개별자 x와 동일하지 않다는 규칙에 가능한 예외는, t가 x의 전체 지속 기간인 경우, 간격-t-동안의-x일 것이다. x의 이런 일시적 "부분"은 x 자체와 동일시될 수 있다. 캐플란(1967a)은 개별자의 가능 세계-단면과 통세계 지속 개별자 사이의 차이와 관계에 관해 흥미있는 논의를 펴고 있다. '종-동일적'이란 용어 사용은 레윈(Kurt Lewin)을 따른 것이다.

이라고 하겠다. 조각상 자체는 통세계 지속자이다. 이것은 많은 가능 세계에서 실존하며, 이는 마치 조각상이 시각을 경과하면서 존속되는 것과 같다. 이는 조각상이 그 현실적 존재말고도 많은 잠재적 존재상을 갖는다는 말과도 같다. 이것의 특징 가운데 본질 속성은 거의 없다. 특히나 만일 민주당이 리차드 닉슨의 대통령으로서의 첫 번째 임기 동안 의회를 지배했다는 그런 것임과 같은 속성을 고안하여서 그 특징으로 삼고자 한다면, 모든 통세계 지속자가 우연적으로 가질 속성이다. 통세계 지속자의 가능 세계-단면은 이런 면에서 아주 이상하다. 왜냐하면 그들은 그들의 현재 모습말고는 아무런 잠재성을 갖지 않기 때문이다. 어떤 조각상의 가능 세계-단면 하나는 이러-저러한 속성을 거느린 조각상, 즉 그런 모습으로 될 수 있었던 조각상이다. 하나의 조각상의 가능 세계-단면이 갖고 있는 속성 가운데 실존과 그에 상응하는 비슷한 존재 등을 제외한 모든 속성은 그 가능 세계-단면에게 본질적이다. 조각상 자체와는 달리 가능 세계-단면은 오직 하나의 가능 세계에서만 실존하기 때문이다. 특히나 현실-세계의-조각상은 조각상 자체와 똑같은 게 아니다. 조각상은 그와 달리 될 수 있기 때문이다. 현실-세계의-조각상은 새로운 다른 실재물로 간주된다. 말하자면 그것은 현실적으로 있는 조각상이다. 조각상 자체는 다소 다른 모양이나 크기를 가질 수 있었지만, 현실적으로 존재하는 조각상 즉 현실-세계의-조각상은 그 조각상이 현실적으로 갖고 있는 모양과 크기를 가져야만 한다. 만일 조각상이 약간 더 컸다면, 현실-세계의-조각상은 단지 존재하지 않았을 뿐이다. 그 장소에는 그 조각상의 약간 더 큰 가능 세계-단면이 실존했을 것이다. 그 조각상은 그렇게 되었을 조각상 즉 그-세계의-조각상이다. 본질 속성과 다른 양상 속성의 차이점을 제외하고, 만일 비교가 가능 세계 w에서 이루어진다면, 가능-세계-w의-조각상은 조각상 자체와 거의 흡사하다. 그 둘은 w에서 똑같은 공간적 위치, 모양, 크기, 색깔, 무게, 역사를 갖는다. 하지만 조각상의 가능 세계-단면은 그 조각상 자체와 동일할 수 없다. 똑같은 통세계 지속자의 다른 가능 세계-단면은 서로 종-동일성 관계를 갖고 있는 수적으로 서로 다른 것들이다. 조각상 자체는 가능성의 영역 즉 "논리적 공간"에서 조각상의 가능 세계-단면들로 "구성" 된다.

방금 예를 들어 설명한대로, 아주 명백히, 물 표본의 가능 세계-단면은 물 표본 자체일 수 없다. 물 표본은 상대적으로 본질 속성을 거의 거느리지 않은 사물의 일상적 부류이다. 만일 우리가 어떤 사물을 물 표본의 가능 세계-단면 즉 그네턱 수 있었던 물의 표본이라고 인정한다면, 그 세계-단면이 물의 표본과 비슷해 보이고 맛도 비슷하고, 또한 다른 비양상적 속성을 일상의 물 표본과 공유한다해도, 우리는 그 세계-단면 자체가, 실존 또는 실존과 동족에 해당되는 기타 속성을 제외하고, 본질 속성만을 갖는 매우 특이한 부류의 것이라고 말해야만 한다. 이를 염두에 두고서 퍼트남이 물에 대한 예시 정의라고 제안한 것을 기호화한 (8)을 보게 되면, 종-동일성 관계가 개별자의 일상적 부류 간에 맺어지는 관계가 아니듯이, 퍼트남의 액체로서 똑같은 관계는 물 실체의 일상적 표본들 사이에 맺어지는 관계가 아니라는 게 드러난다. 액체 표본의 두 가능 세계-단면이 똑같은 하나의 액체 표본의 가능 세계-단면인 경우에, 퍼트남의 액체로서 똑같은 관계는 액체 표본의 두 가능 세계-단면 사이에 맺어지는 관계이다. 이는 액체 표본의 가능 세계-단면 사이에 맺어진 종-동체 관계(the gen-consubstantial relation)라고 할 수 있는 것이다.

철학자들이 통시각 동일성과 또 다른 통시각 관계에 관한 물음을 다룰 때 지속 개별자의 시각-단면이라는 관념을 사용한다. 예를 들어, 만일 시각 t_1에 석고만으로 조성된 조각상이 매우 천천히 분해되어서, 석고상이 서있던 곳에 시각 t_2에 플라스틱만으로 이루어진 조각상이 세워지도록 그 석고상의 자리가 플라스틱으로 채워진다면, 동일성에 관한 물음이 제기된다. 석고상과 플라스틱상은 똑같은가? 그리고 만일 같지 않다면, 그 과정의 어느 시점에서 원래의 조각상과 구별되는 새로운 조각상을 얻게 되는가? 이런 물음을 좀더 확연하고 정확해 보이는 방식으로 바꿔 말하려면, 개별자의 순간적 시각-단면이라는 생각을 사용해볼 수 있겠다. t_1의-조각상은 t_2의-조각상과 종-동일적인가? 만일 그렇지 않다면, t_1에서 t_2 동안에 걸쳐 존재하는 조각상 시각-단면의 연쇄 가운데 최초의 시각-단면은 그 동안보다도 이전에 존재하던 시각-단면 전부와 종-동일적이지 않은가? 이런 방식으로 한 사물이 변하면서도 수적으로는 똑같은 것으로 남을 수 있는 변화가 어떤 부류의 것인지를 묻는다면, 이는 서로 다른 두 시각-단면끼리의 종-동일성을 위한 필요조건의 목록을 요구하는 것으로 바꾸어 생각할 수 있겠다.

이와 마찬가지 방식으로, 한 사물의 본질에 관한 물음은 이 사물의 가능 세계-단면끼리의 종-동일성을 위한 필요조건의 목록을 요구하는 일로 바꾸어 볼 수 있다. 퍼트남의 관심이 통세계 동일성이라기보다는 통세계 동체성이지만, 후자에 관한 논의에서 전자에 관한 논점을 유비하여 추리할 수 있겠다. 말할 것도 없이, 동체성은 아주 철저히 그리고 직접적으로 동일성을 포함하기 때문이다. 다시 말해, 두 실체 표본 x와 y는, x가 표본 역할을 해주는 실체와 y가 표본 역할을 해주는 실체가 동일하다면 그리고 오직 그 경우에만 동체적이다. 통세계 동체성은 통세계 동일성을 이와 똑같은 방식으로 포함한다. 즉 실체 표본의 w_1과 w_2 각각에서의 가능 세계-단면인 w_1-의-x와 w_2-의-y는, 만일 x가 w_1에서 표본 역할을 해주는 실체의 w_1 단면과 y가 w_2에서 그 표본 역할을 해주는 실체의 w_2 단면이 종-동일적이라면 그리고 오직 그 경우에만, 종-동체적이다.

12.3 가능 세계-단면을 제거하려는 최초의 시도

지속 개별자의 시각-단면과 가능 세계-단면이라는 생각이 통시각 관계와 통세계 관계가 포함된 논점들을 보다 정확하게 이해하도록 도와주는 것 같기는 하지만, 그런 개념이 반드시 필요한 것은 아니다. 일반적으로 지속 개별자만으로도 전혀 정확성을 손상시키지 않으면서 그런 논점을 논의하는 것이 가능하기 때문이다. 한 예로 t_1-의-조각상이 t_2-의-조각상과 종-동일한지 여부를 묻는 대신, t_1에 석고로 만들어진 (지속적인) 조각상이 t_2에 플라스틱으로 구성된 (지속적인) 조각상과 동일한지 여부를 물으면 된다. 개별자의 가능 세계-단면이라는 개념은 강하게 형이상학 이론을 시사하는데, 비록 이 이론이 틀림없이 일관성을 갖추었다해도 그 존재론은 이상야릇하며 따라서 철학의 논란거리일 수밖에 없다. (플란팅가, 1974, pp.88-92와 치섬 1976, 부록 A를 보시오.) 만일 이와 다른 이유 때문이라면, 지속 개별자의 가능 세계-단면 대신, 일상의 지속 개별자에 의해 통세계 관계를 논의하는 것이 바람직할 것이다. 특히, 퍼트남이 제안한 물의 예시 정의를 액체 표본의 가능 세계-단면보다는 액체 표본을 이용하여 재서술하는 것이 바람직할 것이다. 특히 이 정의가 일상 언어에서 사용되는 낱말 '물'에 대한 의미 설명력을 갖고 있다고 여겨지기 때문이다.

물의 예시 정의에 아무런 변화도 가하지 않은 채, 그 정의에서 단지 가능 세계에 관한 언급과 양화를 전부 없애기만 한다면, 이는 퍼트남의 목적에 부합하지 않을 것이다. 만일 그렇게 한다면, 물에 대해 다음과 같은 정의가 귀결될 것이다.

어떤 것이 만일 이것과 똑같은 액체의 표본이라면 그리고 오직 그런 경우에만 그것은 물의 표본이다.

비양상 표현으로 이루어져 있으므로 이 정의는 기호로 다음과 같이 표현될 수 있겠다.[90]

(x)[Πwater(x) $\leftrightarrow$ Consubstantial(x, this)].

우리는 6.2절에서 보편 양화된 쌍조건문이 현실 세계에서 용어 '물'의 의미론적 내포(즉 가능 세계로부터 외연으로의 함수)가 아니라 의미론적 외연을 고정하는 데에만 사용될 수 있다는 것을 보았다. 그런데, 이미 말했던 대로, 퍼트남의 기본 주장 T5는 물에 대한 예시 정의의 형식적 귀결로서의 다음과 같은 기본 주장, 즉 용어 '물'은 실체 물을 고정 지칭한다는 주장으로 해석되는 게 최선이다. 용어 '물'이 물을 고정 지칭하도록 용어 '물'의 지칭을 확보하려면, 임의의 가능 세계 w에서 '물'의 의미론적 외연이 w에 실존하는 물 표본 집합 바로 그것이라는 보증이 있어야 한다. 다시 말해, 우리는 '물'의 의미론적 외연만이 아니라 그것의 의미론적 내포도 고정해야만 한다. 물의 예시 정의에서 가능 세계에 관한 보편 양화를 사용하게 된 퍼트남의 의도가 바로 여기서 드러난다 하겠다.

이후에 14.4절에서, 우리는 퍼트남의 물에 대한 예시 정의에서 가능 세계에 대한 양화를 제거해볼 것이지만, 그보다도 먼저, 액체 표본의 가능 세계-단면에 대한 언급을 제거해야만 한다. 퍼트남은 현장 지시어 '이것'이 예시 정의에 포함된 현실의 모범적 물 표본을 고정 지칭한다고

---

90. 이 기호 표현에서, 대문자로 쓴 형용사 'Consubstantial'(동체의)은 여기서 액체 표본들 사이의 상관적 동치 관계를 나타내는 술어로 사용되었다. 이 용어가 사용된 목적은 이 내부-세계 관계와 액체 표본의 가능 세계-단면끼리의 종-동체 관계를 구별하는 것이다. 우리는 이미 이 후자의 관계를 퍼트남의 술어 'Same$_L$'(액체로서 똑같은 관계)로 기호화했다.
    엄밀하게 말해서, 동체성 관계는 두 실체 표본이 액체든 기체든 상관없이 똑같은 실체의 표본일 때 그 두 표본 사이에 성립되는 관계이다. 마찬가지로 동종성 관계는 두 유기체가 동물이든 식물이든 상관없이 똑같은 종에 속할 때 두 유기체 사이에 성립되는 관계이다. 현장 지시어 '이것'에 의해 언급되는 모범이 실은 액체 표본이기 때문에, 동체성의 동등 관계는 퍼트남의 목적에도 마찬가지로 적합하다 하겠다.

* 기호 표현에서 'Πwater'와 같은 표현은 원서에 따르면 'Π_{water}'와 같은 첨자 표현으로 써야 한다. 하지만 아래의 (9)에서처럼 첨자에 또 첨자를 써야 하는 경우가 생기므로, 그리고 맥락에 따라 혼동할 염려가 없으므로 'Πwater'로 쓰겠다.

말한다(1973, p.707). 물론 만일 우리가 캐플란의 지표어에 관한 이론을 가정한다면, 지시어는 모범적 물 표본의 고착 고정 지칭어이다. 이 말이 맞다면 그 정의에 포함된 가능 세계-단면에 대한 언급은 액체 표본에 관한 언급으로 간단히 대체될 수 있는 걸로 보인다.

(9′) 임의의 가능 세계 w에서, (w의) 어떤 것이 이것과 똑같은 액체 표본이라면 그리고 오직 그 경우에만 그것은 (w의) 물 표본이다.

이렇게 새롭게 바꿔서 표현해본 물에 대한 정의를 기호로는 다음과 같이 써볼 수 있겠다.

(9) $(w)(x) \ (Exists_w(x) \rightarrow [\Pi \, water_w(x) \leftrightarrow Consubstantial_w(x, \, this)])$

하지만, 잠깐만 살펴보더라도, 가능 세계-단면에 관한 언급을 제거하려는 이런 시도는 퍼트남의 취지에 걸맞지 않는다는 게 드러난다. 만일 현장 지시어 '이것'에 의해 지시되는 물의 모범 표본이 물의 표본으로서 본직적으로 실존하지 않는다면 문제가 생긴다. 예를 들어 문제의 물의 표본이 액체 이산화탄소의 표본일 수도 있었던 상황을 가정해보자. 즉 현실적으로 액체 H_2O의 모범적 표본으로 취급되는 바로 그 사물이 액체 CO_2의 표본인 가능 세계 w가 있다고 가정해보자. 그렇다면 앞에서 제시된 새로운 형태의 정의에 따라, 어떤 것이 만일 w에서 액체 CO_2의 표본이라면 그리고 오직 그 경우에만 "물"의 표본이다. w와 관련한 용어 '물'의 외연은 액체 H_2O 표본에 고정된 게 아니라 w의 액체 이산화탄소 표본에 고정되었다. 만일 용어 '물'이 이 정의에 따라 어떤 것이든 고정 지시한다면, 이는 액체 형태의 실체 H_2O(이는 아주 다양한 불순물도 포함하고 있을 것이다)를 고정 지칭하지 않을 것이다. 오히려, 'P'가 문제의 모범적 표본의 이름인 경우, P와 똑같은 액체의 표본이라는 범주나 그 비슷한 것을 지칭한다. 하지만 이는 용어 '물'이 액체 H_2O를 고정 지칭한다는 퍼트남의 취지와 모순된다.

이런 부류에 대한 반대 사례는 불가능하다고 반박할 수도 있다. 사실상 물의 표본인 것은 무엇이든 본질적으로 물의 표본인 그런 것이기 때문이고 또한 이산화탄소의 표본일 수 없었기 때문이다. 예를 들어 크립키의 경우 이런 본질주의자 주장을 시인하는 걸로 보이는 말을 하고 있다. 이런 본질주의자 주장의 진리성은 크립키에 의해 주창된 단칭 직접 언급론의 귀결이라고 주장될 수도 있다. 물론, 이런 주장의 진위에 관한 물음은 이 책의 제 II부에서 중심 탐구 과제 가운데 하나이다.

하지만, 여기서 두 가지 요점만 정리하고 넘어가겠다. 첫째로, 크립키는 어떠한 현실의 물 표본이든 본질적으로 물 표본이라고 하지만, 그에 비해 퍼트남은 개별자에 관한 이런 형태의 본질주의로 자신의 자연류어 이론을 구성하려고 하는지 여부는 물론이고, 방금 말한 크립키의 논점에 관해 그와 의견을 같이 하는지 여부에 대해서 아무 말도 하지 않고 있다. 그 자신이 직접 언급론의 지도적인 주창자인 도넬란은 개별자에 관한 크립키의 본질주의에 관한 의심을 표현했다(1947b). 그리고 일반어의 지칭에 관해 직접 언급론을 주장하는 선도자인 퍼트남이 이 논점에 관해 도넬란이 아니라 크립키와 같은 노선을 밟고 있다고 볼 증거가 눈에 띄지 않는다. 하지만, 만일 우리가 물에 관한 예시 정의를 여기서 제시된 방식으로 다시 써본다면, 우리는 스스로 다음과 같은 견해, 다시 말해 용어 '물'이 실체 물 즉 H_2O를 고정 지칭한다는 기본 주장을 옹호하기 위해서 현실의 모범이 모든 가능 세계에서 액체 H_2O이다는 견해를 암암리에 주장할 수밖에 없다.

두 번째로 비록 현실의 물 표본이 틀림없이 물 표본인 그런 것이라 해도, 어떠한 물 표본이든 그것이 실존해야만 하는 그런 것은 아니다. 어떠한 물 표본이 모범으로 택해지든, 그 성분인 분자는 전혀 실존하지 않았을 수도 있다. 현실에서 모범이라고 선택된 물 표본이 실존하지 않을 뿐인 가능 세계가 많이 있으며, 이 가능 세계들 간에 물의 다른 표본이 실존하는 세계도 많다. 이제 w를 그런 임의의 가능 세계라고 해보자. 여기서 제시된 물에 대한 예시 정의의 새로운 표현에 따르면, w의 액체 표본이 물의 표본이기 위해서는, w의 액체 표본은 현실의 모범 표본과 똑같은 액체의 표본이어야만 한다. 하지만 우리의 모범 표본은 w에서는 실존하지 않으며, 그래서 현실의 모범 표본이 w에서 그 표본이 되는 액체와 동일시될 수 있는 액체 실체는 없다. 이는 지시어 '이것'이 w에서 아무 것도 지시하지 않아서가 아니다. 비록 이 지시어가 현실의 모범을 고착적으로 지칭한다해도, 이 모범이 w에서 물의 표본이라고 말할 수 없는데, 이 모범이 w에서는 실존하지도 않기 때문이다. 따라서 이 새 정의에 따르면, w에서는 아무 것도 물의 표본으로 간주되지 않으며, w에서 실존하는 H_2O의 진정한 액체 표본으로도 간주되지 않을 것이다.

퍼트남이 공공연히 주장하듯이(1973b, p.708), 자신이 제안한 물에 대한 예시 정의의 목적은 "표준을 지적하는" 일 즉 물의 실존하는 모범 표본을 지적하는 일인데, 이런 표준에 의해 임의의 가능 세계에서의 개별 액체 표본이 그 가능 세계에서 물 표본인지 여부를 결정할 것이다. 다른 가능 세계에서의 액체 표본은 모범의 역할을 하는 특별한 물 표본과 비교되어야만 한다. 그런데 만일 그 표준이 물 표본이기를 중지할 수 있으며 나아가 실존하기를 중지할 수 있는 방식으로 비교가 이루어진다면, 예시 정의의 목적은 방해받게 된다. 그래서 비교가 이루어지는 동안 일관되게 모범 표본은 물의 표본으로 실존한다고 보장되는 방식으로 비교가 이루어져야만 한다. 다름아니라 바로 이런 이유로, 퍼트남은 액체 표본의 가능 세계-단면이라는 개념을 사용한다. 특정 가능 세계에 있는 임의의 액체 표본은 현실 세계에 실존하는 현실의 물 표본에 비추어 판단된다.

만일 우리가 일상의 액체 표본에 대한 언급에 비추어 물에 대한 예시 정의에서 액체 표본의 가능 세계-단면에 대한 언급을 전부 없애려 한다면, 우리는 서로 다른 가능 세계의 액체 표본들 사이에 성립되는 통세계 동체성을 인정하는 방식으로 해야만 한다. 이런 일은 다음과 같이 예시 정의를 다시 써서 하면 된다.

(10′) 모든 가능 세계 w에 관해, 만일 w에 실존하는 어떤 것이, 이것이 현실 세계에서 그 표본 역할을 해주는, 바로 그 액체와 똑같은 액체의 w에서의 표본이라면 그리고 오직 그 경우에만, 그것은 w에서 물의 표본이다.

처음 보아서는 (10′)이 어떻게 해야 최선의 방식으로 정확하게 기호화될 것인지가 확연하지 않을 것이다. 앞에서 도입한 기호로 우리는 동체성과 종-동체성이라는 결정적인 동등 관계를 예시적으로 체계화되지 않은 술어를 통해 나타냈었다. 그 기호들을 염두에 두고서 (10′)를 다음과 같이 기호화할 수 있겠다.

(10) $(w)(x)$ $(Exists_w(x) \rightarrow$
$[\Pi water_w(x) \leftrightarrow Cross\text{-}world\text{-}consubstantial(x, w, this, W_@)])$.

이 기호 표현을 (8) 즉 퍼트남이 제시한 원래의 정의와 비교하면, 우리가 한 일이, 결국은, 가능 세계-단면인 w_1-의-x와 w_2-의-y 사이에 성립하는 액체로서 똑같은 관계라는 이항 관계를 이에 대응하는 사항 관계 즉 x와 y라는 두 지속자와 가능 세계 w_1과 w_2 사이에 성립하는 관계로 대체한 것일 뿐이다. 하지만 우리의 기호 표현은 신뢰하기 어려운 면을 갖고 있다. 더 상세한 구분을 가능하게 해주는 명확한 기호 표현을 통해, 우리는 서로 다른 동체성 관계가 갖고 있는 내부의 논리적 구조를 드러내주며, 그래서 이런 표현은 그 자체로 아주 큰 철학적 비중을 갖는다고 하겠다. 이 말이 무슨 뜻인지 설명하려면, 먼저 통세계 관계라는 개념을 좀더 상세히 살펴보아야 하겠다. 어느 경우든 이 개념에는 철학적 해명이 요구된다. 다음 절의 통세계 관계에 관한 논의는 다음 장에서 기본 주장 (9)를 다루게 될 때 그 중요성이 드러날 것이다.

13. 통세계 관계

13.1 통세계 관계로 볼 수 있는 이항 관계

우리는 이미 통세계 관계라고 자연스럽게 이해될 듯 싶은 약간의 이항 관계를 접했다. 퍼트남은 앞의 인용문에서, 자신이 이항 관계를 통세계 관계라고 할 때 의미하고자 하는 바를 똑같은 높이라는 관계를 예로 들어 설명하고 있다. 통세계 관계에 관한 퍼트남의 설명은 이 관계를 개별자와 가능 세계 간의 사항 관계라기보다 개별자의 가능 세계-단면들 사이의 이항 관계로 다룬다. 하지만, 이런 것이 중요한 것은 아니다. 퍼트남이 자신의 자연류어 이론을 제시했을 때 약간의 동등 관계, 이를테면, 실체 표본들 간에 동체성 관계와 유기체 간에 동종성 관계를 통세계 관계로 보아야 했다. 그렇다면, 최소의 동등성 관계 즉 동일성도 통세계 관계(w_1의 x는 w_2의 y와 수적으로 똑같은 것이다)로 이해될 수 있겠다. 사실 대다수 일상의 동등 관계를 통세계 관계로 보는 것이 합당한 것 같다.

동등 관계가 아닌 일부의 이항 관계도 자연스럽게 통세계 관계라고 볼 수 있을 것 같다. 예를 들어 보다 큰 과보다 작은 관계가 그렇다. 만일 x가 w_1에서 실존하며 w_1에서 키가 6피트인 사람이고, y는 w_2에서 실존하며 w_2에서 키가 5피트인 사람이라면, w_1의 x는 w_2의 y 보다 키가 크다. 의 왼쪽에 있음과 같은 물리적 공간 속성도 자연스럽게 통세계 관계로 이해될 수 있다. (만일 내가 지금 그 방의 왼편에 있다면, 나의 오은 손은 나의 왼손이 현실에서 존재하는 곳의 왼편에 있을 것이다. 비록 나의 왼손이 있을 수 있었던 곳의 오른쪽에 나의 오른손이 여전히 있다해도 말이다.)

하지만 모든 이항 관계가 진정한 통세계 관계, 즉 별개의 가능 세계에 걸쳐서 개별자들 사이에 맺어진 관계로 볼 수 있는 건 아니다. 예를 들어 물리적 상호 작용과 물리적 접촉을 포함한 약간의 관계는 통세계 관계가 아니다. 가능 세계 w_1에서 실존하지만 가능 세계 w_2에서 실존하지 않는 사람과 가능 세계 w_2에서 실존하지만 가능 세계 w_1에서는 실존하지 않는 다른 사람을 염두에 두고 말할 때, 두 사람이 서로 악수를 한다고 말한다면, 이는 분명히 틀린 말이거나 무의미한 말일 것이다. 비록 w_1에 사는 사람의 팔 길이가 아주 길다고 해도, 가능성의 영역에 미칠 만큼 길어서 그 자신이 그렇게 될 수도 있었던 단지 가능하기만 한 사람과 악수를 할 수는 없다. 악수 관계에 덧붙여 통세계 관계로 볼 수 없는 다른 이항 관계는 에 익숙함, 와 결혼함, 에게 빚짐, 에게 배움, 을 재정적으로 도와줌 등을 포함하고 있다. 반면 와 똑같은 사람 아래서 배움과 같은 동등 관계는 쉽사리 통세계 관계로 이해될 수 있다.[91]

이항 관계를 통세계 관계로 볼 때, 개별자의 가능 세계-단면에 관한 존재론을, 연자 부호를 뺀 채로, 강하게 암시하는 용어법 즉 "w_1의 x는 w_2의 y보다 크다."를 사용하고 싶을 것이다. 실은 개별자의 양상적 또는 시각적 단면이라는 생각이 자연스럽게 발생하는 경우는 바로 우리가 여러 가능 세계에 걸쳐 개별자들끼리 맺어지는 관계나 서로 다른 시각에 개별자들끼리 맺어지는 관계, 그 가운데서도 특히 동일성 관계를 살필 때이다. 반면 'w_1의 스미스와 w_2의 존스가 악수했다.'와 같은 상호 작용 관계에 관하여 그런 용어법을 사용한다면 분명히 이상한 일이다. 많은

---

91. 통시각 관계에 관해 이와 유사한 말을 할 수 있을 것이다. 물론 예외적으로 시각을 관류하는 상호 작용은 가능하고 결과적으로 상호 작용(예를 들어 인과 관계)을 포함한 약간의 관계는 어떤 뜻에서 통시각 관계로 쉽게 이해될 수 있다.

경우에 통세계 주장의 어법을 다음과 같은 방식 즉 (영어의 전치사)구 'w_1의'(in w_1)와 'w_2의'를 개별자 앞이 아니라 동사구나 다른 술어 앞에 써서, 예를 들어, 'w_2에 있는 y보다 x가 w_1에서 더 크다.'(x is taller in w_1 than y is in w_2)와 같이 써서, 가능 세계-단면에 관한 존재론의 암시를 제거하는 방식으로 변화시킬 수 있다. 아무튼, 이런 (전치사)구를 개별자에 덧붙이는 어법은 그에 대응하는 개별자와 가능 세계 사이에 맺어지는 사항 관계에 비해 존재론에 대한 암시가 훨씬 강하다.

약간의 관계는 자연스럽게 진정한 통세계 관계로 이해되지만 다른 관계는 그렇지 못한데, 이는 일부의 관계가 어떤 뜻에서 내세계(intra-world) 속성에 토대를 두고 있으며 한편으로 다른 관계는 그렇지 못하기 때문일 것이다. 높이를 비교하는 세 관계, 보다 키 큰, 보다 키 작은, 와 똑같은 높이임은 특정의 높이 속성에 토대를 두고 있다고 말할 수 있겠다. 두 쌍의 대상 x와 y가 방금 예로 든 세 가지 관계 가운데 하나로 맺어질 때는 언제나, 그 대상들은 x가 일정 높이를 가짐과 y가 일정 높이를 가짐이라는 바로 그 속성들 각각 때문에 그런 관계로 맺어진다는 뜻에서 특정의 높이 속성에 토대를 두고 있다고 하겠다. 만일 x의 키가 6피트이고 y가 5피트라면, x가 y보다 큰은 x가 6피트의 높이를 가짐과 y가 5피트의 높이를 가짐이라는 데 토대를 두고 있는 사태이며, 하나의 가능 세계 이내에서(within a possible world) 벌어지거나 벌어지지 않는 사태이다. 마찬가지로 동종성이 호낭이임이라는 속성과 같은 특정 종에 속할 자격에 토대를 두고 있다고 말할 수 있겠다. 특정의 동일성 관계는 특정의 개체성에 토대를 두고 있다고 할 수 있겠는데, 이는 한 짝의 대상 x와 y가 수적으로 동일한 경우에는 언제나 x의 이것임과 또한 y의 이것임 때문에 그렇다는 뜻에서 특정의 개체성에 토대를 두고 있다고 하겠다.

이렇게 다른 관계들이 내세계 속성 "에 토대를 두고 있다"고 하고 반면에 어떤 상호 작용 관계는 그렇게 "토대를 두고" 있지 않다고 말할 경우에 그 정확한 뜻은 불행하게도 불명료하다. 어떠한 임의의 이항 관계 R은 어떤 뜻으로든 일정 속성에 토대를 두고 있다. 만일 한 짝의 개별자 x와 y가 R이라는 관계를 맺는다면, x가 y와 R을 맺음은, 항상 어떤 뜻으로인가는, x가 y와 R을 맺는다는 관계 속성을 갖음과 y가 x와 R의 역관계를 맺는다는 관계 속성을 갖음에 토대를 둔다고 언제나 말할 수 있겠다. 통세계 관계로 이해될 수 있는 이항 관계의 특징을 흥미롭고 정확하게 드러내는 일은 사소한 일이 아니다. 그런 작업을 여기서 시도하지는 않겠다. 하지만 지금까지 살펴본 통세계 관계의 본성에 관해 말할만 한 것이 많다. 물론 이 본성을 밝힘으로써 이 통세계 관계들이 일정한 내세계 속성들 "에 토대를 두고 있고"고 다른 관계는 그렇지 못하다고 할 때, 무슨 뜻인지를 명료하게 해줄 것이다.92

13.2 내세계 귀속성, 외세계 귀속성, 통세계 관계

앞 문단에서 우리는 내세계 속성이라는 개념을 환기시켰다. 내세계 속성은 한 개별자가 하나의 가능 세계 이내에서 소유하거나 결여하고 있는 속성이다. 내세계 n-자리 관계는 한 가능 세계 이내에서 개별자들

---

92. 이행 관계는 전부 그리고 이행 관계만이 자연스럽게 통세계 관계로 이해될 수 있다는 말은 옳지 않다. 의 왼쪽에 있음이라는 관계는, 한 원에서 서로 손을 잡고 있는 사람들의 예에서 보는 바대로, 항상 이행적인 것은 아니다. (자연스럽게 통세계 관계로 이해되지 못하는 이행관계의 가능한 예를 보려면 각주 21 이하를 보시오.) 악수한 관계와 같은 관계가 오직 관계 속성에 토대를 두고 있는 반면, 통세계 관계가 키가 5피트임이라는 속성과 같은 비관계 속성에 토대를 두고 있다고 말할 수도 없다. 똑같은 아버지를 갖음 관계도 통세계 관계로 합당하게 이해될 수 있다. 한 아버지는 그가 현실적으로 낳았던 것보다 더 많은 자손을 낳을 수도 있었으며, 그가 그렇게 했을 그 가능 세계에서, 더 낳은 그의 자손들은 그의 현실 세계의 자식들이 현실적으로 모시고 있는 똑같은 아버지를 갖는다. 하지만 똑같은 아버지를 갖음 관계는 명백히 이러-저러한-분을 아버지로 가짐이라는 관계 속성에 토대를 두고 있다. 사실상, 동일성이라는 통세계 관계는 개체성에 토대를 두고 있으며, 이 개체성은 그 구성 성분인 관계가 동일성이며 그래서 본래적 관계 속성이다. 이 대목에서, 우리는 일부 이항 관계를 통세계 관계라고 구분해줄 수 있는 기준을 제시할 수 있겠다. 흔히 통세계 관계는 어떤 방식으로인가 일정한 관계 속성에 토대를 둔다. 바로 이 특징이 일부 이항 관계를 통세계 관계라고 자연스럽게 간주할 수 있게 해주는 특징이다.

로 이루어지는 n-자리 계열의 요소들 사이에 맺어지거나 맺어지지 않는 관계이다. 현실 사태에 관한 일상 담화의 술어(즉 가능 세계를 나타내는 논항의 자리를 아래 첨자로 거느리기 이전의 기호 언어의 술어)는 내세계 귀속성을 지칭한다.[93] 각각의 내세계 속성 P에 대해 유일한 이항 관계 R_p가 대응되는데, 이 관계는 만일 개별자 x가 가능 세계 w에서 P를 갖는다면 그리고 오직 그 경우에만 x와 w 사이에 맺어지는 관계로 정의된다. 그런데 관계 R_p는 내세계 관계가 아니다. R_p가 내세계 관계가 아니라고 할 때, 개별자 x가 가능 세계 w'에 존재하는 가능 세계 w에서 속성 P를 갖는다는 뜻이 아니다. 그리고 또한 x가 가능 세계 w'에서 w와 R_p에 놓여 있다고 말하는 것도 부적절할 것이다. 개별자는 가능 세계 w와 R_p를 맺거나 맺지 않는다. 그래서, x가 w에서 P를 갖는다는 사태가 그 자체로 두 번째 가능 세계 w' 이내에서 성립된다(거나 그렇지 못하다)는 것은 무의미하며, 뿐만 아니라 어떤 경우든 전혀 불필요한 일이다.[94] 마찬가지로 각각의 n자리 내세계 관계 S에 대해 (n+1)자리 관계 R_s가 짝 지워질 수 있겠다. 만일 n자리 계열 $\langle x_1, x_2 \cdots x_n \rangle$의 원소들 간에 S가 성립하고 있는 가능 세계를 w라 한다면 그리고 오직 그 경우에, 가능 세계 w에서 n+1 자리 계열 $\langle x_1, x_2 \cdots x_n, w \rangle$의 요소들끼리 맺어지는 관계를 R_s라고 정의할 수 있다. 관계 R_s는 R_p가 그렇듯이 내세계 관계가 아니다. S는 가능 세계 w에서 일정한 n자리 계열의 요소들끼리 맺어지거나 그렇지 못한다. 그래서 w에서의 일정 사태를 두 번째 가능 세계 w'에 대해 상대화한다(relativize)면, 이는 이치에 어긋나는 일이거나 전혀

---

93. 우리는 아직 (두 자리, 또는 그 이상의) 관계 속성과 관련지어서 지칭이라는 개념을 논의하지 않았다. 하지만 뚜렷이, 여러 논증과 일반어의 지칭에 관한 이런 직접 언급론이 다수의 타동사구와 다른 관계 술어에 동등하게 적용 가능하다.
94. 이런 식으로 이중으로 가능 세계를 끼워 넣는 데 대한 해석을 찾아내기란 불가능하지 않다. 하지만 가능 세계를 중첩시키지 않는 것이 이치에 닿는 상황이 틀림없이 있다. 그렇지 않다면, 비록 가장 단순한 주장조차도 무한(해서 주장할 수 없는) 형식 즉 a는 w_1에서 w_2에서 w_3에서 $\cdots \varphi$이다는 형식을 갖게 될 것이다.

불필요한 일이다. 아래첨자를 붙인 술어를 사용하는 기호 언어에서 즉 "가능 세계 담화"에서 술어 Π는 R_A를 지칭하는데, 이때 A는 일상의 담화에서 Π에 의해 지칭되는 귀속성이다. 예를 들어, 일상 담화의 술어 '금발이다'는 금발임이라는 내세계 속성을 지칭하며, 가능 세계 담화의 술어 '에서 금발이다'는 개별자 x가 가능 세계 w에서 금발일 때 x와 w 사이에 맺어지는 이항 관계를 지칭한다.

만일, 어떤 것이 속성을 갖는다는 주장, 또는 어떤 것들이 관계를 맺고 있다는 주장을 가능 세계들에 대해 상대화하는 일이 부적절하다면, 이때, 그 귀속성(즉 속성이나 관계)은 외세계적(extra-world)이다. 만일 A가 내세계 귀속성이라면, R_A는 외세계 관계이다. 가능 세계 담화의 술어에 의해 지칭된 귀속성은 따라서 외세계 귀속성이다. 이외에도 한 세계임(being a world)이라는 속성과 세계들 간의 접근 가능성 관계(w_1은 w_2에 대해 가능하다)를 포함한다.

통세계 관계는 특이하다고 할만하다. 이는 내세계 관계도 외세계 관계도 아닌 것 같다. 이항 통세계 관계가 단일 가능 세계 이내에서 한 쌍의 개별자 사이에 통세계 관계로서 성립되거나 되지 않는다고 말한다면, 이는 부적절하다. 하지만, 통세계 관계 주장은 분명히 일정 방식으로 가능 세계들에 대해 상대화된다. 우리는 한 쌍의 개별자끼리 한 쌍의 가능 세계에 걸쳐 맺어진 (또는 맺어지지 않은) 관계 R에 관해 말한다. 개별자 x가 가능 세계 w_1에서 개별자 y보다 크다는 주장을 기호 언어로 표기하기 위해서는, '보다-크다' 술어는 한 개 대신에 두 개의 가능 세계 논항을 아래 첨자로 가져야만 한다.

$\text{Taller-than}_{w_1/w_2}(x, y)$.

따라서 이항 통세계 관계에 대응되는 외세계 관계는 세-자리 관계가 아니라 가능 세계에 관해 두 개의 부가적 논항을 가진 네-자리 관계이다.

우리는 아예 처음부터 통세계 관계에 관해 회의적인 태도를 가질 수 있다. 한 쌍의 개별자가 단일한 가능 세계 이내에서 관계를 갖고 있다는 말이 의미하는 바는 (가능 세계라는 개념의 일관성을 가정한다면) 아주 분명하다. 우리가 현실의 사태에 관한 내세계 담화의 기호 언어에서 가능 세계 담화의 기호 언어로 바꿀 때, 귀속성은 가능 세계에 대해 상대화되고, 따라서 각 내세계 관계 속성의 논항 자리 개수는 하나씩 늘어난다. 내세계 속성은 이항 외세계 관계가 되며, 이항 내세계 관계는 삼항 외세계 관계가 되는 등으로 바뀌게 된다. 이런 내용은, 현실 사태에 관한 일상 담화의 기호 표현을 가능 세계 담화의 두-부류 언어 표현으로 번역하면서, 가능 세계를 나타내기 위해 아래 첨자 술어를 사용함으로써, 이미 예시되었다. 어쨌든, 하나의 개별자 x는 하나의 가능 세계 w에서 하나의 속성을 갖거나 결여한다. 한 쌍의 개별자 x와 y는 한 가능 세계 w 이내에서 이항 관계로 맺어지거나 맺어지지 못한다. 하지만, 한 쌍의 개별자 x와 y가 두 개의 다른 가능 세계 w_1과 w_2에 걸쳐 이항 관계로 맺어진다는 말이 무엇을 의미할 수 있겠는가?

13.3 통세계 관계를 산출하는 절차

통세계 관계에 관한 회의주의는 다음과 같은 상황 하에서라면 누그러질 수 있다. 일상의 담화에서 가능 세계 담화로 이행할 때, 개별자들끼리 맺고 있는 두 자리 내세계 관계에서 개별자들과 가능 세계들끼리 맺어지는 네 자리 외세계 관계가 산출되는 기계적 절차가 그 이행 속에 이미 포함되어 있다고 볼 수 있다. 이점이 자각된다면, 회의주의는 완화될 것이다.

우리는 앞에서 통세계 관계라고 자연스럽게 간주될 수 있는 비이행적 이항 관계에 대해 말하였다. 또 다른 예로는 손자-학생 관계를 들 수 있다. 개별자 y가 배운 사람에게 개별자 x가 배웠을 때, x와 y의 개별자

쌍이 맺는 특별한 관계가 바로 이 관계이다. 예를 들어 아리스토텔레스는 소크라테스의 손자-학생이다. 아리스토텔레스가 소크라테스의 제자 즉 플라톤에게 배웠기 때문이다. 만일 개별자 x가 두 번째 개별자 z에게 가능 세계 w_1에서 배웠다면, 그리고 똑같은 개별자 z가 세 번째 개별자 y에게 다른 가능 세계 w_2에서 배웠다면, 우리는 개별자 x와 y가 가능 세계 w_1과 w_2에 걸쳐 손자-학생 관계를 맺는다고 말할 수 있겠다. 이런 방식으로 우리는 손자-학생 관계를 통세계 관계로 볼 수 있게 된다.

일상의 비양상 담화에서 가능 세계 담화로 이행할 경우에 자동으로 일상의 이항 관계에서 통세계 관계가 산출되는데, 이 예를 통해, 그 방법을 이해하는 결정적인 단서를 얻게 된다. 개별자 x가 가능 세계 w_1에서 z에게 배우고 z는 w_2에서 y에게 배우는 방식으로 w_1과 w_2에 걸쳐 있는 중개 개별자 z가 존재할 때 그리고 오직 그때만, 한 쌍의 개별자 x와 y가 서로 다른 가능 세계 w_1과 w_2에 걸쳐 손자-학생 관계에 놓여 있다. 만일 앞에서 예로 든 다른 통세계 관계를 검토한다면, 약간의 상상으로도 우리는 이들이 손자-학생 관계와 구조적 유사성을 띠고 있다는 것을 발견하게 된다. (물론, 여러 가능 세계에 걸쳐 있으면서 또한 서로 특이한 방식으로 관계된 중개자(intermediate entity) 둘이 있을 때는 예외일 것이다.) 예를 들어, 통세계 높이 비교 관계인 세 가지 관계, 보다 키 큼, 보다 키 작음, 와 똑같은 높이임을 살펴보자. 네 요소로 이루어진 계열 $<x, w_1, y, w_2>$가 이에 대응하는 네 자리 외세계 관계 가운데 하나로 맺어질 때, x가 w_1에서 갖는 높이 즉 중개자 h와, y가 w_2에서 갖는 높이 즉 중개자 h'가 있으며, 높이 h와 h' 사이에 유지되는 관계는 이 네 요소 계열이 이루고 있는 통세계 높이 관계를 결정한다. 만일 h>h'이라면 그리고 오직 그 경우에만 w_1에 있는 개별자 x는 w_2에 있는 개별자 y보다 크다. 만일 h<h'이라면 그리고 오직 그 경우에만 w_1에 있는 개별자 x는 w_2에 있는 개별자 y보다 작다. 만일 h=h'이라면 그리고 오직 그 경우에만 w_1에 있는 개별자 x와 w_2에 있는 개별자 y는 똑같은 높이이다.

요점은 중개자 h와 h' 사이에 맺어진 적절한 관계가 세계-독립적 또는 세계-불변적이라는 것이다.[95] h가 h'보다 더 크거나, 그와 동등하거나, 또는 더 작거나 간에, h와 h'는 우리가 고려하고 있는 가능 세계와 상관없이 서로 관련된다. 우리는 w_1이나 w_2 또는 현실 세계에서 h와 h'을 비교할 수 있으며 그들의 관계는 보존된다. 앞에서 논의한 각각의 통세계 관계와 연관해서도 마찬가지 말을 할 수 있겠다. 예를 들어, 통세계 동종성 관계를 살펴보자. 만일 x가 w_1에서 자연 유기체이고 y가 w_2에서 자연 유기체라면, 중개자 S가 존재하며 이는 x가 w_1에서 그 구성원인 종이고, 중개자 S'도 존재하며 이는 y가 w_2에서 그 구성원인 종이고, 또 만일 S = S'이라면 그리고 오직 그 경우에만 네 요소로 이루어진 계열

---

95. 임의의 이항 내세계 관계 R을 보자. 우리는 R이 만일

$(w_1)(w_2)(x)(y)[R_{w1}(x, y) \leftrightarrow R_{w2}(x, y)]$

즉 한 쌍의 개별자가 하나의 세계에서 R로 맺어질 때는 언제나 모든 세계에서 R로 맺어진다면 세계-불변적이라고 한다. 그렇지 않다면 R은 세계-가변적이다. 우리는 또한 하나의 외세계 관계 S가 만일 논항 자리 가운데 적어도 하나가 가능 세계 논항 자리라면 세계-의존적이거나 세계-상관적이라고 하며, 그렇지 않다면 S는 세계-독립적이다. 임의의 이항 내세계 관계 R이 주어지면, 이에 대응하는 이항 세계-독립적 관계 S가 있으며, 이 관계 S는 다음과 같이 정의된다.

$S(x, y) =_{def} (\exists w) R_w(x, y)$

즉 만일 x가 어떤 가능 세계에서가 y와 R을 맺었다면 그리고 오직 그 경우만 x는 y와 S를 맺는다. R이 세계-불변적일 때, 이에 대응하는 외세계 관계 S가 이렇게 정의되어 R과 특별한 관계를 맺게된다. 이 특별한 관계란

$(w)(x)(y)[S(x, y) \leftrightarrow R_w(x, y)]$

이라고 즉 만일 x가 y와 S일 때 그리고 오직 그 경우만 x는 한 가능 세계 w에서 y와 R을 맺는다고 정의된다. 달리 말해 R이 세계-불변적일 때, R에 의해 자연적 방식으로 정의된 이항 세계-독립적 관계 S는, 고려되고 있는 세계와 상관없이, 항상 R과 일치하는 관계이다. 어떠한 이항 내세계 관계 R에 대해서든 이런 방식으로 R과 일치하는 이항 세계-독립적 관계 S가, 우리가 고려하는 세계가 어떤 세계인가에 상관없이 그리고 만일 R이 세계-불변적이라면 그리고 오직 그 경우에만, 존재한다는 것을 증명하기는 쉽다. 그러므로 우리는 이항 내세계 관계가 만일 세계-불변적이라면 세계-독립적이라고도 말할 수 있을 것이다.

<x, w₁, y, w₂>는 통세계 동종성 관계를 맺는다. 중개자 S와 S'이 동일한지 또는 다른지 여부는 세계-독립적인 일이다.

앞에서 통세계 관계로 간주되는 것이 자연스럽다고 말했던 각 이항 관계는 여러 가능 세계에 걸쳐서 유지되는 중개자를 포함한다. 또는 그것을 포함한다고 생각하는 것이 자연스러울 것이다. 사실 이 관계들 각각은 중개자를 포함하는 내부 구조를 갖고 있으며, 이 구조를 명확히 드러내는 방식으로 정의될 수 있다. 그런데, 손자-학생 관계는 다른 관계와 달리 자신의 특유한 논리적 구조를 유지한다. 이제 그 논리적 구조를 논의해보자. 앞에서 진정한 통세계 관계로 자연스럽게 간주될 수 있다고 언급되었던 다른 모든 이항 관계의 경우, 부가적 이항 함수 (다대 일) 관계 R'과 부가적 세계-독립적 이항 관계 R"이 있다. 이런 부가적 관계에 관해 약간 부연해보자. 필연적으로, 어떤 개별자 x와 y에 관해, 만일 R'(x) 즉 x가 R'을 맺는 유일한 것 자체가 R'(y) 즉 y가 R'을 맺는 유일한 것과 R"을 맺는다면 그리고 오직 그 경우에만 x는 y와 R을 맺는다. 사실 각각의 경우 이항 함수 관계 R'과 이항 세계-독립적 관계 R"이 존재하는데, 이 경우 R은 다음과 같이 정의될 수 있다.

$R(x, y) =_{def} R''\ (R'(x), R'(y))$

여기서 「R'(α)」는 한정 기술 「(ˀz)R'(α, z)」의 간략한 표현이다. 집합론의 용어로 말하자면 R은 관계 R"과 두 차례 사용된 함수 R'의 합성(composition)이다. 만일 R이 보다 크다 관계라면, R'은 높이를 가진 임의의 개별자와 그 특정 높이 사이에 성립하는 이항 함수 관계이며, R"은 높이 간에 성립하는 이항 보다 크다 관계이다. 만일 R이 똑같은 높이 관계라면, R"은 동일성 관계이다. 만일 R이 동종성 관계라면, R'은 유기체와 그 종 사이의 이항 함수 관계이고, R"은 동일성 관계이다. 따라서 예를 들면, 우리는 동종성 관계에 관해 다음과 같은 정의를 얻을 수 있다.

Conspecific(x, y) = $_{def.}$ ('z)[Species(z) ∧ x∈z] = ('z')[Species(z') ∧ y∈z']

여기서 기호 '∈'는 한 쌍의 개별자 x와 y 사이에 맺어지는 관계의 술어이며, 이때 y는 류이고 x는 류 y의 한 사례나 예이다.

이 각각의 정의에서 함수적 한정 기술, 예를 들어, 'y의 그 높이', 'y의 그 종' 등에 의해 소위 중개자에 대한 아주 확연한 언급이 존재하지만, 반면에 피정의항은, 'x는 y보다 짧다.', 'x와 y는 같은 종이다.' 등에서 보는 바대로, 중개자에 관한 어떠한 명확한 언급도 포함할 필요가 없다. 콰인의 말을 빌어서 말한다면, 정의항은 중개자에 관한 명확한 "존재론적 언질"을 포함한다. 이후에 보게 될 텐데, 정의항과 피정의항의 이런 차이점은 흔히 아주 중요한 철학적 의의를 갖는 논점이다.

일반적인 경우, 이항 관계 R은 한 짝의 이항 관계 R'과 S'을 거느린 이항 관계 R"이라는 합성에 의해 정의될 수 있다. 그리고 R'과 S'은 똑같을 필요가 없으므로

R(x, y) = $_{def.}$ R"(R'(x), S'(y))

라고 하겠다.

어떤 학자가 헨리 VIII보다 더 많은 아내를 맞았을 경우 그 학자와 헨리 VIII세 간에 성립되는 관계가 그런 예가 될 것이다. 이를 좀더 자세히 보려면, R'은 x에 의해 얻어진 전체 수라는 함수이며, S'은 x가 결혼한 여자의 전체 수라는 함수이고, R"은 자연수간의 보다 큰 관계라고 놓으면 된다. 이 학자와 헨리 VIII세 간의 관계는 통세계 관계라고 합당하게 이해될 수도 있다. 즉 현실 세계에서 헨리 VIII세보다 콰인이 맞이한 아내의 수가 더 많은 가능 세계는 헤아릴 수 없이 많다. 물론 현실 세계는

그들 가운데 하나일 것이다.

하지만, 손자-학생 관계는 두 짝의 함수를 덧붙인 이항 관계의 합성으로 정의되지 않는다. 그것은 에게서 배운 관계로 이루어진 상대곱(relative product)으로 정의된다. 이항 관계 R은 만일 다음과 같이 정의될 수 있다면, 한 쌍의 이항 관계 R'과 S에 상대곱이다.

$R(x, y) =_{def.} (\exists z)[R'(x, z) \wedge S(z, y)]$

따라서 우리는 손자-학생 관계를 다음과 같이 정의할 수 있겠다.

Grand-student$(x, y) =_{def.} (\exists z)$[Studied-under$(x, z) \wedge$ Studied-under(z, y)]

합성에 의한 정의의 경우처럼, 정의항에서 중개자 z에 관한 아주 명백한 언급이, 여기서는 존재 양화를 통해, 이루어졌으며, 반면에 피정의항에서는 그런 명확한 언급이 전혀 있을 필요가 없다는 점을 주목할만 하다.

합성의 방법이나 상대곱을 이용한 방법으로 이루어지는 이항 관계에 관한 정의는 일반적으로 다음 형식을 띨 수 있다.

$R(x, y) =_{def.} (\exists z)(\exists z')[R'(x, z) \wedge S'(y, z') \wedge R''(z, z')]$

만일 R″이 동일성 관계라면, R은 R′과 S′의 역으로 이루어진 상대곱이다. 만일 R′과 S′이 함수적 관계라면, R은 R′과 S′로 이루어진 합성 R″으로 정의된다.

우리가 이항 내세계 관계를 합성적으로 분석할 경우, 이 관계는 이항 내세계 관계를 통세계 관계로 해석한 관계에 상관된다. 다시 말해서, 앞에서 보았듯이, 우리가 현실 사태에 관한 내세계 담화에서 가능 세계 담화로 전환할 때, 내세계 속성은 이항 외세계 관계가 되며, 이항 내세계 관계는 삼항 외세계 관계가 되는 방식으로 바뀐다. 아무튼 이런 이행 과정에서 어떤 이항 관계는 가능 세계를 나타내는 단일 논항-자리를 갖고 있는 삼항 외세계 관계가 되는 대신에, 명백히 네-자리 관계 즉 두 가능 세계에 걸쳐 두 개별자 간에 이루어지는 관계가 된다. 다른 개별자가 다른 가능 세계에서 그런 것과 마찬가지로, 어떤 개별자는 한 가능 세계에서 다른 개별자보다 더 크거나, 더 작거나, 그것과 똑같은 높이이다. 내세계 합성 이항 관계를 네-자리 외세계 관계로 확장하면, 원래 관계를 그 구성요소 관계로 바꾸어서 구조적으로 분석함으로써 이 확장을 쉽게 설명할 수 있다.

먼저, 한 쌍의 이항 관계 R'과 S의 상대곱으로 정의되는 이항 관계 R의 경우를 살펴보자. 구성요소인 이항 관계 R'과 S는 그 자체가 각각 삼항 관계가 되는데, 일상의 담화에서 가능 세계 담화로 전이할 때 가능 세계를 나타내기 위한 부가적 논항-자리를 추가하기 때문이다. R의 정의

$$R(x, y) =_{def.} (\exists z)[R'(x, z) \wedge S(z, y)]$$

는 가능 세계 담화로 이행했을 경우 다음과 같은 네-자리 관계에 관한 정의로 확장될 수 있다.

$$R_{w1/w2}(x, y) =_{def.} (\exists z)[R'_{w1}(x, z) \wedge S_{w2}(z, y)]$$

손자-학생 관계는 이런 논점에 부합되는 경우이다. 그 정의에서는 '에게서 배움 관계'가 두 번 출현하며, 이 관계는 그 자체가 통세계 관계로 자연스럽게 이해되지 않는 내세계 관계이다. 사실, 그 관계는 세계-가변적이다. 이런 관계를 유지하고 있는 한 쌍의 개별자는 어떤 가능

세계에서는 이런 관계를 맺지만 다른 데서는 그렇지 못한다. 예를 들어, 아리스토텔레스는 플라톤에게서 배우지 않았을 수도 있다. 손자-학생 관계의 정의에서 에게서 배웅이 두 번 출현하는데, 우리는 이런 출현을 두 가능 세계 이내에서 한 쌍의 개별자 사이에 동시에 유지될 수 있는 내세계 관계로 이해할 수 있다. 이런 점이 드러난다면, 우리는 통세계 손자-학생 관계에 관한 정의를 할 수 있게 된다.

Cross-world-grand-student(x, w1, y, w2) = $_{def.}$
($\exists$z)[Studied-under$_{w1}$(x, z) $\land$ Studied-under$_{w2}$(z, y)]

통세계 손자-학생 관계는 곱(intersecton)을 포함하지만, 이 곱은 가능 세계들 이내에서 통세계 중개자와 더불어 존재한다. 이항 손자-학생 관계가 개별자와 가능 세계 간의 네-자리 관계로 이해되는 건 바로 이런 방식으로 이루어진다.

만일 R이 이항 관계 R″과 한 쌍의 함수적 관계 R′과 S′로 이루어지는 합성에 의해 정의된다해도, 하나의 부가적인 합성을 제외하고 상황은 비슷하다. 이런 류의 합성적 정의에서는 요소 관계가 두 번 출현하는 대신에 세 번 출현한다. 따라서 정의 R은

R(x, y) = $_{def.}$ R″(R′(x), S′(y))

와 같을 텐데, 가능 세계 담화로 바뀌면서 다음과 같이 확장될 수 있다.

Cross-world-Rw3(x, w1, y, w2) = $_{def.}$ R″$_{w3}$(R′$_{w1}$(x), S′$_{w2}$(y))

그렇다면, 엄밀히 말해서 R은 다섯-자리 관계가 된다. 예를 들어, '보다 크다' 관계를 보자. 가능 세계 담화로 바뀌게 되면, 정의

Taller-than(x, y) = $_{def.}$ the height of x > the height of y

는 다음과 같은 다섯-자리 관계에 관한 정의로 확장될 수 있다.

Cross-world-taller-than$w3$(x, w1, y, w2) = $_{def.}$
the height in w1 of x > $_{w3}$ the height in w2 of y

다시 말해, 개별자 x가 가능 세계 w_1에서 갖는 높이 h와 개별자 y가 w_2에서 갖는 높이 h'을 취해서, 가능 세계 w_3에서 그 상대적 크기로 높이 h와 h'을 비교한다. 오항 계열 <x, w_1, y, w_2, w_3>는 만일 w_3에서 h>h'인 경우 그리고 오직 그 경우에만 이런 다섯-자리 관계에 놓여 있다. 하지만 우리가 앞에서 주목했던 대로, 높이 사이에 성립하는 **보다 크다** 관계는 세계-불변적 관계이다. x가 w_1에서 갖는 높이 h는 y가 w_2에서 갖는 높이 h'보다 클 수도 있고 그게 아닐 수도 있는데, 이는 h와 h'이 w_1에서든 w_2에서든 제 삼의 가능 세계 w_3에서든 아니면 다른 어떤 가능 세계에서 비교되더라도, 아무런 차이가 생기지 않는다. 높이 간의 **보다 큰** 관계가 세계-불변적이기 때문에, 다섯-자리로 이루어진 보다 큰 관계에 관한 정의에서 제 삼의 가능 세계 논항은 아무런 실재의 목적에도 기여하지 못한다. 이는 무시되는 게 더 나으며, 실제로 일반적으로 무시된다.[96] 세 번째 가능 세계 논항 자리를 고려하지 않게 된다면, 다섯-자리 보다 큰 관계의 정의는 네-자리 통세계 관계가 된다.

---

96. 이는 세 번째 가능 세계 논항 앞에 존재 양화사를 덧붙임으로써 이루어질 수 있다. 좀더 엄밀히 말한다면, 삼항 세계-의존 관계 R"(예를 들어, 한 짝의 높이와 가능 세계 간에 성립하는 이내에서 보다 큰 관계)은 R"의 가능 세계 논항을 존재 일반화하여 얻게 되는 이항 외세계 관계(즉 약간의 이런 저런 가능 세계에서 보다 큰으로)로 대체된다. 대응하는 이항 내세계 관계는 세계-불변적이기 때문에, 이 이항 관계는 만일 개별자 x와 y가 약간의 이런저런 가능 세계에서 R"으로 맺어진다면 그리고 오직 그 경우에만 x와 y 사이에 가능 세계 w에서 유지된다. 다음 각주를 보시오.

Cross-world-taller-than(x, w1, y, w2) = $_{def.}$

the height in w1 of x > the height in w2 of y

일반적으로 만일 이항 관계 R이 세계-불변 이항 관계 R″과 한 쌍의 세계-가변 함수 관계 R′, S′과 더불어 합성되어서 정의된다면, R의 정의를 확장시키면서 R″에 나타난 세 번째 가능 세계 논항이 없어지면서 다음을 얻게 될 것이다.[97]

---

[97] 동일성이라는 특별한 관계의 경우, 이항 함수 관계 R′과 S′, 그리고 세계-독립적 이항 관계 R″은 모두 그 자체와 동일하다.
동일성이 다음의

$(w_1)(w_2)(x)(y)[(x =_{w_1} y) \leftrightarrow (x =_{w_2} y)]$

또는 이와 동등한

$\Box(x)\Box(y)[\Diamond(x = y) \rightarrow \Box(x = y)]$

과 같은 뜻으로 세계-불변적이라는 견해는 개체성주의(haecceitism)라고 불리던 이와 관련된 신조(또는 일군의 신조)와 구별되어야만 한다. 캐플란(1975, pp.722-723)은 '개체성주의'라는 이름을 다음과 같은 견해에 부여한다. 한 가능 세계의 어떤 것 x가 다른 가능 세계의 y와 그 유사성과도 무관하고 그들을 개념화하는 방법과도 아주 무관하게 동일한 것 즉 하나이면서 똑같은 것이라는 절대적인 뜻에서 동일한 것이라고 말한다면, 아주 완벽히 분별있는 일이라고 보는 견해가 그것이다. 비록 이 견해가 다소 애매 모호하기는 하지만, 적어도 개체성주의 가운데 한 가지 형태는 다음과 같이 기술될 수 있겠다. 가능 세계 담화의 논리는 개별자들 사이의 동일성에 대한 삼항 세계-상관 개념에 덧붙여, 개별자들 사이의 진정한 동일성에 대한 이항 절대 개념을 포함한다. 만일 우리가 이런 형태의 개체성주의를 가정한다면, 동일성에 대한 이항 세계-독립적 개념을 사용하여, 가능 세계 w_1의 개별자 x와 가능 세계 w_2의 개별자 y 사이의 통세계 동일성 관계는 다음과 같이 정의될 수 있겠다.

$(^?z)[x =_{w_1} z] = (^?z)[y =_{w_2} z]$

만일 우리가 앞에서처럼 가능 세계 담화로부터 임의의 한정 기술을 사용하여 외세계 원자 주어-술어 주장, 예를 들어, '$G_{w_2}[(^?x)F_{w_1}(x)]$'을 할 수 있다(즉 그런 주장이 뜻을 갖는다)고 가정한다면, 통세계 동일성 관계는 절대 동일성과 독립적으로 다음과 같이 정의될 수 있다.

$x =_{w_1} (^?z)[y =_{w_2} z]$

위에서 말한 형태의 개체성주의를 가정한다면, 우리는 다음과 같은 세 주장이 동치임

Cross-world-R(x, w₁, y, w₂) =_{def.} R″(R′_{w1}(x), S′_{w2}(y))

물론 합성이나 상대곱의 방법 둘 가운데 하나를 포함한 정의가 다음의 일반적 형식,

R(x, y) =_{def.} (∃z)(∃z′)[R′(x, z) ∧ S′(y, z′) ∧ R″ (z, z′)]

을 취할 수 있기 때문에, 통세계 관계를 만들어내는 기계적 절차에 관한 설명을 쉽게 일반화할 수 있다. 일반적으로, 이런 식으로 이항 관계 R이 중개자 z와 z′ 각각에 대해 관계 R′과 S′에 의해 정의되는 경우, 그리고 또 중개자 z와 z′ 사이의 관계 R″이 세계-불변 관계일 경우라면 언제나, 가능 세계 담화로 이행하려는 목적에 비추어, 바로 그 가능 세계 담화의 논리에 의해, 우리는 R을 여러 가능 세계에 걸친 개별자들끼리의 관계로 아주 자연스럽게 이해할 수 있다. R을 통세계 관계로 보자마자 곧바로, 구성요소 관계 R′과 S′을 서로 다른 두 가능 세계 w₁과 w₂에서

을 증명할 수 있다. (a) 내세계(또는 세계-상관적) 동일성은 세계-불변적이며, 이항 세계-독립적 관계 (w)[x =_w y]는 절대적, 세계-독립적 동일성(과 동연적)이다. (각주 16을 보시오.) (b) 내세계 동일자는 절대적 동일자이며, 그 반대도 마찬가지다. 즉 (w)(x)(y)[x = _w y ↔ x = y]. (c) 모든 것은 최소한 하나의 세계에서 그 자신과 내세계 동일하고, 나아가 통세계 동일한 것은 절대적으로 동일하며, 그 반대도 마찬가지다. 즉 (x)(∃w)[x = _w x]와 (w₁)(x)(w₂)(y)[(x =_{w1} (²z)[y =_{w2} z] ↔ x = y]. 따라서 만일 우리가 개체성주의를 가정한다면, 그 이상의 가정 즉 사물들이 절대적으로 동일하다면 그리고 오직 그 경우만 내세계 동일하다는 가정(또는, 이와 동등한 가정인, 내세계 동일성이 세계-불변적이고 사물들이 모든 가능 세계에서 내세계 동일할 경우 그리고 오직 그 경우만 사물들이 절대적으로 동일하다는 가정)을 추가해야만 통세계 동일성에 대한 정의가 확인된다. 또한 내세계 동일성이 세계-불변적이라고 주장하는 사람은 다음과 같은 경우에 개체성주의자가 될 수 있다. 그나 그녀가 □(x)◇[x = x]를 허용한다고 가정하고, (w)[x = _w y]에 의해 정의된 세계-독립적 관계가 합동관계라는 가정 즉 가능 세계 담화에서 라이프니쯔의 법칙이 보존된다는 가정이 도입된다면, (w)[x = _w y]를 동일성에 관한 절대적이고 세계-독립적 개념이라고 하기만 하면 개체성주의자가 될 수 있다. 따라서 개체성주의자로 전향하려면 (b)와 (c)에 관해 언질을 주어야 한다.

두 쌍의 개별자 사이에 동시에 유지되는 다음과 같은 내세계 관계로 이해할 수밖에 없다.

$$(\exists z)(\exists z')[R'_{w_1}(x, z') \wedge S'_{w_2}(y, z') \wedge R''(z, z')]$$

우리가 R을 다음과 같이 이해함으로써 통세계 관계라고 간주할 수 있게 된다. 중개자 z와 z' 사이의 세계-불변 관계 R"을 어떠한 가능 세계와도 독립적으로 z와 z' 사이에 유지되는 이항 외세계 관계로 해석하는 한편, R의 구성요소 내세계 관계를 일상적 방식대로 삼항 외세계 관계로 해석함으로써 R을 통세계 관계라고 간주할 수 있게 된다. 통세계 관계로 보는 게 자연스럽지 않은 이항 관계에 관해서는 이미 말한 바 있는데, 이 관계는 여러 가능 세계에 걸쳐 지탱되며 세계-독립적으로 관계된 중개자의 세계-가변 관계가 두 차례 출현하는 표현을 사용하여 정의되지 않는다. 또는 적어도 그렇게 정의되지 않는다고 여겨진다.

지금까지 제시된 통세계 관계에 관한 설명에서 다음과 같은 것을 추측할 수 있겠다. 일반적으로 이항 관계 R이 세계-의존적 귀속성 즉 그런 속성이나 관계가 두 번 출현하는 내적 논리 구조를 가질 때는 언제나, 가능 세계 담화로의 이행을 염두에 둔다면, 이항 관계 R을 통세계 관계로 해석하는 게 자연스러울 것이다. 그렇기 때문에, 우리는 항상 두 개의 구성요소 세계-의존 귀속성을 다른 두 개의 가능 세계에서 개별자들끼리 이루어지는 두 계열 사이에서 성립되는 귀속성으로 이해한다. 따라서, 예를 들어, 다음과 같이 고안된 관계 R을 살펴보자. x는 배고프고 y는 화가 나는 경우에는 언제나, 한 쌍의 개별자 x와 y 사이에 유지되는 관계가 R이다. x가 w_1에서 배고프고, y가 w_2에서 화가 났을 때 한 쌍의 개별자 x와 y는 가능 세계 w_1과 w_2에 걸쳐 R을 유지하고 있다고 말할 수 있다. (이 경우, 세계-의존 귀속성은 중개자에 대한 이항 관계라기보다 단항 속성이다.) 따라서 중개자는 무시될 수 있는 것 같다. 흥미롭게도 여기서의 상황은 보다 키 큰 관계와 관련된 상황만큼 무리 없이 일반화되기는 어려운 듯 싶다. 특히, 정의에 사용되는 귀속성(defining attributes) 가운데 하나가 이미 x와 y 사이의 관계를 포함하는 경우에 그런 것 같다. 또 다른 예를 보자. 개별자 x가 개별자 y를 사랑하는데, 그와 똑같은 시각에 y는 x를 사랑하지 않을 때 이 한 짝의 개별자 x와 y 사이에 유지되는 관계를 보자. 우리는 이를 짝사랑 관계라고 부를 수 있다. 물론, 가능 세계 담화로 이행하면, 이 이항 관계에서 네-자리 관계가 만들어진다. 이 네-자리 관계는 x가 w_1에서 y를 사랑하고, 똑같은 시각에 y가 w_2에서 x를 사랑하지 않을 때, 사항 계열 $\langle x, w_1, y, w_2 \rangle$의 각 요소 사이에 유지되는 특별한 관계이다. 여기에 어떤 뜻에서 다른 가능 세계에서 개별자들끼리 유지되는 관계가 있는 셈이다. 이 관계가 "통세계 짝사랑 관계"와 대응된다고 말하는 것이 적절하거나 자연스러울까? 이 네-자리 관계가, 비록 x의 y에 대한 사랑이 w_1에서 짝사랑이 아니며 x와 y 서로가 다른 세계 w_2에서 친숙한 사이가 아니라 해도, 사항 $\langle x, w_1, y, w_2 \rangle$의 요소들끼리 유지된다는 점을 유의해보자. 이런 경우 "w_1의 x가 w_2의 y를 짝사랑한다."거나 x와 y가 "w_1과 w_2에 걸쳐 짝사랑 관계에 놓여 있다."고 말하는 게 자연스러울까? 이런 논점은 논란의 여지가 있으며, 따라서 통세계 짝 사랑 관계 즉 여러 가능 세계에 걸쳐 있는 개별자들끼리 짝사랑 같은 것은 없다고 말하고 싶게 만든다. 이는 위에서 정의된 네-자리 관계의 실존을 부정하는 게 아니다. 이는 단지 이항 짝사랑 관계를 통세계 관계로 본다면 자연스럽지 못하다고 말할 뿐이다. 만일 짝사랑 관계를 보다 키 큰 관계처럼 서로 다른 가능 세계에 걸쳐 개별자들끼리 맺고 있는 관계로 본다면, 이는 부자연스러운 일이다. 이에 비해서, 누구와 똑같은 사람을 사랑했다라는 관계는 다른 종류의 이항 사랑-삼각 관계와 마찬가지로 명확히 통세계 관계로 이해될 수 있다. 통세계 관계 개념은 통세계 관계의 일부로 역할을 하는 두 관계지(relata)가 내세계 관계로 맺어진다는 것을 배제하는 것 같다. 그리고 가능 세계들에 걸쳐 유지되며 세계-독립적 방식으로 관계되는 중개자는 원래의 직관적 수준의 통세계 관념에다, 비록 절대적으로 요구되지는 않지만, 중요한 요소를 제공하여 우리의 이해를 돕는 것 같다.

우리는 세계-의존적 귀속성이 두 번 출현하는 방식으로 정의된 모든 구조화된 이항 관계가 자연스럽게 통세계 관계로 이해될 수 있는지 여부의 문제를 이미 살펴보았다. 그렇다면 그 역은 어떨까? 자연스럽게 통세계 관계로 이해되는 또는 그렇게 이해된다고 여겨질 수 있는 모든 이항 관계가 세계-의존적 귀속성의 두 번 출현을 포함하는 내적 논리구조를 갖는다면 이는 옳은 말일까? 이 대목에서 또다시 논점이 선명하지 않다. 아마 약간의 원초적이며 비구조적 이항 관계는 또한 자연스럽게 통세계 관계로 이해될 수 있을 것이다.[98] 사실, 지금까지 살펴본 다른 어떤 것보다도 더 복잡한 구조를 가진 이항 관계도 자연스럽게 통세계 관계로 해석될 수 있다는 말은 확실히 옳은 것 같다. 이 대목에서 우리는 진정한 통세계 관계라고 볼 수 있는 이항 관계가 중개자에 관한 세계-의존 관계의 두 차례 출현을 가지고 논리적으로 합성되는 바로 그것이라는 식의 철학적 기본 주장을 하고 있는 게 아니다. 명확한 것이 있다면, 중개자에 대한 세계-의존적 관계를 사용하여 정의된 이항 관계는 그것의 구성요소 세계-의존 관계가 다른 두 가능 세계에서 내세계 관계로 이해될 때, 자연스럽게 진정한 네-자리 관계 또는 통세계 관계라는 것이다. 이렇게 어떤 관계가 합성 이항 관계라고 분석된 논리 구조는 그 관계를 통세계 관계로 이해하는 데 결정적이다. 상호 작용 관계, 이를테면 악수했과 결혼한다 관계는 이런 방식으로 정의되지 않으며, 통세계 관계로 자연스럽게 해석되지도 않는다.[99]

---

[98]. 사랑한다(그는 그녀가 그랬으면 하는 방식으로 그녀와 사랑한다)와 관해 생각한다와 같은 관계는 이런 류의 예일 것이다.
[99]. 앞에서 예로 말한 높이 비교 관계나 다른 동등성 관계 등에 관한 합성적 분석은 특별한 전문적인 뜻을 제공하는데, 그 의미로 약간의 통세계 관계가 좀더 근본적인 속성"에 양상적으로 근거를 둔다."고 말할 수 있겠다. 물론 그 밖의 통세계 관계는 그렇지 못하다고

우리는 앞에서 동종성이나 똑같은 높이 관계의 경우 그 구성요소를 이루고 있는 세계-독립 관계 R″이 동일성 관계라는 걸 주목했었다. 사실, 이항 관계 R이 이항 관계 R″과 더불어 두 차례 등장하는 함수적 관계 R'의 합성에 의해 정의될 때는 언제나, R은 R″이 동일성 관계인 경우는 언제나 동등 관계일 것이다. 생각나는 대다수의 일상적 이항 동등 관계와 앞에서 논의한 모든 이항 동등 관계는 두 차례 적용된 어떤 함수와 함께 동일성을 합성하여 정의된다고 볼 수 있다.100 이는 아주 많

말할 수 있겠다. 이항 관계 R이 한 짝의 세계-의존 함수 관계 R'과 S'을 세계-의존 이항 관계 R″에 합성시켜서 정의되든지, 아니면 그 대신에 한 쌍의 세계-의존적 관계 R'과 이항 관계 S'의 역관계 S라는 상대곱으로 정의되든지, 둘 중 어떤 경우든 관계 R은 중대한 세계-독립적 관계 R″으로 정의되는데, 이 정의의 목적은, 개별자 x가 중개자 z'와 R'을 맺음이라는 내세계 관계 속성을 가지며, 개별자 y가 중개자 z'와 S'이라는 내세계 관계 속성을 가지며, z는 z'과 세계-독립적 관계 R″을 맺고 있는, 바로 그러한 z와 z'이 존재할 때 그리고 오직 그 때에 임의의 개별자 쌍인 x와 y가 R을 유지하는 것이다. 바로 이런 특별한 뜻에서 우리는 'R이 어떤 것과 R' 맺음과 어떤 것과 S'을 맺음이라는 내세계 속성에 양상적으로 근거를 두고 있다.'는 구절을 정의할 수 있다. 이 구절의 이런 특별한 뜻으로, 우리는 악수함과 같은 관계가 어떤 특성에 양상적으로 근거를 두고 있다고 말할 수 없다. 어떤 것과 악수함 관계를 맺음이라는 속성에도 양상적 근거를 두고 있다고 할 수 없다. 그렇기 때문에, 악수함 관계를 정의하려면 개별자 x가 z와 악수하고 z'이 y와 악수하고 또 z가 z'과 R″을 맺을 때 그리고 오직 그 때만 임의의 개별자 짝 x와 y 사이에 유지되는 관계로 정의될 수 있겠지만, 바로 이런 것에 의거하여 본다면, 세계-독립적 관계 R″은 없다.

100. 주어진 관계항들과 상관된 함수의 값인 중개자가 개별자들의 집합일 때, 그 관계는 R'(x) = ẑ[R‴(x, z)]인 경우에 R'(x) = R'(y)이라기보다 다음과 같은 형식

(z)[R‴(x, z) ↔ R‴(y, z)]

으로 표현될 것이다.

모든 이항 동등 관계가 한 벌의 함수와 동일성 관계의 합성으로 정의된다고 여겨지지는 않는다. 집합론적으로 말하여 보면, 어떠한 이항 관계 R을 동등 관계로 만들기 위해 필요한 전체 순서쌍을 더하기만 하면, 이 관계는 다음과 같은 동등 관계로 "확장될" 수 있다.

(F)[(F includes R ∧ F is reflexive ∧ F is symmetric ∧ F is transitive) → F(x, y)]

즉 한 쌍의 요소 <x, y>는 R을 포함하는 모든 동등 관계에서 유지된다. (나는 이런 논점을 캐플란에게서 빌어 왔다.) 예를 들어 이 형식문의 R 자리에 입맞춤 관계를 끼워 넣으면, 임의의 개별자 x와 y 사이에 둘 중 하나가 나머지 하나에게 입맞춤을 할 경우, 그

은 동등 관계가 자연스럽게 통세계 관계로 이해되는 이유를 설명해 줄 수 있다.

동등 관계에 대한 합성적 정의는 자연 언어에서의 그 관계에 관한 표준적 표현 방법에서 직접적으로 판독될 수 있다. 영어에서 이런 표현은 대개 「τ the same ν as」의 형식을 취하는데, 여기서 τ는 타동사구이고 ν는 보통 명사이며, 그 예로는 '과 똑같은 높이이다'(is the same height as), '과 똑같은 종의 성원이다'(is a member of the same species as) 등이다. '똑같은'이라는 낱말의 출현은 동일성에 관한 서술을 가리킨다. 함수 관계 R'은 타동사구 τ, 예로 '의 구성원이다'(is a member of)의 출현으로 지칭되는 바로 그것이다. (각주 14를 보시오.) 이에 대응하는 함수 R은 공란을 가진 구인 「__이 τ인 그 ν」(「the ν that __ τ」)에 의해 "표현되는" 것이다. 이런 구절의 예는 '__이 구성원인 그 종'(the species that __ is a member of)이며, 이런 구절은 보통 영어의 「the ν of」으로 생략되어 표현된다. 사실, 영어의 타동사구 「τ the same ν as」는 「the ν that __ τ, is identical with the ν that __ τ」의 축약표현이라고 할 수 있겠는데, 이렇게 보면 관계 합성이 드러난다. 후자의 예로는 '__이 구성원인 그 종은 __이 구성원인 그 종과 동일하다.'(the species that __ is a member of is identical with the species that __ is a member of)이다.

영어 구문의 관점에서 본다면, 「τ the same ν as」 형식의 동사구를 「__ τ the ν that __ τ」, 예를 들어 '__은 __의 구성원인 그 종의 구성원'(__ is a member of the species that __ is a member of)의 축약어로 보는 게 더 낫다. 동등 관계 R이 두 차례 적용된 함수적 관계와 동

리고 한 사람이 나머지 다른 사람에게 입맞춘 그 사람에게 입맞출 때, 또한 한 사람이 다른 사람에게 입맞춘 누군가에게 입맞춘 누군가에게 입맞추었을 경우 등에 유지되는 새로운 관계 입맞춤˙을 얻게 된다. 게다가, 누군가에게 입맞추거나 누군가에게 입맞춤을 당하는 사람은 누구나 자신에게 입맞추는˙ 셈이다. 입맞춤˙ 관계가 자연스럽게 통세계 관계로 이해되는지 여부는 무엇이 자연스럽거나 부자연스러운 것이냐에 달려 있다.

I. 직접언급론 197

일성 관계의 합성으로 정의되는 특별한 경우라면, R의 정의는 다음의 형식으로 다시 쓰여질 수 있다.

R(x, y) = $_{def.}$ R'(x, R'(y))

물론 R'이 함수 즉 다 대 일 관계라고 한다면, R의 정의를 표현한 두 형식문은 동등한데, 각각의 문장이 서로에게서 논리적으로 도출된다는 뜻에서 그렇다.[101] 따라서, 예를 들면, 만일 우리가 임의의 자연적 유기체가 기껏해야 한 종의 구성원이고 여러 종의 구성원이 아니라는 것을 공리로 가정한다면,[102] 즉

(Sp1) (x)(y)(z)[Species(y) ∧ Species(z) ∧ x∈y ∧ x∈z → y=z]

---

101. 여기서 가정되고 있는 바를 보자면, 다음과 같은 형식의 추론

ψ[('x)φ(x)] ∴(∃y)[(x)(φ(x) ↔ x = y) ∧ ψ(y)]

은 「ψ(α)」가 n-자리 술어와 α를 비롯한 단칭어의 n차례 출현으로 형성된 원자 형식문인 경우에 타당하다. 그 구성요소인 한정 기술이 고유하지 않는 한 그 전제가 옳을 수 없으므로, 이는 '진리치-보존'이라는 뜻에서 타당하다. 따라서, 두 정의항 'R(x) = R(y)'와 'R'(x, R'(y))'는 동등한데, 만일 이 가운데 하나가 한 짝의 개별자에 적용되는 경우에 그리고 오직 그 경우에만 다른 하나도 그러하다는 뜻으로 동등하다. 이제 우리는 좀더 단순화된 가정을 할 것이다. 비지시어를 갖고 있는 원자 주어-술어 문장은 그르다는 가정이다. 이런 가정에서, R'이 원자 또는 원초 문장(즉 성분 속성으로 분석될 수 없는 문장)일 때, 두 정의항 가운데 어느 하나가 한 쌍의 개별자에 대해 그르다면 그리고 오직 그 경우만 각각의 두 정의항은 한 쌍의 개별자에 대해 그르다는 귀결이 나온다.
102. 공리(Sp1)은 자연류에 관한 이론의 공리로 사용하려고 고안되었다. 이 공리는 자연류 이론에서, 집합론의 공리가 집합론에서 하는 것과 똑같은 역할을 하도록 취해진다. 공리(Sp1)은 그 자체로 매우 개연성이 높은 공리이다. 하지만, 여기서 구체적인 예를 들지는 않겠다. 우리는 이 공리를, 직접 언급론에서 사소하지 않은 본질주의를 도출할 수 있는 가능한 경우 가운데 가장 유망한 것을 구성할 때, 기꺼이 승인할 가정이라고 볼 수 있다. 특히 제 II부에 제기될 비판은 어떤 방식으로든 이 가정에 도전하지 않는다.

자연류 이론에 관해 관련된 가치있는 논의와 그 공리체계화를 보려면, 토마슨(Tomason, 1969)를 보시오.

이라면, 우리는 동종성 관계를 다음과 같이 다시 정의할 수 있다.

$$\text{Conspecific}(x, y) =_{def} x \in (\text{'}z)[\text{Species}(z) \wedge y \in z]$$

이 정의가 우리에게 알려주는 것은, 문자 그대로, 한 쌍의 개별자 x와 y는 만일 x가 y를 구성원으로 하는 그 종의 구성원이라면 그리고 오직 그 경우에만 동종적이라고 말할 수 있다는 것이다. 여기서, 다시, 비록 피정의항에는 없지만, 정의항에서 한정 기술 'y가 구성원인 그 종'을 통해서 중개자에 대해 뚜렷한 언급이 이루어지고 있다는 점을 주목할만하다.

13.4 비지시 단칭어

퍼트남이 제시한 물에 대한 예시 정의의 논리적 형식으로 논점을 전환하기 전에, 이후의 절에서 그 중요성이 증명될 또 하나의 논점을 봐야겠다. 한 개별자가 다른 개별자의 높이보다 낮은 높이를 가졌을 때, 우리는 첫 번째 개별자가 두 번째 개별자보다 짧다고 하며, 한 개별자가 다른 두 번째 개별자보다 더 큰 높이를 가졌거나 동등할 때, 우리는 첫째 개별자가 둘째 개별자보다 작지 않다고 말한다. 이는 두 차례 적용된 높이 함수와 높이 간의 보다 작은 관계에 의해 보다 짧은 관계의 합성적 정의와 아주 완벽하게 부합한다. 하지만 높이를 갖는 대상과 높이를 갖지 않는 다른 대상을 비교한다고 가정해보자. 말하자면, 교탁을 수나 집합과 같은 추상적 대상에 비교한다고 보자. 그렇다면 '이 교탁은 그 공집합보다 짧다.'는 진술을 평가하는데는 문제가 있다. 확실히 이 진술은 옳지 않으나, 그렇다고 그른가? 예를 들어, 교탁은 그 공집합보다 작지 않다고 말할 수 있는가? 일부 철학자들은 이 진술 또는 그 부정 진술이 "분류가 부정확" 하고 "범주 착오"를 포함하므로, 모두 진리치를 결여한다고 즉 그들은 옳지도 그르지도 않다고 말할 것이다. 다른 사람들은 이 진술들이 그르고 그 부정은 옳다고 말할 것이다. 하지만, 여기서 제시된 '보다 짧은' 관계의 합성적 정의에 의하면, 인용된 진술을 어떻게 평가할 것인지의 문제는 원자 주어-술어 문장을, 그 구성요소 단칭어 가운데 하나가 비지시어일 때, 어떻게 평가할지의 문제로 환원된다. 왜냐하면, 보다 짧은 관계의 정의에 의하면, 진술 '이 교탁은 그 공집합보다 짧다.'는 다음과 같이 분석될 수 있기 때문이다.

이 교탁의 높이 < 그 공집합의 높이

그러므로 이는 암암리에 비지시 한정 기술 '그 공집합의 높이'를 포함한다. 지시어에 관한 의미론적 이론 가운데 일부는 이런 진술을 그르다고 간주한다. 그리고 나머지 이론들은 이 진술을 진리치를 결여했다고 간주한다. 일반적으로, 합성에 의해 이항 관계 R의 정의에 나타나는 함수 R′과 S′은 부분 함수일 것이다. 다시 말해, 그들은 모든 논항의 값을 산출하지 않는다. 높이 함수는 추상적 대상이 그 논항으로 취해졌을 때, 추상적 대상이 높이를 갖지 않기 때문에 아무런 진리치를 산출하지 않는다.[103] 이와 마찬가지로 종-함수는 탁자나 의자 같이 생물 종의 구성원이 아닌 무생물을 논항으로 취했을 때 아무런 진리치도 산출하지 못한다. 이는 '이 교탁과 세상에서 가장 큰 살아있는 그 포유류는 동종이다.'와 '이 교탁은 그 공집합보다 짧다.'와 같은 진술을 평가하는데 문제를 야기한다. 만일 이런 진술들이 옳지도 그르지도 않다고 간주된다면, 차후에 약간의 기술적 물음과 복잡성이 발생되는데, 이 물음과 복잡성은 쉽게 해소될 수 있으나 이 책의 주된 관점에서 본다면 거의 흥미가

---

103. 추상적 대상이 높이를 갖지 않는다고 말할 때, 그들이 높이 0 (단위)를 갖는다는 의미가 아니며, 추상적 대상이 논항으로 취해졌을 때, 높이 관계는 아무런 진리치도, 심지어 0 조차도 산출하지 않는다는 말이다.

없는 것이다. 이런 복잡성을 피하기 위해, 우리는 단순히 이런 진술들이 그르다고 간주하겠다.

보다 짧은 관계나 동종성 관계를 통세계 관계로 볼 수 있기 위한 구조적 분석을 견지하면서, 이런 진술이 그르다고 간주하는 일을 확신하게 해주는 고려 사항들이 몇 가지 있다. 우리는 의미론적 이론을 채택할 수 있는데, 이 이론에 따라 비지시 단칭어가 포함된 원자 주어-술어 문장은 그르다고 간주된다. 이와 달리, 우리는 합성에 의한 이항 관계 정의의 일반 형식을 변경할 수 있겠다. 따라서, 이 정의의 일반 형식을 다음과 같이 다시 써볼 수 있다.104

$$R(x, y) =_{def.} (\exists z)R'(x, z) \land (\exists z') S'(y, z') \land R''(R'(x), S'(y))$$

또는 좀더 익숙한 형식으로 다음과 같이 써도 되겠다.

$$R(x, y) =_{def.} (\exists z)(\exists z')[R'(x, z) \land S'(y, z') \land R''(z, z')]$$

비지시어를 포함한 원자 형식문을 그르다고 간주하는 의미론적 이론을 채택하면, 이후의 논의를 가장 용이하게 풀어갈 수 있겠다. 또한 이는 가능 세계 w에서 아무 것도 지시하지 않는 단칭어를 포함한 원자 형식문이 w에서 그르다고 간주될 것임을 의미한다.105

---

104. 유일성 구를 추가해서 정의항을 확장할 필요는 없다. 왜냐하면 R'과 S'이 함수 즉 다대일 관계라는 게 주어졌기 때문이다. 하지만 다음과 같은 것을 주의해야겠다. 우리는 이항 관계 R을 합성이나 상대곱의 가운데 하나의 방법에 의해 이항 관계 R의 정의를 형식화하도록 선택한다. 이때 두 방법 각각의 경우 정의는 중개자나 실재들에 관해 존재 양화나 한정 기술에 의해 아주 확연히 드러난 언급을 포함하지만, 반면 피정의항은 중개자에 관해 그런 확연한 언급을 포함할 필요가 없다.
105. 특히 동일성 진술 「α = β」는 α나 β가 임의의 가능 세계 w에서 아무 것도 지시하지 않는다면, w에서 그르다고 간주될 것이다. 이는 만일 α나 β 둘 중 하나가 w에 존재하지 않는 어떤 것(즉 w와 관련하여 속박 변항의 치역에 존재하지 않는 어떤 것)을 w에서

14. 재정식화

14.1 형식화의 새로운 시도

이제 퍼트남이 제시한 물의 예시 정의를 다시 살펴보자. 이 정의에서 물 표본의 가능 세계-단면에 관한 언급을 모조리 제거할 때, 물 표본들끼리의 관계를 네 자리 관계 또는 통세계 관계로, 즉 여러 가능 세계에 걸쳐 있는 물 표본들끼리의 관계로 이해하려 했었다. 우리는 이미 동체성이나 동종성 관계와 같은 동등 관계가 자신들의 합성적 구조에 의해 자연스럽게 통세계 관계로 이해됨을 보았다. 동체성 관계는 위에서 제시된 동종성 관계의 정의에 잘 들어맞게 유비시켜서 다음과 같이 이루어질 수 있겠다.

Consubstantial(x, y) = $_{def.}$

($^?$z)[Substance(z) $\wedge$ x$\in$z] = ($^?$z)[Substance(z) $\wedge$ y$\in$z]

지시한다면 「$\alpha = \beta$」가 w에서 자동적으로 그르다고 간주됨을 의미하지 않는다. 형식문 「$\alpha = \beta$」는 만일 α와 β가 w에서 똑같은 것을 지시한다면 그리고 오직 그 경우만 w에서 옳다. (한 가능 세계에서 아무 것도 지시하지 않는 용어와 한 가능 세계에 실존하지 않는 어떤 것을 그 가능 세계에서 지시하는 용어의 구분에 관해서는 3.1절과 3.2절을 보시오.)

양상 연산자로 변항을 속박시킨다면, (10)에 나타나는 실존 술어 'Exists'는 다음과 같이 정의 가능하다.

Exists(α) = $_{def.}$ ($\exists \beta$)[$\alpha = \beta$]

여기서 β는 α에서 자유 출현하지 않는 임의의 개체 변항이다. 만일 가능 세계 w에서 속박 변항 β의 치역에 소속되는 구성원이 아닌 어떤 것 즉 w에 실존하지 않는 어떤 것을 α가 w에서 지시한다면, 정의항이 그리고 그에 따라 피정의항 「Exists(α)」가 당연히 w에서 그르다. 또한 동일성 진술의 한 성분이 비지시 표현일 경우에 그 진술을 그르다고 해석하기로 결정한 데 따라, 정의항과, 따라서 피정의항 역시 만일 α가 아무 것도 지시하지 않는다면, 그르다. 따라서 '그 현재의 프랑스 왕은 실존한다.'는 진술 역시 그르다고 간주된다.

또는 좀더 간단히

Consubstantial(x, y) =$_{def.}$ x ∈ (′z)[Substance(z) ∧ y∈z]

여기서 '∈'는 한 실체 표본과 그 표본의 실체 사이에 맺어지는 관계를 나타내는 술어로 취해졌다. 이것이 의미하는 바를 보자면 이렇다. 만일 개별자 y가 표본 역할을 하는 실체와 똑같은 실체의 표본이 바로 x라면 그리고 오직 그 경우에만, 정의에 의해 한 짝의 개별자 x와 y가 동체성을 띤다. 가능 세계 담화로 전환할 경우 첫 번째 정의는 다음과 같이 된다.

Cross-world-consubstantial(x, w_1, y, w_2) =$_{def.}$
(′z)[Substance$_{w1}$(z) ∧ x ∈$_{w1}$ z] = (′z)[Substance$_{w2}$(z) ∧ y ∈$_{w2}$ z]

마찬가지로 두 번째 정의는 다음과 같이 된다.

Cross-world-consubstantial(x, w_1, y, w_2) =$_{def.}$
x ∈$_{w1}$ (′z)[Substance$_{w2}$(z) ∧ y ∈$_{w2}$ z]

둘 중 하나는 'x는 y가 w_2에서 표본인 실체와 똑같은 실체의 w_1에서의 표본이다.'는 통세계 관계구를 적절히 기호화했다고 채택될 것이다. 통세계 동체성에 관한 두 번째 정의는 첫째 정의의 사소한 귀결이다. 물론 적절한 가정에 의거한다면, 두 정의는 동등하다. 이 경우에 필요한 가정을 (화학적) 실체 개념에 관한 두 공리를 필연화시키는 방식으로 진술할 수 있다. 첫째 공리는 전적으로 종에 관한 공리(Sp1)에 유비되며, 후자의 공리는 어떠한 자연 유기체든 기껏해야 한 종의 구성원임을 주장한다. 여기서 우리는 실체 표본에 관해 똑같은 것을 모든 가능 세계에서 주장해야만 한다. 즉 우리는 자연류에 관한 이론의 다음 공리를 필연화해야 필요가 있다.

(Sub1) (x)(y)(z)[Substance(y) ∧ Substance(z) ∧ x∈ y ∧ x∈z → y=z]

나아가 우리는 실체에 관한 본질주의 일반 원리를 가정할 필요가 있다. 즉 일부 가능 세계에서 실체인 어떤 것이든 그것이 실존하는 모든 가능 세계에서 실체라는 걸 가정할 필요가 있다.[106] 이 가정은 다음의 본질주의 원리의 필연화로 표현될 수도 있다.[107]

(Sub2) (x)(Substance(x) → □ [Exists(x) → Substance(x)])

공리 (Sp1)과 더불어 공리 (Sub1)과 (Sub2) 역시 상당한 개연성이 있으나 여기서는 구체적인 실례를 들지 않겠다. 물론 이 책의 제 II부의 주요 탐구 목적에 비추어볼 때, 여전히 다음과 같은 문제 즉 본질주의자의 (Sub2)가 어찌했든 직접 언급론의 귀결로서 도출되는지 여부가 남는다. 이런 세 가지 가정은 동종성과 동체성 관계의 정의에 관해 두 번째

---

[106]. 실체에 관한 본질주의의 일반 원리는, 이에 대응하는, 실체 표본에 관한 본질주의 일반 원리와 혼동되어서는 안된다. 후자에 의하면 일부 가능 세계에서 실체 표본인 것은 어떤 것이든 그것이 실존하는 모든 가능 세계에서 실체 표본이다. 더불어 3장의 각주 5를 보시오.

[107]. 기술상의 이유로, 필연화되지 않은 (Sub1)과 (Sub2)는 양상 연산자를 포함한 언어로 속박 변항을 다룰 경우 즉 "가정적"이거나 양상적 연산자가 포함된 논의의 경우 불충분할 수 있다. (Sub1)과 (Sub2)로 표현된 일반 원리는 현실 세계에서 실존하지 않을 수도 있는 가능한 실체에 관해 주장되어야만 하는데, 이럴 경우 현실에서 실존하는 것과는 다른 현실이 실존했어야만 한다고 가정해야 한다. (가능하지만 비현실적인 실체의 성립 가능성에 관해서는 6.1절에서 간단히 논의될 것이다. 또한 각주 36이하를 보시오.) 이미 주목했었듯이, 우리는, 이 책에서 계속해서, 가능 세계 w에 관한 속박 변항의 치역을 w에서 실존하는 가능한 개별자의 집합 바로 그것이라고 가정하겠다. (Sub1)과 (Sub2)에 있는 맨 앞의 보편 양화사가, 현실의 실체이든 아니든, 모든 가능 실체를 치역으로 삼는다는 것을 확실히 하려면, (Sub1)과 (Sub2)의 필연화를 주장해야만 한다.

형식문이 아니라 첫 번째 형식문을 취함으로써 제거될 수 있다. 하지만 될 수 있으면 일상 (영어의) 표현법에 근접하도록 기호체계를 유지하기 위해서 두 번째 정식화된 표현을 사용하겠다. 공리 (Sp1), (Sub1), (Sub2)를 수용한다면 이는 새로운 가정을 하는 셈이다. 즉 우리가 직접 언급론에서 사소하지 않은 본질주의의 도출가능성 주장 가운데 가능한 가장 강력한 주장의 구성을 승인하는 셈이다.

우리는 이제 (10′)을 좀더 명쾌한 기호 표현으로 제시할 수 있는 자리에 서게 되었다. 우리는 다음과 같은 형식문을 (10)과 앞에서 제시된 동체성 관계의 두 번째 정의로부터 직접 얻을 수 있다.

(11) $(w)(x)[\text{Exists}_w(x) \to (\Pi \text{water}_w(x)$
  $\leftrightarrow x \in_w(^?z)[\text{Substance}_{w@}(z) \land (\text{this} \in_{w@} z)])]$

(11)은 일정한 중개자에 관해서, 즉 지시대명사 '이것'에 의해 언급되는 모범이 현실 세계에서 그 표본인 실체에 관해서, 한정 기술에 의해, 아주 공공연하고 뚜렷한 언급을 하고 있다는데 주의해야 한다. 이런 실체에 관한 공공연한 언급은 (10)에는 나타나지 않았으며, 바로 이런 이유로 (10′)을 기호화하는데 (11)이 (10)보다 더 낫다.

물론 언급된 실체는 물이다. 이미 본대로, 이 실체에 관한 언급은 동체성 관계를 통세계 관계로 이해하는데 결정적으로 중요하다. 이 표본을 여러 세계에 걸친 동체성을 띤다고 보는 이유는 바로 이 실체가 물 표본과 내세계 관계를 맺은 중개자로서 여러 세계에 걸쳐 유지되기 때문이다.

이 대목에서 주목해야 할 점이 있다. 퍼트남이 자연류어 직접 언급론을 제시하는 서두에서 지적하기를 "우리는 적어도 약간의 경우에 똑같은 개별자가 하나 이상의 가능 세계에서 실존한다고 말하는 게 가능하다는 것을 … 가정하겠다."고 했다(1975a, p.230). 그런데 이 문장에 대한 각주에서 그는 제한하기를 "이 가정은 다음의 논의에서 현실적으로 필요하지 않다. 필요한 것은 똑같은 자연류가 하나 이상의 가능 세계에서 실존할 수 있다는 것이다."고 한다(p.230n).

캐플란(1975, pp.722-723)에 따르면, 한 가능 세계에서 류 k에 속하는 어떤 것 x를 다른 가능 세계의 류 k의 어떤 것 y와 동일시하는 일, 즉 유사성 개념이나 성질 개념과는 상관없이 절대적인 뜻으로 동일시하는 것은 아주 완벽히 분별있는 일이다. 그는 이런 신조를 '류 k에 속하는 것에 관한 개체성주의'라고 부른다. (위의 각주 18을 보시오.) 캐플란의 용어법으로 하면, 퍼트남은 그의 각주에서 자신의 이론이 자연류에 관한 개체성주의를 전제 가정한다고 지적한 셈이다. 이 각주에서 퍼트남은 다음과 같은 생각을 강하게 하는 셈이다. (10′)을 기호로 표현할 경우에, 통세계 동체성에 관한 합성적 정의를 사용하도록 만드는 기호 표현이 실체 물을 통세계적인 것으로 말하려는 어떠한 시도도 감추어 버리는 표현보다 퍼트남의 의도에 더 부합된다. 표현 (11)은 물론 일정한 자연류를 통세계적인 것으로 명확하게 언급하도록 하지만, 반면 (10)은 어떤 형태의 개체성주의에 대한 언질도 주지 않는다. 바로 이점이 (10′)의 기호 표현으로 (11)이 더 나은 두 번째 이유이다.

14.2 기본 주장 T3

'호랑이' 같은 종을 나타내는 용어의 예시 정의가 갖는 논리적 형식을 찾아내기 위해서, 우리는 단지 (11)안의 '물'을 '호랑이'로, '실체'를 '종'으로 바꾸기만 하면 다음과 같은 표현을 얻게 된다.

$(w)(x)[\text{Exists}_w(x) \rightarrow$
$(\Pi \text{tiger}_w(x) \leftrightarrow x \in_w ('z)[\text{Species}_{w@}(z) \land (\text{this} \in_{w@} z)])]$

이를 일상어로 풀어 말하면

    모든 가능 세계 w에 관하여, w에 실존하는 어떤 것은, 만일 그것이 w에서 한 종의 구성원이며, 그 종은 현실 세계에서 이것이 그 구성원 역할을 하는 종과 똑같은 종이라면 그리고 오직 그 경우에만, w에서 호랑이이다(For every possible world w, something existing in w is a tiger in w if and only if it is a member in w of the same species that *this* is a member of in the actual world).

  여기에는 모범 역할을 하는 특정 호랑이에 관한 언급이 포함되어 있다.
  예시 정의의 논리적 형식을 일반화하면, 퍼트남의 기본 주장 T3이 다음과 같은 일을 할 수 있다고 해석될 수 있겠다. 이 주장에 따르면, 우리는 다음과 같은 논리적 형식을 갖춘 "예시 정의"를 통해 자연류 보통명사 ν 의 "의미를 설명" 할 수 있고, 그에 의해 지칭을 고정할 수 있다.

$$(w)(x)[Exists_w(x) \rightarrow$$
$$(\Pi\nu_w(x) \leftrightarrow x \in_w (^?z)[K_{w@}(z) \wedge this \in_{w@} z])]$$

  여기서 '∈'는 개별자 x가 류 k의 실례일 경우 x와 k 사이에 유지되는 관계의 이항 술어이며, K는 더 포괄적인 자연류 술어로서 '실체이다'나 '종이다'를 나타내며, 여기서 (영어의) 현장 지시어 'this'는 ν 에 의해 지칭되는 자연류의 현실 모범을 언급하기 위해 사용되었다.

14.3 환원주의와 분석

  퍼트남이 제안한 물의 예시 정의를 분석하면서 곁들여 살펴 볼만한 것이 있다. 우리가 합성 관계를 논의하면서 계속해서 주목해왔던 바에 따르면, 이항 관계가 한 쌍의 함수 R', S'과 이항 관계 R″을 합성하여 정의되거나, 아니면 이항 관계가 한 쌍의 관계 R'과 S'의 상대곱으로 정의될 때, 피정의항에서는 중개자에 대한 어떠한 명시적 언급도 필요 없었던 데 비해서, 정의항에는 한정 기술에 의해서건 존재 양화사에 의해서건 중개자나 중개자들에 관한 명시적 언급이 존재한다. 정의항과 피정의항의 이런 차이는 철학에서 흔히 환원주의자 계획과 연관지어서 의의가 있다. 만일 관계 R의 정의가 엄밀한 동의어 정의로 제시되었다면, 정의항은 피정의항의 의미론적 외연뿐만 아니라 그 뜻도 고정한다고 가정된 셈이다. 우리는 이 정의항에 의해 관계 R의 형이상학적 외연, 즉 때로 외연-내-관계(relation-in-extention)나 값의 방향(course of value : 순서쌍 집합)라고 불리는 것뿐만 아니라, 내포-내-관계(relation-in-intension) 즉 이항 관계 자체도 포착하려는 것이다. 이때의 이항 관계는, 한 대상이 속성을 갖는 반면 한 쌍의 대상은 이항 관계에 놓인다는 점만을 제외하고는, 속성과 유비되는 귀속성이다. 따라서 합성이나 상대곱에 의해 이루어진 이항 관계 R의 정의가 엄밀한 동의어 정의로 취급될 때, R에 관한 술어는 비록 은폐된 형태로나마 중개자에 대한 언급을 포함한다고 이해되며, R'과 S'(즉 S의 역)의 두 번째 관계지 역할을 하는 중개자 관념은 R에 관한 술어에 의해 표현된 관념보다 개념적으로 우선거나, R에 관한 술어에 의해 표현된 관념을 구성해준다. 이는 술어의 의미론적 외연이 R의 관계지만을 포함하며 중개자는 포함하지 않는다는 사실에도 불구하고 옳다. 많은 철학자들은 관계 R의 형이상학적 외연이 오직 그 관계지만을 포함한다는 사실에 우선권을 주어서, 관계 R의 구성요소 관계 R'과 S' 둘과 독립적으로, 합성적 관계 R을 재정의하는 게 좋다고 여겼다. 간단히 말해, R을 원초적인 것으로 보고자 했다. 이렇게되면 관계 R 자체로 중개자라는 범주를 제거하거나, 중개자를 관계 R로 논리적 순환 없이 정의 가능한 "논리적 구성물"로 보는 게 가능하다.

예를 들어, 집합들 간의 동수 관계(equinumerous relation)를 보자. 이 동등 관계는 한 쌍의 집합에서 각각의 기수들(the cardinalities)끼리의 동일성이라고, 합성에 의하여 정의될 수 있으며, 이에 따라 기수성을 중개자로 취급할 수 있다. 프레게의 많은 업적 가운데 하나는 이 동수 관계가 집합의 기수성 개념과 무관하게 "논리학"(즉 상위 논리학, 즉 논리학과 고유한 집합 이론을 더한 것)의 개념을 사용하여 정의된다는 것을 증명한 것이다. 동수 관계에서 수에 관한 언급을 제거하게 되자, 논리학자는 기수성 개념, 더 나아가 일반적으로 수 개념을 집합들 간의 동수 관계로 순환 없이 정의할 수 있게 되었다.

이와 구조적으로 유사한 시도가 표현의 "의미" 즉 뜻이라는 개념과 관련하여 이루어졌다. 표현들끼리의 동의성 관계는 한 쌍의 표현이 갖는 뜻끼리의 동일성이라고, 합성에 의해 정의될 수 있겠는데, 여기서 뜻이 중개자로서 포함된다. 일부의 언어 철학자들이 제안하는 바에 따르면, 우리는 동의성 개념을 표현의 뜻이라는 개념과 무관하게 재정의할 수 있거나, 또는 어떤 동의성 개념을 원초 개념으로 택한 뒤에 독립적으로 정의된 동의성 관계나 원초적 동의성 관계를 이용하여, 뜻의 개념을 설명하거나 제거할 수 있다.[108]

물론, 이 각각의 환원주의자 계획에 따르면, 문제의 관계 R에 대한 합성적 정의에서 주장되고 있는 엄밀한 동의성을 암암리에 거부하고 있다. 우리가 집합 사이의 동수 관계로 수 개념을 분석하면서, 만일 동수 관계를 다시 수 개념으로 분석하려 한다면, 수 개념을 분석할 수 없다. 마찬가지로, 우리가 의미를 표현들 간의 동의성 관계로 환원하려 하면서, 의미 개념으로 동의성 개념을 분석한다면, 애초에 하고자 했던 "환원을 할" 수 없다. 만일 중개자라는 범주가 관계 R을 가지고 개념적으

---

108. 이런 움직임은 콰인의 저작 여러 군데에서 제시된 바 있다. 그에 대한 뚜렷한 예를 보려면, 1969, p.295를 보시오. 이 비슷한 착상이 데이빗슨의 똑같은-말하기 관계 (samesaying relation)에도 암시되어 있다(1969).

로 구성된다면, 후자를 가지고 전자를 진정으로 "환원하는 것"은 불가능하다. 최소한 "우리의 개념틀을 수정" 하지 않는다면 불가능한 일이다. 이런 생각을 따른다면, 우리는 다음과 같은 분석을 거부하고 싶을 것이다. 종을 동종의 유기체로, 실체를 동체인 표본으로 "환원" 하기 위해, 종에 의한 동종성 관계의 분석 그리고 실체에 의해 동체성 관계의 분석이 그것이다. 이런 방식으로, 종과 실체와 같은 자연류가 이 자연류를 이루어내는 실례들 "이상이 전혀 아니"라는 직관에 철학적 근거를 마련해 주고 싶을 것이다. (하지만, 3장, 각주 6을 보시오.)

14.4 양상 연산자를 이용한 담화로의 번역

이미 우리는 이항 관계의 합성적 정의에서 주장된 엄밀한 동의성을 지지하여 얻을 수 있는 중요한 이점을 하나 보았다. 이항 관계가 자연스럽게 통세계 관계로 이해될 수 있는 이유를 그럴듯하게 설명해주는 이점이 그것이다. 동종성이나 동체성 같은 관계를 합성적으로 분석할 때 또 다른 이점이 있는데, 바로 이 때문에 일부 철학자들은 동등성 관계의 합성적 분석에 의해 잘 다루어질 수 있는 다른 환원주의자 계획을 가질 수 있다. 양상 연산자 담화를 이용하여 가능 세계 담화를 궁극적으로 제거하려는 계획이 그것이다.[109]

퍼트남이 제시한 물의 예시 정의에 출현하는 통세계 동체성 관계에 관한 우리의 분석은 원래 (8)과 (8')에서 액체 표본의 가능 세계-단면이라는 기묘한 것에 관한 언급을 제거해 보려는 동기에서 비롯되었다. 우리는 이를 통해 다른 부산물도 챙길 수 있을 것 같다. 이 분석을 통해 퍼트남의 원래 형식문에 포함된 잠재적으로 탐탁지 않은 다른 특징, 이른바 가능 세계 양화도 쉽게 제거할 수 있다. 물론, 퍼트남은 가능 세계

---

109. 이런 환원주의자 계획을 더 상세히 논의하여 설명한 것을 보려면 파인(Fine, 1977a)을 보시오.

개념의 반박 가능성이 일부 철학자에 의해 밝혀졌다는 것을 깨닫고 있었다.110 그는 다음과 같은 말로 이런 개념을 사용하는데 대해 간단히 변명하고 있다. "이 개념은 좀더 정밀하게 다듬어져야 하겠지만, 한편으로는 이 개념은 뜻이 통하는 개념이며 그래서 우리는 이 개념이 과학적으로 중요하다고 느낀다."111 이 말은 올바를 수 있다. (필자도 이런 노선에 따르는 어떤 것이 올바르다고 믿는다.) 하지만 이런 논점에 관해 좀더 광범한 의견일치가 있을 때까지는, 가능한 경우는 언제나 그리고 특히 일상어의 가정적 어법이 탐구중인 주제(예를 들어, 일상어에서 자연류어의 의미를 어떻게 설명할 것인가)에 더 적절할 경우에, 가능 세계에 관한 언급을 포함하지 않은 일상적이며 좀더 익숙한 용어로 이론을 형식화한다면 바람직할 것이다. 따라서 예를 들면, "모든 가능 세계에서, p는 성립된다."고 하기보다는 "필연적으로, p가 성립한다."거나 "반드시, p가 성립한다." 또는 "p가 성립하지 않을 수 없다."고 말할 것이다. 형식적 용어로 말해서, 우리는 가능 세계에 관한 보편 양화를 문장 필연성 연산자로 대치할 것이고, 가능 세계에 관한 존재 양화를 문장 가능성 연산자로, 그리고 현실 세계 상항을 문장 현실성 연산자로 대치할 것이다. 실질 어법으로 말한다면, 우리가 가능 세계 담화를 양상 연산자로 이루어지는 가정법 담화로 번역할 때, 우리는 결국 비현실 가능 세계를 비체화 양상들(unreified modes) 또는 비체화 방식들로 "환원"한다. 구체적 특정 사물에 관련된 사실이 (필연성, 불가능성, 우연성 등에 의해) 이 양상이나 방식으로 성립될 수 있을 것이다.

 가능 세계 담화 형식문을 가정법 담화 형식문으로 번역하자는 이런 제안은 유난히 복잡하다. 이런 복잡성은 가능 세계를 포함한 담화가 양상 연산자를 포함한 통상의 일차 담화보다 본질적으로 훨씬 더 번잡스

---

110. 예를 들어 록스(Loux), 1979와 콰인, 1972, pp.492-493을 보시오.
111. 1975a, p.230에 있다. 또한 크립키의 가능 세계 옹호 논증(1972a, pp.48n, 15-20)과 루이스의 논증(1973, pp.84-91)과 비교해 보시오.

럽다는 데서 비롯된다.112 특히 가능 세계 담화를 가정법 담화로 환원하려 할 때, 제거 불가능한 가능 세계 중첩 양화를 포함하는 형식문을, 앞에서 제안한 단순한 방식을 가지고, 환원하려 하는 일은 대개 성공할 수 없다. 예를 들어, 다음의 형식문

($\exists w_1$)(w_2)(x is taller in w_1 than y is in w_2)

을 다음의 형식문

$\Diamond\Box$(x is taller than y)

로 바꾸어 쓴다면 실수를 범하는 것이다. 두 번째 형식문은 x가 y보다 필연적으로 키가 컸을 수도 있다는 주장을 하는 반면, 첫 번째 형식문은 좀더 강한 주장 즉 x는 키 큰 것이었을 것이어서 그 x의 높이는 y의 어떠한 가능한 높이보다 더 클 것이라는 주장을 표현한다.113 이것이 의

---

112. 보통의 일차 양상 연산자 담화에서, 모든 진술은 가능 세계 진술과 동치이다. 그런데, 이 가능 세계 진술 내에서, 모든 가능 세계 중첩 양화사는, 만일 그것이 있다면, "접근 가능성" 절을 포함한 특정 형식의(보다 정확히 말해서 이런 형식 가운데 하나와 동등한) 진리치 행열을 갖는다. 하지만, 이에 비해, 가능 세계 담화의 모든 진술이 이런 형식 가운데 하나와 동등한 것은 아니다. 가능 세계 담화를 양상 연산자 담화로 번역하는 것에 관해서는 파인(1977a)과 하젠(Hazen, 1976)을 보시오. 가능 세계 담화가 본질적으로 보통의 일차 양화 연산자 담화보다 번잡스러운 두 번째 이유는 각주 35에서 논의될 것이다.
113. 예를 들어, 만일 x가 본질적으로 y보다 키 크다면, 첫 번째 형식문은 그를 테지만 두 번째 형식문은 옳다. 그러나 y의 가능한 높이에 관해 필연적인 상한선이 없으므로, 어떠한 높이 h에 관해서도, y는 h보다 더 큰 높이를 가질 수도 있었다. 가능 세계 논의에서 두 번째 형식문은 다음과 같이 번역될 수 있겠는데,

($\exists w_1$)(w_2)[w_2 is accessible to $w_1 \rightarrow$ in w_2, x is taller than y]

x와 y가 서로 다른 가능 세계에 있을 경우 그들 간의 어떠한 높이 비교도 할 수 없다는 주장인 셈이다. 앞 문장에서 강조된 부분은 또 다른 논점을 보여준다. 제거 불가능한 가능 세계 중첩 양화를 포함한 약간의 문장은, 통상의 일차-질서 양상 연산자 담화에서, 동등한 형식문을 갖는다. 복합 양상(nested modalities)을 포함한 표현들도 마찬가지 사정

미하는 바는 가능 세계 논의를 양상 연산자가 포함된 논의로 최종 환원하는 일이 가능 세계를 양상 연산자로 곧바로 단순히 바꾸는 일보다 틀림없이 훨씬 어려운 일이라는 것이다.

다행히 퍼트남의 물에 대한 예시 정의의 최종 형식문 (11)은 가능 세계에 관한 어떠한 중첩 양화도 포함하지 않고 있다. 만일 (11) 속의 'W$_@$'의 출현이 문장 현실성 연산자 'A'로 대치되고, 가능 세계에 관한 애초의 양화사가 필연성 연산자로 바뀐다면, 우리는 다음의 형식문

□(x)(Exists(x) →

[Πwater(x) ↔ x ∈ ('z)(A[Substance(z)] ∧ A[this ∈ z])])

을 얻게 되는데, 이는 다음과 같은 형식문으로 환원될 수 있겠다.[114]

이다.
114. 양상 연산자 담화에서 속박변항을 다루는 이 책의 방식을 감안한다면, 첫 번째 번역에 출현하는 'Exists(x)'는 제거 가능하다. 왜냐하면, 어떠한 가능 세계에 관해서든, 속박 변항 'x'는 w에 실존하는 것만을 치역으로 삼기 때문이다. 실존 술어의 정의에 관해서는 앞의 각주 26을 보시오.
　가능 세계 담화를 양상 연산자 담화로 환원하는데 두 번째로 복잡한 것이 있는데, 이는 (11)에서 (12)로 번역하는 가운데 완전히 무시되었다. 가능 세계 담화는 현실의 개별자 뿐 아니라, 가능하지만 비현실적인 개별자에 관한 존재론을 전제 가정한다. 가능 세계 담화의 양화사는 소위 "권외의"(outer domain) 또는 "가능주의자"(possibilist) 양화사이다. 따라서 '(∃w)(x)Male$_w$(x)'와 같은 문장은 약간의 가능 세계 w에서, 가능한 모든 개별자 x는 그것이 w에서 존재하든 하지 않든 w에서 수컷이다는 주장을 표현한다. 가능 세계에 실존하는 가능한 개별자들을 구별하기 위해서는, 가능 세계 담화에 가능 세계에서의 실존을 나타내는 원초 술어를 반드시 도입해야 한다. 이 술어는 이미 (8)-(11)에 걸쳐 드러났다. 양상 연산자 담화에서의 속박 변항과 관련해서 상황은 좀 다르다. 이미 주의를 기울여 살펴본 바대로, 이 책에서 지속적으로 가정되고 있는 것은, 다름아니라, 가능 세계 w에서 속박 변항의 치역이 바로 w에 실존하는 가능 개별자 집합이라는 점이다. 유감스럽게도, 가능 세계 담화의 변항과 양상 연산자 담화의 변항 간의 차이는 (11)에 나타나는 한정 기술 '('z)[Substance$_{w@}$(z) ∧ (this ∈$_{w@}$ z)]'을 번역하는 데 새로운 어려움을 낳는다. (11)을 번역했노라고 제시한 (12)에 나타나는 한정 기술 '('z)A[Substance$_{w@}$(z) ∧ (this ∈$_{w@}$ z)]'은, 3.1절에서 도입된 용어로, 물의 부착 지칭어이다. 가능 세계 담화로의 정확한 번역은 '('z)[Exists$_w$(z) ∧ Substance$_{w@}$(z) ∧ this ∈$_{w@}$ z]'일텐데, 이는 가능 세계 변항

(12) □(x)(∏water(x) ↔ x ∈ (²z)(A[Substance(z) ∧ (this ∈ z)])

이를 일상어로 바꾸어 보면

(12) 다음은 필연적으로 성립한다 : 만일 어떤 것은 이것이 현실에서 표본 역할을 하는 실체와 똑같은 현실 실체의 표본이라면 그리고 오직 그 경우에만, 그것은 물의 표본이다(It is necessarily the case that : something is a sample of water if and only if it is a sample of the same actual substance that this is actually a sample of).

형식문 (12)는 실체 물에 대해 「(²α)Aφ」라는 형식의 한정 기술을 사용하고 있다. 우리는 3.1절에서 「(²α)Aφ」라는 형식의 지표 한정 기술이 현실성 연산자를 뺀 기술 「(²α)φ」의 고정 상대역(rigid counterpart)이라는 것을 보았다. (12')에 포함된 기술 '이것이 현실에서 표본 역할을 하는 실체와 똑같은 현실적 실체'는 기술 '이것이 표본 역할을 하는 실체와 똑같은 실체'의 고정 상대역이다. 또한 한정 기술을 '고정화'(rigidify)하는 다른 방법은 캐플란의 지표 연산자 'dthat' 안에 기술을 묶는 것이다. 물론 (11)은 (12)의 방식뿐만 아니라 다음과 같이 양상 연산자 담화로 번역될 수

'w'의 값이 실체 물이 실존하는 가능 세계일 때는 실체 물을 지시하며, 'w'의 값이 실체 물이 실존하지 않는 가능 세계일 때는 아무 것도 지시하지 않는다. 이와 대조적으로 (11)에 출현하는 한정 기술은 변항 'w' 값의 선택과 무관하게 실체 물을 지시하는데, 이는 'w'가 (11)에 출현하지 않기 때문이다. 비지시어를 포함한 원자 형식문을 그르다고 간주하기로 한 결정에 따른다면, (11)과 (12) 사이의 차이는 (12)를 통해 (11)을 양상 연산자 담화로의, 최소한 느슨한 번역을 못하게 할 정도는 아니다. (13.4절을 보시오.) (11)을 양상 연산자 담화로 번역을 더 잘 하려면, 모범 예가 표본 역할을 하는 실체는 다름아니라 바로 실체 물이라고 "기술"하면서, 한편으로는 모든 가능 세계에서 그 실체가 거기에서 실존하거나 않거나 간에 실체 물을 지시하는 단칭어를 사용하면 된다. 즉 물의 고착 지시사가 필요하지만, 그것은 어떤 뜻에서는 기술적이다. (1장의 각주 11을 보시오.) (11)에 대한 이런 번역은 (13)에서 제시될 것이다. 그러므로 (12)보다 (13)이 더 낫다고 생각할만한 기술적 이유가 있는 셈이다.

있겠다.115

(13) $\Box(x)[\varPi water(x) \leftrightarrow x \in dthat(('z)[Substance(z) \wedge (this \in z)])]$

이를 ('dthat'-연산자와 함께) 일상어로 표현하면 다음을 얻을 수 있다.

(13′) 다음은 필연적으로 성립한다 : 만일 어떤 것이 dthat(이것이 표본 역할을 하는 똑같은 그 실체)의 표본이라면 그리고 오직 그 경우만 물의 표본이다(It is necessarily the case that : something is a sample of water if and only if it is a sample of dthat(the same substance that this is a sample of)).

---

115. (12)와 (13)의 다른 점은 다만 다음과 같은 것일 뿐이다. (13)은 「dthat[('z)φ(z)]」 형식의 단칭어 출현을 포함하며 (12)는 「('z)Aφ(z)」 형식의 단칭어 출현을 포함하는데, 이 양자의 형식은 모두 실체 물을 지시하는 한정 기술 「('z)φ(z)」의 고정 상대역이다. 하지만 우리가 앞의 주에서 보았던 대로, 'dthat'-연산자로 형성되는 용어는 고착어이고 반면에 현실성 연산자로 형성되는 용어는 부착어이다. 만일 실체 물이 모든 가능 세계에서 실존하는 부류라면, 두 용어는 모두 강한 고정어이고, 적어도 진리-조건에 관한 한 (12)와 (13)은 아무런 차이가 없다.
　아마 약간의 물이 존재하는 어떠한 가능 세계든 물 실체가 실존하는 가능 세계이다. 하지만 물 실체는 물 표본이 전혀 존재하지 않는 어떠한 가능 세계에서도 실존할 수 없다고 말할 수도 있겠다. 비록 그렇다 해도, (12)와 (13)은 "정의"이고 따라서 "정의에 의해 옳아"야만 하는데, 이들이 정확히 똑같은 진리-조건을 갖고, 또한 용어 '물'의 정확하게 올바른 의미론적 내포를 고정한다는 것은 쉽게 검증된다. 사실, 검토가 필요한 까다로운 경우는 물 표본이 전혀 존재하지 않아서 실체 물도 아예 없는 가능 세계 w의 경우다. (13)의 정의로서의 적절성은 오직 우리의 가정 즉 실체 물이 없는 곳에 물은 전혀 없다는 가정에만 의존한다. (12)의 적절성은 w에 관련한 비지시 단칭어를 포함하는 원자 주어-술어 형식문은 w에서 그르다고 간주하기로 한 우리의 결정에서 직접 도출된다. 이 결정은 여기서 특별히 중요하다. 그 대신에 만일 우리가 그런 형식문을 옳지도 그르지도 않다고 보기로 결정했다면, 물의 정의로서 (12)의 적절성은 삼치 양상 의미론의 세부적 내용에 결정적으로 의존할 것이다. 쌍조건문에 관한 통상의 삼치 진리표에 의한다면, 예를 들어, (12)는 물의 정의로서는 부적절하다고 판명될 것이다. 반면, 형식문 (13)은 이런 난점을 피할 것이다. 따라서 퍼트남의 자연류어 이론에서 제시된 물의 예시 정의에 대한 양상 연산자 형식문으로 삼기에 (13)이 (12)보다 더 나은 두 번째 기술적 이유가 있는 셈이다.

물의 예시 정의에서 가능 세계 양화를 제거하려면 세 단계를 밟아야 한다. 첫째, 액체 표본의 가능 세계-단면에 대한 언급은 (8) 즉 퍼트남이 제시한 원래 형식문의 기호 표현으로부터 제거되어 (10)에서는 사라진다. 이항 종-동체성 관계를 그에 상응하는 네-자리 관계로 대치함으로써 이런 제거가 이루어진다. 둘째, (10)에 표현된 통세계 동체성 관계는 (11)에서 그 구성요소 관계로 분석되었고, 따라서 한정 기술에 의해 통세계 중개자 즉 실체 물을 명확히 언급하게 되었다. 셋째, (11)에 남아 있던 가능 세계에 관한 언급은 (12)와 (13)을 얻는 서로 다르지만 비슷한 방식으로 양상 연산자로 대치되었다. (12)와 (13)은 둘 다 실체 물에 대해 명확히 언급하고 있으며, 지표 연산자의 출현을 포함한다. 물론 이 후자는 퍼트남의 원래 형식문 (8)에서는 확실하게 빠져 있었다.

동체성 관계에 관해 비구조화된 술어는 유지되는 반면, 가능 세계에 관한 언급이 양상 연산자에 의거하여 (10)에서 즉시 그리고 직접 제거될 수는 없다. 가능 세계에 관한 언급을 제거하는 데 맞추어, 비구조화된 동체성 술어는 비구조화된 이항 술어가 된다. 문장 양상 연산자가 원자 주어-술어 관계 주장을 포함한 문장을 수식할 경우는 언제나, 그 관계는 내세계 뜻에서만 유지된다고 주장된다. 하지만 우리는 이미 퍼트남의 실체어에 관한 이론이 내세계 뜻에서가 아니라 통세계 뜻에서 유지된다고 주장되는 동체성 관계를 요구하는 걸 보았다. (10)에서 가능 세계에 관한 언급을 제거하기 위해, 우리는 먼저 두 번째 단계 즉 통세계 동체성 관계를 구성요소 관계로 분석하였으며, 이에 의해 통세계 중개자 즉 실체 물에 대한 언급을 이루었다. (8)에서 변항과 상항으로 가능 세계를 언급했었는데, 이는 제거되었으나 한정 기술을 통해 실체 물을 언급함으로써만 제거되었다. 말하자면 가능 세계에 관한 언급은 통세계 실체에 관한 언급으로 교체되었다.[116]

---

116. 이와 연관지어서 얘기해볼 만한 흥미로운 사실이 있다. 철학자들이 통세계 관계나 통시각 관계 또는 이와 유사한 관계에 관해 탐구할 때, 이 단면(slice)에 의존하지 않는 한, 그

일반적인 경우, 우리는 자연류 보통 명사 ν에 관한 예시 정의의 다른 형식을 다음과 같이 제시할 수 있겠다.

(14) $\Box(x)(\Pi_\nu(x) \leftrightarrow x \in (\text{'}z)(A[K(z) \wedge (\text{this} \in z)])$

과

(15) $\Box(x)(\Pi_\nu(x) \leftrightarrow x \in \text{dthat}(\text{'}z)([K(z) \wedge (\text{this} \in z)])$

들은 일반적으로 중개자에 관한 언급이 불가피하다는 걸 알게 된다. 아담스(Adams, 1971)가 바로 이런 경우에 해당되는 철학자이다. "존재"(being)끼리의 통세계보다 위대한 관계를 사용하고 있는 안셀름의 존재론적 논증을 형식화하려는 가운데, 그는 "나는 위대성의 대소(a magnitude of greatness) 개념을 도입하는 일 또한 필수적임을 알았다."고 말하고 있다(p.29). 그리고 또 명제 태도에 관한 아래의 일화에서 표현된 럿셀의 글(1905)을 보자. "손님이 자신의 요트를 처음 보면서, '나는 당신의 요트가 더 크다고 생각했습니다.'(I thought your yacht was larger than it is)라고 말하면, 화를 내는 요트 주인에 관해서 들은 적이 있다. 손님이 그렇게 말하면 그는 '아니요, 내 요트는 원래의 크기 이상으로 크지 않소.'(No, my yacht is not larger than it is)라고 대답한다는 것이다. 하지만, 여기서 손님이 의미하는 바는 '내가 생각한 당신 요트의 치수는 당신 요트의 실제 치수보다 더 크다.'는 것이고, 요트 주인의 입장에서, 손님의 말이 의미하는 바는 '나는 당신 요트의 치수가 당신 요트의 치수보다 크다고 생각한다.'는 것이었다."(럿셀의 1956, p.52).
따라서 통세계 관계는 환원주의 철학자를 딜레마에 빠지게 한다. 우리가 앞에서 주목한 바는 바로 다음과 같은 것을 희망해볼 수 있지 않을까 하는 것이다. 실체나 종과 같은 개념은 궁극적으로 동체성이나 동종성 같은 동등 관계에 의해 해명되거나, "논리적으로 구성"되거나 제거될 수 있다는 희망, 다시 말해 후자가 전자와 무관하게 정의되거나 원초적인 것으로 여겨지는 희망이 그것이다. 이런 "환원"은 필연적으로 전자에 의한 후자의 어떠한 분석도 거부함을 함축한다. 하지만 통세계 동체성이나 동종성에 관한 일반 주장과 관련하여 가능 세계 담화를 통상의 일차 양상 연산자 담화로 환원하도록 해 주는 것은 바로 이 분석이다. 따라서 자연류를 그들의 구성원간의 관계로 "환원"하려면 (즉 "자연류는 그들의 구성원 이상이 전혀 아니다."고 하려면), 환원주의자는 예시적으로 이루어지는 가능 세계에 관한 담화를 통상의 일차 가정법 담화로 환원하려는 핵심 방법을 제거 당하는 셈이다. 역으로, 가능 세계 담화를 가정법 담화로 환원하는 이 방법을 사용할 때, 환원주의자는 자연류를 그 구성원 간의 관계로 환원하는 핵심적인 방법을 제거 당하는 셈이다. 제 3장의 각주 6도 보시오.

인데, 여기서 '∈'는 한 개별자와 이 개별자가 그 실례인 류 사이의 관계를 나타내는 술어이며, K는 보다 일반적인 자연류 술어 이를테면 '실체이다', '종이다'이고, 현장 지시어 'this'는 ν에 의해 지칭되는 자연류의 현실적 모범을 언급하도록 사용되었다. 따라서 예를 들어 우리는 용어 '호랑이'의 정의를 다음과 같이 제시할 수 있겠다.

□(x)(Π_{tiger}(x) ↔ x ∈ dthat(²z)([Species(z) ∧ (this ∈ z)])

이는 일상어로

> 다음은 필연적으로 성립한다 : 어떤 것은 만일 dthat(이것이 구성원인 똑같은 그 종)의 구성원이라면 그리고 오직 그 경우만 호랑이이다.
> (It is necessarily the case that : something is a tiger if and only if it is a member of dthat(the same species that this is a memeber of)).

(이 문장을 6.2절에 제시된 문장과 비교해보시오.)

기본 주장 T3는 따라서 다음과 같은 기본 주장으로 재해석될 수 있다. 자연류 보통 명사 ν의 "의미"는 (14)나 (15) 형식의 예시 정의를 통해서 "설명"될 수 있으며 그에 의해 그 지칭이 고정될 수 있다는 주장이 그것이다. 필자는 이 해석을 선호한다.

15. 해석상의 추가 주의 사항

15.1 기본 주장 T5와 T6

우리는 이제 자연류어의 지칭을 고정할 때 지표성의 역할을 엄격히 명료화시켜 볼 수 있는 처지에 서게 되었다. 용어 '물'의 지칭을 고정하면서 지표성에 의해 수행되는 기능은 퍼트남의 기본 주장 T5와 연관해서도 수행된다. T5에 관해서는 모두 알고 있겠지만, 용어 '물'이 실체 물을, 그 예시 정의의 형식적 귀결로서 고정 지칭한다는 내용이다. (12)에는 두 개의 지표 표현이 있다. 문장 현실성 연산자와 현장 지시어 '이것'이다. 마찬가지로 (13)에 출현하는 지표 표현도 둘이다. 'dthat' 연산자와 현장 지시어 '이것'이다. 퍼트남은 두 경우에 출현하는 지표어 가운데 각각 후자의 지표어 출현을 강조한다. 그의 말에 따르면(1973, p.707) 현장 지시어는 물의 모범 예를 고정 지칭하는데, 이 예는 예시의 대상이다. 하지만 지표어 출현을 강조한다면 일을 잘못 풀어 가는 셈이다. (12)와 (13) 양자에서 현장 지시어는 지표 연산자의 범위 이내에서 출현하고, 따라서 현실 세계와 관련한 그 지시는 이 두 문장에 포함된 문장의 진리 조건에 상관있을 뿐이다.[117] 현장 지시어 '이것'이 고정적이라는 사실은 (12)나 (13)의 진리 조건과는 아예 상관없는 일이다. 물론, 도넬란이 지적하는 바대로(1973b), 어떠한 단칭어든 물의 모범 예를 지시한다면, 비록 비고정 한정 기술이라 해도, 적어도 (12)와 (13)의 진리 조건이 관련되어 있는 한, 똑같은 목적에 기여할 것이다.[118]

---

[117]. 이는 이런 지표 연산자의 양상 의미론적 작용의 귀결이다. 이에 관해서는 캐플란, 1973b를 보시오. 물론 (12)의 현실성 연산자에 관련하여 주목할 요점을 말하면, 이 연산자의 역할은 바로 피연산자가 현실 세계와 관련하여서만 평가됨을 확인해주는 것이다. 현실 세계에서 피연산자의 진리치는 거꾸로 단칭어가 그 안에서 언급적으로 출현하는 바로 그 현실 세계에서의 지시에 의존한다. 이런 상황은 전적으로 (13)의 경우에도 마찬가지이다.
[118]. 앞으로 간단히 보겠는데, 이는 현장 지시어가 모범 예를 언급할 경우 (12)의 예시 정의로서의 격위와 관련하여 아무런 중요한 역할도 못한다는 말이 아니다. 현실의 물 표본이 직접 주어진다면, 청자에게 물의 전형적 속성 즉 "정형" 속성 가운데 일부, 이를테면 무색의 액체임, 무취임 등의 속성에 관한 관념을 일으킬 것이다. 하지만, 한정 기술이 만일 도넬란의 뜻으로 귀속적으로 사용되었다면, 이런 정형 속성을 청자의 마음 속에 불러일으키지 못할 것이다. 예를 들어, '스미스가 내일 저녁에 그녀가 마련한 만찬에서 마시게 될, 어떤 류가 되었든, 그런 액체 표본'을 보라.

그러므로 물의 정의에서 고정 지칭된 현실의 그 모범이 T5에 결정적인 중요성을 갖는 건 아니다. T5에 결정적인 역할을 하는 게 있다면, 그 모범 예가 표본 역할을 하는 실체 그리고 물의 정의에서 고정적으로 지칭된 실체가 바로 그것이다. 이점을 밝히기 위해, 이렇게 가정해보자. '(면전의) 이것이 현실적으로 표본 역할을 하는 현실의 그 실체'라는 고정 기술 대신에, 우리는 실체 물을 지시하기 위해 비고정 한정 기술 예를 들어 '지구 표면의 2/3를 덮고 있는 그 액체 실체'를 사용했다. 후자의 기술은 비고정적인데, 지구 표면의 2/3를 물 대신 토마토 주스가 뒤덮고 있는 가능 세계가 있으며, 그런 세계에서는 그 기술이 토마토 주스를 가리킬 것이기 때문이다. 그렇다면 물의 "정의"는 다음과 같이 된다.

> 다음은 필연적으로 성립한다 : 어떤 것이 지표의 2/3를 덮고 있는 액체 실체 표본이라면 그리고 오직 그 경우만 그것은 물 표본이다.

또는 가능 세계 담화로 표현하면,

> 모든 가능 세계 w에서, 어떤 것이 만일 w에서 지표의 2/3를 덮고 있는 w의 액체 실체 표본이라면 그리고 오직 그 경우만 그것은 물 표본이다.

이 "정의"에 따르면, 어떤 것이 만일 "토마토의" 가능 세계에서 토마토 주스의 표본이라면 그리고 오직 그 경우에만 그것은 그 가능 세계에서 물 표본이며, 따라서 H_2O의 표본은 아니다. 따라서 이 정의는 용어 '물'이 물의 고정 지칭어라는 귀결을 낳지 못한다. 우리가 한정 기술 '이것이 표본 역할을 하는 똑같은 액체'를 물의 모범 표본을 언급하는데 사용한다면, 상황은 크게 다르지 않을 것이다. 이는 우리가 (9)와 (9)을 물의 정의로 볼 수 없다는 입장에 비추어 본다면 즉각 판단할 수 있을 것이다. 기본 주장 T5를 충족시키려면 후자의 기술은 반드시 어떤 방식으로든 고정되어야 한다.

비고정 한정 기술을 T5에 적합하도록 수정할 수 있는 방법은 많다. 이런 방법 가운데 하나는 (11)에 사용된 방법대로 현실 세계에 관해 명시적인 언급을 덧붙이는 것이다. 다른 방법은 럿셀의 기술이론에 맞추어 한정 기술을 "분석해 버리는" 것이다. 즉 기술이 럿셀의 "일차 출현" 즉 "큰 범위"를 갖는 것으로 보면 된다. 이는, 현재의 목적상, 변항과 기술을 동등하다고 본다면, 그리고 한편으로 (5)의 방식으로 "내에서 양화"(quantifying in)를 한다면, 한정 기술을 개체 변항으로 대치하는 것과 다름없는 일이다. 세번째 방법은 (12)처럼 현실성 연산자를 이용하는 것이다. 네 번째 방법은 (13)의 방식대로 캐플란의 dthat 지표 연산자로 전체 한정 기술을 묶는 것이다. 이 각각의 방법이 갖는 공통점은 비고정 한정 기술을 그 고정 상대역으로 대치하는 것이다. 형식문 (12)와 (13)은 특히 바로 이런 목적 때문에 지표 연산자를 사용한다.

6.2절에서 우리는 보통 명사 ν가 (5)나 (6)의 논리적 형식을 갖는 "정의"에서 대상 언어로, 즉 ν를 사용하며 이를 언급하지는 않는 방식으로 고정될 수 있음을 보았다. 우리는 적절한 보편자 k의 고정 지칭어인 보통 명사 ν의 기준으로서, (5)나 (6) 둘 가운데 하나의 형식을 취하는 약간의 문장은 옳다고 보기로 했다. 여기서 β는 개별자 k를 지시하는 단칭어이다. β를 한정 기술 '('z)[Substance(z) $\wedge$ (this $\in$ z)]'이라 볼 경우, (13)을 보자마자, 이것이 바로 (6)의 논리적 형식을 갖고 있음이 드러난다. 따라서 만일 (13)에서 퍼트남의 물에 대한 예시 정의의 논리적 형식을 얻는다면, 보통 명사 지칭(=고정 지칭)에 관한 우리의 기준에 의거하여, 용어 '물'이 실체 물의 고정 지칭어라는 형식적 귀결이 나온다. (12)가 (13)과 아주 똑같은 진리 조건을 갖기 때문에, (12)의 진리성 역시도 용어 '물'이 실체 물에 관한 고정 지칭어라는 데 기준 역할을 할 수

있다. 따라서 만일 (12)가 물에 관한 퍼트남의 예시 정의가 취할 논리적 형식이라고 본다면, '물'이 물을 고정 지칭한다는 것은, 다시, 예시 정의의 형식적 귀결이다.

일반적인 경우, 보통 명사 (고정) 지칭에 관한 기준에 의해서 본다면, 보통 명사 ν가 한정 기술 「$(^{\prime}z)[K(z) \land (this \in z)]$」에 의해 지시되는 보편자의 고정 지칭어라면, 이는 (14)나 (15) 가운데 한 논리적 형식을 갖는 임의의 예시 정의에서 형식적으로 귀결된다. 따라서, 퍼트남의 기본 주장 T3에 대한 이 책의 해석에 따르면, 보통 명사 고정성의 기준은 퍼트남의 기본 주장 T5에서 옹호될 필요가 있는 바로 그것이다.[119]

우리는 앞에서 (12)와 (13)이 자신이 포함하고 있는 한정 기술 '$(^{\prime}z)$[Substance(z) $\land$ (this $\in$ z)]'을 고정하는 목적을 이루기 위해 지표 연산자를 사용한다는 점을 언급하였다. 이는 퍼트남의 기본 주장 T6에서 암암리에 표현되었던 대로 지표어의 결정적 역할 가운데 하나이다. T5에 결정적인 것은 바로 예시 정의에서 지표 연산자인데, 이는 (14)의 경우 현실성 연산자이고 (15)의 경우 'dthat' 연산자이며, 현장 지시어 '이것'(this)의 출현이 아니다. 그래서 비록 우리가 물을 다음

> 다음은 필연적으로 성립한다 : 어떤 것은 만일 그것이 dthat(지표의 2/3를 덮고 있는 그 액체 실체)의 표본이라면 그리고 오직 그 경우만 물의 표본이다

---

119. 퍼트남의 기본 주장 T5에 관해 충분히 적절하게 이해하려면, 다음 각주에서 제시된 바를 제대로 알아야만 한다. 만일 퍼트남의 이론을 철저히 밀고 간다면, 한 용어의 의미론적 내포는 그 용어가 띠는 의미의 한 구성요소이다. 따라서, 한 용어의 "의미를 설명"하려는 시도를 표현하는 어떠한 정의도 그 내포를 확정해야만 한다. 일반어에 관한 지칭 개념을 생각한다면, 이는 그 용어의 지칭을 고정하는 것과 동등하다. 따라서 만일 용어 '물'이 실체 물을 (고정적으로) 지칭한다면, 이는 '물'의 의미를 설명하려고 하는 어떠한 "정의"에서도 도출될 수 있는 귀결이어야만 한다.

과 같이 정의하려 했다고 해도 용어 '물'이 모든 가능 세계에서 똑같은 액체 실체에 적용된다는 것은 여전히 우리가 제시한 정의의 귀결인 것 같다. 이는 비록 지구에서 가장 풍부한 액체인 물 대신에 토마토 주스를 갖고 있는 가능 세계에서라 해도 마찬가지이다. 이미 살펴보았던 대로 지표 연산자의 출현이 필수적인 것은 아니다. 럿셀식의 범위와 내-양화 장치는 이와 같은 일을 지표 연산자 대신에 잘 해낼 것이다. 하지만, 일부의 고정화 장치는 필요하며, 'dthat' 연산자 같은 지표 연산자는 고정화라는 목적에 쉽게 부합된다. 퍼트남의 기본 주장 T6은 적어도 부분적으로는 다음과 같이 해석될 수 있겠다. 자연류어에 관한 "의미 설명"은, 충분히 분석되었을 경우, 지표어를 결정적으로 비중있게 다루며, 특히, 지표어가 겉으로 드러나지 않은 형태로 출현한 것 역시 비중있게 다루는데, 겉으로 드러나지 않는 방식으로 지표어가 출현한다면 이는 대게 예시 정의에서 현장 지시어를 통해 겉으로 드러나는 분명한 지표어의 출현과는 아주 다른 방식으로 출현하는 것이다. 자연류어의 예시 정의에서는, 문제의 부류에 관해 현장 지시어에 의존하여 노골적으로 이루어지는 언급에 덧붙여, 자각되지 않은 지표 연산자가 결정적으로 중요하게 사용되지만, 한편으로는 아주 파악되기 어렵게 사용된다. 비록 퍼트남이 이런 지표성을 알아채고 있었지만, 이에 관해 아주 명석한 설명을 제시하지는 않았다. 물의 예시 정의에서 결정적으로 중요한 지표 연산자는 (8)을 제시하기 전까지는 드러나지 않아서 그 전모가 보이지 않았었는데, 퍼트남이 원래 제시한 정의는 결국 (14)나 (15) 둘 중 하나의 형식을 띠면서 양상 연산자 담화에서 재서술된다.

하지만 (14)나 (15)에 출현하는 지표 연산자가 T6에서 퍼트남이 언급하고 있는 "자각되지 못한 지표적 요소"일 뿐이라고 상정한다면 이는 잘못된 것이다. T6의 의미를 좀더 설명하기 위해 우리는 T4와 T7을 먼저 명료화해야만 한다.

15.2 기본 주장 T4

우리는 두 차례에 걸쳐 (12)와 (13)에 출현한 현장 지시어 '이것'이 물의 모범 표본을 지시하는 어떠한 단칭어에 의해서든 대치될 수 있음을 보았다. 이런 일은 기술어에 의해서도 T5를 어기지 않고 이루어질 수 있다. 퍼트남이 자연류어의 "의미" 개념을 재구성하였을 때 중요한 비중을 차지한 부분으로서, 우리가 아주 간단히 살펴본 것은 그의 정형성 개념이다. 퍼트남에 의하면, 각 자연류어에 결부된 일단의 기술적 속성이 있는데, 이 속성들은 문제의 자연류(의 실례)에 의해 공통적으로 소유된다고 믿어지며, 문제의 화자가 그 용어를 "획득"했다고 적절하게 말할 수 있기 전에 그 화자에 의해 일정한 방식으로 그 자연류에 결부되어야만 하는 속성이다. 이 속성 집합을 퍼트남은 그 용어와 결부된 정형이라고 불렀다. 그는 논증하기를 자연류어에 결부된 정형은 용어의 "의미"의 구성 성분으로 간주되어야만 하는데, 비록 이 정형에 의해서 그 용어가 전혀 기술어가 아니라 해도 그렇다.[120] 부분적으로 바로 이 때문에 물의 예시 정의에서 현장 지시어 '이것'의 출현이, 비록 T5에 결정적으로 중요하지는 않지만, (12)와 (13)의 정의로서의 격위나 의미 성

---

120. 퍼트남의 이론에서 한 용어의 의미의 다른 구성요소는 구문론적 표지 (예를 들어, '명사'(NOUN)), 의미론적 표지 (예를 들어, '액체 실체'(LIQUID SUBSTANCE))와 의미론적 외연이다. 하지만 퍼트남이 간과한 점(1975a)은 그의 자연류어 이론에서 의미의 다섯 번째 구성요소 역할을 하는 것이 의미론적 외연뿐만이 아니라 전체 의미론적 내포(즉 가능 세계에서 외연으로의 함수)라는 점이다. 바로 이런 이유로 퍼트남에 의해 제안된 자연류어의 "의미 설명"은 비양상 보편 양화 쌍조건문일 뿐 아니라 가능 세계에 관한 양화도 포함하며, 따라서 외연뿐 아니라 내포의 고정도 포함한다. 이는 기본 주장 T3, T5, T6, T8을 충분히 이해하기 위해 중요하다.

좀더 정확히 말해, 퍼트남이 제시한 의미의 다섯 번째 구성요소는 캐플란의 개념인 특성(character)으로 대치되어야만 한다. 이 점에 관해서는 캐플란 1973b를 보시오. 한 표현의 특성은 각 맥락에 내포를 할당한 함수에 의해 (대강) 나타난다. 이때 내포는 그 맥락에서 그 표현이 취한 것이다. 자연류어의 경우, 모든 비지표 표현에서처럼 특성은 상함수이고, 따라서 실제적 목적상 그 용어의 내포로 간단히 대체될 수 있다. 특성과 내포 사이의 구분은 중요하지만, 오직 진정한 지표어를 살펴볼 때만 중요하다.

명으로서의 격위라는 퍼트남식 개념에 결정적으로 중요하다. 그렇기 때문에 만일 정의가 정의된 낱말의 "의미"를 전달하려 한다면, 퍼트남에 따라 그것은 그 용어와 결부된 정형 즉 무색의 액체, 무취, 갈증-해소, 무미 등을 전달해야만 한다. 이런 일이 수행되는 한 방법은 모범을 지적하는 것일 텐데, 이때 이 모범은 청자에게 제시되고, 정형에 포함된 속성을 드러낸다.[121] 퍼트남은 T4에서 자연류어의 의미가 전달될 수 있는 두 번째 방법이 있다고 주장한다. 말하자면 자연류를 그 정형을 통해 기술하는 조작적 정의가 그것이다. 따라서 (12′)과 (13′)에 출현하는 한정 기술 '이것이 그 표본 역할을 하는 똑같은 그 실체'는 '갈증을 없애주고 호수와 강과 바다를 채우고 있는 무색 무취 무미의 액체 실체'라는 정형 기술로 대체될 수 있을 것이다. 좀더 정확히 말하면 우리는 기술 '그 정형 속성이 무색임, 무취임, 무미임, 갈증을 없애줌, 호수와 강과 바다를 채움'을 포함하는 액체 실체'를 사용할 수 있다. 따라서 T3과 T4를 함께 고려하여, 자연류 보통 명사 ν에 대한 정의의 일반 형식은 다음과 같다.

(16) $\Box(x)(\Pi_\nu(x) \leftrightarrow x \in (\text{'}z)A[K(z) \wedge \varphi(z)])$

또는

(17) $\Box(x)[\Pi_\nu(x) \leftrightarrow x \in \text{dthat}((\text{'}z)[K(z) \wedge \varphi(z)])]$

---

[121] 특정 자연류어에 결부된 정형을 전달하는 것은 일반적으로 청자가 그 용어를 정확히 사용하도록 하는데 필요하고 충분하다. 이것이 바로 퍼트남의 논점(1970)이다. 그에 따르면 의미론의 중심 문제는 다음과 같은 현상 즉 우리가 정형을 습득할 때 그에 의해 용어의 정확한 사용법을 익히며, 또 용어를 정확히 사용하면 정형을 습득하게 되는지를 설명하는 것이다. 또한 우리는 단지 실례를 지적함으로써 예시 정의에서 자연류어의 의미를 전적으로 전달할 수 있다고도 주장한다(1970). 그렇다면 퍼트남의 견해에 따를 때, 어쨌든 자연류어에 결부된 정형이 적절한 예시 정의에서 자동으로 전달된다. 각주 39를 보시오.

여기서 K는 더 일반적인 자연류 술어 '액체 실체이다.'나 '동물의 종이다.' 등을 나타내며, 한정 기술 「('z)[K(z) ∧ φ(z)]」은 그 정형성을 통해 ν에 의해 지칭된 자연류를 기술하거나, ν에 의해 지칭된 자연류를 "이것(즉 이 모범)이 그 실례 역할을 하는 유형 K의 자연류"라고 기술한다.

정의가 예시적이든 조작적이든 기술 「('z)[K(z) ∧ φ(z)]」는 고정되어야만 하는데, 이는 ν가 적절히 상관된 자연류를 지칭하는 방식으로 피정의항 ν의 내포가 고정되기 위해서다. 따라서 (16)과 (17)에 출현하는 지표 연산자는 물의 조작 정의에서 생략되어 다음과 같이 된다.

> 다음은 필연적으로 성립한다 : 어떤 것은 만일 이런 저런 호수와 강과 바다를 채우고 있는 무색, 무취, 무미, 갈증-해소 액체의 표본이라면 그리고 오직 그 경우만 물의 표본이다.

그래서 우리는 이 정의로부터 낱말 '물'이 실체 물을 지칭할 뿐 아니라, 일반적 범주 무색 무취 무미 갈증-해소 액체…, 즉 현실 세계의 실체 물을 포함하지만 또 한편 다른 가능 세계에서는 물 대신에 퍼트남이 제시한 상상의 "물 비슷한" XYZ를 포함하는 범주를 지칭한다. (16)과 (17)에 출현하는 지표 연산자는 따라서 결정적으로 중요한 역할을 한다. 기본 주장 T6은 예시 정의 뿐 아니라 조작적 정의에도 동등하게 적용된다.

다음에 전개될 내용에 비추어 볼 때 중요한 점은 이렇다. (14)나 (15) 가운데 하나의 형식을 갖는 자연류어 예시 정의와 달리, (16)이나 (17)가운데 하나의 형식을 갖는 조작적 정의는 통세계 똑같은-K 관계 이를테면 통세계 동체성이나 통세계 동종성과 같은 관계를 어떤 것이 되었든 사용하지 않는다. 따라서 예를 들어 물에 대한 다음과 같은 조작 정의는 동체성에 관해 아무런 언급도 하지 않는다.

다음은 필연적으로 성립된다 : 어떤 것은 만일 그것이 dthat(호수와 강과 바다를 채우고 있는 무색, 무취, 무미, 갈증-해소 액체)의 표본이라면 그리고 오직 그 경우에만 물의 표본이다.

일반적으로, (16)과 (17)에 출현하는 한정 기술 「(′z)[K(z) ∧ φ(z)]」은 문제의 자연류에 속하는 어떠한 특정 실례도 언급할 필요가 없다. 특히 열린 형식문 「φ(z)」는 형식 「α∈z」일 필요가 없는데, 여기서 α는 문제의 류에 속하는 특정 실례를 지시하는 단칭어이다. 열린 형식문 「φ(z)」이 반드시 이런 형식인 경우는 바로 소위 예시 정의를 고려할 때 뿐이다. 물론 이때 α는 현장 지시어거나 그 비슷한 것이다.

15.3 기본 주장 T7

정형에 의한 물의 기술조차도 약간의 지표성을 사용한다는 사실을 간과하면 안된다. 물은 이들 호수와 강과 바다를 채우는 액체이다. 그리고 또한 우리가 여기저기서 발견하는 원료 물질이다. 정형은 물에 대해 타호이 호수를 채우고 있는 액체 또는 지구의 호수와 강과 바다를 채우고 있는 원료라고 기술함으로써 변경될 수 있다. 하지만 이런 기술들조차도 어떤 비기술적 요소('타호이', '지구' 등)를 포함한다. 물론 물의 위치에 관한 언급은 모두 물의 정형에서 생략될 수 있다. 물은 단지 무색, 무취, 무미, 갈증-해소의 액체로 특성 지울 수 있다. 이 기술은 용어 '물'의 외연을 제대로 결정하지 못하는데, 이 기술에 적합하면서 H_2O는 아닌 액체가 있을 수 있기 때문이다. 하지만 이는 무방한데, 퍼트남에 따르면 자연류어와 결부된 정형은 그 외연을 제대로 결정하지 못할 수 있으며 심지어 그릇된 외연을 결정할 수도 있기 때문이다. 하지만 '물'의 외연만을 결정해줄 만큼 풍부한 물에 대한 어떠한 정형적 기술이든 1.3절에서 말한 뜻으로 충분히 관계적으로 기술어일 수 있다. 이는 모범

예, 또는 이런저런 수역(body of water), 또는 이 혹성, 또는 이 혹성의 일정 장소 등에 기술적으로 관계될 것이다. 전적으로 기술적이고 순수하게 질적인 정형의 부분 — '물'의 뜻₁, 즉 전적으로 내적인 "심리 상태"에 속하게 될 정형의 단편 — 은 여전히 그 외연을 제대로 결정하지 못한다. 이는 퍼트남의 쌍둥이 지구 논증에 의해 확립된 바로 그것이다. 기본 주장 T1 즉 물의 심리적 개념은 그 형이상학적 외연을 제대로 결정하지 못한다는 주장은, 비록 물의 조작 정의에 출현하는 정형적 한정 기술이라도 만일 그것이 꼭 맞는 지시대상을 결정할 만큼 풍부하다면 일정한 비기술적 요소를 포함해야 한다는 바로 이 이유로, 옳다고 하겠다. 이런 비기술적 요소의 지칭은 "맥락" — 넓은 뜻으로 역사적이거나 사회적 ("인과적") 언어 습득의 연쇄와 전문가와 비전문가 사이의 체계적인 협동을 포함할 수 있는 맥락에 의해 결정되며, 오직 표현된 외방 속성에 의해서만 결정되지 않는다. 물에 대한 질적이거나 심리적인 개념은 본래적 관계 특징이 제거되었을 때 여전히 남아 있는 정형의 단편일텐데, 너무나 좁아서 '물'의 고유한 외연을 결정하기 어렵다. 따라서 기본 주장 T1은 현장 지시어 '이것'과 '여기', 그리고 심지어 당사자 대명사 '나'와 같은 지표어에 적용되는 바로 그 이유에서, 자연류어에 대해서도 성립한다. 이런 표현의 특수한 사용과 결부된 정형으로 형성된 개념(또는 좀더 일반적으로 뜻₁)은 본래적 관계 속성을 포함하거나 너무 좁아서 고유한 외연을 결정할 수 없다. 이 두 경우 가운데 어떤 경우든 정형의 질적인 부분 즉 심리적 개념은 외연을 제대로 결정하지 못한다. 자연류나 실체의 일상적 개념으로 또는 심지어 한 사람의 심리적 자아 개념으로 외연을 결정하려면, 어쨌든, 넓은 뜻으로 맥락에 의존하는 수밖에 없는 것 같다. 이것이 퍼트남의 기본 주장 T7이 의미하는 바다.

15.4 기본 주장 T6 재음미

그렇다면 퍼트남의 이론에 의하면 자연류어의 의미에는 하나가 아니라 두 개의 "자각되지 못한 지표적 요소"가 있는 셈이다. 첫째로 (16)의 현실성 연산자의 출현이나, 또는 (17)의 'dthat' 연산자의 출현이 있는데, 이 두 지표 연산자는 (16)이나 (17)의 형식 가운데 하나를 갖는 정의를 사용하여 자연류어의 "의미를 설명하는" 데는 결정적으로 중요한 역할을 한다. 이런 지표 연산자의 고정하는 힘이 없다면, 이런 정의는 정의되는 용어에 그릇된 내포(즉 가능 세계로부터 외연으로의 함수)를 제공할 것이다. 하지만 자연류어의 의미에는 또 하나의 자각되지 못한 맥락 의존적 요소가 있는데, 그것은 (16)과 (17)에 출현하는 한정 기술 「('z)[K(z) ∧ φ(z)]」 안에 포함된 비기술적 요소에 본래부터 갖추어진 맥락 의존성이다. 이 모범이 그 표본인 액체 실체라고 물을 "예시적으로" 정의할 수 있거나, 또는 이 호수와 저 바다를 채우고 있는 무색무취무미의 갈증-해소 액체이며, 우리가 여기저기서 발견하는 맑은 액체라고 "조작적으로" 정의할 수도 있다. '물'과 같은 자연류어에 결부되는 정형 기술은, 만일 그 기술이 그 용어의 외연을 결정하기에 충분할 만큼 풍부하다면, 일반적으로 이런 관계적 기술 특징을 포함할 것이다. 일상의 물 개념에서 이런 부류의 맥락 의존성은 기본 주장 T6 내에서 언급되고 있는 두 번째로 "자각되지 못한 지표적 성분"이다.

II. 언급론에서 본질주의를 도출하려는 계획

다섯 · 절차 K와 I

이제 우리는 퍼트남의 기본 주장 T9에 관심을 두기로 하자. 이 기본 주장에 따르면, 앞 장에서 자세히 부연되고 전개된 이론의 귀결은 '물은 H_2O이다'처럼 형이상학적으로 필연적이지만 개념적으로는 우연적인 진리가 있다는 것이다.

16. T9에 관한 퍼트남의 주장

퍼트남은 T9을 입증하려할 때 비교적 단순하게 일을 한다. 가장 중요한 문단은 다음과 같다.

> 이제, 내가 물의 (현실 세계에서의) 중요한 물리적 속성을 아직 발견하지 못했다고 해보자. 이를테면, 물이 H_2O라는 것을 아직 모른다고 가정해보자. 내가 물을 인지하는 효과적인 방법을 갖고 있을지도 모르지만(물론, 과학이 더 진보한 다음에야 찾아낼 수 있는 실수도 약간은 범할 것이다), 물의 현미경적 구조는 알지 못하는 것이다. 만일 "물"의 겉보기 속성을 가지고 있지만 물과는 다른 현미경적 구조

를 가진 액체가 실은 물이 아니라고 내가 인정한다면, 물을 인지하는 나의 방법(소위 나의 '조작적 정의')은 물에 관한 분석적 명세로 간주될 수 없다. 이 방법은 분석적 명세라기보다는 조작 정의라고 해야 할 것인데, 예시 정의와 마찬가지로, 조작 정의는 하나의 표준 실례(a standard)를 가리키는 한 방법일 뿐이다. 다시 말해, 이는 현실 세계에서 어떤 원료 물질을 지적하는 방법일 뿐인데, x가 물이 되기 위해서는, 어떤 세계에서든, x는 이 조작 정의를 충족시키는 그곳의 실재물로 이루어진 집합의 정상 구성원과 액체로서 똑같은 관계를 맺어야 한다. 비록 쌍둥이 지구의 "물"이 이 조작적 정의를 충족시키더라도, 이것은 물이 아니다. 왜냐하면 이것은 조작 정의를 충족시키는 지구의 원료 물질(local stuff)과 액체로서 똑같은 관계를 맺지 않기 때문이다. 그리고 지구의 원료가 조작 정의를 충족시키기는 하지만 이 조작 정의를 충족시키기는 마찬가지인 지구의 원료 가운데 나머지 물질과는 서로 다른 현미경적 구조를 가지고 있다면, 이 지구의 원료도 물이 아니기는 마찬가지다. 왜냐하면 지구의 "물"의 정상 실례와 액체로서 똑같은 관계를 맺고 있지 않기 때문이다.

이번에는 내가 물의 현미경적 구조 즉 물이 H_2O라는 것을 발견했다고 해보자. 이 시점에서는, 이전엔 물이라고 오해했던 쌍둥이 지구의 물질이 실은 물이 아니라고 말할 수 있다. 이와 똑같은 방식으로, 만일 당신이 실제 세계의 다른 혹성을 기술하는 게 아니라, 물을 가려내려는 "조작 시험"을 통과하며 XYZ라는 화학식을 가진 물질이 있는 다른 가능한 우주를 기술한다면, 그 물질은 물이 아니라 단지 XYZ일 뿐이라고 말할 수밖에 없다. 당신은 "물이 XYZ이다."인 가능 세계를 기술하게 되는 게 아니라, XYZ로 이루어진 호수가 있으며, 사람들은 (물이 아니라) XYZ를 마시는 등등의 가능 세계를 기술하게 되는 셈이다. 사실, 물의 본성이 발견되기만 하면, 그 본성을 갖지 않는 물이 존재하는 가능 세계가 성립된다고 하지 못한다. 우리가 물은 (실제 세계에서) H_2O라는 걸 한번 발견하고 나면, 물이 H_2O 아닌 가능 세계는 성립되지 못한다.

한편, 물이 H_2O가 아니라는 것을 확신하도록 만드는 (그래서 물이 H_2O가 아니라는 것을 합리적으로 믿게 만들 수 있는) 경험을 완벽하게 상상할 수 있다. 이런 의미로 물이 H_2O가 아니라는 것은 생각 가능하다. 그러나 생각 가능하지만 가능하지는 않다! 생각 가능하다고 해서 가능성 자체가 보증되는 것은 아니다(1973b, pp.708-709, 1975a, pp.232-233).

기본 주장 T9에 관한 그의 논의는 다음과 같이 이어진다.

(1) x와 y가 둘 다 액체이고, (2) x와 y의 중요한 물리적 속성이 일치하는 바로 그 경우에 x는 y와 액체로서 똑같은 관계를 맺는다. 용어 '액체'는 그 자체가 자연류어인데, 필자는 이것을 이 자리에서 분석하지는 않겠다. 용어 '속성'은 폭넓은 연속선을 띠는 용어로서, 이전의 논문에서 분석했었다. 이 시점에서 필자가 초점을 맞추고자 하는 것은 중요성이란 개념이다. 중요성은 흥미로운 관계적 개념이다. 보통, 액체나 고체 등의 '중요한' 속성은 구조적으로 중요한 것이다. 다시 말해, 이 중요한 속성에 의해, 액체나 고체 등의 궁극적으로 요소—기본 입자, 또는 수소와 산소, 또는 흙 공기 불 물, 또는 이외의 무엇이든—가 자세히 드러나며, 또한 이 요소들이 정돈되고 결합되어 액체나 고체의 표면적 특징들을 만들어내는 방법이 자세히 드러난다. 이런 관점에서 볼 때, 전형적인 물의 특성은 H_2O로 구성된다는 것이다. 하지만 불순물이 섞여 있다는 것은 중요할 수도 중요하지 않을 수도 있다. 따라서 어떤 맥락에서 '물'은 **화학적으로 순수한 물**을 의미할 수 있으며, 다른 맥락에서는 미시건 호수를 채우고 있는 원료 물질을 의미할 수도 있다. 그리고 만일 우리가 XYZ를 물처럼 사용한다면 때로 XYZ를 물이라고 언급할 것이다. 다시 말해서, 정상적으로는 물이 액체 상태라는 게 중요하다. 하지만 때로 이는 중요하지 않

으며, 단일한 H_2O 분자를 물이라고 언급하기도 하며, 수증기를 물(즉 '기체인 물')이라고 언급하기도 한다….

요약하자면 다음과 같다. 만일 어떤 것이 감추어진 구조를 가지고 있다면, 그 구조는 그것이 자연류의 구성원인지 여부를 일반적으로 결정하며, 이런 일은 현실 세계에서만이 아니라 모든 가능 세계에 걸쳐 성립된다. 다른 말로 하면, 우리가 자연류에 관해 반사실적으로 상정할 수 있는 것과 그렇지 못한 것('물은 전부 증발할 수 있었는가?' 그렇다/'물은 XYZ일 수 있었나' 아니다)을 결정한다(1975a, pp.238-239, 241).

17. T9에 관한 도넬란의 해명

도넬란(1973b와 1974b)은 퍼트남의 시도 즉 자연류어 이론에서 '물은 H_2O이다.'와 같은 후천적 진술이 형이상학적으로 필연적이라는 결론을 도출하려는 시도를 명확히 드러내려 한다. 도넬란은, 자신이 명명한대로, (14)나 (15) 형식의 예시 정의에서 자연류에 관한 필연적 후천 진리를 "도출하는" 퍼트남의 "기계적 절차"를 자세하고 명확하게 설명한다. 도넬란이 말하는 이 절차에 따르면, 자연류어를 포함하는 필연 후천 진리를 산출하려면, 예시 정의에 덧붙여 두 가지 정보만 있으면 된다. 첫째로, 우리는 정의에서 언급된 모범이 갖고 있는 현실적으로 감추어진 본성을 알아야 할 필요가 있다. 둘째로, 적어도 약간의 경우에 우리는 어떤 것과 똑같은 K(즉 똑같은 액체 실체, 똑같은 동물종 등등)의 실례임이, 도넬란의 용어로, 어디 "에 있다"는 것을 알아야 한다. 예를 들어, 퍼트남이 제안한 물의 예시 정의를 가정한다면, '물은 H_2O이다.'는 필연 진리를 산출하기 위해서, 우리는 모범 표본이 H_2O라는 화학적 조성을 갖는다는 것을 알아야 하며, 또한 주어진 실체의 표본과 동체성을 갖음이 똑같은 화학적 조성을 가짐 "에 있다"는 걸 알아야 한다. 이 세 가지 인자 즉 물의 예시 정의, 모범이 화학구조 H_2O를 갖는다는 사실, 동체성이 똑같은 화학구조를 갖는 데 있다는 사실로부터, 우리는 손쉽게 물은 H_2O라는 필연 후천 진리를 산출해낼 수 있다. 또는 좀더 정확히 말해서 물의 모든 표본이 두 부분의 수소와 한 부분의 산소로 이루어진 화학적 조성을 갖는다는 필연 후천 진리를 산출할 수 있다. 어떤 것이 다른 가능 세계에서 물의 표본이기 위해서는, 그것이 현실에서 물의 모범 표본과 통세계 동체성 관계를 맺어야만 한다. 그것이 현실의 모범과 통세계 동체성을 띠기 위해서는, 그 모범이 현실에서 갖고 있는 똑같은 화학 조성을 가져야만 한다. 따라서 그 모범이 H_2O라는 화학적 조성을 갖기 때문에, 어떤 것이 다른 가능 세계에서 물의 표본이기 위해서, 그것은 H_2O라는 화학적 조성을 가져야만 한다.

    세 인자들 각각이, 특히 물에 관한 예시 정의의 모든 양상적 효력이 이런 추리에서 실제로 사용되었다는 데 주목하라. 이 정의는 용어 '물'의 의미론적 내포를 일정 실체의 형이상학적 내포와 일치하도록 고정하며, 이렇게 함으로써 예시적 정의는 용어 '물'이 좀더 일반적인 류 또는 범주 즉 지구에서 가장 흔한 액체 실체의 표본을 지칭하지 못하게 만든다. 이런 약정 없이, '물은 H_2O이다.'의 필연성을 추리한다면 오류일 것이다. 물의 예시 정의를 보충하는 두 가지 사실은, 예시 정의 없이 그 자체만 고려된다면, '물은 H_2O이다.'가 필연적이라는 결론을 귀결시키지 못하는 것과 마찬가지로 '지구상에서 가장 풍부한 실체는 H_2O이다.'가 필연적이라는 오류 주장을 도출하지도 않는다. 그 모범이 사실상 지구상에서 가장 풍부한 액체 실체의 표본이라는 전제를 추가한다해도 이는 마찬가지이다. 게다가 모범 표본이 화학구조 H_2O를 갖는다는 사실을 더불어 감안할 경우라 해도, 어떤 것과 동체성임이 똑같은 화학적 조성을 가짐에 있다는 추가 정보에 의존하지 않는다면, 물의 예시 정의에 의해서만 '물은 H_2O이다.'가 필연적이라는 결론이 산출되지 않는다. 앞 절에서 인용된 퍼트남의 글에서, 그가 "중요한 물리적 속성"이라고 정상적으로 간주되는 속성에 관해 시사하고자 했던 바가 있다면, 다름아니라 우리가 '물은 H_2O이다.'의 필연성을 추리할 때, 동체성임이 똑같은 화학 조성을 가짐에 있다는 추가 정보에 의존할 수밖에 없다는 것이었다.

도넬란(1973b와 1974b)이 제기하는 물음은 이렇다. 총각임과 같은 비자연류에 관한 형식적 필연 진리, 이를테면 '모든 총각은 미혼이다.'가 일반적으로 선천적인 것으로 보이는데 비하여, 자연류에 관한 필연적 후천 진리가 있을 수 있는데 이는 자연류에 관련된 어떤 사실에 의거하는가? 도넬란에 따르면 '물'과 '호랑이' 같은 (단일어) 자연류어의 두 가지 특징이 있으며, 이 특징에 의해 이들을 '총각'과 같은 (단일어) 일반어(비자연류어)와 분리되며, 또한 '물은 H_2O이다.'와 같은 필연 진리의 특별한 후천성이 설명된다. 도넬란에 의하면, 자연류어의 특유한 특성은 다음과 같다. (ⅰ) 자연류어는 모범 의존적(paradigmatic)인데, 자연류어가 문제의 자연류에 속하는 현실의 모범 표본을 언급함으로써 예시적으로 "정의 가능" 하다는 특별한 의미에서 그렇다. (ⅱ) 자연류어의 예시 정의는 통세계 관계 즉 똑같은 K의 식례임을 포함하는데, 이는 이론적 관계이다. 도넬란의 견해에 의하면, 일정 대상이 일정 자연류어의 실례이기 위한 필연적 특징을 갖는지 여부를 확정하기 위해서, 그것의 "본성"을 결정하는 일은 경험적 문제이다. 따라서, 예를 들면, 원료 물질의 일정 부분이 H_2O인지 여부를 확정하기 위해 그것의 화학구조를 결정하는 것은 경험적 문제이다. 게다가, 도넬란의 견해로는, 두 대상이 똑같은 자연류임을 가리는 기준이 무엇에 의해 구성되는지의 문제 역시 경험 과학의 문제이다. 후자에 관해 도넬란은 다음과 같이 말하고 있다.

[두 액체 표본이 똑같은 화학구조를 갖을 경우 그리고 오직 그 경우에만 서로 동체적이라는 필수 원리를,] 우리가 후천적 근거에 의거하여 믿거나 또는 적어도 언어만을 고려해서 얻어지지는 않는 근거

에 의거하여 믿는다고 나는 생각하고 싶다. 내가 보기에, 이 원리는 과학적 발견의 산물이거나, 과학 이론의 산물, 또는 아마도 과학의 본성에 관한 견해가 바뀐 산물이다. 그렇게 때문에 물(즉 "물"이라고 불리는 원료 물질)은 H_2O라는 것이 알려지지 않았거나 믿어지지 않았던 때가 있었듯이, 똑같은 화학구조가 [동체성에] 필수적이라는 것이 알려지지 않았거나 믿어지지 않았거나, 또는 액체에 관한 견해의 일부가 전혀 아니었던 시기가 있었을 것이다. 따라서, 내가 추측하기로는, 화학구조에 관한 관념이, 적어도 H_2O와 같은 식으로 화학구조를 표기할 때 우리가 아는 바와 같은 화학구조 관념이 당시의 자연철학에게는 아주 생소했던 시기가 있었다(1973b와 1974b).

도넬란은 예시 정의를 통하여 다른 일반어들이 언어 내로 모범에 의존하여 도입될 수 있다는 것을 지적한다. 비록 그런 일이 이루어지지 않는 상황도 덧붙여 말하기도 하지만 그렇게 도입될 수 있다는 점을 지적한다. 따라서, 그의 예를 사용하자면, 우리는 '거시기'(whatchamaycallit)라는 새로운 혼인 상태 용어를 다음과 같은 예시 정의를 통해 도입할 수 있다.

    다음은 필연적으로 성립한다 : 어떤 사람이 (가리켜지고 있는) 현실적으로 처해 있는 것과 똑같은 혼인 상태에 처해있다면 그리고 오직 그 경우에만 그는 거시기이다.

이때, 특정 총각과 관련하여 이런 말이 이루어졌다고 해보자. 그렇다면 이제 거시기는 미혼임이 필연 후천적 진리로 바뀌게 될 것이다. 이런 필연 진리를 산출하기 위해, 우리는 언급되는 모범이 미혼이라는 지식만이 필요할 따름이며, 만일 두 개별자가 똑같은 혼인 상태를 (여러 가능 세계에 걸쳐) 갖는다면, 그 중 하나가 결혼했을 때 그리고 오직 그 경우에만 다른 하나도 결혼하였다는 추가 지식이 필요할 뿐이다. 첫째 지식은 명확히 후천적이지만, 도넬란에 따르면 둘째 지식은 자연류어의 경우에 대응되는 원리와 달리 선천적이며 심지어 분석적이다. 산출된 필연 진리 '거시기는 미혼이다.'의 후천성은 이 진리를 산출하는 진리 '모범 자신이 미혼이다.'의 후천성에서 도출될 뿐이다. 도넬란에 따르면, 자연류의 경우, 산출된 필연 일반 명제 즉 '물 표본은 화학 조성 H_2O를 갖는다.'는 진리의 후천성은 두 개의 출처에서 비롯되었다. 그렇기 때문에, 산출된 진리를 산출하는 필연 진리 '물은 H_2O이다.'에 개입된 두 사실은 경험적이다. 따라서 모범 액체 표본은 화학적 조성 H_2O를 갖는다는 진리는 물론 후천적이다. 그리고 도넬란의 견해에 의하면 동체성이 어떤 점"에 있다"는 데 관한 필수 원리는 마찬가지로 경험적이거나, 또는 어떤 의미로 과학적이다. 도넬란은 다음과 같이 결론을 내린다.

만일 이것이 정확하다면, 다시 말해, 퍼트남의 설명이 정확하다고 가정한다면, 내가 생각하기에 우리는 "물은 H_2O이다."는 문장이 이중으로 매력적인 내용을 담고 있다고 말할 수 있을 것이다. 우리가 이 문장의 진리성에 관해 알고 있는 바에 포함된 내용은 이렇다. 비록 이 문장이 필연적으로 옳다해도, 이 문장은 "물"이라 불리는 원료 물질이 화학구조 H_2O를 갖는다는 경험적 발견을 담고 있으며, 그뿐 아니라, 만일 우리가 이런 경우에도 지식이라는 용어를 제대로 썼다고 할 수 있다면, 우리는 갖고 있지만 고대인은 갖지 못했던 지식 즉 만일 두 액체가 똑같은 화학구조를 가졌을 경우에만 둘은 똑같다는 지식도 담고 있다. 말할 것도 없이, 이 문장은 경험적 발견이므로 선천적 지식이 아니다(1973b와 1974b).

18. OK-절차

18.1 타당한 양상 논증

도넬란은 퍼트남이 필연 진리 '물은 H_2O이다.'를 산출하려고 일종의 기계적 절차를 사용했다고 말하면서, 이 절차를 설명하고 있다. 도넬란의 설명에 따르면, 이 절차에서는 타당한 논증이 사용되었다. 그 논증의 전제 가운데 하나가 퍼트남이 제안한 물에 관한 예시 정의를 포함하며, 그 결론은 물 표본이 화학구조 H_2O를 갖는다는 일반 명제에서 필연적으로 도출된다. 더 자세히 말해서, 도넬란에 따르면, 퍼트남은 다음과 같은 양상 논증을 제시한 셈이다.

(13') 다음은 필연적으로 성립된다 : 만일 어떤 것이 dthat(이것이 그 표본인 똑같은 실체)의 표본이라면 그리고 오직 그 경우에만 그것은 물의 실체이다.

(18') 이것(즉 이 액체 표본)은 화학구조 H_2O를 갖는다.

(19') 어떤 것과 똑같은 실체의 표본임은 똑같은 화학구조를 가짐에 있다.

그러므로

(23') 다음은 필연적으로 성립된다 : 물의 모든 표본은 화학구조 H_2O를 갖는다.

자연류어 지칭에 관한 직접 언급론이 정확하다고 가정한다면, 이 논증의 결론은 만일 실체 물이 그 표본 모두가 화학구조 H_2O를 갖는다는 특징을 그 본질 속성으로서 갖는다면 그리고 오직 그 경우만 옳을 것이다. 여기서 우리의 주된 관심사를 든다면, (23')과 같은 진술이 사소하지 않은 본질주의자 함축 가운데 어떠한 것이라도 그 자체로 무관한 전제들만을 취하고서도 일반어 지칭에 관한 직접 언급론에서 도출되는지 여부의 문제이므로, 이 진술의 본질주의자 함축이 오직 직접 언급론에서만 도출되는지 여부의 문제라고 하겠다. 바로 앞에서 제시된 양상 논증은 도넬란에 의해 해명된 바 있는 퍼트남의 제안을 보여주는데, 물론 우리의 물음에 긍정적인 답을 하고 있다. 이 논증의 타당성은 앞 절에서 개괄된 약간의 비형식적 추리에 의해 직관적으로 검증된다. 만일 각 전제들이 직접 언급론의 고유한 주장이거나 사소하지 않은 본질주의자 함축 가운데 어떤 것에든 해당된다는 것을 좀더 자세히 증명할 수 있다면, 직접 언급론이 퍼트남의 T9에서 주장된 사소하지 않은 본질주의자 함축 역시 더불어 지니고 있다고 만족하게 결론지을 수 있다.

18.2 일반적인 경우

18.1절에서 개괄한 양상 논증은 다른 자연류에도 일반화된다. 예를 들어, 다음과 같은 변화를 가하면, 호랑이의 예시 정의로부터 곧바로 '호랑이는 포유류이다.'는 후천 진리의 필연성을 산출하는 양상 논증을 얻을 수 있다.

> 다음은 필연적으로 성립한다 : 만일 어떤 것이 dthat(이것이 그 구성원인 똑같은 종)의 구성원이라면 그리고 오직 그 경우에만 그것은 호랑이이다.
> 이것은 포유류이라는 생물학적 집합 속성을 갖는다.
> 어떤 것과 똑같은 종의 구성원임은 (부분적으로) 똑같은 생물학적 집합의 구성원임에 있다.
> 그러므로, 다음은 필연적으로 성립한다 : 모든 호랑이는 포유류이다.

마찬가지로 다음과 같이 퍼트남의 절차를 적용하면, 금의 예시 정의에서 '금은 원자 번호 79를 갖는다.'는 필연 후천 진리를 산출하게 된다.

다음은 필연적으로 성립한다 : 만일 어떤 것이 dthat(이것이 그 포본인 똑같은 화학 원소)의 표본이라면 그리고 오직 그 경우에만 그것은 금이다.
이것은 원자 번호 79를 갖는다. 즉 이것은 사실상 그 구성 성분인 원자 전체 속에 정확히 79개의 양자를 갖는다.
어떤 것과 똑같은 화학 원소임은 똑같은 원자 번호를 가짐에 있다.
그러므로, 다음은 필연적으로 성립한다 : 금의 모든 표본은 원자 번호 79를 갖는다. 즉 사실상 그 구성 성분인 원자 전체 속에 정확히 79개의 양자를 갖는다.

이제 이런 논증들 각각에서 드러난 기계적 절차를 OK 절차라고 부르자. 여기서 'O'는 '예시 정의'(ostensive definition)이고 'K'는 '류'(kind)이다. OK 절차는 세 전제와 하나의 결론으로 구성된 타당한 양상 논증 도식으로 표현될 수 있다. 첫째 전제는 보통 명사 ν의 예시 정의이다. 두 번째 전제는 예시 정의에서 언급되고 있는 모범의 "감추어진 본성"을 기술한다. 마지막 전제는 어떤 것과 똑같은 K임이 어떤 점"에 있는"지를 주장하는데, 이 경우 보통 명사 ν는 K-류를 지칭한다. 결론은 산출된 진리의 필연성을 주장한다. 그 형식을 보자면, OK 절차는 다음과 같이 제시될 수 있겠다.

(15′) 다음은 필연적으로 성립된다 : 만일 어떤 것이 dthat(이것이 그 실례인 똑같은 K-류)의 한 실례라면 그리고 오직 그 경우에만 그것은 (각각의) ν이다.
(25′) 이것은 ϕ임이라는 Ψ 속성을 갖는다.

(26′) 어떤 것과 똑같은 K-류의 한 실례임은, 적어도 부분적으로, 주어진 그것이 갖고 있는 똑같은 Ψ속성을 가짐에 있다.

(28′) 그러므로 다음은 필연적으로 성립한다 : 모든 (각각의) ν는 Ψ이다.

K는 특유한 자연류 술어이고, ϕ는 "감추어진 구조적 속성"을 표현하며, Ψ는 특정 부류의 감추어진 구조적 속성임이라는 속성을 표현한다. 만일 이 전제들이 전부 선천적이라면, 이 결론도 역시 선천적일 것이다. 하지만 도넬란이 지적하듯이, 적어도 전제 (25′)는 일반적으로 후천적이라고 여겨지며, 따라서 결론 (28′) 역시 일반적으로 후천적이라고 볼 수밖에 없다. 각각의 경우에, 직접 언급론이 정확하다고 가정한다면, 결론은 만일 보통 명사 ν에 의해 지칭되는 류가 어떤 본질 속성을 가질 경우 그리고 오직 그 경우에만 옳을 것이다. 만일 전제 각각이 직접 언급론의 귀결이거나 사소하지 않은 본질주의자 함축과 무관하다는 게 증명될 수 있다면, 자연류에 관해 자연류어를 고정 지칭어로 고정해주는 예시 정의를 통해, 직접 언급론으로부터 후천적인 본질주의자 주장을 산출하는 산뜻한 장치를 OK 절차가 제공한다고 증명되는 셈이다.

19. 일반적 K 절차와 I 절차

19.1 일반적 K 절차

지금까지 살펴본 다양한 양상 논증은 좀더 일반화될 수 있다. OK 절차는 이른바 예시 정의뿐만 아니라 조작 정의에도 적용되도록 수정될 수 있겠다. 두 번째 전제 즉 모범의 감추어진 본성이 무엇인지를 주장하는 전제는 좀 덜 명확한 전제로 대치될 수 있겠다. 이 전제는 정의에서 언급된 자연류의 일부 실례가 이러 저런 감추어진 본성을 현실적으로 갖고 있다는 취지를 담고 있을 것이다. 세 번째 전제는 이전과 마찬가지이다. 따라서 예를 들어 '물 표본은 화학구조 H_2O를 갖는다.'는 필연 진리는 다음과 같은 세 전제에서 산출될 수 있겠다.

    다음은 필연적으로 성립된다 : 만일 어떤 것이 dthat(저 호수와 저 바다를 채우고 있는, 무색무취무미이며 해갈시켜주는 액체 실체)의 표본이라면 그리고 오직 그 경우에만 그것은 물의 실례이다[조작 정의].
    저 호수와 저 바다를 채우고 있는, 무색무취무미이며 해갈시켜주는 액체의 일부 표본은 화학구조 H_2O를 갖는다.
    전제(19')

마찬가지로 '호랑이는 포유류이다.'와 '금은 원자 번호 79를 갖는다.'는 필연 진리는 이에 대응되는 조작 정의에서 산출될 수 있다. 일반적인 경우에 위에서 기술된 OK 절차는 다음과 같은 절차의 특별한 경우인데, 우리는 다음의 절차를 일반적 OK 절차라고 부를 수 있겠다.

(17') 다음은 필연적으로 성립된다 : 만일 어떤 것이 dthat(φ임이라는 속성을 갖는 K-류)의 실례일 경우 그리고 오직 그 경우에만 그것은 (각각) ν이다.
(29') φ임이라는 속성을 가진 K-류의 일부 실례는 ϕ임이라는 Ψ속성을 갖는다.

    도식 (26')은 성립한다. 그러므로 (28').

여기서 ν, K, φ, ϕ, Ψ는 앞에서와 같은 기호이다.

일반적 OK 절차는 임의의 자연류 보통 명사 ν에 대한 "정의"의 일반 형식을 그 첫 번째 전제 도식으로 사용한다. 하지만 엄밀히 말해서 일반적 OK 절차의 첫 번째 전제 도식은 용어 ν에 대한 진정한 정의에 의해 예화될 필요가 없다는 점을 놓치지 말아야 한다. 따라서 캘리포니아 콘도르라는 종이 우연히 현존하는 구성원들이 야생 금렵 지역에 살고 있는 유일한 종이었다고 가정해보면, 캘리포니아 콘도르가 새라는 필연 진리는 다음과 같은 논증을 통해 산출될 수 있다.

다음은 필연적으로 성립한다 : 만일 어떤 것이 dthat(그 현존 구성원 모두가 야생 금렵 지역에 남아있는 유일한 종)의 구성원이라면 그리고 오직 그 경우에만 그것은 캘리포니아 콘도르이다.
이 종의 일부 구성원은 새임이라는 생물학적 집합 속성을 갖는다.
어떤 것과 똑같은 종의 구성원임은 부분적으로 똑같은 생물학적 집합에 구성원임에 있다.
그러므로 다음은 필연적으로 성립한다 : 모든 캘리포니아 콘도르는 새이다.

K, φ, ψ, Ψ가 나타내는 것을 변화시키면, 일반적 OK 절차 역시 ν의 자리에 임의의 일반어 τ가 채워질 수 있겠는데, τ가 보통 명사나 형용사 또는 동사 가운데 하나일 것이며, 또한 자연류어이거나 인공물어이거나 또는 어떤 것이든 해당될 것이다. 따라서 예를 들면 '연필은 필기구이다.'는 필연 진리는 다음과 같은 논증에 의해 산출될 수 있겠다.

다음은 필연적으로 성립한다 : 만일 어떤 것이 dthat(이것이 그 실례인 똑같은 필기구 유형)에 속하는 필기구일 경우 그리고 오직 그 경우만 그것은 필기구이다.
어떤 것과 똑같은 필기구 유형임은 적어도 부분적으로 똑같은 기능을 갖도록 고안됨에 있다.
　그러므로 다음은 필연적으로 성립한다 : 모든 연필은 원래 필기 기능을 하도록 고안되었다.

　하지만 이런 점은 주의가 필요하다. 일반적 OK 절차가 자연류어 이외의 용어에 적용될 때, 산출된 필연 진리(예를 들어, 연필은 필기구이다)가 선천적으로 알려지지 않는다는 입장은 일반적으로 그럼직한 주장이 아니다. 물론 우리가 앞서 지적했듯이, 자연류어를 다른 (단일어) 일반어와 이런 방식으로 구별지어주는 자연류어의 특징을 분리하려는 게 도넬란의 의도(1973b와 1974b) 가운데 일부이다.
　일반적 OK 절차는 두 가지 이유에서 중요하다. 첫째, 이 절차는 도넬란의 자연류어 특유의 특징에 관한 견해 즉 산출된 필연 진리의 특별한 후천적 특성을 설명해주는 자연류어의 특징에 관한 견해와 직접 관련된다. 우리가 보았던 대로 도넬란의 견해에 의하면, 산출된 필연 진리의 특별한 후천적 특성을 설명하는 자연류어와 그 정의의 두 가지 특징이 있다. (i) 이들은 앞에서 정의되었던 의미로 모범 의존적이며, (ii) 그들은 이론적 통세계 관계 똑같은 K의 실례임을 포함한다. 그런데 일반적 OK 절차에 따르면 자연류어의 "정의" 즉 K 절차의 첫째 전제에 포함된 두 특징은 결정적 구성요소가 아니다. 왜냐하면, 앞에서 주목했던 대로 15.2절에서 (16)과 (17) 형식의 조작 정의는 두 특징 가운데 하나도 갖고 있지 않는데도, 일반적 K 절차를 사용하는 조작 정의로부터 (28) 형식의 진리를 산출하는 것이 여전히 가능하기 때문이다. 물론 일반적 K 절차의 전제 도식 (17)은 용어 ν에 대한 정의에 의해 예화될 필요가 없다는 점도 지적했었다. 그리고 언어에 ν를 도입하기 위한 수단으로 (17)의 실례가 사용될 필요도 없다. 필요한 것이 있다면 (17)의 실례가 ν의 의미론적 내포를 정확하게 고정하는 일 즉 이 실례가 옳다는 것뿐이다. 그렇다면, 도넬란은 자연류에 관한 명제 즉 '물은 H_2O이다.'와 '금은 원자 번호 79를 갖는다.'와 같은 필연적인 후천적 일반 명제의 가능성을 확보해주는 것이 무엇인지 충분히 설명하지 못한 셈이다.[122]

19.2 | 절차

일반적 K 절차가 중요한 두 번째 이유를 들라면, 이 절차가 고유명(또는 지표 단칭어)와 개별자의 경우에 유비시킬 수 있는 절차를 강하게 암시한다는 점이다. 예로 '목본(Woody)'이 우리 앞에 놓인 특정 탁자를 지칭하는 고유명이라고 가정하고, 다음과 같은 논증을 검토해보자.[123]

(30′) 다음은 필연적으로 성립한다 : 목본은 dthat(여기 놓인 탁자)이다.
(31′) 여기 놓인 탁자는 원래 목재 H로 구성되었다.
(32′) 어떤 것과 똑같은 탁자임은 적어도 부분적으로 똑같은 원래의

---

[122]. 물론, 도넬란이 그 현상의 근원을 자연류어가 전형적으로 도입되거나 "정의"되는 방식에서 찾지 않고 오히려 자연류어가 지칭하는 류의 부류에서 찾았기 때문에 잘못되었다는 말이 아니다. 그의 '거시기' 예는 의심의 여지없이 이런 점에서 중요하다. 하지만 이 예를 수정해보면, 소위 모범 의존성은 이런 현상의 궁극적 근원이 아니라 기껏해야 특별한 경우일 뿐이다.
이런 관점에서, 주의를 기울일만한 것은 이렇다. 일부의 기술적 비자연류어는 자연류어에 상관되어 기술어이기 때문에, 필연 후천적 일반 명제의 가능성을 확보해주는 자연류어의 특징을 상속받는다. '수도관은 물을 나르는 기능을 갖는다.'는 분석적(이며 따라서 선천적)인 것 같다. 따라서 수도관이 그러하다는 것은 필연적이다. (어떠한 경우든, '그 기능이 물을 나르는 것인 관은 물을 나르는 기능을 갖는다.'는 확실히 필연적이다.) 그러나 만일 '물은 H_2O이다.'가 필연적이고 후천적이라면, '수도관은 H_2O를 나르는 기능을 갖는다.'가, 비록 후천적이라 해도, 역시 필연적이라는 귀결이 나올 것이다. 마찬가지로 '금반지는 원자 번호 79를 갖는 물질로 만들었다.'는 비록 후천적이라 해도 필연적이다.

[123]. 엄밀히 말해서, 이 논증은 직접 언급론에서 귀결되는 다른 전제를 필요로 한다. 즉 'H'는 고정 지칭어이다는 전제가 필요하다. 이런 약정이 없다면, 목재 H로 구성됨이 (32′)에 의해 요구되는 부류의 원래의 물질 조성 속성이라는 보증이 없다. 예를 들어 만일 이름 'H'가 비고정 기술 '존 아저씨의 일륜차를 만든 그 목재'로 대치된다면, 어떤 상황이 될 것인지 생각해 보라.

물질 조성을 갖음에 있다.

그러므로

(34′) 다음은 필연적으로 성립한다 : 목본은 만일 실존한다면 원래 목재 H로 구성되었다.

3.3절에서 우리는 단칭어 α가 개별자 i에 대한 고착 지칭어라고 말할 수 있는 기준으로 다음 형식의 문장이 옳음을 채택했었다.

(3) □ [α = dthat(β)]

여기서 β는 개별자 i를 지시하는 단칭어이다. 전제 (30′)는 바로 이 형식을 취하고 있다. 이는 용어 '목본'이 여기 놓인 탁자를 고정적으로 지칭한다고 주장하며, 따라서 목본은 모든 가능 세계에서 아주 똑같은 탁자라고 주장하는 셈이다. 이 논증의 배후를 이루는 추론은 바로 물이 화학구조 H_2O를 갖는다는 결론을 비형식적으로 도출하던 경우에 정확히 유비된다. 전제 (32′)에 의하면, 어떤 것이, 다른 가능 세계에서, 현실 세계의 여기 놓인 것과 아주 똑같은 탁자이기 위해서는, 현실 세계에서 이 탁자를 구성하고 있는 똑같은 재료로 그 가능 세계에서 원래 구성되어야만 한다. 전제 (31′)에 의하면, 이 탁자는 현실적으로 원래 목재 H로 구성되었으므로, 이 탁자가 실존하는 어떠한 가능 세계에서도 이것은 목재 H로 구성된다는 귀결이 나온다. 전제 (30′)에 의하면, 이 탁자는 모든 가능 세계에서 목본 아닌 다른 것이 아니다. 그러므로, 목본이 실존하는 모든 가능 세계에서, 목본은 목재 H로 구성되었다. 이렇게 증명이 이루어질 수 있다.

그렇다면 '물은 H_2O이다.'가 필연적이라는 논증의 경우처럼, 세 전제 각각이 추론의 일부로서 실제로 사용되었다는 데 주의하자. 특히 '목본'을 적절히 상관된 탁자의 고정 지칭어라고 확정짓는 첫째 전제의 양상적 효과가 충분히 발휘되었다. 바로 똑같은 이 탁자가 모든 가능 세계에서 목본이라는 약정이 없었다면, 두 전제 (31′)과 (32′)는 결론 (34′)을 귀결시킬 뿐 아니라 다음과 같은 명백한 오류를 낳는다. 존 아저씨가 마르타 아주머니를 위해 만들어준 탁자가, 만일 이런 유일한 탁자가 있다면, 목재 H로 만들어졌다는 것이 필연적이라고 보게 된다. 비록 사용 중인 탁자가 마르타 아주머니를 위해 존 아저씨에 의해 만들어진 것이라고 해도 마찬가지이다.

이런 양상 논증에 의해 제시된 일반 절차를 I 절차라고 부르겠다. I 절차와 대응하는 논증 도식은 일반적 K 절차의 논증 도식에서 직접 얻을 수 있다. 보통 명사 ν 의 자리에 단칭 고유명 α 를 쓰고, ν 에 의해 지칭되는 자연류나 그 류의 실례의 자리에 α 에 의해 지칭되는 개별자를 쓰면 된다. 그러면 개별자의 경우에 다음과 같은 일반적 절차를 얻을 수 있겠다.

(3′) 다음은 필연적으로 성립한다 : α = dthat(β)
(35′) β 는 ϕ 임이라는 Ψ 속성을 갖는다.
(36′) 어떤 것과 (같은 류에 속하는) 아주 똑같은 개별자(I)임은 적어도 부분적으로 똑같은 Ψ 속성을 갖음에 있다.

그러므로

다음은 필연적으로 성립한다 : α 는 만일 실존한다면 ϕ 이다.

3.3절에서 제시한 고착성의 기준을 사용한다면, 형식 (3′)의 전제는 β 가 지칭하는 것은 무엇이든 α 가 고착적으로 지칭한다는 취지의 대상

언어 수준의 주장으로 볼 수 있겠다. α가 고유명인 경우, 전제 도식 (3')은 α에 관한 일종의 정의로 간주될 수 있는데, (3')에 따르면, α는 β가 지시하는 것이 무엇이든 그것의 고정 치칭어라는 것을 보증해주는 방식으로 단칭어 β를 사용하여 α의 언급이 고정된다. 만일 β가 '이것', '그이'와 같은 지표어라면, 그 전제는 고유명에 대한 예시 정의가 될 것이다. 그러나 β는 지표어일 필요가 없다. 이것은 「속성 φ를 갖고 있는 류 I의 그 개별자」라는 형식의 한정 기술일 수도 있다. 예로 '여기 놓인 그 탁자'를 들 수 있다. 그렇다면 I 절차는 고유명에 관한 언급-고정적 "정의"로부터 개별자를 포함한 필연 진리를 산출하는 기계적 절차이다. 전제 도식 (35')의 실례가 일반적으로 후천적일 수 있으므로, 산출된 필연 진리도 후천적일 수 있겠다. 따라서 I 절차는 그 표현이 고유명을 포함하는 필연 후천적 진리를 산출하는 절차이며, 이는 그 표현이 자연류어를 포함하는 필연 후천적 진리를 산출하는 일반적 K 절차에 아주 정확히 유비된다고 하겠다.

20. 도넬란의 계획

OK 절차를 통해 도넬란의 재구성 즉 퍼트남의 기본 주장 T9의 정당화를 재구성하려는 시도가 드러난다. 이 기본 주장에 따르면, 자연류어에 관한 직접 언급론은 8.1절에서 말한 바 있는 자연류를 포함하는 일부 후천적 일반 명제가 필연적이라는 귀결을 낳는다. 우리가 확인했던 대로, 만일 T9이 옳다면 자연류어에 관한 직접 언급론은 더 나아가 자연류에 관한 일정 형태의 본질주의를 낳게 된다. OK 절차는 자연류어에 관한 직접 언급론에서 본질주자 주장을 도출하려는 계획이 구체화되어 이루어질 수 있도록 해주는 분석 도구인 셈이다. 도넬란의 통찰을 통해서 우리는 퍼트남이 갖고 있던 계획의 세세한 부분으로 안내되었기에,

비기술 고정 지칭어의 언급을 고정하는 적절한 "정의"로부터, 류와 개별자 각각에 관한 본질주의자 주장을 산출하려는 목적으로 고안된 유사하면서 좀더 유연한 절차 즉 일반적 K 절차와 I 절차를 밝힐 수 있었다.

우리가 여기서 관심을 갖는 문제는 직접 언급론에서 사소하지 않은 본질주의를 도출하려는 어떠한 제안이든 성공할 수 있을 것인지 여부이다. 퍼트남의 원래 제안은 오직 자연류에만 관여했었는데, 만일 이것이 성공한다면, 우리의 문제에 관해 긍정적인 해결책을 찾았다고 할 수 있다. 실은 K 절차나 I 절차 둘 중 어떤 것이 되었든 하나만이라도 성공적으로 적용될 수 있다면, 우리의 목적에 충분하다고 하겠다. 만일 이런 절차 중 하나를 포함하는 다양한 임의의 양상 논증의 전제 각각이 직접 언급론의 귀결이거나 사소하지 않은 본질주의자 함축에서 전적으로 자유로운 것이라면, 언어 이론에서 사소하지 않은 본질주의를 도출하려는 퍼트남의 계획은 철학에서 거둔 진정한 승리로 간주되어야만 한다.

여섯 · 절차 K와 I에 감추어진 본질주의

앞의 두 장에서 우리는 퍼트남이 제시한 특별한 형태의 자연류어에 관한 직접 언급론을 자세히 살펴보았으며, 더불어 그의 기본 주장 T9를 구체화해보려는 도넬란의 시도를 살펴보았다. 퍼트남의 T9는 그의 직접 언급론이 일정한 형태의 본질주의자 결론을 낳는다는 내용이다. 일차적 관심이 언어인 이론에서 철저히 형이상학적인 결과를 도출하려는 대담한 시도를 평가해보는 것이 바로 이 장의 과제다. 특히 우리는 K 절차와 I 절차의 구성요소에 관심을 집중해야만 하며, 이 절차들 가운데 하나를 적용하는 어떠한 과정에서든 그 전제 각각이 직접 언급론의 주장이거나 사소하지 않은 본질주의자 함축과 무관한지 여부를 탐구해야만 한다.

21. 두 전제

18.1절에서 제시된 논증 즉 필연적으로 모든 물은 H_2O이다는 결론을 가진 원래의 양상 논증으로 논의를 시작해보자. 이 논증의 전제 (13′)은 기본 주장 T3에서 제시된 대로 물에 관한 퍼트남의 예시 정의를 분석한

것이다. 우리는 이미 (13')이 용어 '물'이 일정 실체를 고정적으로 지칭한다는 주장을 대상 언어를 사용하여 정식화한 걸로 간주될 수 있다고 했다. 그처럼 (13')은 직접 언급론에서 유래한 걸로 취급될 수 있겠다. 전제 (18')은 물의 예시 정의에서 언급된 모범 표본이 화학구조 H_2O를 갖는다는 주장인데, 이는 어떠한 사소하지 않은 본질주의자 함축과도 무관하여 경험적으로 검증된 정보를 전달한다. 그렇다면 논증의 첫 번째 두 전제는 현재 우리의 관점에서 아주 완벽하게 수용 가능하다. 어떠한 경우이든, 우리는 이 두 전제가 그런 성격을 갖는다고 간주할 것이다. 이제 우리는 관심을 전제 (19')로 돌려야만 하는데, 이는 동체성이 동일한 화학구조를 가짐 "에 있다"는 주장이다.

22. 세 번째 전제

22.1 세 번째 전제에 관한 퍼트남과 도넬란의 견해

만일 퍼트남의 절차가 그의 기본 주장 T9을 구체화하는데 성공한다면, 전제 (19')는 그 자체로 직접 언급론의 귀결이거나 아니면 어떠한 사소하지 않은 본질주의자 함축과도 무관해야만 한다. 퍼트남이나 도넬란 누구도 이 전제가 그렇다는 것을 상정할만한 충분한 근거를 명시적으로 내놓지는 않았다. 퍼트남은 (19')의 이론적 격위에 관해 거의 말한 바가 없으며, 이것의 진리성이 일정 맥락에서 우리의 관심에 상대적인 문제라고만 말하고 있다. 이런 주장은 비록 흥미로운 것이기는 하지만 (19')이 직접 언급론의 귀결이거나 본질주의에서 자유로운 주장인지 여부를 가리는데 전혀 도움이 되지 않는다.

한편 도넬란은 (19')의 격위에 관해 좀더 많은 말을 한다. 그는 때로 17절에서 인용한 문단의 마지막 문장에서 말했듯, (19')이 선천적이라고 공공연하게 말하지만, 좀더 신중한 그의 견해는 (19')이 "과학적 발견의 소산이거나, 과학 이론의 소산, 또는 아마도 과학관 변천의 소산"이라는 것이다. (19')이 어느 정도 경험적 내용 또는 어떤 의미에서 "과학적" 내용을 갖는다는 제안은 흥미로운 것이다. 또한 이에 의해, 엄밀하게 말해서 (19')이 직접 언급론의 귀결이 아니라, 그 대신에 철학적으로 논란의 여지가 없으면서 부당 가정의 오류를 범하지 않는 전제라는 주장을 하는데 시사하는 바가 있을 수 있겠다. 하지만 논점이 그다지 명료한 건 아니다. 본질주의자 주장은 후천적인 과학적 내용을 가질 수 있는데, 개밥바라기는 샛별이 아닐 수 없는 그런 것이다는 주장이 예가 될 수 있겠다. 이런 본질주의자 주장은 후천적 정보를 전달하는 걸로 보이는데, 왜냐하면, 이는 개밥바라기와 샛별이 하나라는 걸 필반하며, 개밥바라기가 샛별이라는 사실은 명백히 경험적이고 과학적인 사실이기 때문이다. (우리는 (19')이 후천적일 수 있다는 도넬란의 제안, 그리고 이 도넬란의 제안과 현재 논의 과제와의 관계를 부록 II에서 더 자세히 논의하겠다.)

(19')의 모호성은 또 다른 문제를 야기한다. 도넬란은 '에 있다'(consist in)는 구절을 명료화하려는 노력을 거의 하지 않았다. 하지만 명료화는 우리의 현재 탐구에서 결정적으로 중요하다.

22.2 형식화

명료화는 때로 형식화를 통해 이루어지며, 현재의 경우도 형식화가 명확한 해명의 역할을 하는 경우라고 하겠다. 우리는 (19')이 등장한 양상 논증을 기호화함으로써 (19')의 이론적 격위를 탐구해나가겠다. 이 논증은 17절에서 비형식적 추론을 통해 검증된 대로 직관적으로 타당하기 때문에, 기호화하는 데 일상적 제약말고도 양상적 타당성을 논증에 반영해야만 하는 추가된 제약이 있다. 우리가 (19')를 기호화하고, 또 기호화함으로써 명료화를 꾀할 때, 우리는 (19')이 비형식적 추론에서 하던 역할을 참고로 삼을 것이다. 사실 이 논증이 양상적으로 타당한 논증이 되기 위해 요구되는 것이 무엇이든 그것에 의해, 도넬란의 모호한 구절 '에 있다'는 정밀한 의미를 갖게 될 것이다. 물론 만일 논증이 부당하다면, 퍼트남에 의해 고무된 계획은 어떠한 경우라도 실패한 셈이다. 또한 이 계획이 실패한다는 것을 증명하는 일이 바로 우리의 목표이므로, 우리의 결론에 반대되는 가정 즉 이 계획의 결론이 옳다는 가정을 세워도 무방하다. 우리만 좋다면, 퍼트남에 의해 고무된 이 계획에 반대하는 논증을 귀류법으로 간주할 수 있겠다.

우리는 이미 (13')을 다음과 같이 기호화했었다.

(13) □(x) [Π water(x) ↔ x ∈ dthat(('z)[Substance(z) ∧ (this ∈ z)])]

결론 (23') 즉 필연적으로 모든 물은 H_2O이다를 기호로 표현하는 일은 수월하다. 'H_2O'가 술어 '두 부분의 수소와 한 부분의 산소로 화학적으로 합성되었다.'를 나타낸다고 하면 (23')을 다음과 같이 기호화할 수 있겠다.

(23) □ (x)[Π water(x) → H_2O(x)]

전제 (18')의 기호화는 수월하지 않은 편이다. 만일 우리가 일차-질서 술어에 관한 이차-질서 양화사와 이차-질서 술어를 가진 이차-질서 기호 언어를 허용한다면, (18')은 다음과 같이 기호화된다.

(18') H_2O(this) ∧ Chemical-structure(H_2O)

여기서 'Chemical-structure'는 "화학구조 속성이다"와 같은 이차-질서 술어 의미를 띠는 것으로 사용되었으며, 두 부분의 수소와 한 부분의 산소로 화학적으로 합성되었음이라는 속성의 술어에 부여될 수 있겠다.[124]

(19')을 기호로 표현하려면, 우리는 모호한 구절인 '에 있다'를 감수해야만 한다. 이 구절은 두 표본의 동체성임에 관한 필요충분조건이라는 관념을 암시하는 것 같다. (이를 16절에서 인용된 퍼트남의 두 번째 글과 대조해보시오.) (19')을 자연스럽고 그럴듯하게 해석하면, 동체성에 관한 형이상학적으로 필연적인 필요-충분조건 주장으로 볼 수밖에 없다. 따라서

(24) □ (x)(y)[(x ∈ ('z)[Substance(z) ∧ y ∈ z])
    ↔ (F)(Chemical-structure(F) → [F(x) ↔ F(y)])]

이를 일상어로 풀어서 말해 보면 : 필연적으로, 두 개별자 x와 y가 동체적이기 위한 필요-충분조건은 이 둘 중 하나가 갖고 있는 임의의 화학 구조를 나머지 하나도 갖는 것이다(necessarily, a necessary-and-sufficient confition for two individuals x and y to be consubstantial is that whatever chemical structure one has, so does the other).

그런데 불행히도, 이런 가정을 하게 되면, 이는 도넬란에 의해 사용

---

[124] 이차-질서 정식화를 사용하면 이 절과 다음 절에 나타난 논증들을 전개하는 일이 용이해진다. 물론 그 논증들을 전개하는데 필수적인 것은 아니다. 예를 들어 전제 (18)은 속성 h(주로 두 부분의 수소와 한 부분의 산소로 합성되었음이라는 속성)를 가정함으로써 일차-질서 언어에서 개별자로서 그 역할을 부여받을 수 있다. 이를 기호로 표현하는 다음과 같다.

□(x)[Has(x, h) ↔ H₂O(x)]

그렇다면 전제 (18)은 다음과 같은 표현으로 대치될 수 있다.

Has(this, h) ∧ Chemical-structure(h) 또는 H₂O(this) ∧ Chemical-structure(h)

이제 여기서 'Chemical-structure'는 일차-질서 술어로 사용되었다.

된 '에 있다'는 구절의 정확한 분석이 되지 못할 뿐이다. (13), (18), (24), ∴(23)이라는 양상 논증은 단지 부당할 뿐이며, 퍼트남의 절차에 암암리에 함축되어 표현된 논증이 도넬란의 기술한 바대로 타당하다해도 이는 마찬가지이다.

문제는 전제 (24)가 (19′)의 정확한 번역이 아니라는 데 있다. 이는 어떤 의미에서 너무 약하며, 또 다른 의미로에서는 너무 강하다. 동체성에 관한 필요조건과 충분조건을 둘 다 주장하기 때문에 이는 너무 강하다. 하지만 비형식적 추론이 전개되는 방식에서 알 수 있듯이, 전제 (19′)에는 어떤 부류의 필요조건에 관한 진술만이 요구된다는 것은 명백하다. 도넬란의 '에 있다'는 개념에 필요 이상의 내용을 채워 넣는 것을 안전하게 막기 위해, 이 관념이 오직 필요조건만을 함축한다고 보아야겠다.

전제 (24)는 동체성에 관한 필요조건을 주장하지 않으며, 오직 내세계 동체성 즉 단일 가능 세계 이내에서 동체성을 위한 필요조건을 주장할 뿐이다. 이 전제가 주장하는 바에 따르면, 두 표본 x와 y의 경우 임의의 가능 세계 w 이내에서 동체적이기 위해서는, 그들이 w 이내에서 똑같은 화학구조를 공유해야만 한다. 전제 (19′)에서 필요한 것은 통세계 동체성에 관한 필요조건 즉 서로 다른 가능 세계에 걸친 동체성을 진술하는 것이다. 이는 (24)에 관련해서 너무 약한 의미이다. 가능 세계 논의에서 가능 세계에 관한 양화사를 사용한다면, (19′)은 최소한 다음과 같은 정도의 의미는 띠어야만 한다고 하겠다.

(19) $(w_1)(w_2)(x)(y)(Exists_{w1}(x) \land Exists_{w2}(y)$
　　$\rightarrow [(x \in_{w1} (\text{'}z)[Substance_{w2}(z) \land (y \in_{w2} z)])$
　　$\rightarrow (F)(Chemical\text{-}structure(F) \rightarrow [F_{w1}(x) \leftrightarrow F_{w2}(y)])])$

전제 (19)는 만일 x가 w_1에서 실존하고 y가 w_2에서 실존한다면, 그리고 만일 나아가, w_1에서 x는, w_2에서 y가 그 표본인 똑같은 실체의 표본이라면, 그렇다면 x가 w_1에서 갖는 화학구조가 어떠한 화학구조든지, y가 w_2에서 그와 똑같은 화학구조를 갖으며, 그 역도 마찬가지라는 내용이다. 이런 전제를 가정한다면, 임의의 가능 세계 w에서 액체 표본 x가 물의 예시 정의에서 이미 언급되었던 현실의 물 모범 표본과 통-세계 동체성을 띠기 위해서는, 현실의 표본이 현실 세계에서 갖고 있는 것과 똑같은 화학구조를, 다시 말해, 화학구조 H_2O를 표본 x가 가져야만 한다.[125] 이로부터 귀결되는 바는 모든 가능 세계에서 물의 모든 표본은 화학구조 H_2O를 갖는다는 것이다. 양상 논증 (13), (18), (19), ∴(23)은 타당하다.[126] 그렇다면 (19)는 (19')에 관한 올바른 분석이라고 보아도 무방하겠다.

---

[125]. 독자는 4장에서 통-세계 관계와 물에 관한 퍼트남의 "예시 정의"를 길게 논의할 수밖에 없던 필요성을 이제는 알 수 있을 것이다.

전제 (19)는 퍼트남의 목적에 더 강하게 부합된다. 비록 명백히 (19')에 의해 의도한 의미가 (19)의 의미 전체라 해도, 그 논증은 w_2가 현실세계 $W_@$인 경우에 (19)의 특별한 실례만을 필요로 한다. $W_@$에 관해 말하고 있는 좀더 특수한 전제를 이용한다해도 다음에 말하고자 하는 필자의 논점에 그리 영향을 주지 못할 것이다. 왜냐하면 이렇게 약화된 전제도 사소하지 않은 본질주의자 함축을 가지고 있어서, 직접언급론과 아예 독립되어 있다고 말할 것이기 때문이다. 사실 모든 가능한 실체가 현실 세계에서 약간의 표본을 갖는다고 가정해 보면, 좀더 강하거나 좀더 약화된 원리는 동등해져 버린다.

[126]. 여기서 가정하고 있는 바는 「φ ∴ 현실적으로φ」라는 형식의 추론은 타당하다는 것이다. 물론 (19)에서 가능 세계 변항이나 상항과 더불어 고차-질서 술어 'Chemical-structure'를 아래첨자로 쓰지 않음으로써 우리는 암암리에 화학구조임을 세계-독립적 즉 세계-불변적임을 가정했다. (제 4장의 각주 16을 보시오.) 달리 말하면, 그 논증은 암암리에 '화학구조일 수 있는 어떤 가능한 것이든 본질적으로 화학구조이다.'를 가정하고 있다. 따라서 일정 형태의 본질주의가 이 논증에 전제 가정되어 있음은 이미 명백하다 하겠다. 이 본질주의 전제가정은 대충 말해서 실체(14.1절)에 관한 공리(Sub2)에 유비되며, 사소한 형태의 본질주의라고 간주될 수 있겠다. 또한 술어 변항 'F'에 붙어 있던 고차-질서 보편 양화사를 특정 술어 'H_2O'에 예화할 경우, 우리는 제 2장의 각주 5에서 말했던 것과 유비되는 무언의 가정을 갖고 있는 셈이다. 다시 말해, 이는 '두 부분의 수소와 한 부분의 산소로 구성됨이라는 속성은 바로 그런 류의 속성일 수밖에 없는 속성이고, 따라서 H_2O임은 모든 가능 세계에서 똑같은 속성이다.'는 가정이다. 이런 가정이 없이, 'H_2O'에 예화된다면 한 양상 맥락에서 개체 변항에 붙은 양화사를 비고정 한정 기술에 어긋나게 적용한다고 유추해볼 수 있겠다. 다시 한 번 말하지만, 여기서의 본질주의자 가정은 전적으로 사소한 본질주의 가정이라고 간주될 수 있다. 이런 본질주의자 전제 가정들 가운데 어떤 것도 결론 (23)이 갖고 있는 형이상학적 함축을 갖지 않는다.

22.3 K 절차

실체의 경우와 비슷하게, 호랑이와 포유류에 관한 논증에서 필요한 세 번째 전제는 다음과 같다.

한 개별자 x는, 만일 그 개별자 x가 가능 세계 w_1에서 구성원 역할을 하는 생물 집합이 무엇이든 개별자 y도 w_2에서 바로 똑같은 생물학적 집합의 구성원일 경우에만, y가 w_2에서 구성원 역할을 하는 바로 똑같은 그 종에 속하는 구성원이며, 이 역도 마찬가지이다.

마찬가지로 원자 번호 79를 갖는 금의 경우에 세 번째 전제는 아래와 같다.

하나의 표본 x는, 만일 그 표본 x가 가능 세계 w_1에서 갖고 있는 원자 번호가 무엇이든 표본 y도 w_2에서 바로 그와 똑같은 원자 번호를 가질 경우에만, y가 w_2에서 표본 역할을 하는 바로 똑같은 화학 원소의 표본이며, 이 역도 마찬가지이다.

일반적으로 OK 절차를 어떤 방식으로 적용해도 세 번째 전제는 다음과 같은 형식을 취해야만 한다.

(26) $(w_1)(w_2)(x)(y)(\text{Exists}_{w_1}(x) \wedge \text{Exists}_{w_2}(y)$
$\rightarrow [(x \in_{w_1} ('z)[K_{w_2}(z) \wedge y \in_{w_2} z])$
$\rightarrow (F)(\Psi(F) \rightarrow [F_{w_1}(x) \leftrightarrow F_{w_2}(y)])])$

여기서 K는 앞에서처럼 일반적인 자연류 술어 즉 '종이다', '실체이다'를 나타내고, Ψ는 특정 부류의 일차-수준 속성임의 상위-수준 속성을 표현한다. 내부-세계 똑같은-K 관계에만 연관된 전제는 어떤 것이든 논증을 부당하게 만들고 만다. 완벽한 통-세계 똑같은-K 관계에 관한 필요조건 주장만으로도 마찬가지이다.

일반적 K 절차가 드러내듯이, K 절차를 적용할 경우, 첫 번째 전제에서 표본에 관한 언급도 통-세계 똑같은-K 관계도 요구되지 않기 때문에 도넬란의 설명 즉 바로 자연류어에 관한 필연 후천적 일반 명제의 가능성을 확보해주는 것에 관한 그의 설명이 부적절하다는 것을 19.1절에서 이미 보았다. 반면에 이 시점에서 짚고 넘어가야 할 것은 다음과 같은 내용이다. 통-세계 똑같은-K 관계가 비록 그것이 적용된 첫 번째 전제에서는 나타날 필요가 없지만, 일반적 K 절차에서는 실로 결정적인 역할을 한다는 점이다. 우리는 이미 OK 절차의 세 번째 전제 도식이 최소한 통-세계 똑같은 K 관계에 관한 필요조건을 주장해야만 한다는 점을 증명했었다. 물에 관한 "조작 정의"에 적용된 절차가 쉽게 보여주듯이, 이는 일반적 K-절차에도 마찬가지로 적용된다. 다시 말하지만 전제 (24)는 부적절한 것 같다. (19)도 마찬가지일 것이다. 일반적인 경우 일반적 K-절차의 전제 (26')은 (26)의 모든 통세계 효력을 가져야만 한다.

22.4 | 절차

I 절차의 경우에도 이런 상황은 전적으로 마찬가지라 하겠다. 다시 한 번 19.2절에서 결론 (34') 즉 목본 탁자가 만일 실존한다면 원래 목재 H로 구성되었음을 주장하는 논증을 보자. 물에 관한 양상 논증의 경우처럼, 목본에 관한 전제 (30')은 고유명 '목본'에 관해 대상 언어로 이루어지는 도입-"정의", 다시 말해 화자 앞에 놓인 탁자에 관한 고정 지칭어로서의 이름을 확정하는 정의라고 간주될 수 있겠다. 그 자체로 보자면 전제 (30')은 단칭 직접 언급론을 주장하는 것으로 여길 수 있겠다. 문제의 탁자가 원래 목재 H로 구성되었다는 내용의 전제 (31')은 그에 비해 경험적으로만 증명되는 정보를 전달하며 어떠한 사소하지 않은 본질주

의자 함축과도 무관하다. 다시 말하면 문제로 남는 것은 세 번째 전제 즉 이 경우 전제 (32′)의 이론적 격위 뿐이다. 결론 (34′)을 추론하기 위해서, 이 결론을 비형식적인 방식으로 도출하는 과정에서 전제 (32′)를 사용했을 때, 우리는 다음과 같이 가정할 수밖에 없었다. 만일 다른 가능 세계의 어떤 탁자 x가 현실 세계의 일정 탁자 y와 동일하다면, 탁자 x와 y는 두 가능 세계에서 원래부터 똑같은 목재로 구성되어야만 한다. 다시 말해, 원래 조성의 똑같음은 탁자의 내세계 동일성뿐만 아니라 통세계 동일성의 필요조건이라고 가정해야만 했다. 그렇다면 우리는 이런 결론을 추론할 수 있겠다. 현실 세계에서 그 목본이 그 탁자인데, 바로 이 탁자와 다른 가능 세계에서 똑같은 어떠한 탁자든지 현실의 목본과 마찬가지로 목재 H로 구성되어야만 한다고 하겠다. 이에 대응하는 내세계 원리는 (양상) 논리학의 진리이다. 즉 어떠한 가능 세계에서든 동일한 탁자는 원래부터 아주 똑같은 물질로 구성되었다. 이는 라이프니쯔 법칙 즉 동일자 구별불가능성의 특별한 사례이다. 전제 (32′)는 탁자의 동일성이 그 원래의 조성 "에 부분적으로 있음"을 주장하는데, 이런 주장은 다음과 같은 내용을 갖도록 해석되어야만 한다.

(32) $(w_1)(w_2)(x)(y)(\text{Exists}_{w_1}(x) \wedge \text{Exists}_{w_2}(y)$
$\rightarrow [(x =_{w_1} (\text{'}z)[\text{Table}_{w_2}(z) \wedge y =_{w_2} z])$
$\rightarrow (F)(\text{Original-composition}(F) \rightarrow [F_{w_1}(x) \leftrightarrow F_{w_2}(y)])])$

즉 만일 x가 가능 세계 w_1에서 실존하고 y가 가능 세계 w_2에서 실존하며, 나아가 y가 w_2에서 탁자인데 x가 바로 그 탁자와 똑같은 탁자라면, w_1에서 x가 갖는 원래의 조성이 무엇이든, y도 w_2에서 그 원래 조성을 가지며, 이 역도 마찬가지이다.

일반적인 경우, I 절차의 전제 (36′)는 류 I에 속하는 똑같은 개별자임이 어떤 대목 "에 있는"지를 주장하는 데, 다음과 같은 내용을 갖는 걸로 해석되어야 한다.

(36) $(w_1)(w_2)(x)(y)(Exists_{w_1}(x) \wedge Exists_{w_2}(y)$
$\rightarrow [(x =_{w_1} (^?z)[I_{w_2}(z) \wedge y =_{w_2} z])$
$\rightarrow (F)(\Psi(F) \rightarrow [F_{w_1}(x) \leftrightarrow F_{w_2}(y)])])$

(36′)에 라이프니쯔 법칙에 맞는 내세계 해석을 가한다면 다만 너무 약할 것이다. K 절차의 경우처럼 (36)의 전적인 통세계 효력이 요구된다.

23. 계획의 실패

결정적 물음으로 되돌아가 보자. (26)이나 (36)의 형식을 갖는 전제들은 직접언급론의 고유한 귀결이거나 아니면 전적으로 어떠한 사소하지 않은 본질주의자 함축에서도 자유로운가? 어떤 것이 맞는가?

23.1 원래의 논증

다시 한번 원래 제시되었던 물에 관한 양상 논증의 전제 (19′)를 통세계적 주장인 (19)로 해석된 형태로 살펴보자. 전제 (13′), (18′), (23′)은 양상 연산자 담화로 진술되었지만, 이와 달리 전제 (19)는 가능 세계 담화로 진술되었다. 우리는 14.4절에서 가능 세계 담화로 이루어진 진술을 그와 동등한 양상 연산자 담화로 바꿔 말하는 게 바람직할 경우가 많다고 논증했었다. 전제 (19)는 다양한 형식으로 양상 연산자 담화로 번역될 수 있겠는데, 이런 번역 진술들은 영어로 표현된 (19′)의 충분한 내용을 더 잘 드러내고 있다. 이러한 (19)의 양상 연산자 표현 가운데 하나는 다음과 같다.

(22) $\Box$(F)$\Box$(z)[$\Diamond$Chemical-structure(F) $\wedge$ $\Diamond$Substance(z)
→ ($\Diamond$($\exists$x)[x∈ z $\wedge$ F(x)] → $\Box$(x)[x∈ z → F(x)])]

이를 일상어로 보자면 다음과 같다.

(22') 임의의 가능한 화학구조 F와 임의의 가능한 실체 z에 관해서, 만일 실체 z의 일부 표본이 화학구조 F를 갖는 것이 가능하다면, z의 모든 표본이 화학구조 F를 갖는 것이 필연적이다(Given any possible chemical structure F and any possible substance z, if it is merely possible that some sample of substance z have the chemical structure F, then it is necessary that every sample of z have the chemical structure F).[127]

---

[127]. 좀더 정확하게 말해서, (19)를 양상 연산자를 써서 형식화시키면 다음과 같은 표현이 될 수 있겠다.

(21) $\Box$ (F) ($\Diamond$Chemical-structure(F)
→ $\Box$(z) [$\Diamond$Substance(z) $\wedge$ ($\exists$x)[x∈z $\wedge$ F(x)])
→ $\Box$(Substance(z) → (x)[x∈z → F(x)])])

이를 일상어로 표현하면 다음과 같다.

(21') 임의의 가능한 화학구조 F와 어떤 것 z에 관해, 만일 z가 실체이고 실체 z의 일부 표본이 화학구조 F를 갖는 게 가능하다면, 만일 z가 실체이면 그러면 실체 z의 모든 표본이 일정 화학구조 F를 갖는다는 게 필연적이다(Given any possible chemical structure F and any possible entity z, if it is merely possible that z be a substance and that some sample of substance z have the chemical structure F, then it is necessary that, if z is a substance, then every sample of substance z has the given chemical structure F).

이를 좀더 정밀하게 말한다면, (21)은 다음과 같은 양상 연산자 정식으로 표현될 수 있겠다.

(20) $(w_1)(w_2)(x)(y)(Exists_{w1}(x) \wedge Exists_{w2}(y)$
→ $[((^?z)[Substance_{w1}(z) \wedge x \in_{w1} z] = (^?z)[Substance_{w2}(z) \wedge y \in_{w2} z])$

이 전제는 액체 실체에 관한 사소하지 않은 본질주의 일반 원리이다. 이로부터 모든 액체 실체가 그것이 현실적으로 갖고 있는 하나의 화학구조말고 다른 어떤 화학구조도 가질 수 없는 것임이 필반한다. 따라서

→ (F)(Chemical-structure(F) → [$F_w1(x) \leftrightarrow F_w2(y)$)]])

이는 전제 (19′)을 가능 세계 논의로 또 다르게 고쳐서 표현한 것으로서, 엄밀히 말해서 (19)보다 더 약하다. 14.4절에서 공리 (Sub1)과 (Sub2)를 필연화시켰던 걸 가정한다면, (19)와 (20)은 동치이다. (19)와 (20) 양자는 다음과 같은 주장으로 취급될 수 있겠다. 만일 x와 y가 w_1과 w_2에 걸쳐 통세계 동체적이라면, w_1에서 x가 어떠한 화학구조를 갖든지 간에 y가 w_2에서 그와 똑같은 화학구조를 가지며, 그 역도 마찬가지다.
(20)과 (21)이 동치라는 증명은 너무나 간단하다. 먼저 (21)을 가능 세계 논의로 바꿔서 표현해야 한다.

(F)(Chemical-structure(F)
→ (z)[($\exists$w)(Substancew(z) ∧ ($\exists$x)[Existsw(x) ∧ x ∈ wz ∧ Fw(x)])
→ (w)(Substancew(z) → (x)[Existsw(x) ∧ x ∈ wz → Fw(x)])])

그리고 (21)을 이렇게 가능 세계 논의로 표현한 것이 (20)과 동치라는 것은 일상의 이차-질서 양화 이론에서는 아주 간단히 증명된다. (21)의 이 가능 세계 표현이 (20)을 필반한다는 증명은 4장의 각주 22에서 논급되었던 논리학이나 한정 기술들로 이루어지는 추론 유형을 포함하는데, 이는 비지시어를 포함한 원자 주어-술어 문장은 그르다는 우리의 가정 하에서 정당화되었던 추론 유형이다. 반대 방향의 필반을 증명하려면, 어떤 것 z가 실체인 임의의 가능 세계에서 z가 실존한다는 가정과 더불어 공리 (Sub1)의 필연화를 가정하게 된다. (화학구조에 관한 사소한 본질주의의 감추어진 가정에 관한 이전의 각주도 살펴보시오.) 3장의 각주 3에서 채택된 사소하지 않은 본질주의자 함축이라는 생각을 가정한다면, (20)이 사소하지 않은 본질주의자 함축을 갖는다는 주장을 구체화하는 데 필요한 필반은 후자일 뿐이다.
우리가 공리 (Sub2)를 용인한다면, (21)은 본문에서 (22)로 좀더 명확하게 다시 쓰여질 수 있겠다. 도넬란의 (19′)에 관한 분석으로 (19) 대신에 좀더 약한 (21)을 택하기만 하면, 공리 (Sub1)과 (Sub2)에 의존하지 않을 수 있다. 만일 그렇다면 물에 관한 예시 정의는 완벽한 정밀성을 기하기 위해 다음과 같은 다른 형식으로 쓰여져야 한다.

□ (x)(Πwater(x) ↔
(′z)[Substance(z) ∧ x ∈ z] = (′z)A[Substance(z) ∧ this ∈ z])

단순성과 명확성을 기하기 위해 그리고 일상어의 '똑같은 실체'의 어법에 가능한 한 보다 근접한 기호화를 하기 위해, 우리는 본문에서 가능 세계 표현인 (19)에 초점을 맞추었고, (19′)의 분석으로 (20)과 (21) 대신에 양상 연산자 표현 (22)에 관심을 두었다. 따라서 이후에 이루어지는 (22)의 이론적 격위에 관한 논급들은 (21)에도 동등하게 적용된다.

물이 H_2O라는 필연 진리를 산출하는 퍼트남의 절차를 충분히 해명하게 되면, 우리는 그 절차가 액체 실체에 관한 본질주의의 사소하지 않은 일반 원리를 결정적인 전제로 사용하고 있음을 알게 되었다. 물론 퍼트남이나 도넬란은 이런 사실을 깨닫지 못했던 것 같다.

전제 (22)가 철저한 본질주의자 주장을 담고 있다는 것은 (22′)에서 아주 명백히 드러났지만, 애초에 모호하게 표현되었던 데서도 일상적 표현 (19′)를 통해 거의 완전히 드러나 있었다. 우리는 17절에서 도넬란의 견해가 (19′)이 어떤 의미로 과학의 성과를 반영했다고 말했었다. (19′)를 (19)와 같이 통세계적 방식으로 해석될 필요가 있다고 가정할 때, 그리고 (19′)에서 귀결되는 사소하지 않은 본질주의자 함축을 가정할 때, 그 논증에 상관된 전제들이 단지 과학적 원리인지는 전혀 분명치 않다. 그 대신에 (22′)에서 드러난 바에 따르면 거의 형이상학자의 개념 분석과 반성의 방법으로 그 진리성이 확립되는 원리라고 여겨진다. 우리는 (22′)를 실험실에서 시험하는 게 아니라 사고 실험으로 시험한다. 예를 들어 우리는 다음과 같이 추론한다. "물과 같은 일정 실체와 현실적 화학구조가 다른 화학구조를 가진 실체가 있다고 해보자. 상황이 이런데도 이 가능한 실체는 물과 똑같은 실체인가? 아니다. 이는 틀림없이 다른 실체이다. 즉 어떠한 실체든 그것의 특정 화학구조를 현실적으로 갖는다." 이런 사고 방법은 과학의 활동이나 언어 철학의 활동 가운데 어디에도 속하지 않는다. 이는 형이상학에 속하는 주장일 뿐이다. (이 주제는 부록 I 이하에서 좀더 길게 논의될 것이다.)

덧붙여 말하자면, 우리는 이미 전제 (19)가 사소하지 않은 본질주의자 결론을 정당화하려는 원래의 양상 논증의 결정적 부분임을 증명했었는데, 여기서 분석된 바에 따르면, 그 전제가 이미 사소하지 않은 본질주의자 함축을 갖고 있기에 문제이다. 이는 그 자체로 본질주의자와 반본질주의자 사이의 논란거리가 되고 있는 바로 그 명제이다. (22′)가 형이상학의 소산인지, 과학의 소산인지, 아니면 어떤 의미에서 형이상학과 과학 양자의 소산인지와는 무관하게, 퍼트남의 기본 주장 T9를 구체화하려고 이루어진 계획은 실패라고 판정되어야 할 것 같다. 물론 '물은 H_2O이다.'는 후천 진리가 또한 필연 진리이기도 하다는 결론은 부분적으로 직접 언급론에 의존한다. 왜냐하면 '물'의 의미론적 내포를 고정하는 양상 예시 정의가 '물은 H_2O이다.'의 필연성 논증의 일부이기 때문이다. 하지만 그 결론은 전제 (19), 에 결정적으로 의존하고 있다. 다시 말해, 어떤 방식으로든 언어 철학에만 의존해서 도출된 것 같지 않으면서 또한 논쟁의 여지가 있는 본질주의자 원리에 결정적으로 의존하고 있다. 이 전제가 그 자체로 직접 언급론의 귀결이라는 점이 증명될 수 없는 한, 합리적이고 철저한 직접 언급론자의 입장에서 본다해도 '물은 H_2O이다.'가 필연 진리를 표현한다는 가정이 아무런 근거를 갖지 못했다고 본다. 그 지지자들은 (22')을 거부하기만 하면 된다. 다시 말해 그들은 다음과 같이 주장할 수 있다. 실체 물의 현실적 화학구조는 그 실체의 우연적 특징일 뿐이며, 그와 아주 똑같은 실체 물은 다른 가능 세계에서 다른 화학구조를 가질 수 있다고 주장할 수 있다. 실체 물이 똑같은 것일 수는 있었지만 다른 화학구조를 가질 수 있었다는 반본질주의자의 주장을 가로막는 것이 직접 언급론에는 아무 것도 없어 보인다. 직접 언급론은 화학적 실체에 관한 사소하지 않은 본질주의와 완벽하게 양립 가능하며 또한 이 본질주의의 부정과도 양립 가능하다. 퍼트남과 도넬란이 깨닫지 못한 것은 바로 다음과 같은 점이다. 필연적으로 물은 H_2O라는 결론을 얻으려면 직접 언급론이 이와 명백하게 독립적인 주장인 본질주의자의 관점과 결합되었을 경우에만 가능하다. 그 자체이든지 또는 사소하지 않은 본질주의자 함축과 무관한 다른 전제와 더불어서이든지 간에 직접 언급론은 형이상학적으로는 무력한 주장일 뿐이다.

사실상 본질주의자 원리 (22')의 인식론적 격위가 무엇이든 또는 이론적 격위가 무엇이든, 다시 말해 그것이 선천적이거나 후천적인가, 또는 형이상학적이거나 과학적인가의 여부가 어떻게 결정되든지, 우리가 (22')

이나 그 동치인 (19)를 가정하기로 허용하기만 하면, 물에 관한 후천적 본질주의 기본 주장의 사소하지 않은 예를 얻기 위해, 더 이상 직접 언급론에 의존할 필요가 없다. 예를 들어, 만일 양상 연산자 '☐'와 'dthat'가 원래의 양상 논증에 나타난 물의 예시 정의에서 제거되면, 다음과 같은 비양상적 예시 정의가 나온다.

> 만일 어떤 것이 이것(즉 이 표본)과 똑같은 실체의 예라면 그리고 오직 그 경우만 그것은 물의 예이다.

그런데 의미에 관한 프레게식 정통 이론에서도 이를 '물'에 관한 경험적 가설이나 엄밀한 동의어적 정의라고 받아들일 수 있는 것이다. 둘 중에 어떤 경우든 이 비양상 전제가 원래의 양상 논증에서 물의 양상 예시 정의에 대입된다면, 새로운 전제 집합은 다음과 같은 후천적 본질주의를 결론으로 산출하게 된다.

> 물의 모든 예는 실체 S의 예인데, 이 실체는 그 각각의 예들이 화학구조 H_2O를 필연적으로 갖는 그런 것이다.

덧붙여, 형식적으로 (물의 모든 예가 갖고 있는 화학 조성에 관한 주장이라고 여겨지는) '물은 H_2O이다.'에 유비되는 필연 후천 진리는 직접 언급론과 독립적으로 (22′)에서 '현실적으로'라는 연산자의 논리를 사용하여 얻을 수 있다. 예를 들어 물에 관한 어떠한 예시 정의도 아예 없이, 원래의 양상 논증의 나머지 두 전제 즉 (18′)과 (19′)은 그 자체로 다음의 후천적 문장이 필연 진리를 표현한다는 귀결을 산출한다.

> 이것(즉 이 표본)이 현실적으로 실례 역할을 하는 실체는 (만일 독특한 그런 실체가 있다면) H_2O이다.

마찬가지로 (19')과 더불어 직접 언급론과 아예 무관한 경험적 전제 즉 지구에서 가장 흔한 액체 실체의 약간의 예는 화학구조 H₂O를 갖는다는 전제를 가정한다면, 우리는 쉽게 필연 진리를 표현하는 다음의 후천적 문장을 결론으로 도출할 수 있다.

현실적으로 지구상에서 가장 흔한 액체인 실체는 (만일 독특한 그런 실체가 있다면) H₂O이다.

좀더 일반적으로 말해서 φ를 갖는 실체의 일부 예가 화학 조성 H₂O를 갖는다는 사실과 나아가 φ는 본질이라는 본질주의적 사실을 함께 동원한다면, 실체 물에 필연적으로 독특한 임의의 속성 φ(즉 물의 본질)와 φ를 갖고 있는 실체가 H₂O이라는 후천적 진리를 가정한다면, 우리는 (19')를 이용하여 φ를 갖는 실체(만일 독특한 이런 실체가 실존한다면)의 모든 예가 화학구조 H₂O를 갖는다는 사소하지 않은 필연 후천 진리를 도출할 수 있다.[128] 이는 일반적 K 절차를 물의 경우에다 여러 방식으로 적용해봄으로써, 또 이 논증으로 이처럼 다소 다른 결론을 내릴 경우 첫째 전제의 교체 가능성에 주목함으로써 밝혀질 수 있다. 하지만 원래의 첫 전제는 직접 언급론에서 비롯되었다고 확인된 유일한 전제였다. (19')에서 물에 관한 필연 후천 진리를 추출하려는 데 필요한 것은 실체 물에 관한 어떤 방식의 고정 지칭어일 뿐이다. 직접 언급론은 '물'이 그런 용어라고 주장하지만, 이는 물에 관한 고정 지칭어를 찾는 유일한 수단은 아니다. 문장 현실성 연산자에 관해 제시되는 어떠한 온당한 이론 — 심지어 이 연산자에 프레게식 뜻을 제공하는 의미에 관

---

128. 물론 임의의 후천 진리 p를 가정할 때, 문장 「p는 현실적으로 성립한다.」는 필연 후천적 진리이며, 우리는 이를 '현실적으로'의 논리적 특성만으로도 얻을 수 있다. 하지만 이런 과정은 필연 후천 진리의 사소한 예에 불과하다. 퍼트남이 그의 자연류어 이론에서 발견했다고 주장하는 필연 후천 진리의 예는 사소하지 않은 진리이다. 8.2절과 8.3을 참조하시오.

한 정통 이론—이라도 「현실의 그 φ」라는 형식의 고유 한정 기술이 고정 지칭어라는 결론에 틀림없이 부합된다고 하겠다. 그리고 위에서 말한 제한 사항을 충족시키는 어떠한 고정 치칭어라도 이런 특징을 가질 것이다. 그러므로 우리가 일단 (19′)을 가정하기만 하면, 우리는 쉽게 물에 관한 사소하지 않은 필연 후천적 일반 명제를 무한정 만들어낼 수 있으며, 직접 언급론의 어떠한 도움도 없이 이런 일을 해낼 수 있다. 그렇다면, 분명히 이런 필연 후천 진리를 얻는 일에 주된 역할을 하는 것은 물에 관한 양상 예시 정의가 아니라 명확히 독립적인 본질주의자 원리 (19′)이다.

이런 결론에 비추어 본다면, 퍼트남의 기본 주장 T9이 유지될 수 있는 방법을 찾기가 어렵게 된다. 물론 물에 관해 사소하지 않은 필연 후천적 진리의 존재가 직접 언급론과 본질주의자 원리 (19′)를 함께 연언으로 묶었을 때 귀결된다는 사소한 의미에서라면 가능하겠다. 하지만 이런 경우는 사소하다. 왜냐하면 그런 진리의 존재는 의미에 관해 어떠한 합당한 이론이든, 그 이론과 연언으로 묶은 (19′)의 귀결이기 때문이다. 이때 퍼트남이 격하게 반대하던 정통 프레게 이론조차도 연접시킬 수 있다. (게다가 이런 의미에서 그 귀결은 전혀 "놀라운" 것이 아니다.) 물에 관해 사소하지 않은 필연적 후천 진리가 존재한다면, 이는 우리가 의미와 언급에 관해 어떤 이론을 택하는가에 따라 귀결되는 게 아니라, 명확히 이런 이론과 독립적인 본질주의자 원리 (19′)에서 귀결된다.

23.2 K와 I 절차

앞 절에서 우리가 다다른 결론은 다음과 같이 일반화시킬 수 있겠다. 예를 들어 종 호랑이를 포함하던 논증의 셋째 전제는 종에 관한 다음의 일반적 본질주의자 원리와 동등하다.

임의의 가능한 생물 집합 속성 F와 임의의 가능한 종 z를 가정할 경우, 만일 종 z의 약간의 구성원이 생물 집합 속성 F를 갖는 게 가능하기만 하면, 종 z의 모든 구성원은 생물 집합 속성 F를 갖는 게 필연적이다.

마찬가지로 금에 관한 논증의 셋째 전제도 화학 원소에 관한 다음의 본질주의자 일반 원리와 동치이다.

임의의 수 n과 임의의 가능한 화학 원소 z를 가정할 경우, 만일 원소 z의 일부 예가 그것의 성분 원자 전부에서 정확하게 n개의 양성자를 갖는 게 가능하기만 하면, 원소 z의 모든 예는 그 성분 원자 전부에서 정확하게 n개의 양성자를 갖는 게 필연적이다.

달리 말해서 종 호랑이를 포함하는 논증은 결국 모든 종은 현실적으로 그 종을 포섭하는 생물 집합 이외의 다른 임의의 생물 집합에 포섭될 수 없는 그런 것이다는 전제를 포함한다. 금을 포함하는 논증은 결국 모든 화학 원소가 그것이 현실적으로 갖고 있는 원자 번호 이외의 어떠한 원자 번호도 가질 수 없는 그런 것이다는 전제를 포함한다. 이는 그 논증에서 결정적인 역할을 하는 본질주의자 원리인데, 직접 언급론과는 아예 독립적인 것으로 보인다. 형식적 관점에서 똑같은 호랑이와 금에 관한 필연 후천적 진리는 직접 언급론과 따로이 이런 본질주의자 원리에서 얻을 수 있다. 직접 언급론은 호랑이나 금에 관한 논증에 상관된 양상 논증의 첫째 전제에서 구체화되었으며, 우리는 이를 이미 확인했었다. 결국 직접 언급론이 아니라 이런 본질주의자 원리가 호랑이와 금에 관해 사소하지 않은 필연 후천 진리를 얻는데 주된 힘을 발휘한다고 하겠다.

일반적인 경우 OK 절차나 일반적 K 절차를 어떤 방식으로 적용시키든, 다음과 같은 형식의 일반적 본질주의자 원리와 동치인 전제를, 전제 (26)의 사례로서, 포함할 것이다.[129]

(27) $\Box(F)\Box(z)[\Diamond \Psi(F) \land \Diamond K(z)$
$\to (\Diamond(\exists x)[x \in z \land F(x)] \to \Box(x)[x \in z \to F(x)])])$

따라서, K 도식에 의해 산출된 본질주의는 어떤 의미에서 우리가 사용한 장치에 이미 포함되어 있었다. K 절차의 첫째 전제에 구체화되어 있는 대로, 사소하지 않은 필연 후천 진리가 산출되는 까닭은 이런 본질주의자 전제이며 직접 언급론이 아니다.

이런 결과는 I 절차의 사용에도 일반화될 수 있다. 목본 탁자를 포함하는 논증의 전제 (32) 즉 탁자의 통세계 동일성이 무엇 "에 부분적으로 있"나에 관한 전제는 다음과 같은 탁자에 관한 본질주의 일반 원리와 동치이다.

(33) $\Box(F)\Box(x) [\Diamond\text{Original-composition}(F) \land \Diamond\text{Table}(x)$
$\to(\Diamond[\text{Exists}(x) \land F(x)] \to \Box \text{Exists}(x) \to F(x))])]$

이를 일상어로 말하면

(33′) 임의의 가능한 원래-조성 속성 F와 임의의 가능한 탁자 x를 가

---

[129] 이 동치 증명은 앞의 각주에서 언급되었던 것들과 전적으로 유비되는 가정 및 추론을 포함한다. 특히 (26)이 (27)을 필반한다는 증명은 (Sub1)과 (Sp1)(의 필연화)를 도식적으로 일반화함을 포함한다.

(K1) $(x)(y)(z)[K(y) \land K(z) \land x \in y \land x \in z \to y = z]$

3장의 각주 3에서 채택된 사소하지 않은 본질주의자 함축이라는 관념을 가정한다면, (26)이 사소하지 않은 본질주의자 함축의 도식이라는 주장을 증명하는 데 필요한 것은 (26)에 의해 (27)이 필반됨을 보이는 것뿐이다.

정할 경우, 만일 탁자 x가 원래-조성 F를 갖는 게 가능하기만 하
면, 탁자 x가 만일 실존해서 원래-조성 F를 갖는 게 필연적이다
(Given any possible original-composition property F and any possible
table x, if it is merely possible that table x have original-comosition F,
then it is necessary that table x, if it exists, has original-composition F).

원리 (33)이 필반하는 바에 따르면, 모든 탁자가 그것이 현실적으로
만들어진 목재 이외에 어떠한 목재로도 생겨날 수 있다는 건 불가능한
그런 것이다. 우리가 이런 본질주의자 원리를 가정하기로 하기만 하면,
우리는 직접 언급론의 주장인 전제 (30)에 어떤 방식으로도 의존하지 않
은 채로 목본 탁자에 관해서 (34)에 형식적으로 유비되는 필연 후천 진
리를 쉽게 얻을 수 있다. 예를 들어, 본질주의자 원리 (33)과 존 아저씨
가 마르타 아주머니를 위해 만든 탁자는 존 아저씨의 일류차를 제작했
던 목재로 만들어졌다는 또 다른 경험적 전제가 주어진다면, 우리는 쉽
게 다음과 같은 후천적 문장이 필연적 진리를 표현한다는 결론을 얻게
된다.

존 아저씨가 마르타 아주머니를 위해 현실적으로 만든 그 탁자는,
만일 독특한 그런 탁자가 있다면, 존 아저씨의 일류 차를 현실적으로
제작했던 그 목재로 만들어졌다.

(34)의 경우처럼 후천적 진리의 필연성의 일차적 근원은 다름아니라
본질주의자 원리 (33)이다. ((33)이 일정한 방식으로 약화될 수밖에 없다
는 것을 부록 I에서 논증하겠다. (34)처럼 그에서 산출된 진리도 역시 그
에 따라 약화될 수밖에 없다.)
일반적으로 I 절차의 셋째 전제 (36) 즉 통세계 똑같은-I 관계이기 위
한 필요조건을 주장하는 전제가 갖는 도식은 I 유형의 개별자에 관한

본질주의자 일반 원리와 동치이다. 특히 전제 (36)의 실례는 다음 형식의 본질주의자 일반 원리와 동치일 것이다.[130]

(37) $\Box(F)\Box(x)[\Diamond \Psi(F) \wedge \Diamond I(x)$
$\rightarrow (\Diamond[Exists(x) \wedge F(x)] \rightarrow \Box [Exists(x) \rightarrow F(x)])]$

따라서 K 절차의 경우처럼 I 절차도 어떻게 적용되든 일정한 본질주의 일반 원리를 포함하게 되며, 이는 형이상학에서 비롯된 원리이며 더구나 직접 언급론과는 전혀 독립적인 원리이다. 이 본질주의 일반 원리는 I 절차를 통해 얻을 수 있는 진리들과 형식적으로 유비되는 필연 후천적 진리를 산출하도록 쓰일 수도 있지만, 이 경우에도 이 절차의 첫째 전제에 전혀 의존하지 않아도 된다. 그렇다면 각 경우에 적합한 필연 후천적 진리를 획득하는데 주된 역할을 하는 것은 다름아니라 이 본질주의 일반 원리이다.

이제 우리는 이렇게 결론지을 수 있겠다. 퍼트남이나 도넬란은 누구

---

[130] 이것을 증명하려면, 4장의 각주 22에서 언급된 한정 기술의 논리에서 보여준 추론 양식이 포함된다. 그리고 또한 이전의 각주에서 논급된 가정들과 유비되는 가정이 포함된다. 이에 덧붙여 두 가지 특별한 가정이 요구된다. 첫째로 개별자들은 만일 그것들이 절대적인 뜻으로 하나이면서 그 똑같은 것으로서 동일하다면 그리고 오직 그때만 내세계 동일성을 갖는다는 중요한 원리가 필요하다. (4장의 각주 18을 보시오.) 둘째로 이 증명에는 술어 I가 다음과 같은 뜻에서 본질 속성을 지칭한다는 특별한 가정이 필요하다.

$\Box(x)(\Diamond I(x) \rightarrow \Box [Exists(x) \rightarrow I(x)])$

이 가정은 보증되지 못한 것 같으나, 결정적인 것은 아니다. 대부분의 목적상 I가 차지한 술어 자리는 I 절차에서 전부 제거될 수 있는데, 우선 그 술어 실례들이 φ에 흡수되거나 그 술어 실례들을 전부 없앰으로써 이루어질 수 있다. 따라서 w_1에서 x는 y가 w_2에서 바로 그것인 탁자와 아주 똑같은 그 탁자라고 말하는 대신, w_1에서 x는 y가 w_2에서 바로 그것인 것과 아주 똑같은 사물이라고 즉 x = w_1 ('z)[y = w_2 z]이라고 말하기만 하면 된다. 이렇게 하면 어떠한 특별한 본질주의자 가정도 필요 없게 된다. 어떤 경우가 되었든 (36)이 사소하지 않은 본질주의자 함축을 갖는다는 주장을 증명하는 데 필요한 것은 바로 (36)에서 (37)이 필반된다는 사실뿐이다. 이런 필반은 I에 관해 아무런 특별한 본질주의자 가정을 필요로 하지 않는다.

도 사소하지 않은 형태의 본질주의가 (19')와 (32')와 달리 어떠한 사소하지 않은 본질주의자 함축과도 무관한 전제들만 가지고서, 어떠한 의의 있는 뜻으로든, 직접 언급론에서 도출된다는 걸 제대로 증명하지 못했다. 직접 언급론에서 사소하지 않은 본질주의를 산출하기 위한 즉 '물은 H_2O이다.'와 같은 사소하지 않은 필연 후천적 진리를 산출하기 위한 수단을 제공해줄 절차가 존재한다고 가정할 근거는 없다.[131]

---

131. 여기서 독자들에게 연습거리를 제시해보겠다. (19.2절의) I 절차를 다음과 같이 적용한다고 해보자. α를 이름 '개밥바라기'라 하고, β를 한정 기술 '황혼녘 이 곳에서, 하늘의 그 위치에 대개 보이는 천체'라고 해보자. 그리고 ϕ를 술어 '샛별이다'라고 하자. 그리고 Ψ를 이차-질서 술어 '개별성이다'고 하고, 이 경우 「F는 개별성이다.」는 구절은 다음과 같은 이차-질서 동일성 술어에 의해 형식적으로 정의된다.

    $(\exists y)[f = \lambda x(x = y)]$

    즉 약간의 개별자 y에 대해, F는 y임이라는 속성이다. 하지만 그에 의해서 무슨 뚜렷한 필연 후천적 진리가 산출되는가? 양상 논증의 두 번째 전제는 개밥바라기가 샛별임이라는 개별성을 갖는다고 주장한다. 이 전제의 내용은 두 부분이다. (a) 개밥바라기는 샛별이며, (b) 샛별임은 개별성이다. (a)는 천문학적 사실이다. 그렇다면 (b)라는 지식에 포함된 것은 무엇인가? [실마리 : 황혼녘 이러-이러한 곳에서, 하늘의 저러-저러한 위치에 대개 보이는 천체는 개별성이 아니며, 어떠한 부류의 본질 속성도 아니다.] 논증의 셋째 전제 (즉 본질주의자 전제)를 양상 연산자 담화로 번역하시오. [실마리 : (37)을 이용하시오.] λ 변환 원리와 동일성은 세계 불변적이라는 논리적 법칙(4장 각주 16, 18을 보시오)을 이용하여 이 전제들이 양상 논리의 타당한 진리임을 증명하시오. 이 본질주의 전제가 논리학의 진리이므로 그 논증에서 아예 빼버릴 수 있게 된다. 따라서 I 절차를 이렇게 특별한 방식으로 적용한다면, 어떠한 특별한 본질주의자 전제에도 의존하지 않은 채로 직접 언급론에서 필연적이지만 명백히 후천적인 진리를 산출하는 데 성공하게 된다! 이런 과정을 8.2에서 밝힌 것과 비교하면 어떤가?

일곱 · 기원 본질성 논증

24. 크립키와 퍼트남의 계획

우리는 지금까지 직접 언급론과 약간의 후천적 본질주의자 진술들 사이의 관계에 관한 도네란과 퍼트남의 견해에 관심을 집중해왔다. 자신의 기본 주장 T9을 진술하면서 퍼트남은 다음과 같이 썼다.

> 크립키가 처음 알아낸 것은 '물'(과 다른 자연류어)의 의미(또는 "사용"이거나 그 비슷한 무엇이든지)에 관한 이 이론이 필연적 진리 이론과 관련된 아주 놀라운 귀결을 갖는다는 점이다.
> … 물이 H_2O가 아니라는 걸 생각할 수 있다. 하지만 그것은 생각할 수 있을 뿐이지 가능하지는 않다!
> … 한 진술은 (형이상학적으로) 필연적이면서 인식론적으로 우연적일 수 있다(1973, pp.708-709).

퍼트남은 '물은 H_2O이다.'와 같은 필연적 후천 진리의 존재가 직접 언급론의 귀결이라고 주장할 뿐 아니라, 그렇다는 걸 크립키가 처음으로 알았다고 주장하고 있다.

크립키는 직접 언급론에서 후천적 본질주의자 기본 주장을 산출하는 어떠한 "절차"도 내놓고 제안한 바 없다. 그럼에도 그의 여러 주장이 K 나 I 절차와 같은 형식적 장치를 암시하는 걸로 보인다. 사실상 크립키가 한 말 가운데 약간은 K 절차에서 과학의 역할에 관한 도넬란의 주장과 일치하는 것 같다. 예를 들어 "현재의 과학 이론에 따르면, 우리가 아는 바대로, 원자 번호 79인 원소가 금의 본성의 일부이다. 그러므로 금이 원자 번호 79인 원소라는 것은 필연적 진리이며 우연적인 진리가 아니다."(1972a, p.125), 그 후에 다시 그는 말한다. "어떤 속성이 소나 호랑이에 필연적인가를 과학이 경험적으로 발견하는지 여부는 [하나의] 문제이지만, 나는 이 물음에 긍정적인 답을 해야 한다고 생각한다."(p.128)

하지만, 우리는 이 말을 오해하지 않도록 주의해야 한다. 크립키는 도넬란과 달리 K 절차에 포함된 (27)과 같은 형식의 결정적인 본질주의자 원리가 후천적인 게 아니라 선천적인 것이라고 강조하고 있는 것 같다. 따라서 그는 말한다. "'고양이는 동물이다.'는 필연 진리로 밝혀진다. 물론 그런 많은 진술들에 관해서, 특히 한 종을 다른 종에 포함시키는 진술들에 관해 그것들이 옳기만 하다면 필연적으로 옳다는 것을 선천적으로 안다."(1972a, p.138) 그리고 부록에서 다음과 같이 썼다.

> (골드바하의 추측과 같은) 수학 명제의 특성은 바로 그 명제가 우연히 옳을 수 없다는 걸 우리가 (선천적으로) 안다는 데 있다. 수학 진술은 만일 옳다면 필연적으로 옳다.
>
> 본문에서 옹호된 필연 후천 진리의 경우는 모두 수학 진술에 귀속되는 특별한 특성을 갖는다. 즉 우리는 철학적 분석을 통해 이 진리들이 우연히 옳을 수 없다는 것을 알게되며, 따라서 이들의 진리성에 관해 경험적 지식을 얻게 되면, 자동적으로 이들의 필연성에 관한 경험적 지식을 갖게 된다. 이렇게 그 특성을 규정하는 건 동일성 진술의 경우와 본질에 관한 진리의 경우에 적용된다. 이렇게 되면 필연적 진리에 관한 후천적 지식을 일반적으로 특성화하는 단서를 갖는 셈

이다(1972a, p.159).

이 마지막 문단은 자연류를 포함한 8.1절의 예 뿐만 아니라 개별자를 포함한 예에도 적용하려는 의도를 담고 있다. 물론, 보다 이전의 글에서, 크립키는 우리가 후천적 지식 즉 특정 탁자가 얼음 덩어리 아닌 목재에서 필연적으로 비롯되었다는 지식에 도달하는 방식과 매우 유사한 것을 말하고 있다.

만일 P가 [특정 탁자는] 얼음으로 만들어지지 않았다는 진술이라면, 우리는 선천적인 철학적 분석에 의해 "만일 P라면, 필연적으로 P"라는 형식의 조건을 어느 정도 안다. 만일 탁자가 얼음으로 만들어지지 않았다면, 그것은 필연적으로 얼음으로 만들어지지 않았다. 그렇지만, 다른 한편 우리는 경험적 탐구에 의해 P 즉 조건문의 전건이 옳음과 이 탁자는 얼음으로 만들어지지 않았다는 것을 안다. 따라서 우리는 전건 긍정논법에 의해 결론을 도출할 수 있다.

$$P \supset \Box P$$
$$P$$
$$\overline{\Box P}$$

결론 '$\Box P$'의 내용은 탁자는 얼음으로 만들어지지 않았음은 필연적이라는 것이고, 이 결론은 후천적으로 알려지는데, 그 까닭은 이 결론이 의존하는 전제 가운데 하나가 후천적이기 때문이다(1971, p.153).

만일 우리가 이 문단을 함께 고려한다면, 물질에 관한 크립키의 견해는 다음과 같다고 하겠다. 만일 생물 류(예를 들어 하나의 종) k가 좀더 높은 수준의 생물 류(예를 들어 속, 강, 계, 등) k′ 아래 포섭된다면, k가

k'에 포섭된다는 것은 필연적이다. 또한 우리는 자연류어에 관한 직접 언급론을 통해 '고양이', '호랑이', '포유류', '동물'과 같은 용어들이 자연류 고정 지칭어라는 것을 안다. 이 두 내용을 묶어 보는 "철학적 분석"을 통해, 우리는 다음과 같은 것을 선천적으로 안다. 즉 만일 모든 고양이가 동물이라면, 모든 고양이는 동물이라는 건 필연적이며, 또 만일 모든 호랑이가 포유류라면, 모든 호랑이가 포유류라는 것은 필연적이다는 것 등이다. 우리가 철학적 분석을 통해 선천적으로 아는 것을 과학적 발견과 결합시키면, 우리는 고양이가 동물이며 호랑이는 포유류이라는 것을 비록 후천적이긴 하지만 필연적이라고 추론할 수 있겠다. 우리가 철학적 분석으로 아는 바를 가정한다면, 다시 말해, 직접 언급론에다 모든 생물 류 k는 사실상 자신을 포섭하는 더 높은 수준의 생물 류 k' 아래 포섭되지 않을 수 없다는 선천적인 본질주의적 사실을 더해서 생각한다면, 간접적인 방식이지만 자동적으로, 고양이는 사실상 동물이라거나 호랑이는 사실상 포유류라는 경험적 발견은 고양이는 동물이라거나 호랑이는 포유류라는 건 필연적이다는 경험적 발견이라 하겠다. 그러나 후자의 경험적 발견은 생물 류와 관련된 본질주의자 원리에 관한 선천적인 철학적 지식이다. 따라서, 크립키는 K 절차와 아주 비슷한 절차를 사용한 걸로 볼 수 있겠다.

앞에서 인용한 문단의 마지막 부분을 보면, 크립키가 I 절차와 유사한 절차를 사용한 걸로도 해석할 수 있다. 즉 사람과 탁자 같은 개별자에 사소하지 않은 본질 속성을 부여하는 필연 후천적 진리를 산출하는 절차가 그것이다. 특히 크립키에 따르다 보면, 바로 이 탁자가 목재로 원래 만들어졌다는 필연 후천적 진리가 이런 식의 절차를 통해서 산출되는 걸로 여겨질 수 있다. 우리는 이미 23.2절에서 이 필연 후천적 진리가 탁자와 그 기원에 관해 사소하지 않은 본질주의 일반 원리를 포함한다는 것을 보았다. 이는 원리 (33')이다. 물론 크립키의 이 문단에서 그도 이 본질주의자 일반 원리(또는 그와 거의 흡사한 것의 사례)가 선천적으로 알려질 수 있다고 주장하는 것 같다.

중요한 점은 바로 크립키가 취하고 있는 다음 입장인데, 그에 따르면 K와 I 절차에 포함된 (27)이나 (37) 형식의 본질주의자 일반 원리는 선천적인 "철학적 분석"으로 알려질 수 있다.132 비록 크립키가 필연 후천적 진리를 산출하기 위해 퍼트남이 시사한 K와 I 절차와 유사한 절차를 이용하고 있는 걸로 보인다고 해도, 그가 이런 양상 논증을 사용했다고 해서 이를 퍼트남이 시사한 프로그램 즉 도넬란이 상세히 부연하고 앞의 5장에서 해설했던 일련의 계획을 시인한 걸로 해석한다면, 실수하는 셈이다. 이 계획은 K와 I 절차를 사용하는데, 이를 통해, 직접 언급론에서 필연적이지만 후천적인 진리의 사소하지 않은 예가 귀결된다는 주장을 증명하려고 하는데, 이는 결국 직접 언급론에 의거하여 본질주의자 원리가 귀결됨을 증명하려는 것이다. 우리는 이런 계획이 성공하지 못한다는 걸 이미 보았다. 왜냐하면 이는 직접 언급론과 전혀 무관해 보이며 직접 언급론의 도움 없이도 원하는 결론을 얻을 수 있는 원리를 결정적인 전제로 사용하기 때문이다. 도넬란이나 퍼트남이 이를 전혀 인지하지 못한 걸로 보여도 결과는 마찬가지이다. 반면 크립키는 명확하게 자신의 양상 논증에서 필연 후천적 진리를 산출하도록 해주는 주요 전제의 본질주의자 함축을 명확히 자각하고 있다. 이런 양상 논증에서 본질주의자 원리를 이처럼 명확하고 의식적으로 사용한다면, 우리가 크립키를 해석할 때, 사소하지 않은 형태의 본질주의가 직접 언급론에서 도출된다는 주장을 증명하기 위해 이런 양상 논증을 제시했다고 해석하지 말아야 한다.

---

132. 크립키에 관한 이런 해석은 카줄로(Albert Cassulo)에 의해 지지된다(1977, pp.152-154).

** 영어의 origin과 관련된 말들은 대개 다음과 같이 옮겼다. 명사 origin은 '기원', 형용사 original이나 부사 originally 등은 '원래의', '원래', '원래의 기원상', '기원상' 등으로 옮긴다. 그리고 동사 originate는 '…에서 비롯된다', '…를 기원으로 갖는다', '…에 기원을 둔다' 등으로 옮긴다.

25. 크립키의 기원 본질성 "증명"

비록 우리는 사소하지 않은 본질주의를 직접 언급론에서 도출할 수 있다는 주장을 증명하려는 퍼트남의 시도, 도넬란에 의해 상세히 전개된 이런 시도를 크립키가 지지했다고는 해석하기 어렵지만, 이런 해석의 여지를 그 자신이 남겼고 일부 철학자들은 이를 바탕으로 크립키를 해석한다. 물론, 크립키가 이 주장을 구체적으로 증명하기 위해, 그는 퍼트남이나 도넬란과는 별도의 시도를 한다고 해석된다.

25.1 논증에 관한 크립키의 정식화

퍼트남이 시사한 계획은 그 전제로서 본질주의자 일반 원리 즉 K 절차를 적용하기 위한 자연류에 관한 (27)과 같은 형식의 원리 및 I 절차를 적용하기 위한 개별자에 관한 (37)과 같은 형식의 원리에 의존한다. 모자라는 것은 바로 이 원리들이 그 자체로 직접 언급론의 귀결이라는 걸 보여주는 논증이다. 물론 만일 이런 효과를 가진 정당한 논증이 형성될 수 있다면, 이 논증만으로 사소하지 않은 본질주의가 직접 언급론에서 도출될 수 있다는 주장을 구체화시켜 증명할 수 있을 것이며, 이런 일을 K와 I 절차 없이도 해낼 수 있다. 하지만 이는 미덥지 못한 기대이다.

크립키도 퍼트남이 시사한 계획에서 사용된 결정적 본질주의자 원리의 일부 또는 전부를 지지한다. 그는 자연류에 관한 본질주의자 일반 원리를, "철학적 분석"에 의해 선천적으로 알려질 수 있는 방도말고, 어떻게 알게 될 것인지 거의 말하지 않고 있다. 하지만 I 절차를 특정 목본 탁자와 그 원래의 기원이 되는 조성의 경우에 적용할 때 포함된 원리 (33′)과 같은 본질주의자 원리에 어떤 방도로 도달할 수 있는지에 관해 많은 말을 한다. 사실 한 각주에서 크립키는 (33′) 또는 그와 아주 비숫한 원리에 대해 고유명의 언급에 관한 직접 언급론을 사용하여 이루어지는 증명 비슷한 것이 제시될 수 있다고 한다.

내가 제시한 예가 시사하는 원리는 다음과 같다. 만일 하나의 물질적 대상이 어떤 목재를 자신의 기원으로 갖는다면, 그것은 다른 어떤 물질도 그것의 기원으로 가질 수 없다. 몇 가지 제약 사항을 말할 수 있겠으나 (예를 들어 목재라는 개념의 모호성은 약간의 문제를 일으킨다는 등), 아주 많은 경우에 이 원리는 아마도 증명 비슷한 것을 갖는 것 같다. 이것은 특수자에 관해 성립하는 동일성의 필연성 원리이다. 이제 'B'를 탁자의 이름(즉 고정 지칭어)라하고, 'A'를 그 탁자가 현실적으로 만들어진 나무 조각의 이름이라 하자. 그리고 'C'를 다른 나무 조각의 이름이라 하자. 그렇다면 현실 세계에서 그렇듯이 B가 A로 만들어졌다고 가정하면서 다른 탁자 D가 동시에 C로 만들어졌다고 가정하자. (우리는 A와 C 사이에 다음과 같은 관계는 성립하지 않는다고 본다. 즉 둘 중 어떤 하나의 탁자를 다른 하나로 만들 수 있는 가능성에 근거를 두고 그 가운데 다른 하나로 나머지 하나의 탁자를 만들 수 있는 가능성이 있도록 하는 관계는 성립하지 않는다고 본다.) 이제 이 상황에서 B ≠ D이며, 따라서 비록 D가 그 자체로 만들어지고 A로는 아무런 탁자도 만들어지지 않았다 해도, D는 B가 아닐 것이다. 엄밀히 말해 이 '증명'은 동일성의 필연성을 이용하지 않고 별개성(distinctness)의 필연성을 이용하였다. 하지만 동일성의 필연성을 증명하려고 사용될 수 있는 사고 방식은 구별성의 필연성을 확립하는 데도 이용될 수 있다. … 어떠한 사정에서든 C로 D를 만드는 일이 A로 B를 만드는 일의 가능성에 영향을 주지 않는 경우, 그리고 그 반대의 경우에만 이 논증은 적용된다(1972a, p.114, n.56).

이 문단에서 우리는 찾고자하는 바로 그런 부류의 논증을 보게 된다. 왜냐하면 이는 겉보기에 사소하지 않은 본질주의자 결론을 증명하는데,

직접 언급론에다 덧붙이는 것은 없으면서 본질주의에 물들지 않은 전제 즉 만일 나무 탁자 B와 목재 C가 있다면, 탁자 B는 그것이 현실에서 그런 것처럼 똑같은 재료로 만들어질 수 있고, 이에 비해 새로운 탁자 D는 두 번째 목재 C로 따로이 만들어진다는 전제를 사용한다. 이 전제보다 논란이 덜 될만한 것은 무엇인가? 달리 말해, 이 전제보다 사소하지 않은 본질주의자 함축에서 자유로운 것은 무엇인가?

25.2 몇 가지 예비적 고찰

이 논증을 분석하려고 하기 전에 어느 정도의 명료화가 필요하다. 크립키가 '증명 비슷한 것'이라는 구절을 사용한 걸 보면, 아마도 그가 이 논증을 그의 본질주의자 기본 주장을 제대로 증명하는데 다소 부족한 걸로 여긴 것 같다. 그러나 이런 사실로 인해 그가 이런 추리를 오류라거나 요령부득의 논증으로 믿었다고 해서는 안된다. 그는 분명히 논증을 펴고 있다. 그는 본질주의자 기본 주장 (33')의 한 형태가 옳다고 증명하고자 했고, 그래서 명확히 자신이 논증이 그런 일을 하도록 했다. 그가 이 논증을 증명이라고 부르기를 망설일 수밖에 없던 이유는 다음과 같다. 엄밀히 말해 그가 했던 일은 전제라고 취해진 일정한 가정에서 귀결을 도출한 것이며, 그에 비해 증명은 그런 일이 아니기 때문이다. 증명은 대개 공리나 정리에서 그 귀결을 도출하는 일이지만, 전제에서 도출하는 건 아니다. 하지만 별개성의 필연성 가정은 직접 언급론의 정리로 여겨질 수 있으며, 또 전제로 여겨질 수 있다. (1장의 각주 35를 보시오.) 현재의 목적상 우리는 그것을 정리로 간주하자. 그렇다해도 우리는 구별되는 서로 다른 목재로 동시에 두 탁자가 만들어질 가능성에 관한 가정을 하고 있는 셈이다. 비록 이 가정이 사소하고 철학적으로 논란의 여지가 없다해도, 이는 직접 언급론의 일부가 아니다. 엄격히 말해서 이는 도출 과정과 무관한 독립된 전제이다.

이제 이 논증이 증명했다고 가정하는 바를 살펴보자. 크립키는 인용된 문단의 서두에서 언급한 일반적 본질주의자 원리의 특별한 사례를 도출하려고 했다. 특히 그는 만일 하나의 나무 탁자가 특정한 목재를 그 만들어진 기원으로 갖는다면, 그것은 다른 목재를 그 기원으로 가질 수 없다는 것을 증명하려 한다. 그는 우리가 목재 A로 만들어지는 현실 세계의 임의의 탁자 B를 갖는다고 가정하면서 자신의 논증을 시작한다. 하지만 이론적으로 초기 가정을 현실의 탁자나 현실의 목재로 제한할 이유는 없다. 실제로, 명확히, 만일 크립키의 논증이 성공적이라면, 우리는 임의의 가능 세계 w_1에 관해서, A를 w_1의 어떤 탁자 B의 원래 성분 물질 즉 있을 수 있는 어떠한 부류의 물질이든 그런 물질로 보고, C는 임의의 구별되는 목재로 보고서 논의를 시작하기만 하면 더욱 강한 결론을 얻을 수 있다. 따라서 우리는 A가 w_1에서 목재이고 반면에 C가 얼어서 얼음이 되는 물의 표본이라고 해볼 수 있다. A와 C가 별개의 목재라고 가정되어야만 하지만, 그들은 똑같은 류의 물질인 목재일 수도 있고 아닐 수도 있다. 만일 크립키의 자세한 논증이 성공적이라면, 이런 좀더 일반적인 초기 가정은 좀더 강한 결론을 낳을 수밖에 없다. 만일 하나의 탁자가 일정 목재를 그 기원으로 가질 수 있다면, 임의의 다른 목재를 그 기원으로 가질 수 없었다. 다시 말해, 크립키의 논증이 성공했다고 가정한다면, 우리는 좀더 강한 본질주의자 기본 주장을 마찬가지로 도출할 수 있다. 즉 만일 일정한 탁자가 일정한 목재를 그 기원으로 갖는다는 게 가능하기만 하면, 이 탁자가 그 목재를 기원으로 갖으며 그밖에 것은 기원으로 갖지 않는다는 건 필연적이다. 물론 이는 (33′)의 내용을 갖는 또 다른 주장이다.

크립키의 논증은 완벽하게 일반적이다. 그가 고려하고 있는 것들이 탁자말고 다른 사물들에 대해서도 제기될 수 있다. 담장이나 다리 같은 다른 인공물이라든지, 산이나 바위 같은 자연의 무정물이라든지, 심지어 사람과 같은 자연의 유기체도 마찬가지다. 사실 이 논증은 물리적 기원과 조성을 가졌다고 말할 수 있는 어떤 부류의 대상에 대해서든 적용될 수 있다. 일정한 탁자가 비롯된 기원 물질에 관해 물어보는 대신, 우리는 한 사람이 비롯된 기원 생식체에 관해서도 말할 수 있는 것이며, 기타 다른 부류의 사물들에 대해서도 마찬가지로 물음을 제기할 수 있다. 이런 방식으로, 만일 크립키의 논증이 성공적이라면, 이런 다양한 예들은 다양한 유정물과 무정물 양자의 기원과 조성에 관한 또 다른 형태의 강한 본질주의 기본 주장을 확립시키는데 동원될 수 있다. 실제로 우리가 간단히 보게될 것처럼, 이 비슷한 논증이 화학 실체에 관한 본질주의자 기본 주장 즉 기본 주장 (22′)과 화학 원소의 특별한 경우에 (22′)를 유비시킨 기본 주장을 지지하기 위해 제시되기도 한다. 왜냐하면 우리는 실체가 좀더 기본적이거나 근본적인 실체 또는 특수자에 의해 이루어진다고 말하는데, 이를테면, 화합물의 경우 성분 원소들, 원소들의 경우 일정수의 양성자를 가진 원자가 그런 경우다.

  우리가 논증에 관심을 돌리기 전에 보다 명료해져야 하는 점이 있다. 우리는 단순성을 위해 다음과 같이 가정했었다. 탁자 x가 원래 목재 y로 만들어졌다고 말할 때, 크립키는 탁자 x가 원래 y로만 전적으로 만들어졌다는 뜻으로 말했다. 다시 말해 탁자의 (원래의) 어떠한 부분도 목재 y에서 비롯되지 않은 게 없으며, 나아가 목재 y의 어떠한 부분도 탁자 x의 부분을 형성하는 데 기여하지 않은 게 없다는 뜻으로 말했다. 이런 가정 하에서라면, 이로부터 다음과 같은 것이 도출될 것 같다. 똑같은 탁자가 별개의 다른 목재로 원래부터 만들어지는 것은 불가능하다는 내용이다. 사실 적절한 공리를 도입한다면, 단일한 탁자가 서로 별개인 각각의 두 목재로 원래부터 만들어질 뿐이라는 가정은 틀림없이 모순이라고 증명될 수 있다. 어떤 사건의 경우든, 이 가정이 크립키 논증의 어느 대목에 쓸모가 있든지 간에, 우리는 이를 철학적으로 논란의 여지가 없다고 간주하겠다. 즉 우리는 다음과 같은 가정을 수용하겠다는 말이다.

(Ⅰ) 똑같은 탁자 x가 목재 y로 원래부터 만들어지고 또한 이에 덧붙여 (*동시에) 이와 다른 목재 y'으로 원래부터 만들어지는 일은 불가능하다.133

25.3 공가능성 전제

이 논증을 분석하려는 과정에서, 두 탁자를 동시에 만들 수 있는 가능성에 관한 특별한 가정이 처음부터 문제거리로 등장한다. 크립키의 견해에서 이 전제의 정확한 내용이 무엇인지는 불명료하다. 크립키는 어느 대목에서는 이렇게 말한다. 즉 우리가 목재 A로 하나의 탁자를 만들 가능성은 목재 C로 하나의 탁자를 동시에 만드는 데 의존하며 그 반대도 마찬가지라고 가정해야만 한다. 하지만, 그는 다른 곳에서는 약간 달리 말한다. 즉 문제의 논증은 목재 C로 탁자 D를 만드는 것이 목재 A로 탁자 B를 동시에 만들 수 있는 가능성에 영향을 주지 않으며 그 반대도 마찬가지라고 가정해야 한다. (표현이 좀더 명확해지도록 어법을 다소 고쳤다.) 이 둘은 매우 다른 가정이다. 이 둘 다 공가능성(compossibility) 가정이라고 부를만한 것인데, 각각 분리되어 가능한 두 사태가 함께 가능하다는 주장을 담고 있다. 하지만 두 번째는 첫째 가정과 달리 좀더 자세하다. 첫째 가정은 어떤 탁자가 A나 C 각각으로 만들어졌다는 내용일 뿐이지만, 두 번째 가정은 한 걸음 더 나아가 두 목재로 만들어지는

---

133. 또한 우리는 이런 가정도 한다. '재료 덩어리'라는 구절을 대충 '재료의 일부', '재료의 표본', '약간의 재료'과 똑같은 뜻으로 사용된다는 가정이 그것이다. 탁자가 탁자를 구성하는 재료 덩어리와 동일한 게 아니라는 사실은 친숙한 예로 이루어지는 논증 즉 큰 쇠망치로 세게 내리치면 탁자는 부서지지만 재료는 부서지지 않는다는 논증을 통해 증명될 수 있다. 또한 단일한 탁자가 깎여서 손상되어, 그 손상된 자리를 충진제로 채움에 따라 재료의 (비록 대개 겹치겠지만) 다른 부분은 다른 시간에 똑같은 탁자의 구성 성분이 된다. ('재료 덩어리'라는 구절의 용법을 좀더 자세히 보려면, 부록 I의 각주 8을 보시오.)

* '…, 그리고', '…고', (…, and)와 달리 '(그리)고 또한 이에 덧붙여'(and in addition to)는 '동시에'라는 의미를 담고 있다고 하겠다. 이는 '(그리)고 이에 덧붙여'라는 표현이 나오는 곳에 모두 마찬가지로 적용된다.

탁자가 무엇인지 정확하게 말해준다. 좀더 정확하게 말하자면, 크립키가 말한 첫 가정은 다음과 같다고 하겠다. 만일 어떤 탁자이든 목재 A로 만들어지는 게 가능하고, 또한 어떤 탁자이든 목재 C로 만들어지는 게 가능하다면, 어떤 탁자이든 목재 A로 만들어지고 이와 더불어 어떤 탁자이든 목재 C로 만들어지는 세 번째 가능성이 있다. 그리고 그의 두 번째 가정은 다음과 같은 내용이다. 만일 탁자 B가 목재 A로 만들어지는 게 가능하고, 또 탁자 D가 목재 C로 만들어지는 게 가능하다면, 바로 B가 목재 A로 만들어지며 이와 더불어 동시에 바로 그 탁자 D가 목재 C로 만들어지는 제 3의 가능성이 있다.

이 논증이 현실적으로 사용하고 있는 가정이 무엇이든, 목재 C를 선택하는데 허용 가능한 것에는 약간의 제한이 가해졌다고 보아야만 한다. 물론 한 가지 사소한 제한 사항은 목재 C로 탁자를 만드는 게 가능해야 한다는 것이다. 이보다 덜 사소한 제한 사항은 목재 A와 목재 C에 공통되는 어떠한 재료도 없다는 것이다. 예를 들어 만일 목재 C가 목재 A에게 고유한 부분, 말하자면 그 반절 아래 부분이라든지 또는 내부의 일부라면, 비록 목재 A와 그 반쪽 아래 부분이 별개의 재료 덩어리라고 해도, 공가능성 가정은 충족되지 않을 것이다. 그렇다면 이 제한 사항은 단순히 다음과 같은 요구로 환원될 수 있겠다. 즉 A와 C는 존재하는 동안 각기 공통되는 부분을 하나도 갖지 못한다는 의미에서 중첩되지 않는 재료 덩어리라는 요구이다. 보다 복잡해지는 것을 피하기 위해 이런 식으로 환원된다고 가정하겠다. 그렇다면 우리는 크립키가 말한 두 공가능성 원리를 다음과 같이 진술할 수 있겠다.

> (II) 임의의 가능한 재료 덩어리 y와 y'에 관하여, 만일 재료 덩어리 y와 y'이 중첩되는 않는 상황에서 하나의 탁자(여기서는 '어떤 탁자이든'이라는 의미이다)가 y로 원래 만들어진 게 가능하다면, 그리고 또한 하나의 탁자(여기서는 '어떤 탁자이든'이라는 의미

이다)가 y'으로 원래 만들어지는 게 가능하다면, 하나의 탁자가 덩어리 y로 원래 만들어지고 이에 덧붙여 하나의 탁자가 덩어리 y'으로 원래 만들어지는 게 가능하다.

(Ⅲ) 임의의 가능한 탁자 x와 x', 그리고 임의의 가능한 재료 덩어리 y와 y'에 관하여, 만일 y와 y'이 서로 중첩되지 않는 상황에서 탁자 x가 y로 원래 만들어지는 게 가능하고, 또한 x'이 y'으로 원래 만들어지는 게 가능하다면, 탁자 x가 y로 원래 만들어지고 또한 이에 덧붙여 탁자 x'이 y'으로 원래 만들어지는 게 가능하다.

그렇다면 논증은 이 가운데 어떤 공가능성 원리를 가정하고 있는가? 임의의 가능 세계 w_1에서 임의의 가능한 탁자의 이름을 'B'로 놓고 논증이 시작된다. 또한 탁자 B가 w_1에서 원래 만들어지게 되는 재료 덩어리를 'A'라고 하며, w_1에 존재하면서 A와 구별되는 다른 재료 덩어리의 이름을 'C'라고 한다. 우리가 증명하고자 하는 바는 탁자 B가 덩어리 C에서 비롯되는 게 불가능하다는 내용이다. 즉 탁자 B가 원래 기원상 덩어리 C로 만들어지는 가능 세계가 없다는 점이다. 자신의 논증을 제시하면서 크립키가 이와 관련된 공가능성 원리를 제시하는 건 바로 이런 대목에서이다. 그는 다음과 같이 쓰고 있다.

그러면 B가 현실세계에서처럼 A로 만들어지고, 반면 다른 탁자 D는 동시에 C로 만들어진다고 가정하자. … 이러고 보면 B ≠ D라고 하겠다.

만일 우리가 애초의 보다 일반적인 가정과 일치시키기 위해 기술구 '현실 세계'를 '세계 w_1'으로 바꾼다면, 크립키가 첫째 가능 세계 w_1의 실존에서 추론한 것은 확장된 가능 세계 즉 w_2가 존재한다는 것이다. 물론 두 번째 가능 세계에서 B는 그 기원상 여전히 덩어리 A로 만들어져 있으며 두 번째 책상 D는 C로 만들어졌고, 이 경우 (Ⅰ)에 의해 탁자 B와 D는 별개라는 귀결이 나오게 된다. 이 추론에서 전제 (Ⅱ)나 (Ⅲ)이 작용하는 게 아니고, 둘 사이의 어떤 것이 작용을 했다. 이 전제는 (Ⅱ)와 달리 어떤 탁자가 덩어리 A로 만들어졌는지에 관해 상세히 드러낸다. 하지만 전제가 효력을 발휘하는 대목에서, 덩어리 C로 이미 만들어져 있으며 동시에 w_2에서 다시 만들어진 어떠한 특정한 탁자도 아직 없다. 결론적으로 (Ⅲ)과 달리 이 논증에서 유효한 전제는 w_2의 두 번째 탁자에 관해서는 아무 것도 상세히 드러내어 지정하지 않는다. 따라서 크립키가 논증을 제시한 방식을 따른다면, 실제로 사용된 전제는 다음과 같은 주장을 하는 걸로 보인다. 만일 탁자 B가 덩어리 A로 만들어지는 게 가능하다면, 탁자 B가 덩어리 A로 만들어지고 이에 덧붙여 동시에 덩어리 C로 하나의 탁자 즉 어떤 탁자이든 만드는 것이 가능하다. 이를 전제로 삼는다면, 단지 전건긍정논법을 사용하여, 가능 세계 w_2의 실존을 추론한다. 여기서는 탁자 B가 덩어리 A로 만들어지며, (Ⅰ)에 의해 별개라고 판정될 두 번째 탁자가 덩어리 C로 만들어진다. 이런 추론이 이루어지면, 우리는 w_2의 두 번째 탁자의 이름을 'D'라고 할 수 있겠다.[134]

이 공가능성 전제에 포함된 주된 전략은 원래의 가능 세계 w_1을 새로운 실재를 더함으로써, 이 경우, 하나의 탁자를 더함으로써 세계 w_2로

---

[134]. 현실적으로, 우리가 덩어리 C로 만들어지며 가능할 뿐인 하나의 탁자에 이름을 부여한다고 가정하는데는 이미 문제거리가 포함되어있다. 왜냐하면 어떤 것을 명명하려면 어떤 방식(기술, 예시 등)으론가 그것을 먼저 드러내야만 하기 때문이다. 특정한 하나의 가능 탁자가 단지 덩어리 C로 (가능하게(possibly)) 만들어지는 점을 고려함으로써, 이 탁자를 나머지 다른 모든 것들 가운데서 드러낸다고 가정하는 일은 덩어리 C로 만들어질 수 있는 오직 하나의 가능한 탁자가 있음을 전제 가정하는 것이다. 다시 말해 우리가 다음에 (Ⅴ)라고 부를 원리를 전제 가정하고 있다. (제 1장 각주 41을 보시오.) 가능할 뿐인 하나의 대상을 명명하는 데서 생기는 이런 어려움은 실제적인 난점이지 논리적인 난점은 아니다. 사실상 문자 'D'를 이름으로 취급하는 대신, 다른 문자 'A', 'B', 'C'와 더불어 예화에 의해 도출되어 출현하는 자유 **변항**으로 취급해도 상관없겠다. 이 점은 이 논증의 타당성에는 영향을 주지 못한다. 왜냐하면 자유 변항도 (이 변항에 값을 할당한 상황 하에서는) 역시 고정적이기 때문이다(3.1절과 3.2절을 보시오).

확장시키려는 것이다. 본질주의를 이렇게 논증하려는 시도 즉 하나의 추가 실재를 통해 새로운 세계로 확장하려는 논증을 확장 논증 즉 추가 논증이라고 부르겠다. 그리고, 크립키가 탁자에 관한 본질주의자 기본 주장을 증명하기 위해 전개한 특정한 논증, 부분적으로 어떤 대상을 지정하여 상세히 드러내지 않는 논증, 추가 논증을 탁자에 관한 비상세 확장 논증, 줄여서 간결한 논증이라 하겠다.

좀더 정밀하게 말하자면, 간결한 논증의 공가능성 전제는 다음과 같다.

(IV) 임의의 가능한 탁자 x와 임의의 가능한 재료 덩어리 y와 y'에 관하여, 만일 덩어리 y와 y'이 중첩되지 않는 상황에서 탁자 x가 원래 y로 만들어지는 게 가능하고, 또한 하나의 탁자가 y'으로 만들어지는 게 가능하면, 탁자 x가 원래 덩어리 y로 만들어지고 또한 이에 덧붙여 어떤 탁자가 x'이 덩어리 y'으로 원래 만들어지는 것도 또한 가능하다.

이 명제는 비록 직접 언급론에 의해 필반되는 것은 아니지만, 현재 논의의 목적에는 충분할 만큼 사소하게 뻔한 내용이며 또한 논란의 여지가 없어 보인다. 아마도 좀더 제한이 가해져야만 하겠지만(예를 들어, 덩어리 y와 y'은 동시에 존재한다고 가정되어야만 하겠지만), 확실히 (IV)와 같은 주장들은 정확한 내용을 담고 있다고 하겠다. 게다가, (IV)는 탁자나 탁자의 구성 성분 재료의 본질 속성에 관한 어떠한 이론과도 독립되어 옳을 수 있는 것 같다.

이 전제가 주어진다면, C를 A와 구별되는 임의의 재료 덩어리라고 하는 대신에, C가 A와 중첩되지 않는다는 또 다른 약정을 추가해야 한다. 논증의 결론은 하나의 탁자가 현실의 (또는 가능한) 원래 재료와 구별되는 임의의 재료 덩어리에서 비롯될 수 없다는 게 아니며, 단지 하나의 탁자가 임의의 중첩되지 않는 재료 덩어리에서 비롯될 수 없다는 것일 따름이다. 이 약한 결론이 본질주의 기본 주장을 담고 있는 논증의 의의를 감소시키지 않는다. 왜냐하면 이 주장은 실질적이며 사소하지 않은 본질주의자 기본 주장이기 때문이다. 확실히 만일 이런 기본 주장이 직접 언급론을 통해 얻어질 수 있다면, 사소하지 않은 형태의 본질주의가 직접 언급론에서 도출될 수 있다는 주장이 정당하게 옹호된다고 하겠다.

25.4 끝나지 않은 논증

크립키가 도출해야만 했던 결론은 탁자 B가 덩어리 C에서 비롯될 수 없다, 즉 탁자 B가 원래의 기원상 덩어리 C로 만들어지는 가능 세계가 없다는 것이다. B가 임의의 가능 세계 w_1에서 임의의 탁자이고 C가 (w_1에서의 B의 원래 구성 재료인) 덩어리 A와 중첩되지 않는 임의의 재료 덩어리이기 때문에, 이로부터 다음과 같은 내용이 도출된다. 만일 일정 탁자가 일정 재료 덩어리에서 비롯되는 게 가능하다면, 그 일정 탁자가 바로 그 재료 덩어리에서, 또는 최소한 부분적으로라도 그와 중첩되는 재료 덩어리에서 비롯되는 게 필연적이다. 하지만, 크립키가 실제로 도출한 명제는 탁자 B가 덩어리 C에서 비롯될 수 없다는 게 아니고, "비록 탁자 D가 다른 재료 없이 스스로 만들어지고, 어떠한 탁자도 재료 덩어리 A로 만들어지지 않았다 해도, 탁자 D는 탁자 B가 아닐 것이다."는 주장이었다. 다시 말해, 크립키가 명백히 이끌어낸 결론은 이렇다. 탁자 D가 탁자 B와 동일한 가능 세계는 전혀 없고, 심지어 탁자 D가 다른 재료 없이 스스로 만들어지고 어떠한 탁자도 덩어리 A로 만들어지지 않는 세계조차도 없다. 비록 이 주장이 (Ⅰ)과 공가능성 전제 (Ⅳ)와 더불어 별개성의 필연성 원리에서 도출된다해도, 이는 원하던 결론은 아직 아니다. 지금까지 탁자 D가 만들어진 임의의 가능 세계에서 D가 여전히 B와 똑같은 탁자가 아니라는 점을 보여줬을 뿐이다. 우리가 증명해야 하는 것은 이렇다. 하나의 탁자(즉 '임의의 탁자'라는 의미이다)가 덩어리 C로 만들어지는 임의의 가능 세계에서, 덩어리 C로 만들어진 바로 그 탁자는 탁자 B가 아니다.

이런 상황을 형식적으로 쉽게 나타낼 수 있겠다. 'T(x, y)'는 "x는 원래부터 덩어리 y로만 만들어진 하나의 탁자"를 의미한다. 우리는 직접 언급론의 원리와 (IV)와 같은 본질주의와 무관한 전제만을 사용하여 탁자 B가 덩어리 C로 만들어지는 게 불가능하다고 밝히고자 한다.

(C1) ~◇T(B, C)

지금까지 우리가 증명해놓은 것은 탁자 D가 덩어리 C로 만들어진 임의의 가능 세계에서 탁자 D와 B는 여전히 별개라는 내용이다.

(C2) □[T(D, C) → D≠B]

물론 원하는 결론 (C1)은 다음과 같은 주장과 사소하게 동등한 내용이다. 어떤 탁자가 덩어리 C로 만들어진 임의의 가능 세계(따라서 어떤 탁자가 C로 만들어지고 탁자 B는 C로 만들어지지 않은 가능 세계)에서 C로 만들어진 탁자는 탁자 B가 아니다.

(C3) □(x)[T(x, C) → x≠B]

결론 (C3)은 그 형식을 볼 때 우리가 현재 내린 결론 (C2)와 매우 비슷하다. 물론 (C3)은 이 같은 결론을 내리려고 그 일반적인 방향을 정한 크립키의 추론이 목표로 삼고 있는 것인 듯하다. 왜냐하면, 이는 원하는 결론 (C1)과 동치이기 때문이다. 하지만, 그는 그 대신에 명백하게 (C2)

를 도출한다. 하지만 논점은 탁자 B가 탁자 D와 동일한가의 여부라기보다 탁자 B가 원래부터 덩어리 A 대신에 덩어리 C로 만들어질 수 있는가 여부이다. 직접 언급론에서 필반되거나 사소하지 않은 본질주의자 함축과 무관한 전제만을 사용하여 현재의 결론에서 원하는 결론으로 건너가지 않는 한, 언급론에서 본질주의를 도출하려는 야심찬 시도는 성공하지 못한다. 하지만 현재의 결론 (C2)에서 (C3)를 추론할 수 있으면 충분하다. 왜냐하면 (C3)는 우리가 원하는 결론 (C1)과 동치이기 때문이다. 그러기에 (C2)로 그쳐버리면 이는 불충분하다.

그런데, 실은 (C3)가 현재의 결론 (C2)와 그 형식에서 매우 유사해 보이지만 거기서 도출되지는 않는다. 심지어 직접 언급론을 가정하더라도 마찬가지이다. 크립키의 본질주의자 기본 주장을 위한 *간결한* 논증이 전제 (Ⅰ)과 (Ⅳ)와 더불어 직접 언급론에서 나온 원리에만 의존한다면, 이는 부당한 논증이다. 만일 *간결한* 논증이 그 이름대로 간결하고 산뜻하려면, 아직 명확히 드러나지 않은 다른 전제들에 의존해야만 한다. 물론 이 추가 전제도 우리의 목적상 어떠한 본질주의자 함축에서도 자유로워야 한다.

25.5 통세계 동일성 원리

그렇다면 현재의 전제에서 원하는 결론 (C1)이나 (C3)를 어떻게 논증할 수 있을까? 그 한 가지 방도로 추가 가정을 도입하면 될 것 같다. 만일 탁자 D가 덩어리 C에 기원을 두는 게 가능하다면, D가 C에 기원을 두는 건 필연적이라는 가정이 그것이다. 그렇다면 이런 귀결이 따라 온다. 즉 탁자 B는 어떠한 가능 세계에서도 덩어리 C에 기원을 두지 않는데, 그 이유는 모든 가능 세계에서 C에 기원을 둔 것은 다름 아닌 탁자 D이고 또 B와 D는 필연적으로 서로 다르기 때문이다.[135] 그러나 덩어리

---

135. 여기서 가정된 바는 단일한 가능 세계 내의 오직 하나의 탁자만이 단일한 재료 덩어리

C와 탁자 D가 선택된 임의의 방식을 가정한다면, 이 추가 가정은 다음의 가정과 똑같은 효력을 갖는다. 만일 일정한 탁자가 일정한 재료 덩어리에서 비롯되는 게 가능하다면, 그 일정한 탁자가 그 일정한 재료 덩어리에서 비롯되는 게 필연적이다는 가정 말이다. 하지만 이 주장은 간결한 논증이 "증명"하고자 하는 바로 그것이므로, 논증의 추가 전제로 취급될 수 없다. 어쨌든 만일 이것이 빠진 전제라면, 본질주의의 간결한 "증명"은 실패한 것만이 아니라, 어이없는 잘못을 범한 것이다.

그렇다면, 크립키가 가정했다고 여겨지는 것은 임의의 가능 세계에서 덩어리 C에서 비롯된 임의의 탁자가 바로 탁자 D이고 그 이외의 다른 게 아니라는 내용이다. 좀더 정확하게 말해서 크립키는 다음과 같은 원리를 암암리에 가정한 걸로 보인다.

(V) 만일 탁자 x가 재료 덩어리 y로 원래 만들어졌다면, 필연적으로 덩어리 y로 원래부터 만들어진 임의의 탁자는 바로 탁자 x이며 그 이외의 다른 것이 아니다.

이 원리는 다음과 같이 기호화될 수 있겠다.

$\Box(x)\Box(y)[\Diamond T(x, y) \rightarrow \Box(z)(T(z, y) \rightarrow z = x)]$

우리는 동일성의 필연성 원리와 별개성의 필연성 원리와 더불어 전제 (Ⅰ), (Ⅳ), (V)에서 크립키의 본질주의자 결론이 산출된다는 것을 쉽게 검증해볼 수 있다. 크립키의 본질주의자 결론에 따르면, 만일 일정

에서 비롯되었다는 것이다. 하지만 이후에 이 가정이 그른 것이라는 점을 밝히겠다. 또한 여기서 가정되어야만 하는 것이 있다면, 탁자 D가 만들어지지도 않아서 존재한 적도 없는 세계를 포함한 모든 가능 세계에서 D는 덩어리 C에 기원을 두고 있다는 가정이라는 점도 지적되어야만 한다.

탁자가 일정한 재료 덩어리에서 비롯되는 게 가능하다면, 필연적으로, 그 일정 재료 덩어리와 중첩되지 않는 어떠한 재료 덩어리에서도 그 일정 탁자는 비롯되지 않는다.

$$\Box(x)\Box(y)\Box(y') [\Diamond(T(x, y) \wedge y \text{ does not overlap with } y') \rightarrow \Box \sim T(x, y')]$$

크립키가 명확하게 제시했다고 여겨지는 논증을 다음과 같이 재정리해 볼 수 있겠다. w_1을 임의의 탁자 B가 어떤 재료 덩어리 A에서 비롯된 가능 세계라고 하자. 그리고 C를 임의의 재료 덩어리라 하겠는데, 물론 C는 w_1에서 A와 중첩되지 않는다 하자. 우리가 증명하고자 하는 바는 탁자 B가 덩어리 C에서 비롯되는 가능 세계가 전혀 존재하지 않는다는 점이다. 그러면, 하나의 탁자를 덩어리 C를 가지고 만드는 게 가능하거나 가능하지 않다. 먼저 가능하지 않다고 해보자. (덩어리 C를 전혀 어떻게 다뤄 볼 수 없다거나, 아니면 다른 어떤 이유에서든 그렇다고 해보자.) 그렇다면 즉각 다음과 같은 내용 즉 탁자 B가 원래부터 덩어리 C로 만들어지는 가능 세계는 존재하지 않는다는 내용이 도출된다. 그 다음엔 어떤 탁자를 덩어리 C로 만드는 게 가능하다고 해보자. 그렇다면 전제 (IV)에 의해, 탁자 B가 w_1에서 그랬듯이 덩어리 A에서 비롯되며, 또한 'D'라고 부르게 될 두 번째 탁자가 덩어리 C에서 비롯되는 게 가능한 세계 즉 확장된 가능 세계 w_2가 있다고 하겠다. 그리고 전제 (I)에 의해 탁자 B와 D는 w_1에서 서로 다르다. 그리고 동일성의 필연성과 별개성의 필연성에 의해 탁자 B와 D는 모든 가능 세계에서 다르다. (B와 D는 w_2에서 다르기 때문에, 그것들은 현실 세계에서도 달라야만 한다. 그렇지 않다면, 동일성의 필연성에 의해 그것들은 모든 가능 세계 이를테면 w_2도 포함한 모든 세계에서 동일할 것이다. B와 D가 현실 세계에서 다르므로, 별개성의 필연성에 의해 B와 D가 모든 가능 세계에서 다르다는 귀결이 나온다.) 이제 어떤 탁자가 덩어리 C로 만들어지는 임의의 가능 세계 w₃을 보자. 그 탁자는 w₁에서의 바로 그 탁자 B일 수 있는가? 전제 (V)를 감안한다면, 그럴 수 없다. 왜냐하면 전제 (V)에 의거하여, w₃에서 만들어진 문제의 그 탁자는 탁자 D이외의 것이 아니고, B와 D는 w₃를 포함한 모든 가능 세계에서 서로 다른 것이다. 그러므로 탁자 B가 덩어리 C에서 비롯되는 가능 세계는 없다. 크립키에 따르면 이런 식으로 증명이 이루어질 수 있다.

원리 (V)는 이 단편적인 추론에서 결정적인 구성 성분이다. 이 원리에 따르면, 어떤 가능 세계에서든 덩어리 C에서 비롯되는 임의의 탁자는 반드시 D이며 B가 아니다. 이와 같은 약간의 추가 정보가 없다면, 문제의 그 탁자가 w₃에서 B일 수 없다고 가정할 아무런 이유가 없다. 따라서 간결한 논증은 기원이 바로 이 탁자이기 위한 (필연적인) 필요조건이라는 걸 증명하기 위해서 그 기원을 바로 이 탁자이기 위한 (필연적인) 충분조건으로 사용하고 있다.¹³⁶

동일성 원리 (V)는 아주 불가피한 것이다. 사실 많은 사람에게 (V)나 이를 약화시킨 이 비슷한 원리는 현재 우리의 관점에 비추어 너무나 분

---

136. 각주 3에서 지적되었던 점을 상기해보면, 우리는 직접 언급론이 닫힌 표현(고유명, 자연류어, 지표어, 그리고 언급적으로 사용된 한정 기술 등)에 관한 이론이고 자유 개체 변항에 관한 이론이 아닌 한, 이 이론이 전적으로 간결한 논증에 불필요하다는 것을 알았다. (23절과 비교해보시오.) 이 논증은 (I)(IV)(V)와 다음

□(x)□(y) [◇(x = y) → □(x=y)]

과 같은 형식으로 표현되는 동일성의 필연성과 별개성의 필연성 원리를 필요로 하는데, 이를 양상 논리의 법칙으로서 필요로 할 뿐이며, 고유명에 관한 직접 언급론을 표현하는 특별한 주장으로서 필요로 하지 않는다. 만일 (I), (IV)와 고유명에 관한 직접 언급론에서 크립키의 본질주의자 결론을 논증하는 일이 (V)에 의존하지 않고 타당하다면, 똑같은 결론을 내리기 위해 (I), (IV)와 방금 말한 논리 법칙만을 사용하여 전개시킨 비슷한 논증도 동등하게 타당하다. (이 두 경우에서 결론을 도출하는 방식은 문자 'A', 'B', 'C', 'D'가 고유명이 아니라 보편 예화와 특수 예화에 의해 얻어진 자유 변항으로 도입되었다는 점만 제외하고는 똑같다.) 그러나 (V) 없이 이루어진 후자의 논증은 부당하다는 사실이 모형 이론에 의거하여 증명될 수 있다. 그러므로 고유명을 사용하는 논증도 역시 (V)가 없이 이루어진다면 마찬가지로 부당하다.

명하게 기본적인 원리이기에, 비형식적인 추론으로 제시된 간결한 논증이 이런 원리에 의존하고 있다는 사실을 처음에는 놓치기 쉽다. 그러나 우리의 목적에 비추어볼 때, 이런 추가 원리에 어떤 방식으로든 의존하게 되면, 사소하지 않은 본질주의가 직접 언급론에서 도출될 수 있는지 여부에 관해 부당가정을 하는 셈이라 하겠다. 왜냐하면 전제 (V)는 그 자체로 탁자와 그 기원에 관한 강한 본질주의자 원리이기 때문이다. 만일 일정한 탁자 x가 일정한 재료 덩어리 y에서 비롯되었을 수도 있는 그런 것이라면, 그 탁자 x는 x와 별개인 어떤 탁자도 덩어리 y에서 비롯되지 않았다는 특징을 그 본질 속성으로서 갖는다. 바로 이것이 (V)가 주장하는 바이다. 다른 방식으로 살펴본다면, 이 전제는 임의의 재료 덩어리 y의 사소하지 않은 본질 속성을 주장한다. 다시 말해, 만일 임의의 탁자가 y로 만들어진다면, 그것은 항상 똑같은 탁자이라거나, 또는 y는, 말하자면, 그 "안에" 오직 하나의 잠재적인 탁자를 가질 뿐이라고 주장한다.[137] 이 추가 전제는 어떤 형태가 되었든 본질주의에 관해 사소하지 않은 형이상학적 이론이 보강되지 않은 채 직접 언급론만으로는 얻어질 수 있는 것이 아니다. 결국 간결한 논증은 드러나 있지 않았던 본질주의자 전제, 그리고 직접 언급론과는 아예 무관한 본질주의자 전제에 의지할 수밖에 없기 때문에, 이 논증을 직접 언급론에서 본질주의를 도출하려는 시도로 본다면, 성공하지 못한 논증이라고 할 수 있을 뿐이다.[138]

---

137. 좀더 정확히 말해서, 내세계 동일자들이 절대적인 뜻에서, 다시 말해, 세계-독립적이라는 뜻에서 동일하다고 가정한다면, 그 원리는 단지 다음과 같은 주장과 동등하다. 일정한 재료 덩어리 y에서 비롯되었을 수 있는 가능한 임의의 탁자는 사실상 덩어리 y에서 비롯될 수 있었던 유일하게 가능한 탁자이다.
138. 건물과 배가 원래의 구성물과 다른 구성물로 이루어질 가능성에 관해, 스트로슨이 했던 말을 비교하자.

  [특정 건물] — 예를 들어 보들리 도서관 건물(the Old Bodleian) — 은 채석장 B에서 채취한 돌이 아니라 채석장 A에서 채취한 돌로 지어질(구성될) 수도 있었다.

  이런 경우 이렇게 물어볼 수 있을 것이다. 그러면 이것은 이 건물이 아닐 수 있었으며, 다른 것이 이것과 비슷할 수 있었을까? 이런 반응은 충분치 못하다. 건물이 존재하이 논증을 사람과 그 기원에 관해 맥긴(Colin McGinn)이 제시했던 유사한 추가 논증과 비교해보면 유익할 것이다.

당신이 현실에서 생겨난 생식체로부터 당신이 생겨났다는 사실은 본질적인 걸로 보인다. 이는 마치 다음과 같은 일련의 생각이 명백하게 성립되는 것과 마찬가지이다. 귀류법을 사용하기 위해 내가 현실의 닉슨 생식체에서 생겨났다고, 다시 말해 이런 일이 벌어진 세계를 가정해보자. 그렇다면 첫째 가정과 확실하게 공가능한 것은 현실의 내 생식체를 앞에 말한 세계에 더하고 그것들이 자라서 어른이 된다고 가정하는 일이다. 이 개별자들 가운데 어떤 것이 나이기 위해 더 유력한 자격을 부여받는가? 나의 직관에 따르면 후자의 개별자를 택하는 게 훨씬 낫다. 그렇다면 그 반사실적 생식체가 나의 생식체와 비슷한 만큼 나의 직관의 의한 판단과 똑같은 판단이 내려질 것이다 (1976, p.132).

기 전에 계획이 존재했다. 이 계획은 건물을 이 곳에서 이런 목적으로 이러이러한 건축설계에 따라 이러이러한 유형의 재료들로 건축하려는 것이다. … 만일 누군가 말하기를 '당신도 아시다시피, QE II호는 현실적으로 그것을 건조한 강철과 아주 다른 강철로 건조될 수도 있었다.'고 하면서 이유를 제시할 때, 우리가 '그 경우에 그 QE II호가 전혀 있었던 게 아닙니다. 그 QE II호가 실존한 적이 없죠. 다시 말해, 그 이름을 가진 다른 배가 있었던 겁니다.'라고 말하면, 전혀 불합리한 반응은 아닐 것이다(1979, p.235).
여기서 스트로슨은 주로 인식적인 '…일 수도 있었다.'(might have been)에 관심을 갖고 있지만, 필자는 공들여서 정교하게 만든 건축물이 미리 정해진 계획이나 또 다른 의도에 따라서 원래 구성이 달라지는 형이상학적 가능성에 관한 그의 견해도 여러 차례 들은 바 있다. 이런 견해는 가끔 또 다른 형태의 경쟁되는 본질주의와 동반되기도 한다. 경쟁하는 본질주의는 어떤 대상의 본질을 질료인(material cause)이나 하나 이상의 질료인의 결합에서가 아니라 아리스토텔레스 식의 형상인, 동인, 목적인 가운데 어느 하나 또는 이들 전부(formal, efficient, and/or final causes)에서 찾을 수 있다고 주장한다. (이를테면, 위긴스, 1980, p.125를 보시오.) 다른 경쟁하는 본질주의와 동반되어서든 아니면 복합적인 사물에 어떠한 사소하지 않은 본질도 부정하려는 광범한 반본질주의와 동반되어서든 간에, 확실히 이 일반적 입장의 지지자들은 대부분 (V)나 (V)와 유사한 원리를 부정하고자 할 것이다. 직접 언급론은 그 자체로 이런 논점과 전혀 무관하다.

맥긴의 해설은 비형식적이긴 하지만, (비록 그의 표현이 어떤 것이 어떤 것과 동일하기 위해 더 유력한 자격을 갖는다는 구절을 사용하여 이루어지고 있기에, 부록 I에서 비판될 이론을 강하게 암시하고 있기는 하지만) 그의 논증은 이미 살펴본 추가 논증의 일종을 치환해놓은 것일 뿐인 것 같다. 맥긴은 여러 가능 세계에 걸쳐 있는 사람의 동일성에 관한 직관, 말하자면 어떤 가능 세계에서든 일정 개별자 x의 현실적 생식체에서 생겨난 어떠한 사람이든지 그 사람 x 자신이라는 직관에 의존하고 있다는 것을 명백히 한다. 이 일반 원리는 원리 (V)를 사람의 경우에 적용한 것이다. 이는 거의 부정할 수 없는 원리이다. 하지만, 그럼에도, 이는 본질주의의 일반 원리이며, 틀림없이 어떠한 반본질주의자에 의해서도 거부될 것이다. 이 원리는 맥긴 이외의 어떠한 사람이든 그나 그녀가 맥긴의 현실적 생식체에서 비롯될 수 없다고 주장한다. 물론 이 기본 주장은 전적으로 직접 언급론과는 동떨어진, 서로 다른 생각이다.

비록 크립키가 자연류에 관한 (27)과 같은 형식의 일반적 본질주의자 원리 즉 (22′)이나 그에 비견되는 원리를 증명하기 위한 방법을 인쇄된 형태로 내놓은 적은 결코 없지만, 만일 실체 S가 화학구조 C를 가졌다면, 실체 S는 C 말고 다른 어떠한 화학구조도 가질 수 없었다는 원리를 증명하기 위해 추가 논증을 구성하는 방법은 쉽게 짐작할 수 있다. 다음과 같은 두 전제를 가정하자.

만일 실체 S가 화학구조 C를 갖는 게 가능하고, C′은 C와 별개인 임의의 화학구조라면, 어떤 다른 실체 S′이 화학구조 C′을 갖는 반면 실체 S가 화학구조 C를 갖는 것도 가능하다.

만일 실체 S′이 화학구조 C′을 갖는 게 가능하다면, 화학구조 C′을 갖는 어떠한 실체도 실체 S′이며 다른 것이 아니라는 건 필연적이다.

이 두 전제가 주어진다면, 우리는 이전처럼 원하는 결론을 정확하게 추리할 수 있다. 물론 우리가 자연류에 관한 본질주의자 일반 원리에 도달하게 되는 게 바로 이 추가 논증을 통해서라고 할 수 있을지라도, 원래의 간결한 논증의 전제 (V)에 관해서 위에서 말했던 것과 마찬가지의 말이 동등한 효력을 갖고서 실체에 관한 이 추가 논증의 두 번째 전제에도 적용된다. (V)처럼 이 전제는 실체에 관한 사소하지 않은 본질주의자 원리이다. 이는 철저한 반본질주의자라면 누구라도 거부할 게 확실한 그 만큼 철학적 논란거리이다. 다시 말하지만, 이는 직접 언급론과는 논리적으로 무관하다.

진술된 그대로라면 (V)(과 그와 유사한 것)은 너무 강한 주장이라 할 것이다. 원리 (V)는 일정한 탁자 x를 이루고 있는 현실의 재료에서 비롯되는 임의의 탁자 z는 바로 그 탁자 x이어야만 한다고 주장한다. 이는 탁자 x가 현실에서 만들어진 방식과 똑같은 방식대로, 이를테면, 똑같은 설계대로 탁자 z가 만들어질 것을 요구하지 않는다. 오직 탁자 z가 똑같은 재료로 만들어질 것만을 요구한다. 하지만 분명히 이것으로 충분하지 않은 것 같다. 그렇다면 이런 가정을 해보자. 어떤 다른 가능 세계 w에서 일정한 탁자 x를 이루는 재료가 설계나 구조가 x와 전혀 다른 탁자의 형태로 되었다고 해보자. 그리고 예를 들어 현실에서 x의 맨 윗면을 이루고 있는 재료가 그 대신에 w에서 탁자의 다리를 이루며, 다른 부분들도 이런 식으로 뒤바뀌어 만들어진다고 해보자. w의 탁자가, 그럼에도, 현실에서 x를 구성시킨 똑같은 재료로 w에서 형성되었으므로, 원래의 탁자 x와 하나이면서 똑같은 것이라고 할까?[139] 그래서, 원리 (V)는 다음과 같이 아주 약화된 주장으로 대치될 수 있다.

(V′) 만일 일정 탁자 x가 원래 일정 재료 덩어리 y로 일정 계획 P에

---

[139]. 마찬가지의 물음이 사람과 그 기원에 관한 맥긴의 원리에도 제기될 수 있다. 그러나 두 경우에 직관은 다를 수 있다.

의거하여 만들어지는 게 가능하다면, 덩어리 y로 바로 그 똑같은 계획 P에 의거하여 원래 만들어진 임의의 탁자는 필연적으로 바로 그 탁자 x이며 다른 게 아니다.

(이 원리는 다음과 같은 것들을 덧붙인다면 더 약화될 수도 있다. 먼저 탁자 x를 이루는 재료의 배열을 언급하고, 이와 더불어 x를 만든 사람, x를 만든 사람의 이유, 그것을 만든 시간과 장소 등의 요소를 언급하면 된다.) 원리 (V′)는 (I)과 이에 맞춰 원래의 전제 (IV)를 강화시킨 주장과 함께라면, 탁자와 그 기원에 관한 본질주의를 의도한대로 도출시킨다.[140]

원리 (V′)는 거의 틀림없어서 의심할 여지가 없는 것 같다. 만일 다른 두 가능 세계에서 두 탁자가 정확하게 똑같은 방식에 따라 똑같은 원료로, 다시 말해, 원자 하나 하나가 꼭 같은 구조로 만들어졌다면, 그 탁자가 아주 똑같은 탁자가 아니라고 어떻게 말할 수 있겠는가? 우리가 더 물을 수 있는 게 무엇인가? 거기 바로 이 탁자가 있다는 것말고 더 할 말이 있는가? 하지만 약화된 (V′) 조차도 직접 언급론에 의해 필반되지 않는 실질적인 형이상학적 원리라는 사실은 여전하다. 이는 언급과 내포에 관한 우리의 직관과 아예 별개인 일련의 직관으로 뒷받침된다.

---

140. 이에 맞도록 (IV)를 강화시킨 주장은 다음과 같다.
 임의의 가능한 탁자 x와 임의의 가능한 재료 덩어리 y와 y′와 임의의 계획 P에 관하여, 만일 덩어리 y′이 y와 중첩되지 않는 상황에서 탁자 x가 원래 덩어리 y로 만들어지는 게 가능하고, 또한 하나의 탁자가 계획 P에 의거해 덩어리 y′으로 만들어지는 게 가능하다면, 탁자 x가 원래부터 덩어리 y로 만들어지고 또한 이에 덧붙여 어떤 탁자 x′이 원래부터 계획 P에 의거하여 덩어리 y로 만들어지는 게 가능하다.
 만일 전제 (V′)이 탁자 제작자, 시간, 장소 등을 언급하여 약화된다면, 전제 (IV)는 이에 따라 강화되어야만 한다.

25.6 대체 논증

우리는 25.1절에서 인용한 크립키의 글에서 간결한 논증을 추출할 수 있다. 하지만, 이는 본질주의자 기본 주장을 도출하려는 크립키의 글에서 추출될 수 있는 유일한 추가 논증이 아니다. 다시 한번 관련된 문단을 보되 이번에는 필자 임의로 대괄호를 사용하여 논증을 인용하겠다.

이제 'B'를 탁자의 이름(즉 고정 지칭어)라 하고, 'A'를 그 탁자가 현실적으로 만들어진 나무 조각의 이름이라 하자. 그리고 'C'를 다른 나무 조각의 이름이라 하자. [하나의 탁자 D가 C로 만들어지고 A로는 아무런 탁자도 만들어지지 않았다고 가정하자.] 그리고 현실 세계에서 그렇듯이 B가 A로 만들어졌으며, 동시에 [다른] 탁자 D가 [두 번째 세계에서 그렇듯이] C로 만들어졌다고 가정하자. … 이제 이 상황에서 B ≠ D이며, 따라서 D가 다른 재료 없이 스스로 만들어[지고] A로는 아무런 탁자도 만들어[지지] 않은 [경우]라 해도, D는 B가 [아니다].

이는 간결한 논증과는 다소 다른 논증이다. 하지만 같은 데서 출발한다. 다시 말해 탁자, B가 C와는 전적으로 별개이며, 또한 다른 것과 중첩되지 않는 덩어리 A로 만들어지는 가능 세계 w_1의 실존을 가정하고 시작한다. 우리는 탁자 B가 덩어리 C로 만들어지는 가능 세계 w가 없다고 즉 결론 (C1)을 증명하고자 한다. 추리는 이 대목에서 간결한 논증과 달라진다. 우리는 공가능성 전제를 w_1에 관한 우리의 가정에 직접 적용함으로써가 아니라 (C1)과 동치인 (C2)를 도출하기 위해 가장 먼저 도입한 가정을 통해서 간접적으로 (C1)을 도출한다. (C2)에 따르면 어떤 탁자가 덩어리 C로 만들어지는 어떠한 가능 세계에서든 그 탁자는 탁자 B와 똑같지 않으며 다른 탁자이다. 임의의 탁자 D가 덩어리 C로 만들어지는 임의의 가능 세계를 가정해보자. 우리는 오로지 w에서 D ≠ B인 것만을 증명하면 된다. 이를 위해 w_1에서와 마찬가지로 덩어리 A로 만들어지는 탁자 B와, w에서와 마찬가지로 덩어리 C로 만들어지는 탁자 D를 모두 포함하는 확장된 가능 세계 w_2를 구성하는 (Ⅳ)와 같은 공가능성 전제에 의존하게 된다. (Ⅰ)에 의해 'w_2에서 B ≠ D'이다. 그리고 동일성의 필연성과 별개성의 필연성에 의해 'w에서 B ≠ D'가 도출된다. 이렇게 증명이 구성될 수 있겠다.

이 논증의 하나의 추가 논증이지만, 간결한 논증과는 달리 그 전제로 통세계 동일성 원리 (Ⅴ)나 그 비슷한 강한 원리를 사용하지 않는다. 이 논증은 (Ⅰ), 동일성의 필연성과 별개성의 필연성, (Ⅳ)에 유비되는 공가능성을 통해 전개된다. 간결한 논증에서, 덩어리 C로 어떤 탁자라고 상세하게 정해지지 않은 새 탁자를 만듦으로써, (Ⅳ)는 애초의 가능 세계 w_1에서 탁자의 차수(rank)를 늘리는 데 사용되었다. 현재의 논증에서, 추가 전략은 좀더 상세하다고 하겠다. 우리는 세계 w_1에 덧붙여 두 번째 임의의 세계 w를 가정하는데, 이 세계는 덩어리 C로 하나의 탁자가 만들어지는 세계이다. 공가능성이 필요한 것은 다름아니라 바로 이 두 번째 가정이 도입된 다음이다. 그런 다음에야 이 공가능성은 w_1의 비상세 확장에 의해서 뿐 아니라 애초의 두 세계 w_1과 w를 그 각각에 속하는 탁자 B와 D와 함께 확장된 세계 w_2로 융합시킴으로써 더 많은 탁자-가득한 세계를 창조할 수 있다. 확장된 세계 w_2를 만들어내는 경우에, 이처럼 더 많은 정도의 상세성이 요구된다면, 우리는 본질주의자 주장 (Ⅴ)에 더 이상 의존할 필요가 없다.

이와 같이, 좀더 상세한 추가 전략을 사용하는 추가 논증을 융합 논증이라고 하겠다. 그리고 방금 제시된 특정의 추가 논증은 탁자을 위한 융합 논증 또는 두툼한 논증이라고 하겠다.

우리는 두툼한 논증에서 쓰이고 있는 공가능성 전제를 이미 보았다. 이는 다름아니라 다음과 같은 것이다.

(III) 임의의 가능한 탁자 x와 x'과 임의의 가능한 재료 덩어리 y와 y'에 관하여, 만일 y와 y'이 서로 중첩되지 않는 상황에서 탁자 x가 y로 원래 만들어지는 게 가능하고, 또한 x'이 y'으로 원래 만들어지는 게 가능하다면, 탁자 x가 y로 원래 만들어지고 또한 이에 덧붙여 탁자 x'이 y'으로 원래 만들어지는 게 가능하다.

만일 이 공가능성 전제가 (IV)와 마찬가지로 사소하지 않은 본질주의자 함축과 무관하다면 (또는 그 자체로 직접 언급론의 귀결이라면), 두툼한 논증은 간결한 논증이 실패한 그 대목에서 우리의 목적에 비추어 성공인 셈이다. 왜냐하면 간결한 논증에서 사용하는 가외의 본질주의자 전제 (V)를 사용하지 않으면서도 두툼한 논증은 간결한 논증과 마찬가지로 똑같은 본질주의자 결론을 산출하기 때문이다.

하지만, 불행히도 (III)은 겉보기와는 다르다. 이는 (IV)와 달리, 우리가 여기서 말하는 뜻으로 사소하지 않은 본질주의자 주장이다. 원리 (III)은 x와 x'을 똑같다고 놓음으로써 다음 내용을 필반한다. 만일 일정 탁자 x가 어떤 재료 덩어리 y에서 산출되는 게 가능하다면, 그 탁자가 덩어리 y로만 전적으로 구성되며 또 이에 덧붙여 다른 덩어리 y'만으로 전적으로 구성되는 게 불가능하다는 단서 때문에, 그 탁자 x가 임의의 중첩되지 않는 다른 재료 덩어리 y'에서 산출되지 않는다는 것이 사실상 필연적이다. 사실상, 이렇게 x와 x'을 똑같다고 놓은 (III)의 사례는 두툼한 논증이 현실적으로 필요로 하는 유일한 사례이다. 비록 이 전제가 추가 단서 없는 크립키의 본질주의자 기본 주장보다 다소 약하다해도, 본질주의자 함축이 그보다 못하다고 하기는 어렵다. (제3장의 각주 3을 보시오.)[141] 게다

---

141. 또한 위의 각주 5를 보시오. 거기서는 필요한 변경을 가하여 두툼한 논증에 적용된다. 이 논증은 (I), (III)의 특별한 사례, 논리적 법칙으로 여겨진 동일성의 필연성과 별개성의 필연성만을 이용하여 사소하지 않은 본질주의를 산출한다. 우리는 (I)이 철학적으로 논란의 여지가 없다는 점을 당연하게 여긴다. 논리 법칙의 본질주의자 함축은 오직 사소한 개체성 본질주의일 뿐이다. 사소하지 않은, 실질적인 본질주의는 (III)에서만 비

가 이 전제는 명백히 직접 언급론의 귀결일 뿐인 것도 아니다.

그리고 전제 (III)이 비록 사소하지 않은 본질주의자 전제이지만 처음 봐서는 보다 덜 상세한 공가능성 전제인 (IV)보다 반박되기 어려워 보이는 적어도 두 가지 이유가 있다. 그 가운데 하나는 이렇다. 즉 (III)에 출현하는 속박 변항 'x'와 'x''은 서로 별개이며, 그 결과 독자들은 즉시 이 두 변항이 별개인 두 사물을 그 값으로 취하는 사례를 생각하기 때문이다. 별개의 탁자 x와 x'에 관하여, 원리 (III)은 상당히 그럴듯하고, 또한 어떠한 사소하지 않은 본질주의자 함축과도 무관하다.

(III)이 본질주의자 전제이면서도 언뜻 보아서 형이상학적 숭배의 대상인 것처럼 보이는 다른 이유는 (III) 그리고 (IV)도 세 개의 공가능성 원리 가운데 가장 덜 상세하지 않은 (II)를 연상시키거나 그와 혼동되기 때문이다. 원리 (II)는 완벽히 사소하며 따라서 논란의 여지가 없는 진리이지만, 바로 그 점 때문에, (IV)의 경우와 마찬가지로, (I)과 동일성의 필연성과 별개성의 필연성을 가지고 사소하지 않은 본질주의를 믿도록 만들기에는 너무나 약한 원리이다.

26. 공가능성 원리와 통세계 동일성 원리

느슨하게 말해서 (III)과 (IV)를 그 둘의 비상세 상대역인 (II)와 분리

롯될 뿐이다.

크립키는 이 논점에 관한 토론에서 내게 다음과 같은 점을 알려주었다. 그가 자신의 각주를 쓸 때, 비록 간결한 논증에서 귀결되는 해석의 여지를 둘 정도로 압축해서 썼다는 점을 인정하기는 했지만, 실은 그 자신이 염두에 두었던 건 간결한 논증이 아니라 두툼한 논증이었다는 것이다. (물론 그는 이런 이름을 사용하지 않았다. 새먼(1979b)와 저서 『명명과 필연성』 서문의 첫 면, 특히 그 두 번째 각주를 보시오.) 이 대목에서 다시 한 번 반드시 주목해야 할 것이 있다면, 크립키가 자신의 각주에서 직접 언급론말고 어떠한 본질주의든 거기에 의존하지 않은 채 사소하지 않은 형태의 본질주의를 도출하려는 게 자신의 의도가 아니었을 거라고 말했다는 것이다. 3장의 각주 11을 보시오.

시키는 모든 것은 간결한 논증의 전제 (V) 즉 원래 구성 성분 재료의 똑같음이 탁자의 통세계 동일성을 위한 충분조건이라는 원리이다. 원리 (Ⅱ)는 (V)와 더불어 (Ⅲ)과 (Ⅳ) 둘 다를 수반한다. 사실 필자가 제안하고자 하는 바를 대충 말한다면, 다음과 같다. (Ⅱ)와 같은 비상세 공가능성 원리는 전형적으로 (Ⅲ)과 같은 상세 공가능성 원리의 근원이라는 점이다. (Ⅲ)이 갖는 개연성이 무엇이든 그것은 주로 (Ⅱ)의 명백성에 의존한다. 만일 우리가 (Ⅲ)을 믿는다면 우리는 어떤 뜻에서 (Ⅱ)를 믿기 때문에 그것을 믿으며, 또한 우리는 (V)와 (V′)에 의해 인정된 부류의 통세계 동일성을 만드는 경향이 있다. 물론 우리는 (Ⅱ)와 (V′)에 의존하지 않고서 다른 이유에서 (Ⅲ)을 믿을 수 있다. 하지만 (Ⅱ)의 직관적 명백성은 (V′)에 맞춰 추리하려는 뿌리깊은 성향과 더불어, (Ⅲ)에게 자연스럽고 불가피한 근거를 제공한다. 이는 다음과 같은 생각을 담고 있다고 하겠다. 어떤 뜻에서 우리는 먼저 (Ⅱ)의 명백한 진리성을 인지한다. 그리고서 통세계 동일성 확인을 하면서 우리는 좀더 상세한 원리인 (Ⅲ)과 (Ⅳ)도 인정하게 된다. 따라서 (Ⅲ)과 (Ⅳ)는, 말하자면, (Ⅱ)와 (V)의 인식적 결실인 셈이다. (Ⅲ)과 (Ⅳ)는 둘 다 자신들의 부모인 (Ⅱ)와 아주 닮았으나, (Ⅲ)은 (Ⅱ)와 마찬가지로 비본질주의적인데, 이에 비해 (Ⅳ)는 (V)에서 본질주의자 함축을 이어받아서 본질주의적이라 하겠다.

물론 (V)와 (V′)를 거부하는 반본질주의자는 저 나름대로의 이유로, 다시 말해서 매우 일반적인 반본질주의 원리 즉 증명될만한 모순이 아니라면 어느 것이든 가능하다를 원리를 근거로 (Ⅳ)를 수용한다. (그런데 적절한 공리가 주어진다면, 똑같은 탁자가 각각 별개인 두 재료 덩어리만으로 전적으로 원래부터 만들어진다는 가정은 증명될만한 모순이라고 볼 수 있다.) 하지만 내가 제안하고 있는 것은 이렇다. 우리들 대부분에게는 (Ⅳ)를 수용하지 않고 (Ⅲ)을 수용할 때, (V′)에 구체화된 동일성 원리가 모종의 역할을 한다는 것이다. 이런 통세계 동일성 원리가 비록 고질적으로 불명확하지만, 만일 우리가 재료의 일정 부분으로 탁자와 같은 대상을 만들 경우에 우리가 이런 일을 주제로 생각할 때 옳은 것이 무엇인지에 관한 상식적 관점, 일상의 관점에 근본적으로 중요하다. 이 원리는 상식적 관점에 중심적이고 뿌리깊게 내면화되어 있어서 우리의 양상적 사고— 비형식적인 강경한 논증에서, 그리고 필자의 생각이 맞는다면 두툼한 논증에서 보여준 양상적 사고—가 이런 동일성 확인 방식에 결정적으로 의존하고 있다는 것을 종종 전적으로 간과해버릴 수 있다.142

그렇다고 해서, 이런 모든 통세계 동일성 원리가 정언 명령처럼 옳다거나 자신들의 사소하지 않은 본질주의자 함축을 상실한다는 말이 아니다. 우리의 양상적 사고에서 아니면 적어도 우리들 가운데 많은 사람의 표준적인 양상적 사고에서 그들이 근본되는 구조적 또는 유기적 역할을 한다는 말일뿐이다. 반본질주의자인 철학자는 이 원리를 여전히 정합성 있게 거부할 수 있을 것이다. 그렇게 할 경우 반본질의자는 사람들 대부분이 반사실적 상황에 관한 생각을 조직하는 방식에 반대하는 셈일 것이다. 하지만, 그렇다고 직접 언급론을 그 자체로 수용한다해도 반본질주의자 입장에 방해가 될만한 것은 전혀 없는 것 같다. 두 입장은 전적으로 양립 가능하다. ((V')과 같은 통세계 동일성 원리는 부록 I에서 좀더 철저히 논의하겠다.)

---

142. 2장 각주 5도 보시오.

맺음말

맺음말

　인공물과 유기체 같은 자연류, 혹은 구체 개별자에 관한 사소하지 않은 형태의 본질주의가 그 자체로 철학적인 논란거리가 되지 않으면서 사소하지 않은 본질주의자 함축을 갖지 않는 전제에만 의존하는 직접 언급론의 진정한 (양상 논리적) 귀결이라는 주장은 성공적으로 이루어지지 못했다. 언어 철학에서 사소하지 않은 형태의 본질주의를 도출하는 것으로 보이는 각각의 논증은 결국에 드러나지 않은 사소하지 않은 본질주의자 전제를 포함하는데, 이 전제는 그 자체로 어떤 방식으로든 언어철학에 완전히 환원될 수 있다는 것이 증명될 수 없거나, 아니면 최소한 지금까지는 증명되지 않았다. 우리의 본질주의자 직관을 제쳐두고 생각한다면, 직접 언급론은 8.1절에서 예로 든 '물은 H_2O이다.', '호랑이는 포유류다.', '바로 이 탁자는 목재 H에서 비롯되었다.' 등이 필연 후천적이라기보다 우연 후천적이라는 주장과 완벽히 정합한다. 이런 진술들의 필연화를 필반하는 본질주의자 원리가 이들의 겉모양과 다른 어떤 것이라고 가정할 결정적인 근거는 아직 제시되지 못했다. 다시 말해, 이들은 다른 분야의 이론으로 환원될 수 없이 형이상학에 속하는 주장이며, 또한 철학적으로 논란 투성이인 본질주의 이론에서 유래한다. 다시 말해, 본질주의 이론은 결코 언어 철학에서만 귀결되지 않는다.

직접 언급론은 철학적 의미론의 여러 중요 논점에 관해 직접적인 관계가 있다. 이를테면, 우리가 앞서 보았듯이, 이 이론은 고유명이 고정 지칭어라는 걸 필반하며, 그래서 명백히 후천적이지만 필연적인 진리, 예를 들어, 개밥바라기는 샛별과 동일하다는 진리가 있음을 필반하다. 또한 이 이론은 우연적이지만 선천적 진리 예를 들어 (르브리에(Leverrier)에게는 선천적인 진리인) 해왕성은 천왕성의 궤도에 섭동을 일으키는 혹성이다는 진리의 존재를 필반하는 것 같다. 그리고 우리는 이미 이 이론이 사소한 형태의 본질주의도 필반함을 보았다. 이런 본질주의에 따르면 개밥바라기는 샛별임이라는 속성을 갖지 않을 수 없는 그런 것이며, 따라서 만일 샛별이라면 혹성임이라는 속성을 갖지 않을 수 없는 그런 것이다. 하지만 기세를 너무 뽐내지 않도록, 다시 말해 이 이론의 범위를 벗어나는 철학의 난제를 풀어보라고 맡겨두지 않도록 주의해야 한다. 물론 이 이론은 강력하고 흥미로운 이론이지만, 이 이론을 만병통치약쯤으로 믿고 있는 통념 그대로, 철학의 만병통치약인 것은 결코 아니다.143

---

143. 우리가 서론에서 말했듯이, 크립키는 자신의 직접 언급론을 가지고 정신 철학상의 고전적인 철학적 문제인 정신-신체 동일론을 다루는 데 쓰려했었다. 고정 지칭어 이론을 사용하여 크립키는 동일론자에게 다음과 같은 도전 즉 감각과 같은 정신적 사건과 중추신경계에서 일어나는 물리적 사건 사이의 어떠한 연관이든지 우연적이며, 한 종류의 사건이 다른 종류 사건의 부재시에도 발생한다는 통상의 직관을 그럴 듯하게 설명해보라고 도전한다. 크립키의 논증은 사실에서 고통 감각인 것은 무엇이든 그 현실적인 특유한 현상적 성질을 가져야만 하며, 간지럼의 느낌일 수 없다는 주장에 주로 의존하고 있다고 강하게 비판받았다. 다시 말해, 어떠한 정신-신체 동일론자라도 거부할 본질주의자 기본 주장에 근거를 두고 있다는 것이다. 예를 들어, 펠드만(Feldman, 1973), 라이칸(Lycan, 1974, p.684), 로티(Rorty, 1973, 1979의 p.111n)를 보시오. 크립키 비판자들은 일반적으로 감각에 관한 본질주의자 기본 주장이 근본적으로 그 본성상 형이상학적이고, 그래서 직접 언급론과는 무관하다는 것을 당연하게 여긴다. 크립키는 이런 반대를 예기하고 다음과 같은 직관에 호소함으로써 동일론자에 대한 도전을 견지한다.

고통임이 각 고통의 필연 속성이라는 사실 보다 더 명확히 본질의 경우를 보여주는 게 있을까? … 당신이 가져본 적이 있는 특정의 고통 혹은 다른 감각을 생각해보라. 바로 그 감각이 하나의 감각임 없이 존재할 수도 있었다는 주장이 도대체 옳음직하거나, 어떤 발명가(프랭클린)가 어떤 발명가임 없이 존재할 수도 있었다는 말이 도대체 그럴

듯하다고 하겠는가?(1972a, p.146)

크립키는 자신의 동일론에 관한 도전이 직접 언급론과는 완전히 무관할 수 있는 본질주의자 직관에 의존한다는 점을 인지하고 있는 걸로 보이지만, 다른 사람들은 그의 이런 논증이 기본적으로 언어 철학에서 비롯되는 기본 주장들에 의존하여서 정신-신체 동일성에 관해 반박하고 있다고 여긴다. 하지만, 이런 철학자들은 크립키 비판자들에 의해 제시된 논점이 정당하다는 것을 깨우쳐야 할 것이다. 그 자체로 고려된 직접 언급론은 정신-신체 동일성에 찬성하거나 반대하는 얘기를 전혀 하지 않는다.

우리는 사소하지 않은 형태의 본질주의가 직접 언급론의 고유한 귀결인지 여부를 묻는 좀더 근본적인 물음을 탐구했었다. 직접 언급론은 순수하게 경험적으로 검증 가능하거나 아니면 철학적으로 논란의 여지가 없는 전제와 조합되어서도 사소하지 않은 아리스토텔레스식 본질주의에 유리하거나 불리한 주장을 전혀 하지 않는다. 직접 언급론이 정신-신체 문제를 해결할 수 없는 것과 마찬가지로 본질주의의 난제(한 사물의 어떤 속성이 본질 속성인가?)도 해결할 수 없기는 마찬가지이다.

부 록

하나 · 통세계 동일성 원리

27. 통세계 동일성 원리와 테시우스의 배

27.1 우연적 동일성 논증

7장에서 제시된 바에 따르면, (V)의 노선을 따르는 본질주의자의 통세계 동일성 원리 — 만일 어떤 탁자 x가 일정 재료로 만들어지는 게 가능하다면, 그 재료로 만들어지는 어떠한 탁자든 x라는 게 필연적이라는 원리 — 는 반사실 상황에 관한 일상의 사고 방식이 가진 근본 특징을 드러낸다. 특히 흥미로운 것은 원리 (V)와 그보다 약한 원리 (V′) — 만일 탁자 x가 원래 (어떤 장인에 의해 어떤 시각에 어떤 장소에서) 어떤 계획에 따라 어떤 재료로 만들어지는 게 가능하다면, 원래 (그 장인이 그 시각에 그 장소에서) 그 계획에 따라 그 재료로 만든 임의의 탁자는 바로 탁자 x라는 게 필연적이다 — 은 동일성에 관한, 그리고 어떤 대상의 물리적 조성에서 일어나는 변화의 가능성에 관한 그럼직한 견해와 상충한다. 이런 사실은 직접 언급론을 반대하여 챈들러(Hugh Chandler, 1975)가 제시한 논증을 살펴본다면 확연해진다.[144] 홉스가 그의 책 『신

---

144. 이 비슷한 논증을 지버드(Allan Gibbard, 1975)도 제시하고 있다.

체에 관하여』(De Corpore)에서 테시우스의 배 이야기를 하고 있는 바에 따라서, 챈들러는 두 가능 세계를 묘사하는데, 우리는 이 두 세계를 각각 'W'와 'W''으로 부르자. 이 두 세계에서 어떤 배 a를 이루는 널빤지가 시간 t_1에서부터 하나씩 차차 제거되어 나중에 쓰려고 치워지는 상황이 벌어진다. W의 a에서 제거된 각 널빤지는 새로운 다른 것으로 즉각 대체되고, 그래서 t_2에 이런 제거와 대체의 과정이 끝나면, a가 있던 곳에 완전히 다른 재료로 만들어진 배 c가 서 있게 된다. 이로부터 좀 지난 시간 t_3에, 원래의 배 a에서 널빤지 단위로 제거된 목재는 원래의 계획에 따라 c와는 구별되는 배 b로 재조립되었다.145 챈들러에 따라 우리는 아래 그림과 같이 W를 도해할 수 있겠다.

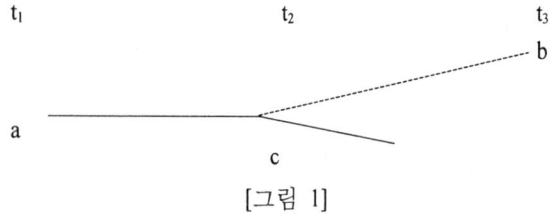

[그림 1]

---

145. 챈들러는 $t_2 = t_3$로 놓았으나, 그의 논증은 만일 배 b가 배 c 이후에 만들어졌다면 좀더 적당한 논증이 되었을 것이다.

　재료를 구분할 수 있을 테지만, 널빤지를 이루는 목재는 널빤지가 없어지더라도 남을 수 있으며, 재료의 다른 부분들이 서로 중첩되어서라도 다른 시간에 똑같은 널빤지를 이룰 수 있기 때문에 널빤지와 제 7장의 각주 2를 보시오. 또한 필자는 테시우스의 배 문제를 해설하는 데 필요하다고 여겨져서 이 구분을 명확히 짓지 않아도 무방하다는 생각이다. 비록 그 배와 재료 사이의 관계가 테시우시의 배 문제와 적잖은 관련이 있겠지만, 이 문제는 (배를 이루고 있는 부분인) 널빤지로 가장 적절히 표현될 수 있기 때문이다. 이런 식으로 서로 다른 것들을 구별하지 않고 본다고 해서 이 자리에서 치명적인 흠이 되는 건 아니다. 일반적으로 말해, 이 문제에 관한 논의가 관련되는 한, 구성 성분을 이루는 부분에 적용되는 것은 구성 성분을 이루는 재료에도 적용되고 그 반대도 마찬가지이다. 그럼에도, 필자는 배 자체와 그 재료(즉 널빤지)의 구분은 선명하게 유지할 생각인데, 이는 물론 이 구분이 논의에서는 결정적으로 중요하기 때문이다.

챈들러는 이런 상황을 다음과 같이 말하는 게 합당할 것이라고 말한다. 개별적으로 볼 때 b와 c의 경우 그 근거가 각각 다르지만 둘 다 a와 똑같은 배라고 주장할 조건적 자격을 갖는다. 배 b는 배 a가 시간 t_1에 만들어진 바로 그 똑같은 나무로 t_3에 만들어졌다. 반면에 배 c는 원래의 배 a와 특별한 부류의 공시적 연속성으로 연결되어 있다. 이런 두 가지 사항을 모두 고려하여 챈들러는 다음과 같이 주장하고자 했다. 똑같은 재료로 만들어짐이란 원래의 배임에 관한 열성 자격만을 제공할 뿐인데 반해, 특별한 공시적 연속성은 우성 자격을 제공한다. 따라서 배 c는 배 b보다 완벽히 우위에 선다. 이런 상황에서 a와 c는 하나의 똑같은 배지만, 이에 비해 b는 a의 원래 널빤지로 조립된 새로운 배일뿐이다.[146]

하지만 이렇게 배 a와 c를 동일시하는 게 보편적으로 올바른지는 불분명하다. 예를 들어, a가 역사적으로 중요한 배 이를테면 칼럼버스의 니나(Nina)이고, 파렴치한 어떤 철학자가 이 배의 해체와, 그 해체된 부분을 워싱턴 D.C.의 스미소니언 재단으로 수송해달라고 위임받았다고 가정해보자. 그리고 장기간에 걸쳐 그 재단에서 재조립하라고 위임받았다고 해보자. 게다가 당국을 골탕먹일 작정으로 이 악한은 다음 널빤지를 뜯어내기 전에 각각의 널빤지를 새것으로 조심스럽게 갈아놓았다고 해보자. 그런 다음에 그는 원래의 진짜 널빤지를 태연하게 배를 재조립하려고 워싱턴으로 가져왔는데, 그는 진짜 니나가 칼럼버스의 창고에 그대로 있다고 믿으면서 그런 일을 했다고 해보자. 만일 당국이 그가 한 일을 발견한다면, 그들은 기꺼이 이 바보 같은 불량배에게 칼럼버스의 창고에 배를 그대로 두도록 조치할 것이다. 왜냐하면 그것은 단지 진짜 니나의 복제품에 지나기 않으며, 현재 분해되었기 때문이다. 비록 그 일부분이 안전하고 온전하게 워싱턴에서 재조립을 기다리고 있을지라도 마찬가지이다.[147]

---

146. 위의 25.5절에서 맥긴(MacGinn)의 인용문을 참조하시오. 또한 허쉬(Hirsch), 1976, pp.27-28.

하지만, 다른 방식으로 전개되는 사례도 있다. 예를 들어, 만일 몇 해 전에 떨어져 나가 죽은 나의 체세포들이 살아 있는 사람을 이루도록 수집되고 재생되어 융합된다면, 이 복제된 개체는 내가 아니다. 비록 그가 지금의 나보다 이전의 내 자신과 여러 면에서 더 비슷하다고 하지만 이는 명백하다. 그리고, 마찬가지로, 이점도 분명하다. 비록 죽은 내 체세포가 사람의 신체로 융합되었다 해도, 나는 지금까지 항상 갖고 있던 똑같은 신체를 지금도 여전히 갖고 있으며, 그래서 나의 복제인간은 내가 이전에 가졌던 (그리고 여전히 갖고 있는) 신체와는 다른 신체를 가져야만 한다. 챈들러의 가능 세계 W의 경우는 이 두 경우에 그다지 명확히 적용되지 못한다. 그러나 논증을 위해 챈들러가 올바르다고 가정하고 이런 상황 하에서 a는 c와 똑같은 배라고 가정해보자.

챈들러는 두 번째 가능 세계 W'을 다음과 같이 약정함으로써 묘사한다. W'에서는 "…a의 널빤지가 대체되지 않고 하나씩 제거된다. 그렇다면 b는 거기[W]에서 만들어졌듯이 만들어진다. 이 경우에 a와 b는 똑같은 배이다. 이로부터 귀결되는 바는 [하나의 배가] 해체된 뒤에 조립되어서 한 장소에서 다른 장소로 옮겨졌다는 것이다." 챈들러는 W'를 다음 그림 2로 도해한다.

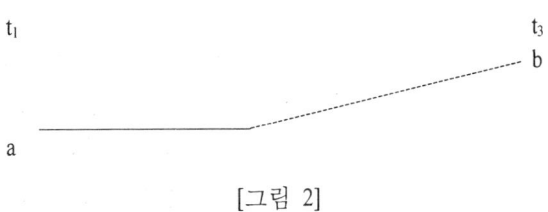

[그림 2]

챈들러의 견해에 의하면, 이 상황에서, a와 똑같은 배라는 b의 열성

---

147. 필자는 이 예를 캐플란에게서 빌어 왔다. 크립키는 그의 강의에서 이 비슷한 예를 제시했고, 위긴스(1980, pp.93-94)도 이런 예를 제시한 바 있다.

자격은 어떤 경쟁자도 없어서 도전받지 않고 유지된다. 따라서, 이 세계에서 a는 b와 동일하다. 챈들러는 이로부터 직접 언급론과 명백히 양립 불가능한 결론을 도출한다. 그에 의하면, 배 a와 b는 W'에서는 동일하지만 W에서는 서로 별개이다. 따라서 일부의 동일성은 우연적인 것 같다. 더 나아가, 만일 'b'가 고유명이라면, 이는 비고정 고유명이다. W'에서는 배 a를 지시하고, W에서는 그 대신에 새로운 다른 배를 지시하기 때문이다. 또한 그러므로 일부의 고유명은 비고정적인 것 같다.

27.2 오류

직접 언급론의 시각에서 본다면, 챈들러의 논증은 두 가지 근본적인 실수를 범했다. 다른 가능 세계의 두 대상이 똑같은 대상인지의 여부를 해결하지 않은 채, 문자 'b'를 그들의 이름으로 보는 대목에서 그는 실수를 범했다. 가능 세계는 "약정에 의해" 가정될 수 있다. 우리는 "그러 그러한 것이 실존하고 있으며 이러 이러한 속성을 갖는 … 바로 그런 가능 세계를 생각해보자."고 말하는데, 이 경우 "그러그러한 것이 이러 이러한 속성…을 갖는다고 가정하자."는 의미이다. 그러므로, 챈들러가 배 a가 W와 W' 모두에서 실존하며, 그 널빤지가 W에서는 대체되고 W'에서는 대체되지 않은 채 점점 제거되어, 그 원래의 널빤지가 두 세계에서 재조립되었다고 가정하는 일은 완벽하게 정당한 일이다. 그러나, 이런 약정을 한번 도입하고 나면, 불가능한 사태를 "약정" 하지 않고서는, 애초의 약정과 공가능하지 않은 다른 약정을 자동적으로 도입하지 못하게 된다. 챈들러의 예에서 W에서 t_3에 건조된 배가 'b'라고 한번 명명되면, t_3에 W'에서 건조된 배를 똑같은 이름으로 언급하는 것은 정당하지 못하다. 직접 언급론에 따르면, 그렇게 하는 것은 두 배가 하나의 똑같은 배라고 전제 가정하는 셈이다. 그같이 "과도한 약정"을 방지하려면, t_3에 W'에서 건조된 배에 'd'와 같은 중립적인 이름을 부여해야만 한다. 그렇다면 W'은 다음과 같이 도해될 수 있겠다.

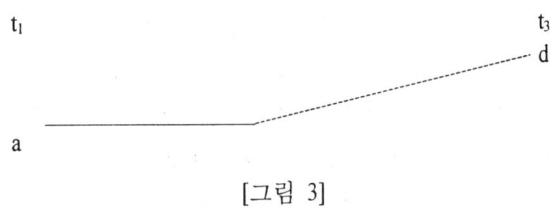

[그림 3]

이렇게 바로잡고 나면, 이제 우리는 d가 b인지 그래서 둘이 똑같은 이름을 가질 수 있는지 여부를 질문할 수 있다. 통시간 동일성에 관한 챈들러의 일부 가정을 감안한다면, 우리는 직접 언급론의 관점에서 b와 d는 사실상 별개라는 것을 현실적으로 증명할 수 있다. 그렇기 때문에, 가설에 의하여, a = d이지만, a ≠ b이다. 그러므로 d ≠ b이다. 이 증명이 전제 가정하는 바는 일종의 개체성주의이다. 다시 말해, 절대적인 의미에서 개별자를 다른 가능 세계에서 동일하다고 확인하는 일이 의의있다는 견해이다. 물론 이 증명은 다음의 원리도 전제 가정한다. 한 가능 세계 이내에서 동일한 대상은 절대적 의미에서 수적으로 하나이며 똑같은 대상이며 그 반대도 마찬가지라는 원리다. 이들은 직접 언급론이 전제 가정하는 바이다. 하지만 챈들러 자신이 개체성주의자 개념틀 내에서 작업하는 것으로 보인다는 점을 아는 게 중요한데, 그의 최초 가설이 배 a가 두개의 다른 가능 세계, W와 W'에 실존한다고 가정하기 때문이다. 나아가 그는 내세계 동일자들이 절대적 의미에서 동일하다는 가정에도 의존한다.148 이는 그의 결론 즉 이름 'b'는 W'에서 배 a를 지시한다

---

148. 우리는 사실상 두 가정이 어떤 뜻에서 서로 돕고 있다는 것을 보았다. 제 4장 각주 18을 보시오. 하지만 챈들러가 내세계 동일자인 대상들이 사실상(ipso facto) 절대적인 뜻으로는 동일하지 않다는 견해에 동조한다는 것도 알아야만 한다. 지버드는 챈들러에 반대하기 위해 챈들러와 비슷한 논증을 제시하고 있는데, 거기에는 개체성주의를 명확하고 단호하게 반박하는 내용이 담겨있다.

는 데서 알 수 있다. 우리는 'b'가 W'에서 배 b를 지시하며, 챈들러에 따라 배 b는 W'에서 배 a와 동일하다고 인정할 수 있을 것이다. 하지만, 이로부터, a가 하나이면서 똑같은 것이라는 절대적인 뜻에서 b와 동일하지 않는 한, 'b'는 W'에서 a를 지시한다는 것이 직접 귀결되지 않는다.[149] 직접 언급론의 관점에서, 약간의 고유명이 비고정적이라는 챈들러의 논증은 다의어의 오류를 범했다. 그도 인정하듯이, 그의 논증은 결정적으로 하나의 표현을 두 개의 별개인 대상의 이름으로 잘못 사용하는데 의존하고 있다.[150]

27.3 더 나은 이론

그렇다면 t_3에 두 세계에서 배 a의 원래 널빤지 그리고 a와 똑같은 배라고 할 열성 자격을 갖는 하나의 단일한 것 b가 있다고 말함으로써 챈들러의 두 가능 세계 사이에 관계를 묘사한다면 부정확하다는 결론이 나온다. 챈들러가 주를 달고 있듯이, 우성 경쟁 동일성 자격과 열성 경쟁 동일성 자격에 관한 이론은 동일성의 필연성과 별개성의 필연성 원

---

[149] 라이프니쯔의 법칙을 필연화한 것 또는 이 법칙을 내세계에서 적용되도록 제한한 것은 $x =_w y \to [F_w(x) \leftrightarrow F_w(y)]$인데, 이는 내세계 속성 F에만 적용된다. 이 자리에 게재된 지시 개념은 W' 이내의(within) 내세계 지시가 아니라, W'에 관해(with respect to) 외세계 지시이다. 3.2절과 13.2절을 보시오.

[150] 챈들러의 논증에 대해 지금까지 제시된 기본적인 비판은 쿡(Cook) 1979, 델카릴(Del Carril) 1978, 킹(King) 1978, 새먼 1979b에 여러 형태로 제시되었다. 여기서 언급된 다른 저자들은 자신들의 논증에서 본질주의에 추가 논증 역할을 할 수 있는지 여부에는 관심을 갖지 않았다.

챈들러에게 공평하도록 말한다면, 그의 논의에 따르면 그가 약간의 비고정 한정 기술, 이를테면, '이러-이러한 널빤지로 t_3에 건조된 그 배'라는 한정 기술의 축약어로 문자 'b'를 사용할 수 있다고 믿을만한 약간의 근거를 남긴 셈이다. 챈들러의 논증은 고유명이 때로 기술과 동의어라는 전제에 의존하는 한, 직접 언급론에 대한 반대 논증이라기보다 단순한 부정일 뿐이다.

여기서 필자는 챈들러나 지버드와 직접 언급론자를 분간하는 문제는 관심을 두지 않겠다. 그 대신에 직접 언급론과 (V)나 (V')과 같은 통세계 동일성 원리 사이에 성립하면서도 지금까지 주목되지 않던 연관 관계를 지적하겠다.

리에 상충된다. 왜냐하면, 만일 하나의 사물 x가 y와 똑같은 사물일 "열성 자격"을 가질 수 있다면, 다른 경쟁하는 자격 요구자가 없는 세계에서 x = y이지만, 우성적 경쟁자가 있는 세계에서는 x ≠ y이다. 그러므로 우리가 방금 보았던 대로, 이 이론은 내세계 동일성이 진짜 동일성이라는 견해 즉 x와 y가 절대적인 뜻으로 하나이면서 똑같은 사물일 경우 그리고 오직 그 경우에만 세계 w에서 동일하다는 견해와도 상충한다. (제 4장 각주 18을 보시오.) 물론 우리는 내세계 동일자가 절대적으로 동일하다는 원리를 유지하고 "우성"과 "열성" 동일성 자격이라는 전문 용어를 계속 사용할 수 있다. 하지만 이 용어들은 그 존재 이유를 상실한다. 이 원리를 가정하면, '우성의'는 '옳은'의 다른 낱말일 뿐이며, '열성의'는 '그른'의 다른 말이 되고 만다. 무엇 때문에 이 사물 x가 y와 동일하기 위한 "열성 자격"만을 갖는다는 것인가? y 자신은 아니다. 왜냐하면 y는 확실하게 y이기 위한 우성 자격을 갖기 때문이다. 그러므로 그것은 다른 어떤 것이어야 하는데, y이기 위한 자격은 속임수이다. y이려는 "우성 자격"을 갖는 유일한 대상은 y 그 자체이고, "열성 자격"만을 갖는 어떠한 대상이든 그 이름을 사칭하고 다니는 사기꾼이다. 결국 열성은 절대적 별개성이 되고 만다.

이 시점에서 독자들은 욕조 어딘가에 아기가 있을 수도 있다는 식의 불편함을 느낄 것이다. 그런데, 그래야 한다. 열성 동일성 자격에 관한 이론에는 틀림없이 무언가 즉 포착해야 할 진리의 알맹이가 있다. 왜냐하면 우리가 W에서 배 a와 b를 구별하면서 W'에서는 a와 d를 동일시하려는 상황에서, t_2에 W에서 배 c의 출현이 어떤 의미에서 그 세계에서 차이를 일어나게 하기 때문이다. 만일 그림a에서 보는 바와 같은 배 c로 귀착되는 새 널빤지 보충 과정이 없었다면, t_3에 a의 원래 널빤지로 건조된 배는 다름아니라 재조립된 배 a라는 게 옳았을 것이다. 배 b에 관련된 어떤 것 즉 그것의 어떤 측면은 열성이다. 물론, 이는 배 c의 그에 대응하는 측면 즉 우성인 측면과 관련하여 열성이다. 이 어떤 측면이 만일 배 b의 개체성이나 또는 배 a와 동일하다는 어떤 "자격"이 아니라면, 도대체 무엇인가?

이 물음에 대한 답은 그 측면이 다름아니라 그것의 재료라는 것이다. W와 W'에서 t_1에 배 a를 이루고 있는 재료 덩어리는 'a''이라고 하자. 그리고 W에서 t_3에 배 b를 이루고 있는 재료 덩어리를 'b''이라 하고, W에서 t_2에 배 c를 이루고 있는 재료 덩어리를 'c''이라 하자. 그렇다면, 적절히 구별된 재료 덩어리와 함께 이 덩어리에 관해 다음과 같이 뚜렷한 사실이 있다. (i) a' = b', (ii) a' ≠ c'이지만, c'은 특별한 부류의 공시적 연속성으로 W에서 t_1에서 t_3까지 a'과 연계되어 있으며, (iii) 배 d는 t_3에 W'에서 건조되었다.[151] 덩어리 b'이 시간 t_1의 덩어리 a'처럼 시간 t_3에 똑같은 배열을 갖고 있으며, 똑같은 목적과 기능(즉 배의 목적과 기능)을 갖는 모양을 띠게 되었다는 사실과 더불어 사실(i)는 W에서 시간 t_3에 덩어리 b' — 배 b 자체가 아니라 배의 구성 성분 재료 — 에게 덩어리 a'이 t_1에 이루고 있던 똑같은 배 a를 이룰 수 있는 자격을 부여한다. 그런데 덩어리 b'의 자격은 열성 자격이다. 시간 t_3에 덩어리 c'이 시간 t_1의 덩어리 a'과 똑같은 목적과 기능을 갖고 만들어지도록 똑같은 배열을 유지한다는 사실과 더불어, 사실 (ii)는 덩어리 c'에게 덩어리 a'과 똑같은 배를

---

151. 이 사실은 '재료 덩어리'라는 구절이 이 장과 7장에서의 논의 내내 사용되는 방식을 예시해준다. 우리는 이 구절의 보통의 또는 일상의 뜻에서, 만일 재료 덩어리 a'과 c'이 적절한 부류의 공시적 연속성으로 연계되어 있다면, 그것들은 하나이자 똑같은 재료 덩어리이라고 주장할 지도 모르겠다. 아마도 다른 구절, 이를테면, '재료의 일부'(portion of matter)와 같은 구절이 우리의 목적에 더 적합할 수도 있겠다. t_1의 배 a가 t_2의 배 c와는 공통으로 갖지 않으면서 t_3의 배 b와는 공통으로 갖는 두드러진 것, 즉 a와 c는 그렇지 않은데 a와 b가 시간을 가로질러 일치하는 측면이 있다. 비록 배 a는 배 b와 별개이지만, b는 배 a가 t_1에 만들어진 바로 그 똑같은 재료로 t_3에 만들어진다. 우리는 'c'를 배 c를 t_2에 만드는 바로 그 재료의 이름으로 사용하듯이, 'b'를 배 b를 t_3에 만드는 바로 그 재료의 이름으로 사용한다. 우리는 이들을 정확성을 기하지 않고 또는 명확한 약정을 도입하지 않은 채 '재료 덩어리'라고 부른다. 필자가 믿기로는 이 구절을 이렇게 사용하는 것은 크립키의 용법과도 일치하는데, 현재의 논의에서 이 구절은 그가 사용했던 것이다. 제 7장 각주 2를 보시오.

W에서 구성하도록 우성 자격을 부여한다. 따라서 세계 W에서, 덩어리 c'은 덩어리 b'보다 우세하며, 그것이 t_3에 구성하는 배는 t_1에 덩어리 a'으로 구성되는 배와 동일하다. 즉 a = c이다. 한편, 덩어리 b'은 W에서 그랬던 것처럼 t_3에 세계 W'에서 한 척의 배를 구성한다. 그러나 W'에서는 덩어리 b'에 우세한 경쟁자가 없으며, b'은 사실 (ⅰ)에 의해, 비록 열성이긴 하지만, W'에서 덩어리 a'이 시간 t_1에 이루는 똑같은 배를 t_3에 구성하는 자격을 갖는다. 그러므로 W'에서 도전자가 없기 때문에 덩어리 b'은 덩어리 a'이 시간 t_1에 구성하는 똑같은 배를 t_3에 구성한다. 그런데, 사실상 (ⅲ)에 의해서, 이 배는 다름아니라 배 d이다. 즉 a = d이다(b가 아니라 d이다). 따라서, 우성 효력과 열성 효력을 서로 견주어 결정을 내리는 일은 첫 번째 가능 세계에서는 벌어지지만 두 번째 가능 세계에서는 벌어지지 않을 일이다. W에서 덩어리 b'은 덩어리 a'이 시간 t_1에 이루는 똑같은 배를 t_3에 구성하지 못한다. 왜냐하면 배 a를 만드는데 좀 더 강한 자격을 가진 경쟁 재료 덩어리가 t_3에 존재하기 때문이다. 반면 W'에서 덩어리 b'은 덩어리 a가 t_1에 이루는 똑같은 배를 t_3에 구성하는데, 배의 원래 이름이 바뀌는 자격 상실을 겪게 된다.

두 세계에 관해 이렇게 달리 설명하는 이론을 우성과 열성의 경쟁적 구성 자격에 관한 이론이라고 부르자. 우성과 열성의 경쟁적 동일성 자격에 관한 이론과 연관시켜 볼 때, 구성 자격에 관한 이론은 매우 큰 호소력만을 갖고 있고, 심각한 결점들은 하나도 갖지 않는다. 이는 열성 동일성 설명에서 볼 수 있었던 진리의 직관적 요소를 유지하면서, 챈들러가 기술하는 상황에 관해 완벽히 정합하는 설명을 제공하고 있다. 그 이론들 간의 주된 차이는 그 이론들 각각이 고려해야만 하는 우연성에 있다. 우성과 열성 동일성 자격 이론은 어떤 동일성을 우연적이라고 하게 된다. 열성 구성 설명은 일정 시간에 재료의 일정 부분에 의해 구성되는 구체적 인공물이 무엇인가의 문제, 다시 말해 재료 x'과 y' 각각의 일부가 다른 시간에 같은 인공물을 구성하는지 또는 다른 인공물을 구성하는지 여부만이 우연성을 띨 수 있는 것이다. 사실들 전부가 우연적이라고 밝혀지는 것은 아닌 셈이다. 챈들러의 예에서, 덩어리 b'은 t_3에 배 a를 구성할 열성 자격을 가지며 따라서 오직 우연적 자격을 갖는다. 약간의 세계에서 배 a는 t_3에 덩어리 b'으로 만들어지고, a와 b'이 둘 다 실존하는 다른 세계에서 a는 t_3에 b'으로 만들어지지 않는다. 마찬가지로, 덩어리 c'은 적절한 부류의 공시적 연속성으로 덩어리 a'과 우연적으로만 연관된다. 약간의 세계에서 배 a는 t_2에 덩어리 c'으로 만들어지며 a와 c'이 둘 다 존재하는 다른 세계, 아마도 W'에서까지, a는 t_2에 c'으로 만들어지지 않는다. 그렇다해도, 이 이론은, 배 a가 실존하는 모든 가능 세계에서 배 a는 덩어리 a'[= b']으로 (실질적으로) 만들어져 최초로 실존하게 된다는 것을 허용함으로써, 인공물에 관한 크립키식 본질주의를 조정할 수 있다. a의 원래 건조 시간보다 늦은 시간에 배 a를 구성할 재료에 관한 사실만으로 우연성 여부에 영향을 준다. 열성 동일성 설명과 달리, 열성 구성 설명에 의해 주장되는 모든 동일성 주장은 필연적 진리 즉 절대적 수적 동일성 관계를 주장하는 필연적 진리라고 취급될 수 있겠다. 배 a는 배 c와 하나이면서 똑같은 배이지만, 덩어리 a'은 덩어리 c'과 절대적으로 별개이다. 비록 배 a가 배 b와 별개의 배이지만, 덩어리 a'은 덩어리 b'이다. 이런 사실들은 필연적 사실이다. 특히 덩어리 b'이 t_3에 배 a를 구성하는지 여부는 우연적이지만, b ≠ a는 필연적이다.[152]

우성과 열성 구성 자격 이론이 챈들러의 두 세계에 관해 올바르게 설명한다고 가정한다면, 우성과 열성 동일성 자격 이론에 포함된 오류의

---

[152] W'에서 t_3에 d의 구성 재료 b'에 우세한 다른 경쟁 재료가 없기 때문에 W'에서 d = a라고 말하려는 유혹을 느낄지도 모르겠다. 또는 t_1에 덩어리 a'이 구성하는 그 똑같은 배를 t_3에 덩어리 b'이 구성한다는 W'에서의 사실이 W'에서 d = a를 결정한다고 말하고 싶을지 모르겠다. 그러나 이 주장들은 오류인데, 이들이 우연적 사실에 근거를 두고 필연적 사실을 내세우기 때문이다. 이 우연적 사실들이 결정하는 것은 d = a가 아니라 t_3에 덩어리 b'로 만들어진 그 배 = a 즉 덩어리 b'이 t_3에 배 a를 구성한다는 또 다른 우연적 사실이다.

근원은 동일성의 '이다'와 위긴스(1980, pp.30-35)가 말한 구성의 '이다'를 혼동한 것이다. 덩어리 b'은 덩어리 a'이 (구성하는) 똑같은 그 사물을 (구성하는) 열성 자격을 갖는다. 그러나, 배 b는 배 a와 (동일한) 것인 바로 그 똑같은 사물과 (동일한 것이려는), 열성 자격이든 아니든, 아무런 진정한 자격도 갖지 못한다.

W와 W'에서 t_3에 건조되는 두 배 각각의 이름으로 똑같은 표현을 사용하고 싶어 할만한 데는 이유가 있다. 그것들이 똑같은 재료로 만들어졌고, 또한 우리가 그 재료에 이름을 부여했다기보다는 배 그 자체를 명명했다는 사실을 잊기 때문일 것이다. 좀더 적절히 말해서, 우리는 배와 그 재료를 선명히 구별짓지 못했다고 하겠다. 또 다른 이유는 방금 말한 이유와 밀접히 연관된 것 같은데, 두 배가 똑같은 재료로 건조되었고, 25.7절에서 논증된 바대로, 우리가 (V')와 같은 통세계 동일성 원리에 따라 생각하려는 강한 경향을 갖기 때문이다.[153] 우리는 여기서 통세계 동일성과 통시간 동일성을 혼동하지 않도록 조심해야만 한다. 챈들러의 예가 보통 이상으로 복잡스러운 것은 이 두 가지 요소를 함께 담고 있기 때문이다. 배의 경우를 (V')에 유비하게 되면, 다른 가능 세계에서 정확히 똑같은 계획에 따라 아주 똑같은 재료로 건조된 두 배는 반드시 아주 똑같은 배라고 주장하게 된다. 이는 양상적 원리이다. 이 원리는 두 배 a와 b를 W와 W' 두 세계를 통해서 동일시할 것이다. 또한 이는, 비록 다소 덜 분명해 보인다해도, 배 a와 배 b를 W 이내에서 동일시할 것이다. 배의 경우에, 이에 대응하는 시간 원리는 동일한 가능 세계 이내의 다른 시간에 임의의 두 배가 똑같은 재료로 만들어졌다고 만 가정하면, 그들을 동일하다고 확인할 것이다. 이런 원리는 또한 W 이내

---

153. 앞에서의 논의에서 암시된 바를 본다면, (V')와 같은 원리가 그 자체로 두 가지 근원을 갖는다고 할 수 있겠다. 우선 하나는 동일성과 별개성의 필연성 원리이고 또 하나는 동일성의 '이다'를 구성의 '이다'와 "혼동" 또는 아마도 동화시킨데 있다고 하겠다. 어떻게 이런 관념이 전개될 수 있었는지는 더 연구해 볼만하다 하겠다.

에서 a와 b를 동일하다고 확인할 것이지만, b와 d를 W와 W'를 통해 동일하다고 확인하지 않을 것이다. 통시간 동일성과 시공적 연속성에 관해 일정한 관점을 택하면서, 챈들러는 이같이 느슨한 원리인 시간을 관류한 동일성(identity through time) 원리를 거부했다. 필자가 제안하고자 하는 바는, 우리가 양상 원리에 대응하는 시간 원리를 거부한 뒤라도, 양상 원리의 효력을 믿을 수 있다는 것이다. (V')와 같은 양상 원리에 따라 무의식적이고 무비판적으로 생각하다보면, 가능 세계들을 가로질러 b와 d를 동일하다고 확인하게 되며, 결과적으로 그들에게 같은 이름을 부여하게 된다. 우리에게는 동일성과 변화를 포함한 논점에 관해 아주 세심한 것까지 구분하는 전문적인 철학 논의에서조차 이런 방식으로 동일시하려는 경향이 있다. 하지만 사실은 이렇다. 동일성에 관한 우리의 가정이 주어진다면, (V')와 같은 원리는 그럼직한 견해 즉 일정 대상의 재료는 자주 재충진되지만 그 대상은 적절한 부류의 시공적 계속성에 의해 시간을 관류하며 그 동일성을 유지할 수 있다는 견해와 상충한다. 시간을 관류한 동일성에 관한 이 견해가 정확한 견해라는 관점에서, 세계 W와 구조적으로 유사한 가능한 상황이 존재하는 한, 우리는 좀더 근본적인 특수자들을 통해 개별자에 관한 통세계 동일성 확인을 허용하는 (V')와 같은 원리를 좀더 다듬을 필요가 있다. (V')과 같은 원리에 의존하는 본질주의의 추가 논증은 만일 그것이 좀더 엄격한 검토에 견디어 내려면 반드시 좀더 약한 형태를 띠어야만 할 것이다.

  (V')와 같은 원리는 챈들러에 의해 제기된 것과 같은 난관을 헤쳐나갈 수 있도록 재표현될 수 있다. 또한 (Ⅰ)과 (Ⅳ)를 이에 대응시켜 강화시킨 원리, 또는 이들을 탁자말고 다른 대상들에 적용해서 얻어진 이들과 유사한 원리와 함께라면, 크립키의 본질주의자 결론도 도출해낼 수 있다. 아마도 원리 (V')를 고치려면, 재충진 또는 재조립의 경우를 배제할 수 있도록 약간의 제한절을 덧붙이기만 하면 될 것이다. 예를 들어 우리는 (V')를 다음과 같은 좀더 약한 원리로 대치할 수 있을 것이다.

만일 어떤 탁자 x가 일정 계획 P에 따라 일정 재료 덩어리 y로 (일정 장인에 의해 일정 장소에서 일정 시간에) 원래 구성된 유일한 탁자인 게 가능하다면, 필연적으로, 바로 그 똑같은 계획 P에 따라 바로 그 똑같은 재료 덩어리 y로 (똑같은 장인에 의해 똑같은 장소에서 똑같은 시간에), 원래 구성되는 유일한 탁자인 임의의 탁자는 바로 그 똑같은 탁자 x이며, 그 이외의 것이 아니다. 이제 이 원리를 '(V″)'라고 부르자. 비록 크립키의 원래 주장보다 약화되기는 하지만, (V′)를 이렇게 약화시킨 원리에서 도출될 수 있는 두 개의 본질주의자 결론이 있다. 물론 이 경우 (Ⅰ)와 더불어 그리고 (Ⅳ)를 이에 대응하도록 강화시킨 형태의 원리와 더불어 그런 결론이 나온다. 그 가운데 한 결론은 이렇다. 만일 어떤 탁자 x가 재료 덩어리 y로 원래 구성된 유일한 탁자라는 게 가능하다면, 탁자 x는 임의의 중첩되지 않는 덩어리 y′으로 원래 구성될 수 없었다. 또 다른 결론은 다음과 같다. 만일 어떤 탁자 x가 재료 덩어리 y로 원래 구성되는 게 가능하다면, 탁자 x는 임의의 중첩되지 않는 덩어리 y′으로 원래 구성된 유일한 탁자일 수 없었다. 이런 표현들은 챈들러에 의해 제기된 난점들을 피해간다.

28. 네 세계 역설

하지만, 좀더 약한 (V″)와 관련해서도 제기되는 심각하고 미묘한 문제가 있다. 이는 분해, 재조립, 재공급을 포함하지 않으며 원래의 (V)와 (V′)에도 똑같이 적용되는 문제이다. 공교롭게도 이 문제나 이와 아주 유사한 문제가 챈들러의 다른 논문에서 그 자신에 의해 제기되었다. 필자는 이 문제를 나름대로 고쳐서 네 세계 역설이라고 부르겠다.[154]

---

154. 챈들러, 1976, p.108을 보시오. 챈들러는 그가 살피고 있는 특수한 문제를 발견한 일을 스타나커의 덕이라고 말하고 있다. 치섬(1973, pp.584-586과 1976, 부록 B, pp.148-149)도

28.1 논증

이 역설을 명확히 드러내기 위해 꼭 필요한 가정이 있는데, 일정 부류(탁자, 배 등등)에 속하는 약간의 구체적 대상이 현실의 원래 재료와 부분적으로만 다른 재료에서 비롯되었을 수 있는 바로 그런 것이라는 가정이다. 즉 일정 부류, 이를테면, 배에 속하는 구체적인 재료적 대상이 다소 다른 부분에서 비롯되었을 수 있다는 가정이다. 물론 이때 그 대상의 부분들 가운데 약간이나 또는 대부분은 똑같은 채로 유지된다고 본다. 이때, 다른 배가 되기 위해 현실의 원래 재료 가운데 얼마나 다를 수 있는지를 정확히 명세할 필요는 없다. 비록 아주 미세할지라도 약간의 차이만 있다면 무방하다. 만일 크립키식의 본질주의가 올바르다면, 어떠한 배도 전적으로 다른 재료에서 비롯될 수 없다. 그렇다면 우리가 세운 가정에 따른다면, 어떤 문지방과 같은 기점(threshold) 즉 현실의 원래 재료에서 하나만 더 변하면 다른 배가 되어야 하는 기점이 틀림없이 있는 것 같다.[155] (V′)나 (V″)같은 통세계 동일성 확인 원리 때문에 부딪치는 난점은 다음과 같은 예를 통해서 쉽게 드러날텐데, 이는 일반적인 경우를 완벽히 대표하는 예라고 여겨진다. 배 a가 정확히 100개의 널빤지로 이루어지는 가능 세계 w_1을 생각해보자. 그리고 또한 논증을 위해 이렇게 가정해보자. 바로 이 특정의 계획에 의해 이 특정 구조로 건조된 임의의 배가 널빤지의 98%가 똑같으며 단지 2%만 다른 한도 내에서는 다른 널빤지의 집합에서 비롯될 수도 있는 그런 배이며, 재료가 3%

이 비슷한 문제를 알고 있었다. 우리가 앞으로 살피게 될 형태의 문제는 챈들러의 문제에는 나타나지 않았던 특별한 어려움을 포함하는데, 말하자면 두개의 질적으로 구별 불가능한 세계가 그 접근가능성 관계에서 달라진다는 가설로 해결되지 않는 어려움이다. 그 문제의 이런 특징은 28.3절에서 논의될 것이다. 필자는 포브스 덕분에 이 일반적 문제를 역설이라고 간주하여 연구하게 되었다.

155. 그 배가 확연히 만들어질 수 있는 재료와 확연히 만들어질 수 없는 재료 사이를 딱 갈라서 구별하자는 가정은 이 역설에 필수적인 건 아니다. 이 가정을 약화시키는 문제는 28.4절에서 논의하자.

이상 변하면 다른 배일 수밖에 없다고 하자. 다시 말해, 원래 재료의 허용 가능한 변이도의 기점을 2%로 가정하자. 이 대목에서 주의를 요하는 것이 있다. 다시 말해, 우리는 w_1의 배 a와 똑같은 재료로 98% 이상이 건조되었거나 2% 이하의 다른 재료로 건조된 임의의 배가 임의의 가능 세계에서 a 그 자체라고 가정하지 않았다. 이 가정은 배에 관해 이에 평행되는 가정 (V″)보다 다소 강하다. 방금 이 자리에서 도입한 가정은 이 보다 약한 가정일 뿐으로, 배 a가 w_1의 재료와 2%만 다른 재료로 건조되는 약간의 가능 세계가 있다는 내용이다. 이 시점에서는, a와 다른 배가 w_1에서의 a와 98% 똑같은 재료로 만들어질 수 있는 다른 가능 세계도 존재할 수 있는지 여부의 문제는 남겨두고 논의를 진행시키겠다. 앞으로 보게 되는 바는 우리의 가정에 따라 그런 다른 세계가 틀림없이 존재한다는 점이다. w_1에서 배 a를 이루고 있는 널빤지를 'P_1', 'P_2', … 'P_{100}'이라고 하겠다. 이제 다음과 같은 가능 세계 w_2가 확실히 존재한다. 배 b가 a와 똑같은 설계에 의해 널빤지 P_1, P_2, … P_{97}, P_{101}, P_{102}, P_{103}으로 건조된 세계이며, 여기서 P_{101}, P_{102}, P_{103}은 질적으로는 P_{98}, P_{99}, P_{100}과 동일하지만 이에 비해 w_1에서의 배 a의 원래 널빤지 가운데 어떤 것과도 중첩되지 않는다. 배 b는 배 a 자체가 되기 위해서는 w_1의 a와 공유하는 충분한 널빤지를 w_2에서 갖지 않는다. 그러므로 b는 a와 수적으로 다른 배이어야 한다. 이제 배 a와 b 둘 중 하나가 98개의 널빤지가 똑같지만 나머지는 다른 널빤지를 가진 널빤지 집합에서 비롯될 수 있다. 따라서 배 a가 똑같은 설계에 의해 P_1, P_2, … P_{97}, P_{98}, P_{102}, P_{103}으로 건조된 가능 세계 w_3이 있는데, 왜냐하면 이 널빤지 가운데 98개는 w_1의 널빤지와 똑같기 때문이다. 한편 배 b가 똑같은 계획에 의해 이와 똑같은 널빤지로 건조되는 가능 세계 w_4도 존재할 수 있는데, 98번 널빤지를 빼놓고는 w_2의 널빤지와 똑같기 때문이다. 이런 상황을 다음 그림 4와 같이 도해할 수 있겠다.

$$
\begin{array}{cc}
w_1 & w_2 \\
\ll P_1, P_2, \cdots, P_{97}, P_{98}, P_{99}, P_{100} \gg & \ll P_1, P_2, \cdots, P_{97}, P_{101}, P_{102}, P_{103} \gg \\
a & \neq b \\
\| & \| \\
a & \neq b \\
\ll P_1, P_2, \cdots, P_{97}, P_{98}, P_{102}, P_{103} \gg & \ll P_1, P_2, \cdots, P_{97}, P_{98}, P_{102}, P_{103} \gg \\
w_3 & w_4
\end{array}
$$

[그림 4]

그러므로 우리는 다른 두 세계 w_3과 w_4에서 두 배 a와 b를 갖게된 셈이며, 이들은 모두 각자의 세계에서 (바로 그 똑같은 장소와 시간에 똑같은 장인에 의해) 똑같은 설계에 따라 똑같은 널빤지로 건조되었다. 그럼에도 불구하고 그 둘은 서로 다른 실재이다.

그렇다면, 이 대목에서 전개되는 상황은 (V″)와 이와 비슷한 통세계 가능성 원리가 그르다는 걸 밝혀준다고 하겠다. 왜냐하면 이 논증이 증명한 것이 있다면, 다른 가능 세계에서 바로 그 똑같은 재료 덩어리로 바로 그 똑같은 설계에 의해 건조된 배들이 항상 동일하지 않을 수 있다는 점이다. 그러나 이 결론이 이 자체로 놀라운 것이지만, 이게 전부가 아니다. 이 논증에서 두 세계 w_3과 w_4가 어떤 방식으로든 다를 필요가 전혀 없다. 순전히 질적인 면에서나 아니면 그 세계가 포함하고 있는 재료 전체를 본다해도 마찬가지이다. 물론 이 재료들은 시간이 지나는 동안에도 원자 대 원자, 쿼크 대 쿼크의 배열을 정확히 간직하고 있다. 그리고 이 논증에 따르면, 두 배 a와 b를 단일하게 취급할 경우를 제외하고는, 각 세계에서 여러 부분의 재료로 구성된 실재가 달라야 할 필요도 없게 된다. 그리고 어떠한 경우가 되었든, 이 배와 무관한 변경이 필요한 이유를 알기도 어렵다. 왜냐하면, 두 배가 질적으로 동일한 세 장의 널빤지에 의해 달라진다는 제약을 고려한다면, 이미 보았던 바대로, 두 세계는 애초의 두 가능 세계 w_1과 w_2에서 파생된 것이었으며, 또한 두 세계는 우리가 만족할 만큼 비슷할 것이기 때문이다. 따라서 이 논증을 하는데 필요한 것은, 우리가 두 가능 세계 w_3와 w_4를 갖는데, 이들은 순전히 질적으로 아주 유사하고, 또한 이들이 포함하고 있는 재료 즉 시간이 지나는 동안에도 아주 정확히 그 배열을 유지하고 있는 재료도 아주 유사하다는 것일 뿐이다. 다만 이들은 기껏해야 그 배가 일정 재료 덩어리로 건조되었다는 사실에 의해서만 서로 다르다. 이는 매우 역설적인 귀결이다. 아주 똑같은 원래의 재료와 구조를 갖고 있는 이 두 배가 어떻게 하나이면서 똑같은 배가 아닐 수 있는가? 무엇보다도, 하나의 배는 그 부분들이 일정 방식으로 서로 모여서 이루어진 것 이상도 이하도 아닌 것 같으며, 이 두 배와 심지어 그 배들이 있는 모든 가능 세계조차도 질적으로나 구조적으로 다르지 않은 것 같다. 그럼에도, 그들이 자신의 개체성에서 서로 다르다고 하는 게 정확한 결론이 아닐까싶다. 다시 말해 첫 번째 배는 이 배이고, 두 번째 배는 저 배이며, 그 둘은 다른 배이며, 그 뿐이다. 이런 얘기가 불편하게 들리겠지만, 만일 우리가 한 대상이 전부가 아닌 약간의 다른 부분에서 비롯될 수 있다고 가정한다면, 당연히 귀결될 결론인 것 같다. 이것이 바로 역설이다.[156]

28.2 하나의 해결책

필자가 보건대 네 세계 역설에 관한 통상의 반응에 따르면, 세계 w_3과 w_4가 실은 하나이면서 똑같은 가능 세계이며 우리가 하나의 단일한 배를 두 이름 'a'와 'b'로 부르고 있다고 주장함으로써 그 결론을 거부한다. 예를 들어, 챈들러는 이 문제(의 변형된 형태)를 논의하면서 이런

---

[156]. 일반적인 경우에 관련해서 펼쳐지는 이런 논증이 좀더 정밀하게 표현된 것을 보려면 새먼, 1979b, pp.724-725, n.22를 보시오.

식으로 주장했었다. 물론 그는 자신의 설명이 문제 해결의 대안이 될 수 있다는 점을 명확히 자각했으며, 필자도 이를 수용했다. w_3와 w_4가 실은 동일하다는 생각은 여러 형태를 취할 수 있으며, 애초의 가정 즉 인공물들이 원래 약간 다른 재료로 만들어질 수 있다는 가정을 조정시키려는 다양한 설명 속에 끼워져 있었다. 이런 설명들의 기본적인 착상은 다음과 같다. 엄밀히 말해서, 비록 그 차이가 아주 사소하더라도, 우리가 w_1에서 'a'라고 불렀던 배 — 바로 그것 — 를 w_1에서 원래 건조했던 그 똑같은 재료(즉 널빤지) 이외의 다른 어떤 재료(즉 널빤지)를 가지고 그 배가 원래부터 건조될 가능 세계가 있다는 말은 그르다. '동일한'이란 말의 엄밀하고 절대적인 (개체성주의자의) 뜻으로 보았을 때, 우리가 'a'라고 불렀던 w_3의 그 배가 w_1의 원래 배 a와 동일하다는 말은 그르다. 즉 w_3의 배 a가 w_1의 배 a와 수적으로 하나이면서 똑같다는 것은 성립되지 않는다. 오히려 두 배가 서로 동일하다고 딱 맞아떨어질 뻔했으나 수적으로 전혀 동일하지 않고 서로 아주 비슷한 것일 뿐이다. 그들은 서로 대리자이거나 "상대역"이다. 우리가 두 배를 똑같은 이름으로 부르는 연유는 두 배 사이에 성립되는 엄격하고 진정한 동일성은 아니지만 이런 특별한 연관 관계, 바로 그것 때문이다. 우리는 w_1의 배 a가 w_3의 배 a이라고 말하지 말아야 한다. 또는 그렇게 한다면 '이다'는 말을 엄격한 수적 동일성을 의미하도록 사용해서는 안되고 좀더 느슨한 뜻('상대역임'(counterpart-hood)으로 사용된 '이다'?)으로 보아야 한다. 이는 w_2와 w_4에서 'b'로 불리는 두 배에도 마찬가지로 해당된다.

   이런 일반적 설명은 복합적인 물리대상들에 관한 철저한 반-개체성주의와 양립될 수도 있고 그렇지 않을 수도 있다. 물론 이 설명은 진정한 수적 (개체성주의자의) 동일성을 좀더 기초적인 실재, 이를테면 널빤지, 원자 등의 소립자, 또는 재료 덩어리에만 적용되도록 만들고 있다. 네 세계 역설에 의해 제기된 이런 부류의 문제에 관해 대처하면서, 치섬, 포브스, 크립키는 이 설명에 포함된 기본 이론의 이런 저런 형태를

제안하고 있다.157

이 설명이 어떤 특정한 형태를 취하든, 애초의 그럼직한 가정 즉 약간의 인공물이 다소 다른 재료로 원래 만들어질 수도 있는 것이라는 가정을 문자 그대로 해석한데에 정면으로 반대된다. 내가 특정 배나 탁자를 지적하면서 "그래. 바로 이 인공물은 한 두 개의 원자가 여기와 저기 있다는 것말고는 거의 대부분 바로 그 똑같은 나무로 원래부터 만들어질 수 있었다."고 말한다고 해보자. 나는 내가 지적하고 있는 그 하나의 배나 탁자말고는 다른 배나 탁자를—명시적이든 암암리에든, 직설적으로든 비유적으로든, 노골적으로든 넌지시이든—전혀 언급하지 않았다. 나는 내가 알고 있는 그것 즉 바로 그 인공물에 관해 무언가를 말하고 있으며 전혀 속임수를 쓰고 있지 않다. 만일 내가 '바로 이것과 아주 비슷하며 유일한 그 인공물'과 같은 비고정 한정 기술을 사용했다면 사정

---

157. 치섬 1973, 1975, 1976의 부록 B, pp.145-158을 보시오. 비록 그가 자신의 견해를 전체와 구성 성분 재료에 확장하려고 했던 같기는 하지만, 엄격히 말해서 치섬은 전체와 그 구성 성분 부분에 주로 관심을 가졌었다. (이와 관련해서 앞의 각주 2를 보시오. 또 허쉬, 1976, p.55, n 9도 보시오.) 크립키(1972a, p.51, n.18)는 이와 똑같은 류의 문제에 답변하면서 비록 명백하게 드러내서 주장했던 건 아니지만 (주로 부분-전체 관계에 관한) 일종의 상대역 이론을 제안한다. 그리고 자신이 고려하고 있는 특정 형태의 이론이 이런 가정 즉 복합적인 재료적 대상을 이루며 또 통세계 동일성이 문제되지 않는 궁극적이거나 기본적인 부류의 실재가 있다는 가정을 도입하는 한은 유토피아주의적이라도 말한다. (크립키에 관한 더 이상의 논의는 28.4절 이하를 보시오.) 이런 형태의 이론이나 이에 아주 근접한 이론은 포브스(1981b)에 의해 자세하게 전개되고 옹호되었는데, 거거서 그는 이 이론을 명확히 네 세계 역설의 해결책이라고 제시하고 있다. 또한 위긴스, 1980, pp.97-98을 보시오. 치섬(1975, pp.92, 96-97)은 이 이론의 본질적인 면의 출처를 버틀러 주교, 흄, 리드에까지 거슬러가서 찾는다. 그런데 치섬의 말에는, 현대의 상대역 이론의 창시자인 루이스가 방금 말한 철학자들보다 이 이론에 관해 더 많은 언급을 했음에도, 그가 이런 이론의 한 형태를 주장했다는 말이 빠져 있다. 예를 들어 루이스, 1968을 보시오. 하나의 배가 오직 하나의 가능 세계에서만 실존한다는 것은 이 책에서 개괄된 이론의 필수적인 부분이 아니다. 그리고 하나의 배가 서로 구별되어 다른 가능 세계들에 실존할 수 있다는 것도 요구되지 않는다. 이 이론에 필요한 것은 오직 하나의 배가 그것이 실존할 때는 언제나 똑같은 원래의 재료를 갖는다는 점이다. 더 이상의 요구 사항은 이 이론을 확장시키게 된다.

은 달라졌을 것이다. 하지만 나는 그러지 않았고, 나는 어느 경우든 속이지 않았다. 나는 현장 지시어, 고착 고정 지칭어를 사용하였고, 특정한 현실의 인공물을 지시하여 그것에 관해 무언가 옳은 것을 말하려고 하였으며, 내가 한 것은 이 뿐이다.158 내가 "바로 이 인공물이 아니지만, 이 인공물이 현실적으로 원래 만들어지게 된 목재와 거의 똑같은 목재로 만들어져서 거의 흡사한 하나의 복제품 인공물이 여기 있었을 수 있다."는 말을 하고자 한 게 아니다. 만일 이것이 내가 의미했던 것이라면, 그것이 바로 내가 말하고자 했었던 바이지만, 사실은 그렇지 않다.159 하

---

158. 크립키 1972a, pp.43-47을 참조하시오. 크립키는 이런 고려 사항과 자신의 각주 18 사이의 긴장 관계를 깨달았으며, 그래서 그는 50-53면에서 일종의 조정을 시도한다. 필자가 믿기로는 크립키가 여기서 인정하고 있는 긴장보다 그 정도가 큰데, 이는 내가 28.4절 이하에서 증명하려고 했던 바다. 크립키는 이렇게 쓰고 있다. "비록 우리가 분자를 가지고 세계를 기술하고자 할 수 있다 해도, 좀더 큰 덩치를 가진 실재물로 세계를 기술하는 게 아무런 잘못도 아니다. 이 탁자는 다른 방에 놓일 수도 있었다는 진술은 그 자체로 완벽히 적절하다. 우리는 탁자의 분자나 아니면 분자보다 더 큰 부분을 통한 기술을 사용할 수는 있겠지만 꼭 그럴 필요가 없다."(p.51) 이 비슷하게 이 탁자는 아주 전부는 아니지만 거의 대부분의 똑같은 재료로 만들어졌을 수 있다는 진술도 그 자체로 완벽하게 적절하며, 크립키가 논증하고 있는 것 같은 데(p.45, n.13), 이는 아주 흡사한 사이비 "상대역"에 관해서가 아니라 지시되고 있는 바로 그 탁자에 관한 진술이다.
159. 하젠(Hazen, 1979, pp.320-322)은 이런 부류의 논증에 반대하는데, 그의 근거는 이렇다. 이 논증들이 일상적 가정법 담화의 표명과 상대역 이론에 의거하여 상대역이라는 전문적 개념을 사용하여 가능 세계 담화를 할 수 있도록 제시된 분석을 서로 혼동하고 있다는 것이다. 그에 따르면, 전자는 우리가 그에 관해 확고한 양상적 직관을 갖고 있으나, 후자는 "특정 자연 언어의 화자로서 우리가 그에 대한 직관을 가질 수 있도록 해주는 문장이 아니다." 비록 근거를 제시할만한 지면이 되지 않아서 자세히 말하지 못하겠지만, 필자는 그의 반대가 설득력이 없다고 생각한다. 하지만, 그의 글에서 제시된 것을 이 논증에 대한 반론으로 취급한다면, 어떠한 경우든 논점을 놓친 셈이다. 직관적으로, 두 양상 연산자 문장 '이런 경우였을 수도 있다 : 이것이 덩어리 H로 만들어졌다.'와 '이런 경우였을 수도 있다 : 이것과 (거의 그리고 충분히) (이러 이러한) 어떤 점에서 닮은 어떤 것이 H와 (거의 그리고 충분히) (이러 이러한) 어떤 점에서 닮은 어떤 것으로 만들어졌다.'는 그 진리치가 다르다. 후자의 주장은, 만일 전자에 전적으로 의존하지 않는다면, 전자보다 아주 약한 주장이다. (후자의 주장은 상대역에 관한 적절한 관념이 닮음이라는 관념에 의해 충분하고 적절하게 설명될 경우라야 자세히 설명될 수 있다. 그리고 상대역 이론가들은 자신들의 설명에 항상 찬성하는 건 아니다. 그래서 아마도 이 주장을 상대역에 관한 보다 적절한 개념을 명확히 담고 있는 주장으로 대치하는 것이 더 나

지만 만일 몇 가지 이유 때문에 이에 관해 내가 그르다면, 그리고 내가 말했던 것이 상대역 이론가의 주장이 의미하는 것이라면, 내가 주장하려는 바를 어떻게 주장할 수 있느냐고 그 이론가들이 나에게 물어올 것이다. 그럴 경우 나는 새로운 네 세계 역설을 구성할 것이다. 하지만, 그보다 더 나은 방법으로는, 위에서 제시된 논증을 의도했던 역설이라고 해석하는 것이다. 그렇다면 $w_3 = w_4$라는 생각은 아주 확실히 잘못된 것이다.

사실상, 결국 앞에서 개괄한 상대역 이론은 특히나 완고한 부류의 본질주의이다. w_1의 배 a가 다소 다른 재료로 만들어질 수 있는 가능 사태가 존재한다는 것을 부정함으로써, 상대역 이론가는, 비록 은연 중에라도, 다른 배 아닌 바로 그 배 a가 단 하나의 원자 수준에서 달라진 재료로 만들어지는 것이 엄밀한 뜻에서 절대적으로 불가능하다고 주장한다.

을텐데, 이를테면, '이런 경우였을 수도 있다 : 이것의 상대역은 H의 상대역으로 만들어졌다.'고 하는 것이다. 상대역에 관한 적절한 관념이 엄밀한 동일성을 결여한 채로 그럼직하게 설명된다고 해도, 이 주장은, 만일 첫 번째 주장에 전적으로 의존하지 않는다면, 직관적으로 첫 번째 주장보다 아주 약한 주장이다. 게다가, 필자로서는 상대역이라는 관념이 양상 연산자 담화를 방해할만한 그럴듯한 이유를 전혀 모르겠다.) 그리고 표준적 가능세계 의미론이, 필요한 경우에 상대역에 관한 적절한 관념으로 보완하여, 후자에만 할당하는 그 진리치를 상대역 이론은 두 주장 모두에게 똑같이 할당한다. (필자는 여기서 루이스의 원리를 가정한다. 그 원리에 따르면, 임의의 가능한 대상이 그 자신의 세계에서 그 자신만의 상대역이라거나, 또는, 최소한, 주어진 일정 세계에서 가능한 대상에 대하여 실존하는 각각의 상대역 모두는, 그 세계의 대상들이 그 자체로 상대역인 바로 그런 세계에서, 임의의 것들의 상대역이다. 포브스가 1981b에서 논한 바에 따르면, 그도 이 후자의 원리를 유지시키려고 한다. 하지만, 다른 독자적인 근거에 입각해서 이 원리를 그럴듯하게 반박하려고 상대역 이론을 구성하려는 철학적 동기를 필자로서는 납득하기가 어렵다.) 상대역 이론은 두 주장의 진리치 구별에 실패했고, 따라서 첫 번째 주장의 충분한 의미를 제대로 전하지 못했다. 첫 번째 주장이 의미하고자 했던 바는 상대역 이론의 대응물 보다 훨씬 강한 것(또는 어쨌든 다른 것)이고, 그 이론이 그르다고 거부할 수밖에 없는 것이다. 하젠에 반대하여, 이는 그 이론을 극단적 형태의 본질주의로 만들고 만다. 비록 그 이론이 첫 번째 양상 연산자 문장을 조정할 수 있음에도 불구하고 마찬가지다. 그리고 이 첫 번째 양상 연산자 문장은 명백히 극단적 본질주의와 모순된다.

상대역 이론가는 입으로는 이렇게 주장할 수 있다. '배 a는 다소 다른 재료로 만들어졌을 수 있다.' 하지만 상대역 이론가에 의해 양상 연산자 담화로 제시되는 어떠한 입장 표명이든지 불가피하게 받아들여야 할 결론을 지연시키고 있을 뿐인 언어적 속임수이다. 문제가 되는 것은 상대역 이론가가 이런 말로 의미하는 바로 그것이며, 또한, 더 중요한 것인데, 그가 이런 말로 의미하지 않는 바로 그것이다. (플란팅가, 1974, pp.114-119를 참조하시오.) 크립키가 제안한 유비를 사용한다면, 현상주의자는 '방에 탁자가 있다.'고 말할 수 있으나, 이는 그나 그녀가 탁자나 방의 존재를 믿지 않는다는 사실을 바꾸지 않는다. 이와 비슷하게, 상대역 이론가는 이렇게 말한다. 엄격히 많해서, 만일 우리가 w_1의 배 a — 다른 게 아닌 바로 그것 — 와 하나이면서 오직 하나인 그리고 바로 그 똑같은 배를 다른 가능 사태에서 갖는다면, 그 사태 안에서 그것은 예외 없이 원자 대 원자, 쿼크 대 쿼크까지 똑같은 바로 그 재료로 만들어져야 한다. 그렇지 않다면, 엄격하게 많해, 우리는 새로운 다른 배를 갖게 된다. 이 이론은 세계 w_3와 w_4를 동일시하지 않으며, 그 세계의 실존 (또는 가능성)조차도 부정한다. 두 세계 대신에 배 a나 b 가운데 어떤 것도 포함하지 않으면서 다른 새로운 배를 포함하는 단일 세계를 대체한다.[160] 그렇다면, 이 이론은 단일 대체 세계로 우리의 그럼직한 양상적

---

[160]. 포브스(1980, pp.359-360과 1981a, p.81)는 유기체와 생식체라는 특별한 경우에 생기는 네 세계 역설에 의해 제기되는 아주 유사한 문제를 논한다. 이 논문에서 그는 본질주의 논증을 추가하여 주장한다. 그리고 나서 약간 다른 네 세계 문제를 전개하는데, 이때 이 문제에 관한 논의가 제대로 역할만 한다면 귀류 논증 즉 (포브스가 명백히 의도하는 바 대로) 상대역 이론에 내재된 인공물에 관한 특별히 완고한 부류의 본질주의를 증명해주는 귀류 논증으로 취급하고 있다. 그의 논의를 우리의 용어로 표현해 보면 이렇다. 포브스는 (우리가 보기엔 혼동인데) 암암리에 w_3와 w_4를 동일시한다. 그리고 이렇게 결론을 내린다. 다른 세계의 바로 그 개별자가 부분적으로 다른 원래의 조성을 갖는 그런 가능 세계가 있다는 애초의 가정은 "받아들일 수 없는 귀결" 즉 제 삼 세계(즉 분열된 w_3/w_4 세계)의 그 개별자(여기서는 배)가 w_1의 관점에서 볼 때 a와는 똑같은 것이고 b와는 다르지만, w_2의 관점에서는 그 반대가 되며, 또한 제 삼 세계에서 그 개별자(즉 배)의 "동일성"(즉 개체성)을 만드는 것은 w_1 또는 w_2 가운데 어떤 것이 현실적인 것이라고 가정

입장 표명을 재해석하였고, 이를 통해 다시 역설에 빠지지 않으면서, 원래의 두 배 a와 b에 관한 이 입장 표명을 조정하는 데 최선을 다한 셈이다. 하지만 이 재해석은 그릇된 해석이고, 반성과 양상적 직관력이 명하는 바에 따르면서, 어떠한 완고한 부류의 본질주의도 거부하는 사람이 볼 때 이 해석은 몹시 받아들이기 어려운 주장이다. 이런 부류의 본질주의는 w_1의 바로 그 배 a가 다소 다른 재료로 만들어질 가능한 각본에 맞춰질 수 없다. 게다가, 네 세계 역설 논증은 이 완고한 부류의 본질주의가 (V'')와 같은 통세계 동일성 원리를 받아들이기에 감수할 수밖에 없는 대가라는 것을 증명하는 것 같다. 물론, 바로 그 똑같은 인공물이 전적으로 다른 재료로 원래부터 만들어질 수 없다는 그럼직한 견해와 통세계 동일성 원리가 연언으로 결합되었을 경우에 이런 일이 이루어진다.

사실상, w_3과 w_4를 동일시하려고 하는 욕구는, 이런 동일시가 성립되기 위해 요구되는 왜곡에도 불구하고, 부분적으로 (V'')와 같은 동일성 원리의 유기적인 역할 때문에 생겨났다고 할 수 있다. 이때 유기적인 역할이란 인간이 사물을 보는 방식과 관련되어 있다고 하겠다.(26.절을

되느냐에 따라 변한다(1980). 하지만 이것이 무슨 의미이든지, 문제의 견해에서 귀결되지 않는다. 그리고 이 견해는 포브스가 주장하는(1981a) 바대로 동일성의 필연성에 관한 어떠한 형태의 주장과도 모순되지 않는다. 포브스의 논의는 챈들러에 의해 도입된 테시우스의 두 배에 관한 논의를 통해 우리가 밝힌 것과 비슷한 결점으로 괴로움을 당한다. 즉 수용하기 어려운 "귀결"을 도출하면서, 포브스는 부당하게도 단칭 표현('O_2', 그리고 똑같은 것이 'O_3'의 사용에도 적용된다)을 문제의 견해에 의거하여 다른 (또한 상호 접근 가능한) 세계에서 똑같은 재료에서 비롯되는 다른 개별자인 것의 이름으로 사용하고 있다. 이는 일관성이 없는 견해도 일관성이 있는 것처럼 만들어준다. 사실 이 견해는 완벽히 조리 있는 주장이며, 배와 탁자의 경우에 옳기까지 하다. (포브스의 귀류논증과 여기서 제시한 네 세계 역설을 비교하게 되는 경우, 포브스가 여기서 w_1과 w_2의 역할을 하는 세계를 'w_1'과 'w_4'로 부르고 있기 때문에 상황이 비교적 복잡해진다. 또한 포브스가 하나의 세계가 아니라 'w_2'와 'w_3'라고 부르고 있는 두 개의 추가된 세계를 고려하고 있는데, 이 각각은 우리의 예에서 w_3와 w_4가 하는 다른 역할을 융합시킨 역할을 하고 있기 때문에, 이런 복잡성은 가중된다.)

보시오.) 하지만 이보다도 좀더 근본적이고 좀더 일반적인 양상적 사고의 원리까지 거슬러가서 그 근원을 찾을 수도 있을 것이다. 이는 물리적 대상이 그 재료와 구조 "이상도 이하도" 아니라는 "환원주의자" 원리이다. 부연하자면 다음과 같은 식의 환원주의다. 원자 대 원자, 쿼크 대 쿼크의 인과적 상호관계와 시간에 따른 배열을 포함하여, 원래의 가능 세계에 존재하는 재료가 무엇인지 완전히 계산한다면, 그 세계에 존재하는 탁자나 배 같은 물리적 대상 각각에 관한 물리적 사실이 반드시 결정된다. 물론 이런 사실에는 특정 재료 덩어리 a'이 시간 t에 특정 배 a를 이루고 있다는 사실이 포함된다. 이 원리에 따르면 재료와 구조의 수준에서 아주 정확히 흡사한 임의의 진정한 두 가능 세계는 반드시 적어도 그 모든 물리적-대상 사실에서는 정확히 흡사해야만 한다.[161] 사실상 구별 불가능한 가능 세계(다시 말해 아주 똑같은 사실을 포함하는 세계)의 동일성을 그럼직한 원리로 가정하고, 또 w_3과 w_4가 그들의 비-순수-물리적 사실에서도 아주 흡사하다고 가정한다면, 우리는 $w_3 = w_4$라고 주장할 수 있을 것이다. 만일 "환원주의자" 원리가 아주 충분한 가능 세계 자체의 일부에까지도 확장된다면, 그래서 시간을 관류한 특정 재료 덩어리의 모든 인과 관계와 정확한 배열에 관한 완벽한 설명이 그 대상에 관한 물리적 사실 전부를, 만일 그런 대상이 있고 그렇게 구성되어 있을 경우에, 완벽히 결정한다면, 우리는 (V″)과 그 비슷한 원리들을 얻게 된다.

28.3 더 나은 해결책

그 외양과는 달리, 네 세계 역설 논증의 결론은 이런 환원주의자 원

---

161. 이 원리는 크립키(1972a, p.50)에 의해 명확히 언급되었다. 이 원리 또는 이와 매우 비슷한 원리가 또한 포브스(1980, pp.353-355, 그리고 1981a, p.79)에 의해서도 마찬가지로 명백하게 언급되고 주장되었다.

리와 상충되지도 않고, (V″)와 같은 통세계 동일성 원리와도 상충하지 않는다. 이를 보려면, 우리는 챈들러 자신의 예(1976)로 되돌아가야 한다. 챈들러의 주된 관심은 가능 세계 간의 접근 가능성(즉 w는 w′에 상관되어 가능하다(w is possible relative to w′))이 비이행성을 띤다고 논증하는 것이다. 네 세계 역설을 낳는 논증에 관심을 가져봐도 이런 결론이 나온다. 예에서 다른 가능 세계 w_3의 실존을 가정한다면, 가정에 의해 w_3에 상관되어 가능한 다른 세계 w_5가 있는데, 이 세계에서는 똑같은 배 a가 원래부터 그 원래의 널빤지 가운데 하나가 더 바뀌어서, 말하자면, P_{98}에서 P_{101}이 바뀌어 건조되며, 그래서 이제 배 a는 w_2의 다른 배 b와 아주 정확히 똑같은 방식으로 건조된다. 그러나 비록 w_5가 w_3에 상관되어 가능하고, w_3가 w_1에 상관되어 가능하다 해도, 가정에 의해 w_5는 w_1에 상관되어 가능하지 않다. 배 a에 널빤지 하나가 더 바뀌었는데 이는 너무 많이 바뀐 셈이다. 우리는 이를 다음과 같이 지적할 수 있겠다. w_1이 현실 세계, 즉 사물들이 현실적으로 존재하는 방식이라고 해보자. 그렇다면 배 a는 사실상 P_1에서 P_{100}까지의 널빤지로 건조된다. 그러면 똑같은 배 a가 w_3의 널빤지로 건조된 게 가능하다. 왜냐하면 이는 단지 두 개의 널빤지가 변한 것뿐이기 때문이다. 그러나 바로 그 똑같은 배 a가 w_5의 널빤지로 건조되는 것은 불가능하다. 왜냐하면 이는 그 배의 현실적인 원래 조성과는 세 개의 널빤지가 달라지기 때문이다. 그러나 만일 배 a가 w_3에서 그 널빤지로 원래 구성되었더라면, 즉 만일 두 개만 다른 널빤지로 건조되었더라면, 바로 그 배 a가 w_5의 널빤지로 원래부터 건조되는 게 가능했을 것이다. 왜냐하면 이는 w_3에 비해 한 개의 널빤지가 변했을 뿐이기 때문이다. 이는 가능했을 수도 있지만, 현실적으로 가능하지는 않았다! 사물들이 현실적으로 있는 방식의 관점에서 볼 때, 배 a가 w_5의 널빤지로 원래 건조되는 사태나 각본은 배 a에 관해 진정한 가능성이 아니다. 세계 w_5는 불가능한 세계이다. 즉 w_1이 관련된 이상 불가능하다. 반면에 w_3는 배 a에 관한 진정한 가능성이고, 만일 w_3

이 벌어졌다면, 바로 그 배 a에 관한 약간의 새로운 가능성이 생긴다. 즉 w_3가 관련된 이상 가능하다. 그렇다면, 특히 각본 또는 사태 w_5는 배 a에 관한 진정한 가능성이 될 것이다. 오직 옹졸한 형태의 양상적 자기중심주의만이 이를 부정할 것이다. 만일 배 a의 기원을 약간 변경시켰을 일이 현실 사태 w_1에서 가능하다면, 확실히 사태 w_3에서 a의 기원을 그곳에 있다고 변경시켰을 일도 가능하다. 비록 w_5가 현실 사태 w_1의 관점에서 불가능한 사태일지라도, 그것은 우연적으로 불가능할 뿐이다.(파인, 1977a, 특히 p.139를 참조하시오.) 이는 이차적으로 가능하다고 불릴 수 있는 것 즉 가능하게 가능하다(possibley possible)고 불릴만한 것이다. 비록 w_1의 관점에서라 할지라도, 이는 배 a에 관한 가능성이었을 수 있으며, 게다가 만일 오직 a만이 하나나 두 개의 다른 널빤지를 가졌었다면, 이는 가능성일 수 있었을 것이다.162

우리는 네 세계 역설 논증을 제시하면서, 세계 w_2와 w_3가 애초의 세계 w_1에 상관되어 가능하며, w_4가 w_2에 상관되어 가능하다고 가정했다. 하지만 우리는 w_4 역시 w_1이나 w_3에 상관되어 가능하다고 가정할 근거를 전혀 갖지 못했다. 덧붙여 w_4가 w_1이나 w_3에 상관하여 불가능하다고 하지도 않았다. 따라서 네 세계 역설 논증이 보여준 바에 따르면, 질적으로 식별 불가능한 세계 w_3과 w_4의 짝이 존재하는데, 이 각각의 세계는 그 각자의 세계에서 아주 똑같은 재료로 만든 두 개의 다른 인공물 a와 b 가운데 하나씩만 포함하며, w_3은 일정 세계 w_1(예를 들어 현실 세계)에 상관되어 가능하고, w_4는 w_1에 상관되어 가능한 매개적 세계 w_2에 상관되어 가능한 세계이다. 그렇다면, w_4가 일정한 세계 w_1에 상관되어 가능한지 또는 불가능한지 여부와 w_3과 w_4가 서로에게 상관되어 가능한지 또는 불가능한지의 여부는 계속 문제로 남는다. 이런 결과는 만일 이

---

162. 네 세계 역설 논증의 경우처럼, 비이행성에 관한 일반 논증은 특정 인공물을 만드는 경우에 가능한 것과 가능하지 않은 것 사이의 날카로운 구별을 가정할 필요가 없다. 이런 식으로 가정을 약화시키는 일은 다음 절에서 논의하겠다.

이상의 논증이 제시되어 w_4도 w_1에 상관되어 가능함(또는 w_3과 w_4가 서로에게 상관되어 가능함)을 증명하지 않는 한 (V″)와 같은 통세계 동일성 원리나 또는 앞 절에서 논급된 일반적 "환원주의자" 원리에 위협을 준다고 볼 필요는 없다.

반면에, 그런 원리들은 w_4가 w_1에 상관되어 가능할 수 없다는 증명이라고 간주될 수도 있겠다. 이는 역설을 해소시킬 것이다. 물론 이것이 역설에 관해 내가 취하고자 하는 (정도의) 입장이다.163 어떤 탁자가 현실의 탁자 T를 원래 만들었던 바로 그 재료로 만들었으며, 원자 수준에서까지 똑같은 계획에 의해 만들어진 유일한 탁자인 그런 세계 w가 있다고 해보자. 이 탁자는 탁자 T와 똑같은 탁자인가? 만일 w가 사물들이 진정으로 그렇게 될 수 있었던 방식이라고, 즉 현실 세계에 상관되어 가능한 세계라고 친다면, 대답은 '그렇다'이다. 하지만 w가 사물들이 그리될 수 없는 방식이고, n > 1인 경우 n차의 가능성을 갖는 즉 가능하게, 가능하게, … 가능한 세계라면, 누가 그 답을 알겠는가? 확실히 (V″)에 관한 신념은 그 자체로는 우리의 물음에 관해 긍정적인 방향의 대답은 전혀 만들어내지 못한다.

따라서 (V″)와 같은 원리는 네 세계 역설에 시달리지 않아도 된다.

28.4 모호성과 역설

w_1으로 시작되어 51개의 세계까지 이어지는 경우를 생각해보자. 비록 방금 전에 묘사한 설명에 의해, 51번째 세계는 w_1의 관점에서 볼 때 아주 동떨어진 불가능한 세계이며, 50번째 세계에서만 가능한 세계이겠지만, 우리는 마침내 w_1에서 사용된 재료와 전혀 다른 재료로 배 a를 건조할 수 있다. 이는 연쇄 논증을 구성한 셈이다.164 연쇄 논증은 모호성을

---

163. 필자는 맥키(Penelope Mackie)의 덕분에 이런 입장을 갖게 되었다. 하지만 이것이 그녀의 입장인지는 모르겠다.

명확히 드러내준다고 하겠다. 양상적 접근가능성의 비이행성을 논증할 때뿐만 아니라 네 세계 역설을 구성하는 경우, 어떤 재료가 특정한 배 a를 원래부터 구성할 수 있는 재료인지 또는 구성할 수 없는 재료인지의 경계선이 있다고 가정했다. 하지만 이 가정은 철학적으로 치밀하지 못하며, 따라서 너무 거칠어서 옳지 못하다. 우리는 예리한 구분점이 있다고 보기보다는 두 극단 사이에 존재하는 모호성의 간격을 인정해야 하지 않을까? 배와 같이 어떠한 일상의 인공물이든지 다른 재료 덩어리로 만들어질 수도 있는 그런 것이다. 물론 그 재료가 거의 똑같은 재료이고 이곳 저곳에서 아주 근소한 정도로만 대체되었을 경우에 그렇다. 게다가, 일상의 배를 이루는 현실 재료와 실질적으로 다른 재료 덩어리로 건조된 임의의 배는 반드시 다른 배일 것이다. 이 두 극단 사이에 모호성 간격 즉 비결정성의 영역이 존재하는 것 같다. 이 영역에 있는 재료 덩어리는 원래의 배가 가진 현실의 재료와 상당히 중첩되며, 뿐만 아니라 상당량의 새롭고 다른 재료로 이루어졌을 텐데, 이 재료 덩어리와 관련하여 이런 생각을 해 볼 수 있겠다. 현실의 배와 똑같은 방식에 따라 건조되기는 하지만, 바로 이 모호한 영역에 속하는 바로 그 재료로 만들어진 배를 우리가 말한 애초의 현실의 배와 똑같은 배라고 해야 할지 여부는 모호하고 비결정적이다(즉 옳지도 그르지도 않다. 즉 그 재료에 관한 객관적 사실이 없다). 만일 상황이 이렇다면, 이런 모호성이라는 요소를 무시하여 역설적 결론으로 이끄는 어떠한 논증이든지 연쇄논증의 바로 그 방식대로 모호성을 일소할 수 있다. 그것이 네 세계 역설과 챈들러의 양상적 접근가능성의 비이행성 논증에서 전개된 것인가?

그렇기도 하고 그렇지 않기도 하다. 확실히 모호성에 대해 이렇게 살펴보면 일반적 문제에 관련을 맺게 된다. 하지만 그런다고 더 나은 해

---

164. 이는 치섬(1967 ; 1973, pp.584-586 ; 1976, 부록 B, pp.148-149)에 의해 제시된 논증을 상기시킨다. 비록 치섬은 자신의 결론으로 양상적 접근 가능성의 비이행성을 도출한 게 아니라 완고한 본질주의를 이끌어냈지만 말이다. 또한 윌슨(Wilson, 1959)을 보시오.

결책이 나오는 게 아니며, 일반적 현상에 대한 더 나은 이해라고 할만한 것에 도달할 뿐이다. 이를 보기 위해 질문을 하나 해보자. 모호성은 어디에 자리잡고 있는가? 논증에 포함된 어떤 용어나 개념이 모호하거나 비결정적인가?

이런 문제에 관한 가능한 대답의 하나로 크립키에 의해 제안된 일종의 상대역 이론을 살펴보자. 이것은 어떤 경우에서는 "동일성 관계가 모호하다."는 생각에 근거를 두고 있다. 그는 다음과 같이 말한다.

> 아마도, … 탁자 T의 분자가 보여주는 역사에서 반사실적 변화를 가정한다면, 우리는 그 상황에서 T가 존재할 것인지 또는 한 묶음의 분자 즉 그 내부의 상황에서 탁자를 이루고 있는 분자 묶음이 바로 그 똑같은 탁자 T를 이루는지 여부를 물을 수 있는데 … 비록 어떤 경우에는 비확정적이지만, 구체적인 경우 우리는 분자의 일정 묶음이 여전히 T를 이루고 있는지 여부에 답할 수 있을 것이다(1972a, pp.50-51).

이 문단의 각주에서 크립키는 다음과 같이 쓰고 있다.

> 여기에 약간의 모호성이 있다. 만일 일정한 탁자의 조각이나 분자가 다른 것으로 대체되었다면, 우리는 기꺼이 우리가 똑같은 탁자를 갖고 있다고 말할 것이다. 그러나 만일 너무 많은 조각이 다르다면, 우리는 다른 탁자를 갖게 될 것이다. … 동일성 관계가 모호한 경우, 동일성 관계는 비이행적이다. 명백한 [동일성]의 [사슬]은 명백한 비동일성을 산출할 것이다. 어떤 부류의 '상대역' 개념은 … 이 대목에서 약간의 유용성을 가질 수 있다. … 논리학자들은 모호성의 논리학을 전개한 적이 없다(n.18 ; 대괄호 부분은 원래의 출판물을 크립키가 교정한 것이다).

크립키가 모호성의 논리학이 (적어도 1970 경의 그의 지식으로는) 없다는 것을 근거로 삼아, 상대역 이론이 현실적 효용이 있을 수 있는 경우를 제안했는데, 그 경우란 오직 "동일성이 모호한 경우"일 뿐이다. 그러나 그것은 어떤 경우인가? 우리가 앞에서 보았듯이, 어떠한 현실의 탁자 T에 관해서든 그 탁자가 다른 기원을 가졌을 수도 있는 잠재성에 관한 한 비결정성의 영역이 존재하는 것 같다. 이 비결정성의 영역에서, T의 현실의 재료와 상당히 다른 것 뿐 아니라 그와 중첩하는 것을 포함한 임의의 재료 덩어리에 관하여, 바로 이런 재료로 만들어진 탁자 T'이 T와 똑같은 탁자인지 다른 탁자인지 여부에 관한 확정적인 답은 없다. 크립키가 관여한 부류의 경우 즉 그에게 동일성이 모호하다고 말하도록 부추긴 부류의 경우는 정확하게 말해서 다음과 같은 경우에만 해당된다. 우리에게 가능 세계 w가 주어졌으며(물론 이에 더불어, 이 가능 세계가 포함하고 있는 재료와 그 재료의 시간을 관류한 정확한 배열에 관한 완벽한 설명도 이미 주어져 있고), 또한 탁자 T'이 현실의 탁자 T의 재료와 상당히 다른 재료로 만들어졌지만, 이것이 T와 똑같은 탁자인지 여부에 관한 물음에 어떤 확정적인 답도 없을 만큼만 똑같은 재료를 갖고 있는 그런 경우이다.[165]

우리는 이런 상황 기술로 인해 그릇되게 이끌려서는 안된다. 기술한 바대로 다음과 같은 가정을 해본다면 매우 도움이 될 것이다. 공산주의자 x가 미국의 대통령이 된 임의의 가능 세계 w를 가정해보고, 이어서 "그래, x가 누구야, 이 비열한 놈은 KGB의 첩자일 수 있지?"라고 물었다

---

165. 파핏(Derek Parfit, 1971)은 사람의 동일성 문제의 해결책으로서 한 가지 형태의 모호한 비결정 동일성 이론을 명확하게 주장한다. 그가 보기에, 이는 어떤 부류의 사물에 관해서는 전적으로 논란의 여지가 없는 이론이다. 그가 쓴 바에 따르면, "아무도 나라나 기계에 관해서는 [어떤 사물 x가 y와 동일한지 여부는 반드시 옳은 답을 가져야만 한다고] 생각하지 않는다. 이런 사물에 관한 우리의 기준은 일부의 다른 경우에는 해당되지 않는다. 아무도 이런 경우에 '이것은 똑같은 나라인가?' 또는 '이것은 똑같은 기계인가?'라는 물음이 반드시 대답을 가져야만 한다고 생각지 않는다."(p.3).

고 해보자. 물론, 이런 물음은 크립키의 입장에서는 성립되지 않는 질문이며, 따라서 그는 이렇게 묻기를 거부했을 것이다(예를 들어 1972a, pp.42-47에서). 데이비스(Angela Davis)가 공산주의자로서 대통령에 선출된 가능 세계도 있고, 프리드만(Milton Friedman)이 공산주의자로서 대통령에 뽑힌 가능 세계도 있다. (만일 프리드만이 본질적으로 비공산주의자라면, 이 후자의 세계는 불가능한 세계이다.) 'x는 누구냐?'는 물음에는 답이 없는데, 동일성이 모호해서가 아니라 'x'가 치역을 가진 변항이기 때문이다. w에 관한 기술이 특정한 사람 x가 사는 특정 가능 세계에 관해서는 해명해 주는 게 아니라, 다른 사람들 x가 사는 세계들의 집합을 해명해 준다. 하지만, 이런 경우와 크립키가 관심을 두었던 탁자의 경우는 중요한 차이가 있다. 공산주의자로서 대통령으로 선출될 수 있었던 사람이 오직 하나 있다고 가정할 이유는 전혀 없으며, 결과적으로 우리가 유일한 사람 x를 골라냈다고 가정할 이유도 없다. 하지만 탁자 T와 T'의 경우 (V")를 믿는 사람이나 28.2절에서 언급한 환원주의자 원리를 믿는 사람은 적절한 재료로 만들어질 수 있는 (유일한 탁자일 수 있는) 유일한 하나의 가능한 탁자가 있다고 믿을 이유를 갖는다.166 이 가정에 따르면 우리는 유일한 가능한 탁자 T'을 골라냈을 것이고, 이 탁자 T'이 현실의 탁자 T인지 여부를 묻는 것은 유의미하다. 만일 w에서 적절한 재료 덩어리가 탁자 T의 현실적 재료와 좀더 큰 폭으로 다르다면, 우리는 T'이 T와 똑같은 탁자일 수 없다고 안전하게 말할 수 있다. 만일 w의 재료가 탁자 T의 현실적 재료와 좀더 큰 폭으로 중첩된다면, 우리는 T'이 틀림없이 T와 똑같은 탁자라고 안전하게 말할 수 있다. 하지만, 방금 묘사된 상황에서는 어떠한 답변도 제시될 것 같지 않다. T가 T'인지 여부에 관한 한 객관적인 사실은 없기 때문이다. 그래서 동일성

---

166. 비록 크립키가 어느 정도까지나 환원주의자의 원리를 신뢰했는지는 명확치 않지만, 이 원리를 가정하고 볼 때, 크립키의 논의(1972a, pp.50-51)는 어떤 뜻에서 우연적이다. 제 1장의 각주 41도 보시오.

의 '이다'는 이런 경우에 정의되지 않는 것 같다.

하지만, 상황을 이렇게 보는 방식에는 심각한 문제가 내재되어 있다고 하겠다. 필자가 이해한 바로는, 동일성이 때로 모호하다는 생각은 잘못된 것 같기 때문이다. 한 쌍의 실재 x와 y(예를 들어 크립키의 탁자 T와 T′, 또는 테시우스의 원래 배 a와 테시우스의 고친 배 c 등등)가 있다고 가정해보자. 물론 이들이 하나이면서 똑같은 것인지의 여부는 모호하다. (즉 옳지도 그르지도 않고, 비결정적이며, 이 재료에 관한 객관적 사실이 없다.) 그렇다면 <x, y>라는 쌍은 <x, x>처럼 아주 확연히 똑같은 쌍이 아니다. 왜냐하면 x가 제 자신과 하나이면서 똑같다는 것은 결정적으로 옳기 때문이다. 그렇다면 x와 y는 틀림없이 서로 다르다는 귀결이 나온다. 그렇다면, 그들이 동일한지 또는 다른지 여부는 모호하지 않다.

이 논증은 간단하지만 효과적이다.[167] 물론 이렇게 답할 수 있을 것이

---

167. 비록 이 논증이 필자가 독자적으로 생각해낸 것이긴 하지만, 이 비슷한 논증이 에반스(Evans, 1978)에 의해 제시되었다. 필자가 믿는 바로는, 이 논증이야말로, 모든 대상과 그 자체 사이에 가장 단순한 관계(실직적으로 똑같은 재료로 조성됨과 같은 보다 풍부한 관계와 대조되는 관계)인 동일성의 올바른 개념이라면, 필요로 하는 것이다.

이 논증에 대해 많은 반대 논증이 제시되었지만, 그 어느 것도 수긍할만하지 못했다. 아마 그 가운데 가장 잦은 반대는 다음과 같이 표현될 수 있겠다. '만일 우리가 모호성과 비결정성을 심각히 취급한다면, x와 x의 짝이 동일성 관계를 갖는 것은 완벽히 결정적이라고 확정되는데 비해 x와 y가 동일성 관계에 있는지 여부가 비결정적이거나 모호하다는 가정으로부터 <x, y> ≠ <x, x>를 도출하는 것은 오류이다.' 그리고 이 반대는 대개 다음과 같은 생각에 토대를 두고 있다. '한 용어의 적용가능성이 모호하거나 비결정적일 수 있는 그런 대상에 그 용어가 적용될 경우, 고전적으로 타당한 추리의 유형이 더 이상 합당하게 적용되지 않는다.' 하지만 여기서 제시된 추론은 아주 확정적으로 성립되는 경우인 것과 더불어 가정 — 우리가 논증을 위해 결정적으로 성립된 경우라고 말하는 것 — 을 이루는 연언에서 도출되었다. 추론 유형은 오직 타당하기만 하면 된다. 달리 말해, 진리치만 보존되면 된다. 그것에 더 요구되는 것은 없다. 유비를 사용해서 말한다면 '대머리'라는 용어는 모호할 수 있는데, 이 용어가 정확하게 적용될 여부가 비결정적인 개별자들이 있다, 즉 그 용어가 적용되지도 적용 안되지도 않을 개별자가 존재한다는 뜻에서 그렇지만, 추론 유형 「a는 머리카락이 무성하다. ∴ a는 대머리가 아니다.」는 완벽히 타당하다. 이 추론 유형의 타당성은 해리가 대머리인지가 옳거나 그

다. 이 논증에 따르면, 동일성을 나타내는 '이다'(영어의 'is')가 <x, y> 쌍에서 정의되지 않은 상황에서, 그런 y가 x에 대해 존재하는 경우에, 그 임의의 실재 x에 관해서, 동일성의 '이다'는 x와 x 제 자신으로 이루어지는 반사적인 쌍에 관해서도 마찬가지로 정의되지 않은 채로 있어야만 하며, 그래서, x는 전적으로 '이다'의 유의미한 적용의 범주를 벗어났다는 것이 밝혀졌을 뿐이다. (그렇지 않다면, 위의 논증에 의해, x와 y가 식별될 수 있으며, 따라서 별개의 것일 수 있고, 따라서 동일성의 '이다'는 그들에 결정적으로 적용되지 않을 수 있다.) 하지만, 이런 식의 응답은 유쾌하지 않은 귀결을 갖는다. 모호한 동일성 이론과 이 이론이 안고 있는 문제는 다음과 같은 사항을 필요로 하기 때문이다. 거의 모든 물리적 대상(배, 탁자 등) x에 관해, x = y의 여부가 비결정적인 (다른 가능 세계나 다른 시간에 있는) 어떤 대상 y가 존재한다는 게 그것이다. 따라서 이 답변에 따르면 x = x의 여부도 비결정적이다! 더욱 심각한 것

르거나 또는 비결정적인지 여부의 물음을 해결하기 위해, 해리의 머리에 털이 많다는 사실을 주목하면 충분하다는 것을 확신시켜준다.

모호한 동일성에 반대하는 논증 — 동일성을 나타내는 '이다'에 관해 본질적으로 상위 이론적인 논증 — 이 대상 언어와 상위 언어를 구별짓지 못한다는 쪽에 관심이 있는 사람들에게는, 그 논증이 자연 언어(예를 들면, 영어)에 관한 상위 언어로서 어떠한 이차 언어 내에서라도 완벽하게 재표현될 수 있다는 점이 환기되어야만 한다. 이와 달리, 이 논증을 정식화시키지 않고 그대로 놓을 수 있지만, 양화사와 동일성의 '이다'만으로 이루어진 빈약하고 단편적인, 대상 언어로서의, 자연 언어에만 적용될 뿐이다. 의심쩍은 거짓말쟁이 논증을 비롯해서 다른 의미론적 역설들과 달리 이 논증은 비의미론적 술어에 관한 의미론적 논증이다. 결정적인 가정은 동일성의 '이다'가 결정적으로 어떠한 대상과 그 대상 자신에게 옳게 적용되고 다른 대상으로 이루어진 쌍에는 결정적으로 적용되지 않는다는 온건한 상위 이론적 가정일 뿐이다.

물론 일정 대상 x가 일정 대상 y와 동일한지 여부는 인식론적인 뜻에서(즉 원리적으로 알려질 수 없다는 뜻에서) 일부의 경우에 "모호" 할 수 있다. 하지만 이는 앞에서 제시한 것과는 다른 논점이고, 그 문제에 관한 (비록 알 수 없다해도) 객관적 사실이 없다는 것이나 또는 동일성의 '이다'가 <x, y> 쌍에서는 정의되지 않았다는 것을 필반할 필요는 없다. 크립키의 논의가 갖는 장점 가운데 하나는 그가 인식론적 논점을 형이상학적 논점과 선명히 구분한다는 데 있고, 또한 그가 통세계 동일성에 관한 형이상학적 문제를 논의한다는 것을 분명히 한다는 데 있다.

은 이 답변이 효과가 없다는 것이다. 동일성의 '이다'가 <x, y> 짝에 결정적으로 옳지도 그르지도 않은 그런 y가 있는 경우에 실재 x가 있다고 해보자. 그렇다면 이 답변에 따르면 동일성의 '이다'가 반사적인 쌍 <x, x>에도 정의되지 않은 채이다. 이제 이와 관련해서 예언자적 논증이라고 할만한 것을 살펴보자.

  나는 (현재의 영어로 표현되지 않는) 'schmidentity'라는 인위적 관계를 도입하겠는데, 이는 [개개의 모든] 대상이 자신과 맺는 관계라고 약정하겠다. 그렇다면 … 똑같은 문제가 원래의 [술어]의 경우에 고려되었던 것처럼 이 [술어]에도 유지되어야 한다. … 만일 누군가 이를 심각하게 생각한다면, 내 생각으로는 그가 다음과 같이 생각할 것이다. 아마도 [모호한] 동일성에 관한 자신의 원래 설명은 필연적인 게 아니며, 더구나 아마도 가능하지도 않은데, 왜냐하면 이는 원래 해결하려고 했던 바로 그 문제이기 때문이다. 그러므로, 그는 그 설명이 버려져야만 한다고 생각할 것이고, 동일성은 [어떤 것]과 제 자신 사이의 관계라고 봐야 한다고 생각할 것이다. 이런 부류의 사고 장치는 수많은 철학 문제에도 사용될 수 있을 것이다(크립키, 1972a, p.108, 필자의 재량대로 맥락에 벗어나게 인용함).

  동일성이 모호하다는 주장은 오직 헛 짚은 주장일 뿐이다. 동일성의 '이다'는 ('거의 절대적인 대머리'라는 뜻의) '대머리'처럼 부정확하고 흐릿한 용어가 모호한 방식으로 모호하지 않다. 위에서 언급한 원리 (V″)와 환원주의자 원리가 동일성은 모호하다는 결론으로 귀결되는 한, 우리는 이 결론을 감수하기보다는 그 원리를 거부해야 한다. 우리가 보기엔, 우리는 탁자 T와 똑같다거나 다르다고 적절하게 말해질 수 없으면서도 상세하고 확정적인 탁자 T′을 가질 수 있는 걸로 보인다. 그러나 T는 현식의 탁자이고, 확실히 동일성의 '이다'는 그것에 대해 확정적이고,

<T, T>쌍에 결정적으로 적용된다. 어떠한 이유에서든 동일성의 '이다'가 <T, T> 쌍에 대해 정의되지 않은 상황에서 확정적으로 가능한 탁자 T'이 존재하는 한, T'은 T와 하나이면서 똑같은 사물이 아닐 뿐이며, 따라서 T와 "schmidentical"의 관계에 있지 않다. 이런 문제에 관한 객관적인 사실이 존재한다. 반면에 만일 w에 존재하는 재료의 배열에 관한 완전한 기술이 유일하고 확정적으로 가능한 탁자 T'을 드러내지 못하지만, 다양한 탁자 T'으로 이루어진 세계의 집합만을 드러낸다면, 'T'은 T와 동일한가?'라는 물음은 'KGB의 첩자인 이 사람은 누구인가?'라는 물음처럼 부당하다. 두 경우 모두 모호한 동일성은 문제도 아니고 해결책도 아니다.

게다가, 모호성이라는 일반 현상은 네 세계 역설과 양상적 접근 가능성의 비이행성에 관한 챈들러의 논증에서도 일정 역할을 하는 것으로 보인다. 그렇기 때문에 적어도 거의 대부분의 경우 두 논증이 가정하는 명확한 기점 즉 일정한 배와 탁자를 만들 때 원래 재료에서 어떤 변동이 가능한가 그리고 어떤 변동이 불가능한가 사이에 선명한 기점은 없어 보인다. 그래서 임의의 일상적 탁자 T에 관해서, T가 T의 현실 재료와 약간은 중첩되고 약간은 중첩되지 않은 재료를 포함한 재료 덩어리로 구성되는 게 가능한지 여부가 모호하고 비결정적이라는 의미에서, 비결정성의 영역이 존재해야만 한다는 것을 부정하면, 약간 바보스러운 태도라고 생각된다. 비결정성의 영역에 있는 재료 덩어리에 관해, 현실의 탁자 T가 바로 그 재료로 만들어지는 게 가능한지에 관련해서 그 재료에 관한 객관적 사실은 없어 보인다. 비록 바로 그 재료가 탁자 T'을 이루고 있는 게 확정적으로 가능하다해도 말이다. 모호성이나 비결정성이 만일 T와 T'의 동일성 또는 비동일성 어디에도 없다면 어디에 있는가?

우리가 이 물음에 대한 답을 찾아내려면, 술어 '(성분으로서) 구성하다'(constitutes)나 성분의 '이다'(the 'is' of constitution)에 주목하면 될 듯싶다. 아마도, 탁자 T와 관련된 비결정성의 영역에서의 일정 재료 덩어리가 하나의 탁자로 만들어지는 가능 세계 w에서, 바로 그 재료로 w의 바로 그 탁자 T를 구성하는지 여부가 비결정적인 것이다. 하지만, 방금 우리가 했던 말을 주목해보자. 만일 적절히 상관된 재료가 w에서 탁자를 이룬다면, 그 상관된 재료로 w에서 만들어진 w의 가능한 탁자 T'이 존재한다. 이제 T'이 T와 똑같은 탁자일 수 없다. 왜냐하면, 적절히 상관된 재료가 w에서 탁자 T으로 만들어진다는 것은 결정적으로 옳으며 객관적 사실이라고 가정했으며, 바로 그 재료가 w에서 탁자 T로 만들어지는지 여부는 비결정적이고 또한 그에 관한 객관적 사실은 없다고 가정했기 때문이다. 상황이 이렇기 때문에, 두 탁자 T와 T'이 서로 다르기는 하지만, 적절히 상관된 재료가 원래부터 이 둘을 동시에 구성해야만 한다는 것은, 어떤 뜻에서, "유효한 선택지"이며 객관적 사실에 의해 제거되지 않는다고 여겨진다. 만일 이것이 그 재료에 관한 객관적 사실에 의해 제거된다면, 우리의 가정과 반하게 되고, 탁자 T가 w에서 적절히 상관된 재료로 구성된다는 것은 결정적으로 그르게 된다. 하지만 만일 이것이 유효한 선택지가 아니라면, 그리고 사실에 의해 제거된다면, 두 개의 별개인 일상적인 탁자 T와 T'을 바로 똑같은 시간에 단일한 재료 덩어리만 가지고 전적으로 구성하는 게 불가능하다는 것은 성립될 수 없다. 하지만 이는 뻔히 불가능해 보인다. 최소한, 지금 우리가 살펴보고 있는 가능한 상황은 네 세계 역설에서 w_3과 w_4와 똑같은 방식으로 관련되어 상호 가능한 세계의 쌍만큼이나 역설적인 상황이다. 여기까지, 우리는 제 자신과 이런 방식으로 관련된 단일 세계 w를 갖게 될 것이다. 그리고 만일 우리가 T'에 관한 비결정성의 영역에 있는 재료로 T'과는 다른 가능한 탁자 T''을 고려한다면, 아마도 우리는 w에서 그 재료로 탁자 T'을 만들 경우 우리는 세계의 서로 별개인 일상의 탁자 T, T', T''을 정확히 똑같은 재료로 정확히 똑같은 장소에서 정확히 똑같은 시간에 만드는 게 결정적으로 불가능한 게 아니라고 해야 할 것이다. 이것이

부 록 353

결정적으로 불가능하다고 말하고 싶지 않은가? 필자는 불가능하다고 말하고 싶다.[168]

크립키는 실체상 이러저러한 재료로 (그리고 실체상 이러저러한 배열로, 등등) 원래 만들어진 탁자인 탁자 T의 본질 즉 필연적으로 필요충분조건에 관한 견해를 포함시키고자 하는 것 같다. 그런데 이는 모호한 속성이다. 일부의 경우에 가능한 탁자가 이런 속성을 갖는지 여부는 비결정적이다. 따라서 만일 그 속성이 본질이라면, 그것은 모호한 본질이다. 탁자 T가 이런 모호한 본질을 갖는다는 견해는 다음과 같은 것을 요구하는 것 같다. 즉 임의의 (현실 세계의 관점에서 가능한) 가능 세계 w와 w에 있는 임의의 가능한 탁자 T'에 관해, T'이 w에서 이런 모호한 속성을 가질 경우 그리고 오직 그 경우만 T = T'이다.

문제의 속성을 T'이 갖는지 여부가 비결정적인 상황에서, 그런 T'이 존재하는 세계 w가 주어졌다고 가정해보자. 즉 T'이 탁자 T의 비결정성 영역에 있는 재료로 만들어졌다고 해보자. T = T'의 여부가 모호하다는 귀결이 나올 필요가 없다. T'은 T와 똑같은 탁자일 수도 있고 그렇지 않을 수도 있다. 우리는 w에 관해 충분한 정보를 아직 갖지 못했다. 사실상 w는 다른 탁자들 T'을 갖고 있는 다른 세계들의 집합을 나타낸다. (공산주의자 대통령의 경우와 비교해보시오.) 만일 우리가 T = T' 이상을 알고 있다면, 우리가 추론할 것은 세계 w가 현실 세계의 관점에서 확정적으로 가능하지 않다는 것이다.[169] 아마도 이는 현실 세계에 관련해서 불가능한 세계일 것이다. 하지만, 아마도 w가 현실 세계에 관련하여 가능한지 불가능한지 여부는 비결정적일 것이다. 좀더 단순히 말해서, 만일 이는 원래 실체상 이런 저런 재료로 구성된 탁자 T의 본질적 속성인데, T

---

168. 하지만 응어(Unger), 1980을 보시오.
169. 정밀하게 말해서 쌍조건 진술로부터 도출되는 것은 모호성에 관한 논리의 세부 사항에 의존한다. 어떤 것이 모호한 본질을 갖는다는 견해가 동일성은 모호하다는 결론으로 귀결되는 한, 우리는 다시 한번 그 결론을 감수하기보다는 이 견해를 거부해야 한다.

가 실존하는 모든 확정적 가능 세계에서 T가 확정적으로 이런 모호한 속성을 갖는다는 (약한) 뜻으로 그러하며, 또 H는 비결정성의 영역에 있는 재료 덩어리이라면, 그렇다면 만일 확정적으로 불가능하지 않으며 탁자 T가 덩어리 H로 구성되는 세계가 제시된다면, 우리는 현실 세계의 관점에서 w가 가능한지 여부를 비결정적이라고 추론할 수 있을 것이다. 이는 모호성의 요소를 인정함 셈이 될 것이다. 이 모호성은 동일성의 '이다'나 구성의 '이다'에 존재한 게 아니라, '실체적 중첩'(substantial overlap)과 같은 구절에 있었고, 따라서 모호한 본질 속성을 통해 양상적 관용구 자체 즉 '가능하게'(possibly), '가질 수 없었다'(could not have) 등과, 가능 세계 담화의 접근 가능성 술어에 존재했다. 만일 H가 탁자 T의 현실적 재료와 아주 근소하게만 다른 재료 덩어리이라면, 탁자 T가 덩어리 H로 구성되는 것이 확정적으로 가능하다. 그러나 만일 H가 탁자 T의 현실 재료와 "중간" 정도로 중첩되는 비결정성 영역에 있는 재료 덩어리라면, 탁자 T가 덩어리 H로 구성되는 게 가능한지 여부는 모호하다. 이는 탁자 T가 덩어리 H로 구성되는 (현실 세계에 상관되어) 확정적 가능 세계가 없다고 말하는 셈이다. 비록 탁자 T가 그 세계에서 덩어리 H로 구성되며, w가 (현실 세계에 상관되어) 가능한지 여부가 이 세계에 관해 모호한 그런 세계 w가 존재하더라도 말이다.[170]

---

170. 크립키, 1972a, p.115, n.57, point(3)를 보시오. 여기서 제안된 설명에 따르면, 덩어리 H로 구성되지 않음이 탁자 T의 "본질 속성"인지 여부는 모호할 수 있다. T가 실존하는 모든 확정적 가능 세계에서 T는 이 속성을 가질 수 있지만, 그러나 확정적으로 불가능하지 않은 세계와 탁자 T가 실존하지만 이런 속성을 결여한 세계가 있다.

이에 따라 다음과 같은 정의가 제시된다. 명제 p는 만일 p가 모든 확정 가능 세계와 비결정 세계에서 옳다면 그리고 오직 그런 경우만 확정적으로 또는 결정적으로 필연적이다. 그리고 p는 만일 약간의 비결정적으로 가능한 세계에서 p가 옳지 않다면 그리고 오직 그 경우만 결정적으로 가능하다. 또 p는 만일 p가 약간의 결정적인 가능 세계에서 옳다면 그리고 오직 그 경우만 결정적으로 가능하다. p는 만일 p가 아무런 결정적 가능 세계에서도 그리고 아무런 비결정적 세계에서도 옳지 않다면 그리고 그 경우에만 결정적으로 불가능하다. p는 만일 p가 결정적으로 가능하지만 결정적으로 불필연적이지 않을 때 그리고 오직 그 경우만 결정적으로 우연적이다. p는 만일 p가 결정적으로 필연적이 설명은 크립키가 모호한 동일성 이론으로 풀고자하는 문제를 어떻게 처리하는가? 만일 H가 현실의 탁자 T에 관한 비결정성 영역에 있는 일상의 재료 덩어리라면, 덩어리 H가 탁자로 만들어지는 게 확정적으로 가능하다. 즉 현실 세계의 관점에서 확정적으로 가능한 세계, 탁자 T'이 덩어리 H로 구성되는 세계 w'이 있다. T'은 T와 똑같은 탁자인가? 이 설명에 따르면, 답은 '아니다'이어야 한다. 왜냐하면 w'은 현실 세계에 관하여 확정적으로 가능하다는 게 주어져 있지만, 가설에 의해 탁자 T가 덩어리 H로 구성되는 확정적인 가능 세계가 없기 때문이다.[171] 반면

이거나 결정적으로 불가능할 경우 그리고 오직 그 경우만 결정적으로 비우연적이다. (연습을 해보자. (i) 만일 p가 필연성에 관해 비결정적이라면 [즉 결정적으로 필연적이지도 않고 결정적으로 불필연적이지도 않다면], p는 결정적으로 가능하다. (ii) 만일 p가 가능성과 관련하여 비결정적이라면 [즉 결정적으로 가능하지도 결정적으로 불가능하지도 않은 경우], p는 결정적으로 불필연적이다. 그리고 (iii) p가 필연성에 관련하여 비결정적이거나 가능성에 관해 비결정적일 경우 그리고 오직 그 경우만, p는 우연성에 관련하여 비결정적이다[즉 결정적으로 우연적이지도 않고 결정적으로 비우연적이지도 않다].)

양상 논리학에 의거한 양상 논리에 따르면 탁자 T가 만일 실존한다면 덩어리 H로 만들어지지 않는다는 게 필연적인지 여부는 모호하다(즉 옳지도 그르지도 않다).

[171] 이 설명은 (V″)의 거부를 암시한다. 왜냐하면 탁자 T와 별개인 T'이 주어진 일정 계획에 따라 덩어리 H로 만들어지는 유일한 탁자로서 존재하는 진정한 가능 세계 w'이 있기 때문이다. 하지만, 만일 (V″)이 옳다면, '탁자 T가 그 계획에 따라 덩어리 H로 원래 만들어진 유일한 탁자라는 게 불가능하고, 따라서 탁자 T가 그 계획에 따라 덩어리 H로 원래 만들어지는 유일한 탁자인 임의의 세계는 결정적으로 불가능하다.'는 결론이 나온다. 하지만 여기서 제안된 설명에 의거하면, 탁자 T가 그 계획에 따라 덩어리 H로 원래 만들어지는 유일한 탁자인 하나의 세계이면서, 한편으로 결정적으로 불가능한 세계 w가 존재한다. 이 설명이 (V″)와 상충하는지 여부는 모호성의 논리에 의존한다. (V″)에서 확실히 도출되는 것은 만일 탁자 x가 똑같은 계획에 따라 덩어리 H로 원래 만들어지는 유일한 탁자인 하나의 가능 세계(현실 세계에 상관된 세계)가 존재한다면, x는 틀림없이 T'이다는 내용이다. 세계 w는 결정적으로 가능한 세계가 아니므로 반대 사례로 취급될 필요가 없다. 하지만 이전의 각주에서 제시된 정의에 따르면, w가 (V″)를 옳지 않게 만든다는 최소한의 뜻에서는 반대 사례로 취급될 수 있다. 비록 (V″)이 이 정의에 의해 옳지 않다고 밝혀지더라도, 다음과 같은 주장은 유지될 수 있다. '필연적으로, 만일 한 탁자 x가 일정 계획에 따라 일정 재료 덩어리로 원래 만들어지는 유일한 탁자라면, 그렇다면 필연적으로, 그 계획에 따라 그 재료 덩어리로 원래 만들어지는 유일한 탁자인 임의의 탁자는 탁자 x이며 그 이외의 다른 것이 아니다.

만일 현실 세계의 관점에서 확정적으로 불가능하지 않은 세계이며 탁자 T'이 덩어리 H로 만들어진 세계 w'이 우리에게 주어져 있다면, 'T'은 T와 똑같은 탁자인가?'라는 물음에 답이 없다. 이는 동일성이 모호해서가 아니다. 우리에게 단일한 탁자 T'이 주어진 적은 없으나, 다른 탁자들 T'을 가진 세계들 w'의 집합은 주어졌다. 이 가운데 일부 세계에서, 비록 확정적으로 가능하지 않은 세계에서만 그런다해도, 덩어리 H로 만들어지는 탁자는 물론 T와 똑같은 탁자이다. 달리 말해서 덩어리 H로 만들어지는 탁자는 T와 똑같은 탁자가 아니다.172

우리는 네 세계 역설과 양상적 접근 가능성의 비이행성에 관한 논증에서 모호성이 끼어들만한 후보지를 세 가지 즉 동일성, 요소로 구성됨(constitution), 양상(modality)을 살펴보았다. 우리는 이 세 가지 가운데 양상에 모호성의 요소가 자리잡고 있다고 보는 것이 가장 합당한 설명이라고 논증했다. 원래의 논증은 일정 인공물을 구성할 수 있는 재료와 구성할 수 없는 재료의 선명한 기점이 있다는 가정을 했었다. 비결정성 영역을 통해 그리고 서로에게 상관되어 결정적으로 가능하지도 결정적으로 불가능하지도 않은 세계들을 통해 이루어졌던 방금 개괄했던 설명은 이런 가정과 불일치했다. 하지만, 이는 이 논증 가운데 어느 것도 방

$\square(x)\square(y)\square(P)[x = (\text{'}z\text{'})(T(z\text{'}, y) \text{ according to plan P})$
$\rightarrow \square(z)(z = (\text{'}z\text{'})[T(z\text{'}, y) \text{ according to plan P}] \rightarrow z = x)]$

이 표현은 두 세계 w와 w'이 서로에 상관되어 결정적으로 불가능한 것만을 요구할 것이다. 그리고 w가 현실 세계에 상관된 가능성과 관련하여 비결정적일 수 있음을 허용한다.

172. 이 비슷한 상황이 가정법 조건 진술 '만일 어떤 탁자가 덩어리 H로 만들어졌더라면, 그것은 바로 그 탁자 T였을(또는 T 아니었을) 것이다.'에 관련해서도 발생한다. (루이스, 1973을 보시오.) 여기서 제안된 설명에 따르면, 탁자 T'이 목재 H로 만들어지는 임의의 결정적인 가능 세계 w'에 관해, 거의 완벽하게 중첩되는 세계 w가 대응하는데, 이 세계는 결정적으로 불가능하며, 이 세계에서 탁자 T는 목재 H로 만들어지며, 이 세계는 w'이 그런 것처럼 최소한 현실 세계와 어떠한 일상의 뜻으로든 "비슷"하다. 가정법 조건 진술이 옳은지, 그른지 또는 둘 다 아닌지 여부는 모호성의 논리로 보충된 반사실문 논리의 세부 사항에 의존한다.

해하지 않는다. 두 경우 모두 일반 논증은 쉽사리 비결정성 영역과 세계들 사이의 모호한 접근 가능성으로 쉽게 조정될 수 있다. 양상적 접근가능성의 비이행성에 관한 일반적 논증에서 w_1으로 시작되는 가능 세계의 계열만을 구성하면 된다. 이 계열의 각 세계는 그 직전의 세계에 상관되어 결정적으로 가능하지만, 배 a의 원래 조성에서 약간의 변화 즉 확정적으로 허용 가능한 한계를 항상 유지하여 이루어지는 약간의 변화를 포함한다. 결국 우리는 w_n에 이르게 되는데, 여기서는 배 a의 원래 재료가 애초의 세계 w_1에서의 원래 재료와는 크게 달라져서 w_n은 w_1과 상관되어서는 결정적으로 불가능하다. w_1과 w_n의 두 극단 사이에 어디엔가, 최초의 세계 w_1과 상관하여 결정적으로 가능하지도 결정적으로 불가능하지도 않은 세계가 있을 수 있다. 하지만 논증에는 아무런 차이를 일으키지 못한다. 여전히 w_1 R w_2 ⋯ R w_n을 갖고 있으며, w_1 R w_n을 갖고 있지 않기 때문이다. 이는 R 즉 양상적 접근 가능성의 비이행성을 통한 논증이 비록 비결정성 영역을 통해서만 이루어진다해도 실패했다는 말이다.[173] 마찬가지로 좀 덜 조잡한 형태의 네 세계 역설을 구성하

---

[173]. 비이행성에 관한 챈들러의 논증이 무슨 특이한 재주를 부리고 있지 않다는 점이 강조되어야 한다. 양상의 형이상학에 진지한 관심이 있는 철학자라면 누구나 이 점을 감안해야만 한다. 이 논증은 양상적 접근가능성이 비이행적이라고 증명하는 것처럼 보인다. 좀더 정확히 말해 '□'에 관한 보통의 표준적인 해석에 따르면, 명제 p, 예를 들어 어떤 탁자가 재료의 일부로 원래 만들어지지 않았다는 명제가 있을 경우, 「□p」는 옳지만 「□⋯□p」 형식의 명제는 그르다. 필자가 믿기로는 이 논증은 이점을 증명한다. 그러나 비록 이 논증이 미묘하지만 심각한 결점을 포함해도, 이 오류를 드러내는 과정에서 무언가 배워야 할 흥미롭고 중요한 것이 틀림없이 존재하다.

우리는 이 절과 28.2절에서 비이행성 논증을 봉쇄하는 제안—치섬-포브스가 제안한 상대역 이론에 포함된 완고한 본질주의와 크립키의 모호한 동일성이라는 착상—을 이미 살펴보았고, 이 두 가지가 모두 부정확하다고 논증했었다. 챈들러 논증에 답하려는 또 다른 두 가지 시도를 보려면, 퓨머튼(Fumerton), 1978과 오데가드(Odegard), 1976, p.202를 보시오. 오데가드는 상대역 이론으로 전개되는 완고한 본질주의를 인공물과 그 재료에 관한 일종의 반본질주의로 대치함으로써 논증을 전개하고, 이에 비해 퓨머튼은 논증의 개체성주의자 전제 가정을 공격하는 것 같다. 필자가 지금까지 본바로는 두 제안 가운데 어느 것도 아주 명백히 만족스럽지 못하다.

면서, 우리는 한 쌍의 상호 가능 세계 w_1과 w_2를 가지고 시작할 수 있다. 그런데 이 두 세계는 서로 다른 인공물을 포함하며, 이들은 결정적으로 (허용 가능하지 않고) 과도한 변화의 한계 내에서 다르기 때문에 원래의 재료(즉 널빤지)에서 서로 다르며, 그래서 두 인공물은 틀림없이 서로 별개이다. 그렇다면 우리는 이 두 인공물의 재료로 각각 되돌아가서, 그리고 결정적으로 허용 가능한 변화의 한계 내에서, 논의를 전개하면, 똑같은 계획에 따라 똑같은 그 재료로 만들어진 그들의 상대적인 인공물의 개체성에서만 다른 세계 w_3과 w_4의 짝을 얻게 된다.[174] 그러나 이

보편적 S5 가능 세계 틀(a universal S5 possible world framework)은 단순하다는 이유 때문에 이 책의 수많은 형식문에, 특히 제 7장에서 일부의 양상 연산자 담화 형식문에 암암리에 전제 가정되어 있다. 하지만, 어떠한 사례에서도, 논증의 주 노선은 (모호한) 관계적 가능 세계 틀을 호의적으로 감안한 데서 심각하게 영향을 받지 않았다.

[174] 사실 그 논증이 비결정성 영역을 조정할 수 있는 이 방식은 이미 세계 w_1의 배 a를 포함한 원래의 예에서 예시될 수 있었다. 우리가 가정한 바는 이렇다. '이렇게 설계되어 이런 구조를 갖는 어떤 배는 w_1의 재료와 2% 이하만 다른 재료 덩어리로 건조되었을 수 있는 배이며, 3% 이상의 변화되면 다른 배가 되고 만다.' 이는 2%와 3% 사이의 간격은 비결정성 영역이라는 가정과 완벽하게 양립 가능하다. 달리 말해서, 우리는 상호 결정적으로 가능한 세계 w_1과 w_2를 가지고 논의를 시작할 수 있다. 물론 이 세계들은 인공물 a와 b를 각기 포함하는데, 결정적으로 허용 가능한 변화의 한계를 근소하게 넘어서서 달라졌기에 원래의 재료를 서로 달리 갖고 있다. 두 세계가 서로에게 결정적으로 상관되어 가능하므로, 인공물 b는 반드시 인공물 a와 달라야 한다. 비록 w_2의 b가 w_1의 a에 관한 비결정성의 영역에 속하는 재료로 만들어졌지만. 그렇지 않다면, w_2가 w_1에 상관되어 가능한지 여부는 기껏해야 비결정적일 것이다. 그렇다면 논증은 이전과 마찬가지로 전개된다. 이런 형태의 논증은 다음과 같은 사실을 이용한다. 모호성을 끌어들이게 되면, 적절한 뜻에서, 경계선을 없애는 게 아니라 새로운 경계선을 긋게 된다.

네 세계 역설에 관한 일반 논증과 양상적 접근가능성의 비이행성의 실패는 이런 가정, 즉 특정 인공물의 원래 재료상에 약간의 변경은 비록 극단적으로 근소한 단위(이를테면 하나의 원자)가 변하더라도 확정적으로 가능한데, 이에 비해 이 이상의 전면적인 변경이 비록 전적인 변경이라 해도 확정적으로 불가능하다는 가정을 필요로 한다. 우리는 경계선이 확정적으로 허용 가능한 변경과 비결정성 사이에 있는지, 또는 비결정성과 확정적으로 과도한 변경 사이에 있는지 말할 필요가 없다. 오직 결정적으로 허용 가능한 변화의 영역과 결정적으로 과도한 변화의 영역이 비어 있지 않다고만 하면 된다. 이에 덧붙여, 네 세계 역설의 일반 논증 가운데 첫 번째 형태는 이 이상의 가정 즉 비결정성의 영역이 확정적으로 허용 가능한 변경의 범위보다 더 작다는 가정에 의존한다. 만일 비결정성의 영역이 확정적으로 허용 가능한 변경의 영역과 똑같이 크거나 그 영역보

전처럼 우리는 여전히 w_3과 w_4가 최초 세계 w_1에 상관되어 가능하다거나 또는 세 세계가 서로 상관되어 가능하다고 해야 할 이유를 찾지 못한다. 그리고 (V″)와 같은 원리에 따르다보면, 적어도 두 세계 모두 w_1에 상관되어 결정적으로 가능하지 않다거나 두 세계끼리 서로 그렇지 않다고 논증하게 된다는 생각 역시 근거가 없다. (각주 28을 보시오.) 따라서 네 세계 역설의 주된 요소와 그 해결책은 모호성과 비결정성의 출현에 의해 상대적으로 방해받지 않는 것 같다.

다 더 크다면, 우리는 이행성의 오류를 밝힌 논증에서처럼 연쇄 논증 유형에 의존해야만 한다. 이와 연관지어서, 즉각 떠오르는 가장 주된 모호성의 사례(대머리 대 비대머리, 붉은 색 대 붉은-오렌지색, 배아 대 태아 등)를 보아 비결정성의 영역은 확정성의 영역에 비해서 상대적으로 작다는 것은 별로 심각히 고려할 것이 못된다. 어떠한 경우든 이 논증의 다른 형태는 그 이상의 가정을 필요로 하지 않는다.

둘 · K 절차와 I 절차에 포함된 본질주의자 원리

29. 도넬란 대 크립키

   도넬란과 크립키는 K 절차에 포함된 (27)과 같은 형식을 띤 일반적 본질주의자 원리들의 이론적 격위에 관해 의견을 달리했다. 이 원리들은 자연류의 일정한 구조적 속성 또는 포섭적 속성의 본질성을 주장한다. 도넬란은 이 원리들을 (26')의 형식으로만 논의하는데, 이는 적절히 상관된 류에 속하는 개별자임이 무엇 "에 있는지"를 주장한다. 그는 이 원리들이 후천적으로만 알려질 수 있다고 즉 어떠한 경우가 되었든 이 원리들은 "과학적 발견의 소산, 과학 이론의 소산이거나 대개는 과학의 본성에 관한 견해의 변화에서 비롯되는 소산"이라는 것이다. 크립키는 이 원리들을 공공연한 본질주의자 원리로 보고 논의하는데, 이 원리들과 심지어 개별자의 일정한 원래의 구조적 속성들의 본질성을 주장하는 (37)과 같은 형식의 원리들도 선천적인 "철학적 분석"으로 알 수 있다고 강하게 주장한다. 이 원리들의 이론적 격위에 관한 물음 즉 이들이 후천적 과학의 소산인지 선천적인 철학적 분석의 소산이지 여부는 앞의 제 II부의 탐구에 상당히 중요하다. 왜냐하면 만일 그들이 경험적 즉 과학적 근거만으로 확고하게 증명될 수 있다면, 일부의 철학자들이 내세우는 반본질주의는 비과학적이라고 낙인 찍혀야만 하기 때문이다. 반면에 만일 이 본질주의자 원리들이 직접적인 과학적 또는 경험적 확증이나 반증에 종속되지 않는 전제로 지지되어 철학적 분석만으로 알려질 수 있다면, 우리가 논증했던 대로, 이 원리들이 언어 철학으로 환원될 수 없기에 이들은 적어도 약간의 순수한 형이상학적 함축을 갖는 것 같다.

30. 양상에 관한 인식론에 포함된 문제

(22')와 같은 일반적 본질주의자 원리는 어느 것도 경험적 관찰에 의해 직접적으로 알려질 수 없고, 「φ가 필연적으로 성립한다.」는 형식의 양상 진리는 어떤 것도 관찰에 의해 직접 알려질 수 없다는 논증은 이제는 익숙해진 것이다.[175] 이에 따르면 필연성 연산자를 포함한 양상 진술은 현실 세계에 관한 주장뿐만 아니라 개개의 모든 가능 세계에 관한 주장을 만들 수 있다. 가능 세계 담화에서 이런 진술은 가능 세계에 관한 보편 양화사를 포함한다. 그러나 경험적 탐구는 단일 가능 세계 이내에서 벌어지는 과정이다. 특히 현실 세계에서 수행되는 경험적 탐구는 다른 가능 세계에 관해서가 아니라 현실 세계에 관해서만 정보를 직접 산출한다. 같은 논점을 달리 말하자면, 경험적 탐구는 현실적으로 벌어진 것에 관해서만 지식을 산출하며, 벌어져야만 할 것에 관한 지식은 산출하지 않는다. 흄의 어법대로 말해서, 우리는 필연성을 '볼' 수 없다. 형이상학적 필연성은 바로 이런 뜻으로 가시적인 것이 아니다. 결론적으로 「φ가 필연적으로 성립한다.」는 형식의 진술은 어느 것이든 순수하게 경험적으로 검증될 수 없는 것 같다. 이것이 바로 논증의 요지이다.

---

175. 이 논증의 본질적인 모습은 휴웰(Whewell), 1840, pp.59-61에서 찾을 수 있다. 물론 필연성이 관찰될 수 없다는 생각은 적어도 흄에까지 거슬러갈 수 있다.

이 논증은 보편 일반 진술을 검증할 가능성에 관한 일반적 회의주의의 일부가 아니며, 변항들의 무한한 치역을 포함하는 보편 일반 진술을 검증할 가능성에 관한 일반적 회의주의는 더구나 아니다. 까마귀가 검다는 보편 일반 진술을 경험적으로 검증할 때, 우리는 수많은 까마귀를 조사한다. 만일 그것들이 전부 검다는 게 발견된다면, 그리고 조사된 표본이 충분히 많고 전체 까마귀의 대표로서 충분하다면, 우리는 조사되지 않은 까마귀를 포함해서 모든 까마귀가 검다고 귀납적으로 추론한다. 흄은 조사된 것으로부터 조사되지 않은 것으로 이렇게 귀납 추론하는 일이 이성적으로 정당화될지 여부에 관해 의심을 제기했지만, 우리는 여기서 이런 귀납 추론 전부를 의심하지는 않겠다. 일상적으로 보면 의심스러운 귀납에 의해 얻어지는 어떠한 정보라도 진정한 지식으로, 그리고 사실상 진정한 경험적 지식으로 간주된다.

 그런데 이러-이러한-것은 필연적이다는 신념과 관련해서는 상황이 아주 다르다. 만일 우리가 현식적으로 벌어진 것을 직접 관찰해서 반드시 벌어져야 할 것에 관한 신념을 귀납적으로 추론한다면, 우리는 우리의 신념을 오직 단일한 관찰 사례에 근거를 두게 될 것이다. 이러-저러한-것이 사실상 벌어진 것에 관한 지식 즉 그것들이 있는 방식대로 있는 사물들에 관한 지식으로부터, 만일 사물들이 수많은 다른 방식 가운데 어떤 방식으로든 달리되는 한이 있어도 이러-저러한-것이 여전히 그렇게 되어 있을 것이라는 신념으로 건너가고 있는 셈이다. 우리는 무한한 전체 가능 세계 모두에 관한 귀납을 단 하나의 가능 세계 즉 현실 세계에서 제공되는 증거에 근거를 두고 있는 셈이다. 타인의 마음이 실존하는지 여부에 관한 소위 유비 논증은, 이것을 귀납적 논증으로 보았을 때, 오직 하나의 사례에만 의존한 몹시도 취약한 유비라는 점을 근거로 심하게 비판받아왔다.[176] 그러나 최소한 다른 인간의 신체에는 의

---

176. 예를 들어 비트겐슈타인, 1953, 제 1부, §§ 283-303, 특히 §293, pp.97-102을 보시오.

식있는 마음이 깃들어 있다는 추론은 다룰 수 있는 수많은 것 즉 인간의 신체에 관해 이루어지는 추론인데, 이때 인간의 신체는 그 추론이 근거를 두고 있는 단 하나의 사례 즉 그 자신의 신체와 중요하고 적절히 상관된 아주 많은 측면에서 유사하다. 마찬가지로 과학자들이 모든 법칙적으로 가능한 세계에서 (또는 이러-저러한 가능 세계에 상관되어 법칙적으로 가능한 모든 세계에서) 약간의 일반 법칙 진술을 검증했다고 주장할 때, 그들은 현실 세계에서 벌어진 것에 관한 경험적 지식으로부터 현실 세계와 중요하고 적절히 상관된 많은 측면이 비슷한 모든 가능 세계에서 벌어지는 것에 관한 명제로 건너간다. 우리가 단일한 관찰 사례에 관한 지식에서 적절히 연관되어 유사하지만 아직 관찰되지 않은 아주 많은 사례에 관한 신념으로 추론해 가는 일의 정당성을 의심하는 것은 당연하다. 그러나 우리는 여기서 좀더 안 좋은 상황에 처해 있다. 현실 세계에서 벌어진 것에 관한 경험적 지식에서 개개의 모든 가능 세계에서 벌어지는 것에 관한 신념으로 추론하는 경우, 우리는 단일한 사례를 근거로 삼아 아주 어마어마하게 많은 가능 세계 각각의 그리고 하나하나 전부의 본성에 관해 추측할 것이다. 물론 이들 가운데 아주 많은 세계는 조사된 단일 사례 즉 현실 세계와, 가능하다는 점만 빼고는, 공통되는 것이 거의 절대적으로 없다. 아마도 많은 경우에 이런 추론은 반드시 벌어져야만 하는 것에 관한 진정한 지식을 얻는데 완벽히 정당한 수단이다. 이 추론이 결코 허용될만한 귀납 추론이 아니라는 게 요점이다. 이런 무모한 '추리'에 바탕을 둔 신념을 지식으로 간주하는 것은 수정 구슬을 뚫어지라고 보고 형성되는 신념을 지식으로 간주하는 일과 다를 바 없다. 반드시 벌어져야만 하는 것에 관한 지식은 타인의 마음이 존재한다는 신념과 마찬가지로 단일한 사례에 근거를 두고 있는 것 같은데, 만일 그렇다해도, 관찰된 증거를 근거로 귀납하여 얻어지는 지식은 아니다.

31. 비양상적 결론

그렇다면 이 논증이 증명한 것은 벌어져야만 할 것에 관한 진리가 경험적 관찰이든 직접 관찰에서의 귀납으로든 직접 검증되지 않는다는 점일 뿐이다. 이런 진리가 보통의 뜻으로 후천적이지 않다는 것을 증명한 게 아니다. 또한 후자는 전자의 귀결이 아니다. 한 예로 '개밥바라기는 샛별이다가 필연적이다.'는 진술을 보자. 우리가 7.2절에서 본 바로 의하면 직접 언급론이 진정으로 이 진술이 옳다는 결론을 산출하는데, 그 직접적 요소인 '개밥바라기는 샛별이다.'가 옳다는 것을 가정할 경우에 그렇다. 그러나 '개밥바라기가 샛별과 동일하다.'가 필연적이라는 지식은 명백히 선천적이지 않다. 즉 경험에 근거를 두지 않고 얻을 수 없다. 왜냐하면, 만일 우리가 '개밥바라기는 샛별과 동일하다.'가 필연적이라 걸 선천적으로 알 수 있었다면, 아주 단순한 논리적 추론을 통해, 우리는 개밥바라기가 샛별과 사실상 동일하다는 것도 선천적으로 알 수 있었다. 하나의 선천적 진리의 어떠한 논리적 귀결이라도 그 자체로는 선천적 진리인데, 그것이 선천적이라고 알려진 어떤 것에서 추리만으로 알려질 수 있기 때문이다. 하지만, 개밥바라기가 샛별과 동일하다는 지식은 명백히 후천적 지식이다. 이는 '개밥바라기가 샛별이다.'가 필연적이라는 것을 직접 관찰한다는 말도 아니고, 우리가 직접 관찰했던 것으로부터 개밥바라기와 샛별의 동일성이 필연적이라는 것을 귀납적으로 추론했다는 말도 아니다. 우리는 이런 일 가운데 어떤 것도 하지 않았기 때문이다. 우리는 개밥바라기가 샛별과 사실상 동일하다는 사실에 근거를 두고 개밥바라기와 샛별의 동일성이 필연적이라는 것을, 언어에 관한 약간의 지식(즉 직접 언급론에서 약간의 기초적인 의미론적 지식)의 도움을 받아, 연역적으로 추론했다. 개밥바라기가 샛별과 필연적으로 동일하다는 지식에는 개밥바라기와 샛별이 동일하다는 명백히 경험적인 사실과, 나아가 만일 그렇다면 필연적으로 그렇다는 사실이 포함되어 있다. 마찬가지로, 만일 K 절차가 자연류어를 포함하는 필연 후천적 진리를 산출하는 방식을 다소 정확하게 나타낸다면, 물이 필연적으로 H_2O라는 지식에는 (약간의) 물은 H_2O이라는 사실과, 나아가 만일 그렇다면 (모든) 물이 H_2O라는 것이 필연적이라는 사실을 포함한다.

우리가 여기서 관여하고 있는 논점은 K 절차에 포함된 것과 같은 본질주의자 원리들의 이론적 격위이다. 특히 우리는 이 원리들이, 도넬란이 가끔 주장하는 것처럼, 고유한 과학의 후천적 소산인지의 여부를 알아야만 한다. 우리는 방금 필연성 개념이 포함된 약간의 진리 ─ 이를테면 약간의 필연화된 동일성 진술─가 명백히 후천적 진리임을 보았다. 이 경우에 양상 연산자의 출현을 제거하여 얻어지는 논리적 귀결이 그 자체로 명백히 후천적이기 때문이다. 마찬가지로 (22')와 그 비슷한 원리들에 출현하는 양상 연산자를 제거하여 얻게 되는 진술들의 인식론적 격위도 살펴볼 수 있다. 왜냐하면 이 비양상 원리들은 그 자체로 양상 원리들의 논리적 귀결이기 때문이다. 만일 그들이 후천적이라면, K 절차에 필요한 양상 원리 역시 그렇게 될 것이다.

(22')와 그 비슷한 원리들의 비양상적 귀결은 다음과 같이 진술될 수 있겠다.

> 만일 일정 실체 z의 표본 약간이 어떤 화학구조 F를 갖는다면, 실체 z의 모든 표본이 화학구조 F를 갖는다.

> 만일 일정한 종 z의 구성원 약간이 어떤 생물 집합의 구성원이라면, 종 z는 그 생물 집합에 완전히 포섭된다.

> 만일 일정한 화학 원소 z의 표본 약간이 그 성분 원자에 n개의 양성자를 정확하게 갖는다면, 원소 z의 모든 표본은 그 성분 원소에 n개의 양성자를 정확하게 갖는다.

이 비양상 원리들 가운데 어떤 것이 후천적인가? 어떤 경우도 답은 명백하지 않다.

첫 번째 원리는, 결과적으로 각 실체가 유일한 화학구조를 갖는다고 주장한다. 만일 낱말 '실체'가 이 원리를 옳게 만드는 방식으로, 말하자면 '화학 원소나 화합물'의 뜻으로 사용된다면, 이것이 과학의 경험적 발견이 아니라 일종의 전제 가정, 오히려 선천적 가정일 거라고 주장하고 싶을 텐데, 화학의 진보가 이 가정과 더불어 이루어져 왔다. 더욱이, 만일 '실체'라는 낱말이 이런 원리를 옳게 만들어주는 뜻으로 이해된다면, 문제의 원리를 분석적인 것으로 만들어주는 뜻으로 이해된다고 말하고 싶기도 할 것이다.

이 비슷한 상황이 두 번째 비양상 원리의 경우에서도 발생한다. 이 원리는 따르면 결과적으로 다음과 같은 주장이다. 생물 종과 생물 집합의 관계는 다름아니라 어떤 종이 그것(즉 그 종)과 중첩되는 임의의 집합에 의해 전적으로 포섭되는 그런 것이다. 이 원리에 의하면, 똑같은 종에 속하지만 서로 다른 생물 집합에 속하는 두 동물이 존재하는 상황은 결코 일어나지 않는다. 여기서 다시 한번 실체의 경우보다 덜하긴 하겠지만 이런 말을 하고 싶을 것이다. 이 원리는 과학의 발견이 아니라 생물의 분류 이론에 관한 가정, 아마도 선천적 가정이라는 것이다. 종, 류, 집합 등의 관념은 이와 같은 원리가 옳을 것을 요구하는 것 같다. 예를 들어 토마슨(Thomason)은 이렇게 쓰고 있다.

우리는 분류의 체계를 반격자(semi-lattices)가 갖지 않는 속성에 의해 특징짓는다.

(D) 어떤 분류 체계의 자연류 a와 b는, a가 b [아래 포섭되거나] b가 a [아래 포섭]되지 않는 한, 중첩된다

어떤 분류 체계에 속하는 자연류는 나뉘어지는 과정을 거치면서 얻어진 것으로 보이기 때문에, 분할(disjointness)의 원리 D는 유지된다. 우주는 먼저 분할되어 부류들(예를 들어, 동물, 식물, 광물)로 나뉘었고, 그 다음에 이들은 더욱 분할된 부류로 나뉘었으며, 이런 과정이 계속되었다(1969, p.98).

우리는 여기서 토마슨의 분할 원리 D의 특별한 실례를 살펴보겠다. 이 원리가 유지되는 이유에 관한 그의 말은 다음을 암시한다. 이 원리는 분류학에서 이루어지는 분류 과정의 본성에 바로 그것에 의해 선천적으로 알려진다.

위에서 언급한 세 번째 비양상 원리의 경우 상황이 달라진다. 이 원리는 결과적으로 다음과 같은 주장이다. 화학 원소는 원자로만 조직된 실체인데, 원자 핵 속에 똑같은 수의 양성자를 갖고 있다. 이 원리가 결코 과학의 진정한 경험적 발견이 아니라고 말하려는 유혹이 이 경우에는 다소 적다. 원래의 원소 개념은 그 표본이 다른 실체로 '분리'되거나 분해될 수 없는 실체이다. '원소'를 이렇게 정의하면, 문제의 원리가 무언가를 나타낸다면 경험적인 과학적 발견을 나타낸다는 게 분명해진다. 게다가, 용어 '원소'는 과학의 전문 용어이며, 근대 원자론의 출현 때문에, 적어도 이 용어의 정의는 이제 문제의 원리가 궁극에는 분석적이라고 할만한 방식으로 이루어질 가능성이 존재한다. 비록 이 원리가 분석적이지 않는다 해도, 원자, 양자, 원소에 관한 최근의 개념이 다음과 같다 해서 전적으로 부적절하다고는 못한다. 즉 원소가 정확하게 똑같은 수의 양자를 가진 원자만으로 이루어진다는 것은 어떤 뜻에서 개념적 필연(즉 그렇지 않다는 것을 상상할 수 없음)이다. 아마도 세 원리들 전부는 종합적이지만 개념적으로는 필연적이다.

또 한편으로, 이 비양상 원리들 각각은 궁극적으로 경험적 검증이나 반증에 지배를 받는다는 가정도 있을 수 있겠는데, 이 가정이 아예 부적절한 것은 아닌 것 같다.[177] 종에 관한 원리를 보자. 과학자가 똑같은 생물 집합에 속한다고 분류되지 않았음에도 같은 종인 두 동물을 발견했다고 주장할 수 있는 상황을 우리는 상상할 수 있는가? 예를 들어, 과학자가 이종 교배된 유기체 집단을 발견했다고 가정해보자. 그런데 이들은 거의 흡사하며 또 비슷하게 행동하고, 무리지어 다닌다고. 하지만 해부를 해보니, 겉모양이 아주 유사함에도 불구하고 또 풍부한 이종 교배 능력에도 불구하고, 이 가운데 일부는 확연하게 포유류가 아닌 반면 일부는 또 확연하게 포유류라고 해보자. 그렇다면 이런 것은 포유류 집합과 중첩되지만 그 아래 포섭되지 않는 종이 존재한다는 것은 경험적 발견을 구성하는가? 이런 발견에 관해 과학자들이 주장할 것을 추측하기는 어렵다. 만일 이런 유형의 발견이 더욱 늘어난다면, 아마도 포유류, 파충류 등의 개념은 전면적으로 바뀌게 될 것이다. 만일 사정이 충분히 악화된다면, 분류학자는 구식의 분류 체계를 버려버리고 완전히 새로운 생물 '류'를 가지고 새로이 작업할 것이다. 이게 아니라면 아마도 과학자는 구식 체계를 유지시키고 토마슨의 분할 원리 D를 포기할 것이다.[178]

이 비슷한 상황이 화학 합성물과 원소에 관한 다른 두 원리와 관련해서도 벌어진다. 예를 들어 과학자가 경험적으로 다음과 같은 아주 특수한 물리적 속성이 있다는 발견을 하게 되었다고 가정해보자. 분명히 별개의 실체가 갖는 특성이면서, 비슷한 원자 번호를 갖는 원자나 그런 원소의 성분구조보다 그 실체에 과학적으로 더욱 "근본적인" 속성이 있다는 것이다. 예를 들어 이 근본적인 물리적 속성이 아원자 수준에서 사물에 간여한다고 해보자. (내가 아는 바로는 이런 발견은 이미 이루어

---

177. 이 대목에서 필자는 1977에 각각 이루어진 도넬란과 캐플란의 논의에 신세를 졌다. 도넬란은 그 후에 자신에 이런 논점에 함축되어 있는 논증을 전개해서 자신의 논문집(근간, Oxford University Press)에 따로 내놓았다고 알려왔다. 물론 그의 논증이 어느 정도까지 여기서 제시한 논의와 유사한지는 아직 모른다.
178. 이 점에 관해서는 위긴스(Wiggins), 1980, pp.201-204, n.2.09를 보시오.

진 적이 있다.) 나아가 두 실체 표본이 각각 해왕성에서 발견되었고 실험실에서 인공적으로 창조되었는데, 그런 근본적 속성을 공유하지만, 화학 조성이나 원자 번호는 다르다고 해보자. 이런 일로 인해서 실체가 유일한 화학구조에 의해 특성화되지 못한다거나, 원소가 유일한 원자 번호로 특성화되지 못한다는 경험적 발견이 이루어지는가?

32. 연결 진술

32.1 연결 진술의 필요성

이 비양상 원리 가운데 하나나 그 이상이 후천적인 상황이 전개될 수 있다해도, 우리는 여전히 실체와 종에 관해 사소하지 않은 본질주의가 적절한 뜻에서 "과학의 소산"이라는 걸 아직 증명하지 않았다. '만일 실체와 종에 관한 비양상 원리가 후천적이라면, K 절차에 포함된 (27) 형식의 양상 원리도 역시 그렇다.'는 말도 옳다. 그러나 만일 이 주장에 의해 자연류에 관한 사소하지 않은 형태의 본질주의가 적절한 의미에서 경험 과학의 소산이라는 것을 증명하려 한다면, 먼저 'K 절차에 포함된 본질주의자 원리의 진리성이, 경험적으로 검증될 수 없고 그래서 결과적으로 논란의 여지가 있는, 형이상학 이론에 의존하지 않는 방식에 따라 궁극적으로 확립될 수 있다.'고 증명되어야, 경우에 맞다고 하겠다.

경험적 탐구로 얻어지는 직접 자료가 필연적 사태에 관한 정보를 직접 산출하지 않는다고 증명하려는 논증을 우리는 이미 보았다. 이것과 이를테면 '개밥바라기가 샛별이다는 필연적이다.'와 같은 양상 진술들이 후천적이라는 사실을 어떻게 조정할 수 있을까? 개밥바라기와 샛별의 필연적 동일성에 관한 지식에 포함된 바는 경험적으로 선행되는 두 가지 사실이다. 개밥바라기가 필연적으로 샛별과 동일하다는 지식은 명백히 후천적 지식이지만, 또한 파생된 지식이다. 이 지식은 의미론과 언어철학의 지식과 더불어, 개밥바라기는 사실상 샛별과 동일하다는 이전의 지식에 의존하고 있는데, 이 모든 지식은 만일 개밥바라기가 사실상 샛별이라면, 개밥바라기는 샛별과 동일하다는 진술이 필연적이라는 귀결을 낳는다. 크립키도 앞의 24절에서 인용한 구절에서 이와 비슷하게 지적하고 있다. 특정 탁자가 얼음 덩어리에서 필연적으로 비롯되지 않았다는 본질주의자의 사실은 후천적으로 알려질 수 있는데, 왜냐하면 이 사실은 부분적으로 탁자가 목재에서 현실적으로 비롯되었다는 후천적 사실에서 도출되기 때문이다. 이렇게 순수히 경험적으로 검증된 사실은 소량의 추가 정보와 한 묶음을 이루게 된다. 이 정보는 현실 세계에서 탁자의 원래 조성과 모든 다른 관찰되지 않은 가능 세계에서 탁자의 원래 조성에 관한 일반적 사실을 "연결한다." 크립키가 강하게 주장하는 바에 따르면, 이 추가된 소량의 "연결하는" 정보는 철학적 분석에 의해 선천적으로 알 수 있다. 만일 K와 I 절차가 얼마간 정확하게 "이러-저러한 것이 필연적으로 성립한다."는 형식의 양상 진술에 관한 후천적 지식을 산출하는 절차를 나타낸다면, 이렇게 산출된 지식은 후천적—최소한 감각 경험에 의존하여 최소한 부분적으로라도 얻어지는 지식—이다. 이런 지식이, 연결 사실 즉 만일 비양상적 사태가 얻어진다면 그에 대응하는 양상적 사태도 얻어진다는 사실과 더불어, 경험적으로 검증 가능한 비양상적 사실로부터 도출되었다는 바로 그 이유 때문이다.[179] 이런 조건적 "연결 진술"에 관한 지식이 주어진다면, 비양상 명제(예를 들어, 나무 탁자는 사실상 목재로 만들어졌고, 물은 사실상 H_2O이다)에 관한 어떠한 경험적 검증이라도 간접적으로, 하지만 자동으로 양상 명제에 관한 검증이다.[180] 필연 후천적인 결론을 산출하는 데 포함된 적어도

---

179. 좀더 정밀하게 말해서 K와 I 절차는 '만일 어떤 사태가 벌어질 수 있다면, 그것은 반드시 벌어져야 한다.'는 내용의 전제를 사용한다. 만일 그것이 벌어진다면 반드시 그래야 한다는 사소한 귀결이 필요한 전부이다. 제 6장의 각주 2를 보시오.

하나의 중요한 선천적 요소가 있다. 이는 이성의 능력으로, 이는 우리에게 전제로부터 결론을 추론하도록 해준다. 또한 언어 철학으로부터 포함된 다른 중요한 선천적 요소도 있을 수 있다. 하지만, 추가로 불가피한 후천적 요소가 있다. 목재 탁자는 필연적으로 얼음 덩어리에서 비롯되지 않았고 물은 필연적으로 H_2O라는 파생된 지식은, 부분적으로는, 경험적 전제 즉 목본은 목재에서 사실상 비롯되었고 물은 사실상 H_2O이라는 전제에 기초를 두고 있다. 그러므로 파생된 지식은 감각 경험 특히 경험적 전제로 검증된 감각 경험에 결국 의존해서만 얻어진다. 경험적 탐구의 직접 자료는 비양상 전제만을 직접 검증하지만, 또한 이 자료는 K와 I 절차를 통해 양상적 결론들을 간접적으로 검증한다.

물론 (22′)과 이 비슷한 원리들과 같은 일반적 본질주의자 원리에 관한 지식을 두고서도, 만일 이런 지식이 궁극적으로는 후천적이라면, 도넬란이 제안하듯이 비슷한 말을 해야만 할 것이다. 왜냐하면 K 절차에 포함된 (27)과 같은 형식의 일반적 본질주의자 원리가 곧이곧대로 양상 명제이고, 경험적 탐구의 직접 자료에 의해 직접적으로 검증될 수 없는 바로 그런 부류의 명제이기 때문이다. 만일 (22′)과 이 비슷한 원리들이 결국에 감각 경험에 의존해서만 알려질 수 있다면, 이들은 오직 경험적 탐구에 의해 간접적으로만 검증되어야 할 것 같다. 마치 '개밥바라기는 샛별이다는 진술이 필연적이다.'는 지식이 경험적 탐구를 통해 명백히 간접적으로만 검증되듯이 비록 양상 연산자를 지워서 얻어진 (22′)과 이 비슷한 원리들의 비양상 상대역이 완전하게 경험적으로 검증된다면, 그래서 그것과 그것의 양상적 상대역이 후천적이라면, 우리는 여전히 약간의 연결 원리를 요구할 것 같다. 우리가 양상 원리를 검증하려고 직접적인 경험적 자료를 사용할 경우에 이 연결 원리를 통해 우리는 비양상 원리에서 양상 원리로 건너갈 수 있다.

---

180. "연결 진술"이나 "연결 사실"이라는 개념은 어떤 점에서 헴펠의 교량 원너(bridge principle)라는 개념과 유사하다. 헴펠, 1966, 제 6장, pp.70-84, 특히 pp.72-75를 보시오.

이제, 예를 들어, '실체는 화학구조에 의해 사실상 구별될 수 있다.'가 경험적으로 발견된다고 가정해보자. 그렇다면 어쨌든 (22')도 오직 후천적으로만 알 수 있다. 왜냐하면 이는 전자의 사실을 그 논리적 귀결로 산출하기 때문이다. 그러나 만일 우리가 양상적 사실을 검증하기 위해 비양상 사실을 검증하는 과정에 포함된 직접적인 경험적 자료를 사용해야 한다면, 우리는 여전히 다음과 같은 것을 알아야 하는 것 같다. 즉 만일 실체가 현실 세계에서 화학구조로 사실상 구별 가능하다면, 실체는 별개의 가능 세계에 걸쳐 화학구조로 구별될 수 있으며, 따라서 실체의 화학구조는 그 실체의 본질적 특징이다. (22')에서 양상 연산자를 없애고 얻어지는 비양상 원리가 비록 후천적으로만 알려질 수 있다해도, (22') 자체의 진리성에 관한 후천적 지식에 포함된 바는 '(22')이 만일 그 경험적으로 검증 가능한 비양상 귀결이 옳다면 옳다.'는 연결 사실에 관한 경험적으로 선행하는 지식이다. 비슷한 상황이 종과 원소에 관한 (22')와 비슷한 원리들에도 벌어진다. 비록 (22')와 이 비슷한 원리들이 후천적으로만 알려질 수 있다해도, 그들의 경험적 확증에 포함된 바는 각각 다음과 같은 세 가지 연결 원리이다.

실체가 유일한 화학구조에 의해 사실상 구별 가능하다고 했을 경우, 모든 실체는 만일 그것이 일정 화학구조를 가질 수 있다면, 그것은 그 화학구조를 반드시 가져야만 하는 그런 것이다.

생물 종이 생물 집합 아래 개별적으로 완전히 사실상 포섭된다했을 경우, 모든 종은 만일 그것이 일정한 생물 집합에 포섭될 수 있다면 그것은 반드시 그 생물 집합에 포섭되어야만 하는 그런 것이다.

화학 원소가 그 성분 원자 속의 양자 수 즉 그 원자 번호에 의해 사실상 구별 가능하다면, 모든 원소는 만일 그것이 일정 원자 번호 n

을 가질 수 있다면, 그것은 반드시 그 원자 번호 n을 가져야만 하는 그런 것이다.

비양상 사태와 양상 사태를 연결하는 이런 조건적 지식이 없다면, 관련된 비양상 사태를 직접 검증해주는 경험적 탐구의 직접 자료는 대응하는 양상 사태에 관해 아무것도 보여주지 않는다. 현실 세계에서 관찰한 것에서 관찰하지 않은 다른 가능 세계의 모든 것에 관한 지식으로 건너가기 위해 연결 사실이 필요하다. 귀납은 우리에게 이런 일을 해주지 않는다.

32.2 연결 진술의 이론적 격위

"만일 이것이 이렇다면 이것은 반드시 그래야 한다."는 것이 연결 진술의 내용인데, 만일 이 연결 진술이 K 절차에 포함된 일반적 본질주의자 원리에 관한 지식의 근원이라면, (만일 이 지식이 후천적이라면 반드시 근원이어야 하는 것 같은데), 이 조건 진술의 이론적 격위에 관해서도 탐구해야만 한다. 이것 역시 본질주의라는 환원 불가능한 형이상학 이론에 결국 의존하지 않는다는 것이 증명되지 않는 한, 사소하지 않은 형태의 본질주의가 과학과 형이상학이 혼합된 것의 소산이 아니라 고유한 과학의 소산이라는 점이 성공적으로 성립되지 못한다.

이는 (22′)와 이 비슷한 원리들에 관한 도넬란의 입장에 심각한 소통 불능상태를 만든다. 왜냐하면 위에서 열거된 세 개의 본질주의자 연결 기본 주장 가운데 어떤 것이든, 전적으로, 논리적으로 독립적인 형이상학적 이론에 기대지 않은 과학의 소산이라는 주장은 특히나 그럼직하지 못하다. 이 각각의 세 본질주의자 기본 주장은 순전히 그리고 환원 불가능하게 형이상학적인 것 같다. 더욱이 이들 가운데 어느 것도, 마치 순전한 형이상학적 기본 주장처럼, 감각 경험을 궁극의 의지처로 삼기만 하고는 알려질 수 없다는 게 오히려 그럼직하다. 만일 이 기본 주장들이 진정으로 앞려질 수 있는 것이기라도 하다면, 이는 실체, 원소, 화학 조성, 종, 생물 집합 등의 개념에 관한 반성에 의해 선천적으로 알려지는 것 같다. 이는 공리공론에 머무를 만한 철학적 논쟁과 논란을 일으키는, 단지 그런 부류의 형이상학적 기본 주장일 뿐이다. 사소하지 않은 본질주의를 반대하는 철학자는 누구나 이들을 확실히 거부한다. 이런 반본질주의자 입장은 비록 부정확하더라도 고유한 과학의 발견과 어떤 방식으로든 상충할 것 같지 않다. 어떤 반본질주의 철학자는 과학의 발견들을 기꺼이 받아들일 수 있고, 뿐만 아니라 제 I부에서 제시된 직접 언급론도 받아들일 수 있다. 물론 이 본질주의자 연결 기본 주장을 거부하면서도 말이다.

33. 맺음말

여기서는 (22′)와 이 비슷한 원리들과 같은 본질주의자 원리가 선천적으로 알려진다고 주장한 점에서 크립키가 정확했다든지, 이 원리들이 오직 후천적으로만 알려질 수 있다고 제안한 점에서 도넬란이 정확했다든지, 어떤 것도 논증하지 않았다. 물론 우리는 종에 관한 (22′)와 비슷한 원리가 그럼직하게 선천적이라고 간주되며, 반면에 원소에 관해서는 좀 더 그럼직하게 후천적이라고 간주된다는 것을 보았다. 하지만 비록 이렇게 다양한 본질주의자 원리가 후천적이라면, 이 원리를 경험적으로 확증하는 데 포함된 것은 일정한 본질주의자 연결 원리이다. 물론 이 원리는 고유한 과학의 소산이 아니고 환원 불가능한 형이상학적 소산이며, 아마도 선천적으로 알려진다. (22′)과 이 비슷한 원리의 이론적 격위에 관한 크립키의 입장이 과도한 진술일 수 있는데 비해, 그들에 관한 우리의 지식에 포함된 것은 고유한 과학과 대조되는 적어도 일부의 형이상학인 것 같다. 제 II부에서 다루었던 다양한 형태의 자연류 본질주의는 언어 철학의 소산인 것 이상으로 나아가 고유한 과학의 소산은 아닌 것 같다. 우리의 마지막 결론 그리고 이 책의 주된 의도는 자연류나 구체 개별자에 관해 사소하지 않은 본질주의가 겉으로 드러나 보이는 그 이상의 무엇이라고 가정할 근거가 전혀 없다는 것이다. 다시 말해, 이 본질주의는 독특한 부류의 철학에서 비롯된 환원 불가능한 형이상학적 신조 또는 신조들의 집합이다.

참고문헌

ACKERMAN, D.
- 1976a. "Propositional Attitudes and the Causal Theory of Names." Unpublished manuscript.
- 1976b. "Plantinga, Proper Names and Propositions." *Philosophical Studies* 30(December) : 409-412.
- 1979a. "Proper names, Propositional Attitudes and Non-Descriptive connotations." *Philosophical Studies* 35 : 55-69
- 1979b. "Proper Names, Essences and Intuitive beliefs." *Theory and Decision* 11 : 5-26.
- 1980. "Natural Kinds, Concepts and Propositional Attitudes." In French, Uehling, and Wettstein eds., *Midwest Studies in Philosoph V : Studies in Epistemology*(Minneapolis:University of Minnesota Press), pp.469-485.

ADAMS, R.M.
- 1971. "The Logical Structure of Anselm's Arguments." *The Philosophical Review* 80(January) : 28-54.
- 1974. "Theories of Actuality." *Noûs* 8(September) : 211-231 ; also in Loux, 1979, pp.190-209.
- 1979. "Primitive Thisness and Primitive Identity." *The Journal of Philosophy* 76(January) : 5-26.

BLACKBURN, S.
   1975. "The Identity of Propositions." In S. Blackburn, ed., *Meaning, Reference and Necessity*(Cambridge : At the University Press), pp.182-205.

BURGE, C.T.
   1972. "Truth and Mass Terms." *The Journal of Philosophy* 69(May 18) : 263-282.
   1974. "Demonstrative Constructions, Reference, and Truth." *The Journal of Philosophy* 71(April 18) : 205-223.
   1977. "Belief De Re." *The Journal of Philosophy* 74(June) : 338-362.
   1979a. "Individualism and the Mental." In French, Uehling, and Wettstein, eds., *Midwest Studies in Philosophy IV:Studies in Metaphysics* (Minneapolis : University of Minnesota Press), pp.73-121.
   1979b. "Sinning Against Frege." *The Philosophical Review* 88:398-432.

CARNAP, R.
   1947. *Meaning and Necessity: A Study in Semantics and Modal Logic.* Second edition. Chicago:The University of Chicago Press.

CARTWRIGHT, R.
   1968. "Some Remarks on Essentialism." *The Journal of Philosophy* 65 (October 24) : 615-626.

CASULLO, A.
   1977. "Kripke on the A Priori and the Necessary." *Analysis* 37(June) : 152-159.

CHANDLER, H.S.
   1975. "Rigid Designation." *The Journal of Philosophy* 72(July 17):363-369.
   1976. "Plantinga and the Contingently Possible." *Analysis* 36(January) : 106-109.

CHISHOLM, R.
- 1967. "Identity Through Possible Worlds:Some Questions." *Noûs* 1(March) : 1-8 ; also in Loux, 1979, pp.80-87.
- 1973. "Parts as Essential to their Wholes." *Review of Metaphysics* 26 : 581-603.
- 1975. "Merecological Essentialism : Some Further Considerations." *Review of Metaphsics* 28 : 477-484.
- 1976. *Person and Object.* London : George Allen and Unwin.

CHURCH, A.
- 1943. "Review of Carnap's *Introduction to Semantics.*" *The Philosophical Review* 52 : 298-304.
- 1951. "A Formulation of the Logic of Sense and Denotation." In Henle, Kallen, and Langer, eds., *Structure, method and Meaning : Essays in honor of Henry M. Sheffer*(New York : Liberal Arts Press), pp.3-24.
- 1956. *Introduction to Mathematical Logic I.* Princeton : Princeton University Press.
- 1973. "Outline of a Revised Formulation of the Logic of Sense and Denotation." Part I, *Noûs* 7(March) : 24-33 ; part II, *Noûs* 8(May) : 135-156.

COOK, M.
- 1979. "Singular Terms and Rigid Designators." *Southwest journal of Philosophy* 10(Spring) : 157-162.

DAVIDSON, D.
- 1979. "Singular Terms and Rigid Designators." *Southwest Journal of Philosophy* 10(Spring) : 157-162.
- 1967. "Truth and Meaning" *Synthese* 17(September) : 304-323.

1969. "On Saying That." In D. Davidson and J. Hintikka, eds., *Words and Objections : Essays on the Work of W. V. Quine*(Dordrecht : D. Reidel), pp.158-174.

1979. "The Metod of Truth in Metaphysics." In French et al., 1979, pp.294-304.

DAVIDSON, D., DENNETT, D., et al.

1974. "Second General Discussion Session." Transcription of a discussion session held at a conference on "Language, Intentionality, and Translation-Theory," the University of Connecticut, march 1973, *Synthese* 27(July/August, 1974) : 509-521. (Participants:D. Kaplan, S. Kripke, D. Lewis, C. Parsons, B. Partee, H. Putnam, W. V. O. Quie, and W. Sellars.)

DEL CARRIL, M.F.

1978. "Designation and Identity." *Critica* 10(April) : 57-73.

DEVITT, M.

1974. "Singular Terms." *The Jorunal of Philosophy* 71(April 18) : 183-205.

DONNELLAN, K.S.

1962. "Necessity and Criteria." *The Journa of Philosophy* 59(October 25) : 647-658.

1966. "Reference and Definite Descriptions." *The Philosophical Review* 75(July) : 281-304 ; also in Schwartz, 1977, pp.42-65.

1968. "Putting Humpty Dumpty Together Again." *The Philosophical Review* 77 : 203-215.

1972. "Proper Mames and Identifying Descriptions." In D. Davidson and G. Harman, eds., *Semantics of Natural Language*(Dordrecht : D. Reidel), pp.356-379.

1973a. "Substances as Individuals." Abstract of Donnellan, 1973b, *The Journal of Philosophy* 70(November 8) : 711-712.

1973b. "Substances and Individuals." Unpublished commentary on Putnam, 1973b, delivered at the 1973 American Philosophical Association Eastern Division Symposium on Reference.

1974a. "Speaking of Nothing." *The Philosophical Review* 83(January) : 3-31 ; also in Schwartz, 1977, pp.216-244.

1974b. "Rigid Designators, natural Kinds, and Individuals." Unpublished expansion of Donnellan, 1973b, delivered at a UCLA Philosophy Colloquium, October 1974.

1977. "Review of K. Gunderson, ed., *Language, Mind, and Knowledge.*" *Language* 53(September) : 714-722.

1978. "Speaker Reference, Descriptions and Anaphora." In P Cole, ed., *Syntax and Semantics 9 : Pragmatics*(New York : Academic Press), pp.47-69 ; also in French et al., 1979, pp.28-44.

1979. "The Contingent *A Priori* and Rigid Designators." In French et al., 1979, pp.45-60.

DUMMETT, M.

1973. *Frege : Philosophy of Language.* New York : Harper and Row.

1974. "The Social Character of Meaning." In Dummett, *Truth and Other Enigmas*(Cambridge, mass. : Harvard University Press, 1978), pp.420-430.

1975. "Frege's Distinction Between Sense and Reference." In Dummett, *ibid.*, pp.116-144.

EVANS, G.

1978. "Can There Be Vague Objects?" *Anaysis* 38 : 208.

1979. "Reference and Contingency." *The Monist* 62(April) : 161-189.

FELDMAN, F.
- 1973. "Kripke's Argument Against Materialism." *Philosophical Studies* 24(November) : 416-419.
- 1974. "Kipke on the Identity Theory." *The Journal of Philosophy* 71(October 24) : 665-676.

FINE, K.
- 1977a. "Prior on the Costruction of Possible Worlds and Instants." Postscript to A. N. Prior and K. Fine, *Worlds, Times and Selves*(Amherst : University of Massachusetts Press), pp.116-161.
- 1977b. "Properties, Propositions and Sets." *Journal of Philosophical Logic* 6(June) : 135-192.
- 1978a. "Model Theory for Modal Logic I." *Journal of Philosophical Logic* 7(May) : 125-156.
- 1978b. "First Order Modal Theories I : Modal Set Theory." Forthcoming in Noûs.

FITCH, G. W.
- 1976. "Are There Necessary *A Posteriori* Truths?" *Philosophical Studies* 30 : 243-247.

FORBES, G.
- 1980. "Origin and Identity." *Philosophical Studies* 37:353-362.
- 1981a. "On the Phiosophical Basis of Essentialist Theories." *Journal of Philosophical Logic* 10(February) : 73-99.
- 1981b. "Thisness and Vagueness." Unpublished manuscript.

FREGE, G.
1892. "On Sense and Reference." In Frege, 1970, pp.56-78.
1918. "The Thought:A Logical Inquiry." A. M. and Marcelle Quinton, trans., *Mind* 65(July 1956) : 289-311 ; alo in P. F. Strawson, ed., *Philosophical Logic*(Oxford : Oxford University Press, 1967), pp.17-38.
1970. *Translations from the Philosophical Writings of Gottlob Frege.* P. Geach and M. Black, eds. Oxford:Basil Blackwell.
1979. *Posthumous Writings.* H. Hermes, F. Kambartel, and F. Kaulbach, eds. Chicago : University of Chicago Press.
1980. Philosophical and Mathematical Correspondence. G. Gabriel, H. Hermes, F. Kambartel, C. Thiel, and A. Veraat, eds. Abridged by B. McGuinness and translated by H. Kaal. Chicago : University of Chicago Press.

FRENCH, P., UEHLING, T., and WETTSTEIN, H., eds.
1979. *Contemporary Perspectives in the Philosoph of Language.* Minneapolis : University of Minnesota Press.

FUMERTON, R.A.
1978. "Chandler on the Contingently Possible." *Analysis* 38 : Selected Bibliography.

GIBBARD. A.
1975. "Contingent Identity." *Journal of Philosophical Logic* 4(May) : 187-221.

GÖDEL. K.
1944. "Russell's Mathematical Logic." In Paul A. Schilpp. cd., *The Philosophy of Bertrand Russell.* The Library of Living Philosophers. Evanston, Ilinois (New York : The Tudor Publishing Company),

pp.125-153.

HAZEN. A.

1976. "Expressive Completeness in Modal Language." *Journal of Philosophical Logic* 5 : 25-46.

1979. "Counterpart-theoretic Semantics for Modal Logic." *The Journal of Philosophy* 76 (June) : 319-338.

HEMPEL, C.G.

1966. *Philosophy of Natural Science.* Englewood Cliffs : Prentice-Hall.

HIRSCH. E.

1976. *The Persistence of Objects.* Philadelphia : Philosophical Monographs.

HUDSON, J., and TYE, M.

1980. "Proper Names and Definite Description with Widest Possible Scope." *Analysis* 40 : 63-64.

HUGHES, G.E., and CRESSWELL, M.J.

1980. *An Introduction to Modal Logic.* London : Methuen and Co.

KALISH, D., and MONTAGUE, R.

1964. *Logic : Techniques of Formal Reasoning.* New York : Harcort, Brace, and World.

KAPLAN, D.

1964. "Foudations of Intesional Logic." Doctoral disscrtation, UCLA.

1967a. "Trans-World Heir Lines." In Loux, 1979, pp.88-109.

1967b. "Individuals in Intesional Logic." Unpublished manuscript (September).

1969. "Quantifying In." In D. Davidson and J. Hintikka. eds., *Words and Objections : Essays on the Work of W. V. Quine* (Dordrecht : D Reidel), pp.206-242 ; also in L. linsky, ed., *Reference and*

Modality(New York : Oxford University Press, 1971), pp.112-144.
- 1970. "Dthat." In P. Cole, ed., *Syntax and Semantics 9 : Pragmatics* (New York : Academic Press, 1978). pp.221-243 ; also in French et al., 1979. pp.383-400.
- 1973a. "Bob and Carol and Ted and Alice." In Hintikka. moravcsik, and Suppes, eds., *Approaches to Natural Language*(Dordrecht : D. Reidel). pp.490-518.
- 1973b. "On the Logic of Demonstratives." In French et al., 1979, pp.401-412.
- 1975. "How to Russell a Frege-Church." *The Journal of Philosophy* 72(November 6) : 716-729 ; also in Loux, 1979, pp.210-224.
- 1977. "Demonstratives." Unpublished manuscript, UCLA Department of Philosophy.

KIM. J.
- 1977. "Perception and Reference Without Causality." *The Journal of Philosophy* 74 (October) : 606-620.

KING, J.L.
- 1978. "Chandler on Contingent Identity." *Analysis* 38(June) : 135-136.

KRIPKE, S.
- 1961. "Quantified Modality and Essentialism." Unpublished manuscript.
- 1963. "Semantical considerations on Modal Logic." *Acta Philosophica Fennica* 16 : 83-94.
- 1971. "Identity and Necessity." In M. Munitz, ed., Identity and Individuation (New York : New York University Press), pp.135-164 ; also in Schwartz, 1977, pp.66-101.
- 1972a. "Naming and Necessity." In D. Davidson and G. harman, eds.,

Semantics of Natural Language (Dordrecht : D. Reidel), pp.253-355, 763-769. Also published as a book, with a substantive preface(Cambridge, Mass. : Harvard University Press, 1980) ; all page references given in this work are to the book.

- 1972b. Untitled, unpublished transcript of a seminar on fictional entities (University of Californi at Berkeley).
- 1979a. "Speaker's Reference and Semantic Reference." In french et al., 1979, pp.6-27.
- 1979b. "A Puzzle About Belief." In Margalit, 1979, pp.239-275.

LEWIS, D.

- 1968. "Counterpart Theory and Quantified Modal Logic." *The Journal of Philosophy* 65 (March 7) : 113-126 ; also in Loux, 1979, pp.110-128.
- 1970. "Anselm and Actuality." *Noûs* 4 (May) : 175-188.
  Selected Bibliography
- 1973. *Counterfactuals*. Cambridge, Mass. : Harvard University Press.

LINSKY, L.

- 1967. *Referring*. London : Routledge and Keagan Paul.
- 1977. *Names and Descriptions*. Chicago : University of Chicago Press.

LOCKWOOD, M.

- 1971. "Identity and Reference." In M. Munitz., ed., *Identity and Individuation* (New York : New York University Press), pp.199-211.
- 1975. "On Predicating Proper names." *The Philosophical Review* 84 (October) : 471-498.

LOUX, M., ed.

- 1979. *The Possible and the Actual*. Ithaca : Cornell University Press.

LYCAN, W.G.
　1974. "Kripke and the Materialists." *The Journal of Philosophy* 73 (March 11) : 127-135.

MCGiNN, C.
　1976. "On the Necessity of Origin." *The Journal of Philosophy* 73 (March 11) : 127-135.

MACKIE, J.L.
　1974. "Locke's Anticipation of Kripke." *Analyis* 34 (June) : 177-180.

MARCUS, R.B.
　1962. "Modalities and Intensional Languages." *Synthese* 27 : 303-322.
　1967. "Essentialism in Modal Logic." *Noûs* 1 (March) : 91-96.
　1971. "Essential Attribution." *The Journal of Philosophy* 68 (April 8) : 187-202.
　1978. "Review of Linsky, 1977." *The Philosophical Review* 87 (July) : 497-504.

MARGALIT, A., ed.
　1979. *Meaning and Use*. Dordrecht : D. Reidel.

MELLOR, D.H.
　1977. "Natural Kinds." *British Journal for the Philosophy of Science* 28 (December) : 299-312.

MILL, J.S.
　1843. "Of Names." Book I, chapter II, *A System of Logic* (New York : Harper and Brothers, 1893), pp.29-44.

ODEGARD, D.
　1976. "On A priori Contingency." *Analysis* 36 (June) : 201-203.

PARFIT, D.
  1971. "Personal Identity." *The Philosophical Review* 80 (January) : 3-27.

PARKS, Z.
  1972. "Classes and Change." *Journal of Pilosophical Logic 1* (May) : 162-169.

PARSONS, T.
  1969. "Essentialism and Quantified Modal Logic." *The Philosophical Review* 78 (January) : 35-52.
  1970. "An Analysis of Mass Terms and Amount Terms." *Foundations of Language* 6 (August) : 362-388.

PERRY, J.
  1977. "Frege on Demonsatives." *The Philosophical Review* 86 : 474-497.
  1979. "The Problem of the Essential Indexical." *Noûs* 13 : 3-21.

PLANTINGA, A.
  1974. *The Nature of Necessity.* Oxford : The Clarendon Press.
  1975. "On Mereological Essentialism." *Review of Metaphysics* 28 : 468-476.
  1978. "The Boethian Compromise." *American Philosophical Quarterly* 15 (April) : 129-138.

PRIOR, A.N.
  1960. "Identifiable Individuals." *Review of Metaphysics* 13 (June) : 684-696 ; also in Prior. Papers on Time and Tense (Oxford : Oxford University Press, 1968), pp.66-77.
  1971. *Objects of Thought.* Oxford : Oxford University Press.

PUTNAM, H.
  1962. "It Ain't Necessarily So." *The Journal of Philosophy* 59 (October) :

658-671 ; also in Putnam, 1975c, pp.237-249.
1965. "How Not Talk about Meaning." In R. Cohen and M. Wartofsky, eds., *Boston Studies in the Philosophy of Sience II : In Honor of Phillip Frank* (New York : Humanities Press) ; also in Putnam, 1975d, pp.117-138.
1966. "The Analytic ad the Synthetic." In H. Feigl and G. maxwell, eds., *Minnesota Studies in the Philosophy of Science III* (Minneapolis : University of Minnesota Press) ; also in Putnam, 1975d, pp.33-69.
1970. "Is Semantics Possible?" In H. Kiefer and M. Munitz, eds., *Language, Belief and Metaphysics* (Albany : State University of New York Press), pp.50-63 ; also in Putnam, 1975d, pp.139-152 ; also in Schwartz, 1977, pp.102-118.
1973a. "Explanation and Reference." In G. Pearce and P. maynard. eds., *Conceptual Change* (Dordrecht : D. Reidel), pp.199-221 ; also in Putnam, 1975d, pp.196-214.
1973b. "Meaning and Reference." *The Journal of Philosophy* 70 (November 8) : 699-711 ; also in Schwartz, 1977, pp.119-132.
1974. "Comment on Wilfrid Sellars." *Synthese* 27 (July/Auust) : 445-455.
1975a. "The Meanig of 'Meaning'." In K. Gunderson, ed., *Minnesota Studies in the Philosophy of Science VII:Language, mind, and Knowledge* (Minneapolis : University of Minnesota Press) ; also in Putnam, 1975d, pp.215-271 : all page references given in this work are to the latter.
1975b. "Language and Reality." In Putnam, 1975d, pp.272-290.
1975c. *Philosophical Papers I : Mathematics, Matter, and Method.* Cambridge : At the University Press.
1975d. *Philosophical Papers II : Mind, Language, and Reality.* Cambridge :

At the University Press.

1978. "Reference and Understanding." In Putnam, *Meaning and the Moral Sciences* (Boston : Routledge and Kegan Paul), pp.97-119 ; also in Margalit, 1979, pp.284-288.

QUINE, W.V.O.
1948. "On What There Is." In Quine, 1953b, pp.1-19.
1951. "Two Dogmas of Empiricism." In Quine, 193b, pp.20-46.
1953a. "Reference and Modality." In Quine, 1953b, pp.139-159.
1953b. *From a Logical Point of View.* Second edition. New York : Harper and Row.
1953c. "Three Grades of Modal Invlvement." In Quine, *The Ways of Paradox* (New York : Random House, 1966), pp.156-174.
1960. *Word and Object.* Cambridge, Mass. : The M.I.T. Press.
1962. "Reply to Professor marcus." In Quine, *The Ways of Paradox,* pp.175-182.
1969. "Replies." In D. Davidson and J. Hintikka, eds., *Words and Objections : Essays on the Work of W. V. Quine* (Dordrecht : D. Reidel), pp.292-352.
1972. "Review of M. Munitz., ed., *Identity and Individuation."* *The Journal of Philosophy* 69 (September 7) : 488-497.

RORTY, R.
1973. "Kripke on Mind-Body Identity." Unpublished manuscript.
1979. *Philosophy and the Mirror of Nature.* Princeton : Priceton University Press.

RUSSELL, B.
1903. *Principles of Mathematics.* New York : W. W. Norton and Co.

1905. "On Denoting." *Mid* ; also in Russell, 1956, pp.41-56.
1911. "Knowledge by Acquaintance and Knowledge by Description." In Russell, *Mysticism and Logic and Other Essays* (London : Longmans, Green and Co.), pp.209-232.
1912. *The Problems of Philosophy.* Oxford : Oxford University Press.
1918. "The Philosophy of Logical Atomism." In Russell, 1956, pp.177-281.
1956. *Logic and Knowledge.* R. C. Marsh, ed. London : George Allen and Unwin.

SALMON, N.U.
1979a. "Review of Linsky, 1977." *The Journal of Philosophy* 76 (August) : 436-452.
1979b. "How *Not* to Derive Essentialism from the Thery of Reference." *The journal of Philosoph* 76 (December) : 703-725.
1979c. "Essentialism in Current Theories of Reference." Doctoral disseration, UCLA.

SCHIFFER, S.
1978. "The Basis of Reference." *Erkenntnis* 13 (July) : 171-206.
1979. "Naming and Knowing." In French et al., 1979, pp.61-74.

SCHWARTZ, S.P., ed.
1977. *Naming, Necessity, and Natural Kinds.* Ithaca : Cornell University Press.

SEARLE, J.
1958. "Proper Names." *Mind 67* (April) : 166-173.
1967. "Proper Names and Descriptions." In P. Edwards, ed., *The Encyclopedia of Philosophy, Volume* 6 (New York : Macmillan Publishing Co. and the Free Press), pp.487-491.

SELLARS, W.

    1963. "Abstract Entitics." *Review of Metaphysics* 16 (June) : 627-671.

SHARVY, R.

    1968. "Why a Class Can't Change Its Members." *Noûs* 2 (Novermber) : 303-314.

SMULLYAN, A.F.

    1948. "Modlity and Decriptions." *The Journal of Symbolic Logic* 13 (March) : 31-37.

STRAWSON, P.F.

    1959. *Individuals : An Essay in Descriptive Metaphysics.* London : Metuen and Co.

    1979. "May Bes and Might Have Beens." In Margalit, 1979, pp.229-238.

TELLER, P.

    1975. "Essential Properties : Some Problems and Conjectures." *The journal of Philosophy* 72 (May 8) : 223-248.

THOMSON, R.

    1969. "Species, Determinates and Natural Kinds." *Noûs* 3 (February) : 95-101.

UNGER, P.

    1980. "The Problem of the Many." In Frnch, Uehling, and Wettstein, eds., *Midwest Studies in Philosophy V : Studies in Epistemology* (Minneapolis : University of Minnesota press), pp.411-467.

VAN CLEVE, J.

    1978. "Why Do Sets Contain Their Members Essentially?" Unpublished manucipt.

WHEWELL, W.
  1840. *Philosoph of the Inductive Sciences Founded upon Their istory, I.* London : J. W. Parker and Son.

WHITEHEAD A. N., and RUSSELL, B.
  1927. *Principia Mathematica. Second edition.* Cambridge : At the University Press.

WIGGINS, D.
  1974. "Essentialism, Continuity, and Identity." *Synthese* 28 (November) : 321-359.
  1980 *Sameness and Substance.* Cambridge, Mass. : Harvard University Press.

WILSON, N.L.
  1959. "Substances Without Subtrata." *Review of Metaphysics* 12 (June) : 521-539.

WITTGENSTEIN, L.
  1953. *Philosophical Investigations.* Third edition. G.E.M. Anscombe, trans. Nes York : The Macmillan Co.

WOLTERSTORFF, N.
  1970. *On Universals : An Essay in Ontology.* Chicago : The University of Chicago Press.

형식문 목록

(1)에서 (38)까지는 본문에서 제시된 일상어를 기호로 바꾼 것이다. 또한 여기서 'λ'-연산자는 변항을 속박하는 술어 추상 연산자로 사용되었는데, 임의의 열린 문장을 속성 지칭 술어로 만들어 준다. 'λ'를 사용하는 형식문 「$\lambda\,\alpha$」는, α가 개별자 변항인 경우에, 대충 "…인 개별자 α임이라는 속성"(the property of being an individual α which is such that…)이라고 해석된다.

(1) $(\exists y)\square\,[\alpha=y]$
(2) $(\exists y)(y=\beta \wedge \square\,[\alpha=y])$
(3) $\square\,[\alpha=\text{dthat}(\beta)]$
(4) $\alpha=\beta$
(5) $(\exists y)\,[\,y=\beta \wedge \square\,(x)\,(\Pi_\nu(x) \leftrightarrow x \in y)]$
(6) $\square\,(x)\,[\Pi_\nu(x) \leftrightarrow x \in \text{dthat}(\beta)]$
(7) $(x)\,[\Pi_\nu(x) \leftrightarrow x \in \beta]$
(8) $(w)(x)(\text{Exists}_w(x) \to [\Pi\text{water}_w(x) \leftrightarrow \text{Same}_L(\text{x-in-w, this-in-W}_@)])$
(9) $(w)(x)\,(\text{Exists}_w(x) \to [\Pi\text{water}_w(x) \leftrightarrow \text{Consubstantial}_w(x,\,\textit{this})])$
(10) $(w)(x)\,(\text{Exists}_w(x) \to$
　　　$[\Pi\text{water}_w(x) \leftrightarrow \text{Cross-world-consubstantial}(x,\,w,\,\textit{this},\,W_@)])$
(11) $(w)(x)[\text{Exists}_w(x) \to (\Pi\text{water}_w(x)$
　　　$\leftrightarrow x\in_w(\text{'z})[\text{Substance}_{w@}(z) \wedge (\text{this} \in_{w@} z)])]$
(12) $\square(x)(\Pi\text{water}(x) \leftrightarrow x \in (\text{'z})(A[\text{Substance}(z) \wedge (\text{this} \in z)])$
(13) $\square(x)[\Pi\text{water}(x) \leftrightarrow x \in \text{dthat}((\text{'z})[\text{Substance}(z) \wedge (\text{this} \in z)])]$

(14) $\Box(x)(\Pi_\nu(x) \leftrightarrow x \in (^?z)(A[K(z) \land (\text{this} \in z)])$
(15) $\Box(x)(\Pi_\nu(x) \leftrightarrow x \in \text{dthat}(^?z)([K(z) \land (\text{this} \in z)])$
(16) $\Box(x)(\Pi_\nu(x) \leftrightarrow x \in (^?z)A[K(z) \land \varphi(z)])$
(17) $\Box(x)[\Pi_\nu(x) \leftrightarrow x \in \text{dthat}((^?z)[K(z) \land \varphi(z)])]$
(18') $H_2O(\text{this}) \land \text{Chemical-structure}(H_2O)$
(19) $(w_1)(w_2)(x)(y)(\text{Exists}_{w1}(x) \land \text{Exists}_{w2}(y)$
　　　$\to [(x \in_{w1} (^?z)[\text{Substance}_{w2}(z) \land (y \in_{w2} z)])$
　　　$\to (F)(\text{Chemical-structure}(F) \to [F_{w1}(x) \leftrightarrow F_{w2}(y)])])$
(20) $(w_1)(w_2)(x)(y)(\text{Exists}_{w1}(x) \land \text{Exists}_{w2}(y)$
　　　$\to [((^?z)[\text{Substance}_{w1}(z) \land x \in w1\ z] = (^?z)[\text{Substance}_{w2}(z) \land y \in_{w2} z])$
　　　$\to (F)(\text{Chemical-structure}(F) \to [F_{w1}(x) \leftrightarrow F_{w2}(y)])])$
(21) $\Box(F)(\Diamond\text{Chemical-structure}(F)$
　　　$\to \Box(z)[\Diamond\text{Substance}(z) \land (\exists x)[x \in z \land F(x)])$
　　　$\to \Box(\text{Substance}(z) \to (x)[x \in z \to F(x)])])$
(22) $\Box(F)\Box(z)[\Diamond\text{Chemical-structure}(F) \land \Diamond\text{Substance}(z)$
　　　$\to (\Diamond(\exists x)[x \in z \land F(x)] \to \Box(x)[x \in z \to F(x)])]$
(23) $\Box(x)[\Pi\text{water}(x) \to H_2O(x)]$
(24) $\Box(x)(y)[(x \in (^?z)[\text{Substance}(z) \land y \in z])$
　　　$\leftrightarrow (F)(\text{Chemical-structure}(F) \to [F(x) \leftrightarrow F(y)])]$
(25) $\psi(\text{this}) \land \Psi[\lambda x \psi(x)]$
(26) $(w_1)(w_2)(x)(y)(\text{Exists}_{w1}(x) \land \text{Exists}_{w2}(y)$
　　　$\to [(x \in_{w1} (^?z)[K_{w2}(z) \land y \in_{w2} z])$
　　　$\to (F)(\Psi(F) \to [F_{w1}(x) \leftrightarrow F_{w2}(y)])])$
(27) $\Box(F)\Box(z)[\Diamond\Psi(F) \land \Diamond K(z)$
　　　$\to (\Diamond(\exists x)[x \in z \land F(x)] \to \Box(x)[x \in z \to F(x)])]$
(28) $\Box(x)[\Pi v(x) \to \psi(x)]$
(29) $(\exists x)[(x \in (^?z)[K(z) \land \varphi(z)]) \land \psi(x)] \land \Psi[\lambda x \psi(x)]$
(30) $\Box[목본 = \text{dthat}(여기에\ 있는\ 탁자)]$

(31′) 여기 놓인 탁자는 원래 목재 H로 구성되었다.
(32) $(w_1)(w_2)(x)(y)(Exists_{w1}(x) \land Exists_{w2}(y)$
　　　→ $[(x =_{w1} (′z)[Table_{w2}(z) \land y =_{w2} z])$
　　　→ $(F)(Original\text{-}composition(F) \to [F_{w1}(x) \leftrightarrow F_{w2}(y)])])$
(33) $\Box(F)\Box(x) [\Diamond Original\text{-}composition(F) \land \Diamond Table(x)$
　　　→$(\Diamond[Exists(x) \land F(x)] \to \Box Exists(x) \to F(x)])]$
(34) $\Box$ [Exists(목본) → 목본은 원래 목재 H로 구성되었다]
(35) $\phi(\beta) \land \Psi[\lambda x \phi(x)]$
(36) $(w_1)(w_2)(x)(y)(Exists_{w1}(x) \land Exists_{w2}(y)$
　　　→ $[(x =_{w1} (′z)[I_{w2}(z) \land y =_{w2} z])$
　　　→ $(F)(\Psi(F) \to [F_{w1}(x) \leftrightarrow F_{w2}(y)])])$
(37) $\Box(F)\Box(x)[\Diamond \Psi(F) \land \Diamond I(x)$
　　　→ $(\Diamond[Exists(x) \land F(x)] \to \Box [Exists(x) \to F(x)])]$
(38) $\Box$ [Exists(α) → $\phi(\alpha)$]
(C1) $\sim \Diamond T(B, C)$
(C2) $\Box [T(D, C) \to D \neq B]$
(C3) $\Box(x) [T(x, C) \to x \neq B]$
(K1) $(x)(y)(z)[K(y) \land K(z) \land x \in y \land x \in z \to y=z]$
(K2) $(x)(K(x) \to \Box [Exists(x) \to K(x)])$
(Sp1) $(x)(y)(z)[Species(y) \land Species(z) \land x \in y \land x \in z \to y=z]$
(Sub1) $(x)(y)(z)[Substance(y) \land Substance(z) \land x \in y \land x \in z \to y=z]$
(Sub2) $(x)(Substance(x) \to \Box [Exists(x) \to Substance(x)])$
(Ⅰ) $\sim \Diamond (\exists x)(\exists y)(\exists y')[T(x, y) \land T(x, y') \land y \neq y']$
(Ⅱ) $\Box(y)\Box(y')(\Diamond (\exists x)[T(x, y) \land y$ doses not overlap with $y']$
　　　$\land \Diamond (\exists x')T(x', y') \to \Diamond [(\exists x)T(x, y) \land (\exists x')T(x', y')])$
(Ⅲ) $\Box(x)\Box(x')\Box(y)\Box(y')(\Diamond [T(x, y)$
　　　$\land y$ does not overlap with $y'] \land \Diamond T(x', y')$
　　　→ $\Diamond [T(x, y) \land T(x', y')])$
(Ⅳ) $\Box(x)\Box(y)\Box(y')(\Diamond [T(x, y) \land y$ does not overlap with y'

$$\land \Diamond (\exists x')T(x', y')] \to \Diamond [T(x, y) \land (\exists x')T(x', y')])$$

(V) $\Box(x)\Box(y)[\Diamond T(x, y) \to \Box(z)(T(z, y) \to z=x)]$

(V') $\Box(x)\Box(y)\Box(P)[\Diamond T(x, y)$ according to plan P)
$\to \Box(z)([T(z, y)$ according to plan P] $\to z = x)]$

(V") $\Box(x)\Box(y)\Box(P)[\Diamond(x = (\text{'}z)[T(z', y)$ according to plan P])
$\to \Box(z)(z = (\text{'}z)[T(z', y)$ according to plan P $\to z = x)]$

색 인

(ㄱ)

가능 세계 양화 210
가능 세계, possible world 216, 236, 321, 362
가능 세계 의미론 338
가능성 235
간결한 논증, Neat Argument 291, 294, 298, 303
감추어진 본성 243
강한 고정 지칭어 67
강한 고정어 117, 215
개밥바라기, Hesperus 126
개별자의 가능 세계-단면, possible world-slice of an individual 166
개체성, haecceity 50, 179, 103
개체성에 관한 본질주의 언질 75
개체성주의, haecceitimsm 191, 206, 322
거시기, whatchamaycallit 239, 248
결정 관계 36
고유명, proper name 37, 40, 43, 52, 57, 59, 63, 69, 71, 74, 81, 91, 104, 112, 127, 129, 138, 160, 248, 250, 261, 283, 312, 321, 323
고정 상대역, rigid counterpart 214
고정 지시, rigid designation 61, 130, 131, 132, 151, 172
고정 지시어, rigid designator 22, 69, 137
고정 지칭어, rigid designator 65, 114, 131, 280
고착 지칭어, obstinate designator 66
고착성, obstinacy 75
고착어 118, 215
공가능성 가정 287
공가능성 전제 303, 305
공시적 연속성 319
관계 단칭어 49
관계 속성, relational property 47
괴델(Gödel, K.) 88
구문론적 표지 224
구성의 '이다' 328
굳맨(Goodman, N.) 136
기술 단칭어, descriptional term 44
기술 일반어, gerneral term 81
기술이론, theory 221

기술적 용어 42
기술적, descriptional 42
기술하는, discriptive 42
기원 283, 285, 297, 299
기원 생식체 286
기점, threshold 331

(ㄴ)

내세계 동체성 258
내세계 관계 180
내세계 속성, intra-world: property 179
내포, intension 67
내포-내-관계, relation-in-intension 208
네 세계 역설, Four Worlds Paradox 330

(ㄷ)

다의어의 오류 323
다중 지칭, multiful designation 92
단칭어, singular term 33, 39, 40, 41, 46, 53, 59, 62, 65, 69, 70, 72, 77, 80, 86, 93, 95, 102, 113, 120, 137, 199, 201, 219, 224, 227, 248, 249
단칭 직접 언급론, theory of singular direct reference 51, 74
대리자 335
더밋트(Dummett, M.) 56, 66
데이비스(Davis, A) 340

데이비슨(Davidson, D.) 88
델카릴(DelCarril, M. F.) 323
도넬란(Donnellan, K. S.) 7, 19, 34, 77, 117, 125, 128, 130, 136, 142, 219, 236, 238, 240, 254, 267, 274, 282, 361, 369
동일성, identity 36, 46, 50, 76, 124, 135, 153, 168, 179, 185, 191, 197, 262, 278, 304, 317, 323, 328, 335, 344, 347, 351, 352, 366
동일성 관계 177
동일성 진술, identity statement 126
동일성의 '이다', 'is' of identity 153, 328, 350
동일성의 필연성 원리 283
동일성의 필연성, necessity of identity 295, 297, 304, 306, 340
동일자 구별불가능성 262
동종, conspecific 154
동종성, conspecificity 196
동종성 관계 176, 202
동체, consubstantial 154
동체성, consubstantiality 257
동체성 관계 176
두툼한 논증, Fat Argument 304
뜻$_1$, sense$_1$ 37
뜻$_1'$, sense$_1'$ 38
뜻$_2$, sense$_2$ 37
뜻$_3$, sense$_3$ 38

(ㄹ)

라이칸(Lycan, W. g.) 312
라이프니쯔 법칙 262, 323
λ 변환 원리 275
럿셀(Russell, B.) 33, 45, 51, 99, 104, 216, 221
로티(Rorty, R.) 312
록스(Loux, M.) 211
록우드(Lockwood, M.) 38, 52
루이스(Lewis, D.) 70, 211, 336, 357
루이스의 원리 338
르브리에(Leverrier) 304, 312
린스키(Linsky, L.) 35, 37, 57, 61, 62, 65, 66

(ㅁ)

맥긴(Colin McGinn) 299, 319
맥락 228
맥락적 언급론 64
맥키(Penelope Mackie) 72, 344
멜러(Mellor, D. H.), 143
모범 의존적, paradigmatic 238
모범, paradigm 150
모호성, vagueness 345
밀(Mill, J. S.) 33, 104

(ㅂ)

반-개체성주의 335
반본질주의, anti-essentialism 301, 375, 267
반 클리브(Van Cleve) 141
버즈(Tyler Burge) 37
별개성의 필연성 283, 284, 295, 297, 304, 306
보통 명사 교체원리 87
복사본, Doppelgänger 110
본래적 관계 속성, intrinsically relational property 47
본질, essence 21, 35, 86, 89, 97, 98, 131, 132, 134, 137, 167, 169, 172, 173, 212, 299, 348, 354, 373
본질 속성, essential property 167, 274, 298
본질주의, essentialism 7, 21, 44, 84, 131, 135, 140, 204, 251, 259, 265, 286, 298, 299, 300, 302, 305, 306, 311, 327, 329, 331, 338, 370
본질주의의 난제 313
본질주의자, essentialist 73, 132, 137, 139, 140, 144, 173, 205, 242, 253, 255, 262, 266, 270, 273, 277, 280, 282, 294, 298, 303, 311, 330, 361, 370, 372
본질주의자 원리, essentialist principle

271
본질주의자 주장, essentialist assertion 132, 139, 173
본질주의자 함축 242, 259
본질주의자의 주장, essentialist claim 73
부당 가정 139, 142, 298
부당 가정의 오류 22, 139
부착 지칭어, persistent designator 66
부착어 215
분석적, analytic 100
분할 원리 368
블랙번(Blackburn, S.) 38
비결정성 41, 345
비고정 고유명 321
비관계 속성, nonrelational property 47
비상세 확장 논증 291
비양상적 예시 정의 268
비자연류 83
비트겐슈타인(Wittgenstein) 35, 111, 363

(ㅅ)

사고 내용, thoughts, Gedanke 97
사고 실험 266
사람의 동일성 300, 347
사소하지 않은 본질주의 8
사이비 "상대역" 337
사회언어적 가설 151
상관되어 가능하다 342

상대역 이론, counterpart theory 70, 346
상대역, counterpart 110, 335, 337
새로운 언급론 20
새먼(Salmon, N. U.) 64, 141, 306, 323, 334
샛별, Phosphorus 126
생식체, gamete 278, 291, 292, 299
샤비(Sharvy, R.) 131, 141
서술의 '이다' 153
선천성 124
선천적인 진리 100
선행가정의 오류 22
성분의 '이다' 352
세계-가변적 184
세계-독립적 184
세계-불변적 184
세계-상관적 184
세계-의존적 184
셀라스(Sellars, W.) 82
속성의 "무리" 35
속성의 연접 35
순수 언급 표현 86
쉬퍼(Stephen Schiffer) 51, 125
스코투스(Scotus, D.), 40.
스타나커(Stalnaker, R.) 330
스트로슨(Strawson, P. F.) 298
시간을 관류한 동일성, identity through time 329

실존 술어 213
쌍둥이 지구 논증, Twin Earth argument 108, 228
쌍둥이 지구, Twin Earth 234
써얼(Searle, J.) 35

(ㅇ)

아담스(Adams, R. M.) 40, 50, 216
아리스토텔레스 299
I 절차, I-mechanism 248, 261, 280
액체로서 똑같은 관계, same liguid(same$_L$) relation 149, 154, 165, 168, 175, 234
액커만(Diana Ackerman) 37, 42
양상 논증, modal argument 101
양상 연산자, modal operator 268
양상적 논증 54
양상적 자기중심주의 343
양상적 접근가능성 358
양상적 효력 237
언급 확정 63
언어 분업 64, 151
에 있는 243
에 있다, 'consist in' 236, 255
에 토대를 두고 있다 178
에반스(Evans, G.) 125, 349
S5 358
H$_2$O 129, 234
XYZ 147, 226, 234

연결 사실 371
연결 원리 373
연결 진술 371
연산자 ' ' ' 68
연쇄 논증 344
열성 경쟁 동일성 자격 323
열성 자격, recessive claim 319
예시 정의, ostensive definition 150, 154, 156, 158, 162, 164, 174, 202, 207, 218, 219, 225, 234, 236, 259
오데가드(Odegard, D.) 125, 358
OK 절차, OK-mechanism 243, 271
외세계 관계, extra-world relation 181
외연, extension 79
외연-내-관계(relation-in-extention) 208
우성 경쟁 동일성 자격 323
우성 자격, dominant claim 319
우연 선천적 명제 125
우연성 124
위긴스(Wiggins, D.) 141, 299, 320, 328, 336, 369
윌슨(Wilson, N. L.) 344
웅어(Unger, P.) 354
융합 논증, fusion argument 304
의미 설명 150
의미론적 내포, semantical intention 83, 224
의미론적 논증, semantical argument 60
의미론적 외연, semantical extension

83, 224
의미론적 특성 함수 88
인공물 336
인과적 언급론 20
인식론적 논증, epistemological argument 59, 101
일반 속성, general property 48
일반어, general term 77
일반적 K 절차, general K-mechanism 244, 247, 269, 271
일반적 OK 절차 245

(ㅈ)

자연류, natural kind 64, 77, 82, 99, 104, 117, 129, 138, 142, 157, 164, 176, 205, 210, 218, 223, 229, 236, 240, 246, 251, 261, 27, 280, 311, 361, 376
자연류어, natural kind term 64, 81, 96, 104, 111, 126, 134, 144, 147, 151, 154, 160, 163, 173, 205, 211, 223, 229, 240, 253, 261, 277, 280, 366
재료 덩어리, hunk of matter 287, 325
접근 가능성 342
접근 가능성 관계 181
정보성, informativeness 36
정보치 38
정신-신체 동일론 312
정의, definition 150, 215

정통 이론, orthodox theory 33
정형, stereotype 38
정형성, stereotype 150, 224
정형적 속성 159
제안 A 114
제안 B 114
조건적 자격 319
조작 정의, operational definition 150, 151, 159, 162, 226, 227, 228, 234, 244, 245, 247, 261
존재 술어 202
종-동일적, gen-identical 166
종-동체 관계, the gen-consubstantial relation 168, 216
중개 개별자 183
중개자, intermediate entity 183, 208, 216
중요성 235
증명 284
지바드(Gibbard, A.) 322
지속 개별자의 시각-단면 166
지시, denotation 33, 35, 42, 50, 57, 58, 62, 71, 86, 91, 105, 106, 108, 117, 120, 127, 128, 131, 150, 151, 155, 166, 172, 219, 227, 249, 251, 323
지칭, designation 65, 71, 76, 81, 92, 93, 96, 110, 116, 128, 157, 163, 171, 180, 218, 220, 226, 242, 244, 249, 250, 269, 280, 303, 307

지칭어, designator 65, 67, 71, 76, 85, 93, 113, 116, 124, 131, 138, 164, 172, 221, 244, 249, 250, 261, 269, 270, 283, 303, 312, 337
지표 단칭어 72
지표 연산자 'dthat' 69
지표 연산자, indexical operator 164, 214, 221, 229
지표 표현 111, 161
지표성 162, 218
지표어, indexical 39, 52, 63, 65, 69, 82, 96, 111, 112, 126, 146, 147, 151, 158, 172, 219, 222, 223, 228, 251
직접 언급론, theory of direct reference 7, 40, 43, 64, 79, 96, 99, 124, 131, 242, 251, 298, 301, 311

(ㅊ)

챈들러(Chandler, H. S.) 317, 321, 323, 330, 358
처취(Church, A.) 88
철학적 분석 280
최초의 명명식 160
추가 논증, addition argument 291
치섬(Chisholm, R.) 170, 330, 335, 336, 344

(ㅋ)

카르납(Carnap, R.) 41, 65, 81, 83, 114
카줄로(Casullo, A.) 125, 281
카트라이트(Cartwright, R.) 137
캐플란(Kaplan, D.) 19, 45, 59, 64, 66, 69, 73, 75, 107, 115, 116, 125, 136, 172, 191, 196, 206, 214, 219, 224, 320, 369
K 절차 280, 366
콰인(Quine, W. V. O.) 86, 88, 134, 209, 211
쿡(Cook, M.) 323
크립키(Kripke, S.) 7, 19, 20, 61, 77, 104, 113, 114, 125, 130, 142, 143, 152, 159, 160, 211, 277, 289, 306, 312, 320, 325, 335, 336, 337, 341, 346, 355, 361
킹(King, K. L.) 323

(ㅌ)

타르스키(Tarski, A.) 70
타이(Tye, M.) 56
테시우스의 배, Ship of Theseus 318, 340
텔러(Teller, P.) 134
토마슨(Thomason, R.) 188, 367
통세계 관계, cross-world relation 165, 176, 216

통세계 동일성 169, 192, 272, 328
통세계 동일성 원리 22, 317
통세계 동일성 확인 307
통세계 동종성 관계 184
통세계 동체성, cross-world 169, 203, 258
통시각 관계, cross-time relation 216
통시간 동일성, cross-time identity 322, 328
특성, character 224

(ㅍ)

파슨스(Parsons, T.) 62, 78
파인(Fine, K.) 48, 115, 210, 212
파핏(Derek Parfit) 347
팍스(Parks) 141
퍼트남(Putnam, H.) 8, 19, 64, 66, 77, 78, 98, 99, 101, 103, 108, 113, 130, 142, 146, 152, 155, 159, 161, 202, 205, 207, 213, 219, 222, 224, 225, 233, 241, 267, 270, 274
펠드만(Feldman, F.) 312
포브스(Forbes, G.) 331, 335, 336, 338, 339, 341
표지-반사 표현 161, 146
표현 관계 36
퓨머튼(Fumerton, R. A.) 358
프레게 식의 뜻, Fregean Sinn 20, 40

프레게(Frege, G.) 33, 97, 104, 140
프리드만(Friedman, M.) 340.
플란팅가(Plantinga, A.) 57, 65, 125, 170, 339
필연 선천, necessary a priori
필연 후천 진리, necessary a posteriori truth 100, 124, 129, 131, 236, 270

(ㅎ)

하젠(Hazen, A.) 212, 337
한정 기술, definite description 34, 39, 40, 50, 52, 68, 79, 81, 85, 87, 90, 93, 104, 186, 199, 205, 215, 216, 219, 222, 225, 229, 251, 270, 336
한정 기술 교체원리 87
한정 기술의 언급적 사용과 속성 귀속적 사용 34
합성적 정의 189
허드슨(Hudson, J.) 56
허쉬(Hirsch, E.) 319
헴펠(Hempel, C. G.) 372
현실 세계, actual world 164, 236, 363
현실로, actually 80
현실성 연산자, actuality operator 164, 211, 221, 269
현실의, actual 55, 57
현장 지시, demonstration 150, 155, 156
현장 지시 기술, demonstrative description

43
현장 지시어, demonstrative   157
형식화   255
형이상학적 내포, metaphysical intension
   83
형이상학적 외연, metaphysical extension
   83
홉스(Hobbes, T.)   317
화학적 실체   147
화학적 조성   237
확장 논증   291
환원주의   208, 216, 341, 348
후천성   124
휴웰(Whewell)   362

지시와 본질

2000년 6월 24일 인쇄
2000년 6월 30일 발행

저 자/ 새 먼
역 자/ 박 준 호
발행인/ 김 진 수

발행처/ **한국문화사**

서울시 성동구 성수1가 2동 13-156
TEL. 464-7708/ FAX. 499-0846
E-mail/ munhwasa@hanmail.net
등록 제2-1276

정가 20,000 원

ISBN 89-7735-744-6 93110

본서의 무단복제행위는 법률상 규제됩니다.